I0287822

HISTOIRE GÉNÉRALE

DE LA SOCIÉTÉ

DES

MISSIONS-ÉTRANGÈRES

PAR

Adrien LAUNAY

DE LA MÊME SOCIÉTÉ

TOME DEUXIÈME

PARIS
TÉQUI, LIBRAIRE-ÉDITEUR
33, RUE DU CHERCHE-MIDI, 33
1894

HISTOIRE GÉNÉRALE DE LA SOCIÉTÉ
DES
MISSIONS-ÉTRANGÈRES

HISTOIRE GÉNÉRALE

DE LA SOCIÉTÉ

DES

MISSIONS-ÉTRANGÈRES

PAR

Adrien LAUNAY

DE LA MÊME SOCIÉTÉ

TOME DEUXIÈME

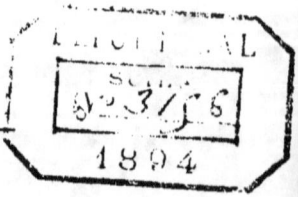

PARIS
TÉQUI, LIBRAIRE-ÉDITEUR
33, RUE DU CHERCHE-MIDI, 33
1894

CHAPITRE I
1754-1760

I. Etat politique et religieux de l'Acadie. — II. Les missionnaires d'Acadie : Maillard, Girard, Manach, Leloutre. Combats et travaux de Leloutre. — Il est fait prisonnier par les Anglais. — III. Expulsion des Acadiens. — Les missionnaires prisonniers des Anglais. — Sollicitude de Leloutre envers les Acadiens. Lettre de Manach. — Travaux de Maillard resté en Acadie. IV. Les Anglais attaquent le Canada. — Triste état du pays. — Siège de Québec. — Défaite des Français. — Capitulation de Québec et de Montréal. — Le gouverneur anglais brise les rapports du séminaire de Québec et du séminaire de Paris. — Sentiments de Mgr Taschereau sur ce sujet. — Résumé des travaux de la Société des Missions-Étrangères en Amérique. — V. La Société à Socotora. — Comment elle consent à évangéliser cette île. Journal de MM. Louis et Meyère. — Mme de Rupelmonde, les Carmélites. — VI. MM. Dupuy et Querville. — Détails sur Socotora. — Tentative des missionnaires à Socotora, leur mort.

I

La Société des Missions-Étrangères s'étend de France à Siam, en Cochinchine, au Tonkin, dans la Chine occidentale, elle a un petit coin de terre à Macao, à Pondichéry, en Amérique ; elle fait quelques tentatives d'évangélisation sur la côte d'Afrique. Nous devons donc la suivre sur toutes ces plages. Elle va d'ailleurs, par la force des circonstances, diminuer le cercle de son action, et c'est la dernière fois que nous quittons l'Europe ou l'Extrême-Orient pour exposer ses travaux en Amérique et en Afrique.

Nous avons précédemment parlé de l'Acadie, fait connaître sa position et sa population, raconté l'établissement et les labeurs des premiers missionnaires envoyés par le séminaire de Québec et soutenus par le Séminaire de Paris; nous allons maintenant dire les malheurs qui accablèrent ce pauvre pays fidèle au catholicisme et à la France, le courage et les tribulations des derniers prêtres que la Société des Missions-Étrangères y entretint. Afin de se rendre compte de la position des Acadiens à l'époque où nous sommes, c'est-à-dire en 1754, il est nécessaire de tracer le tableau des événements politiques et religieux qui se sont succédé depuis la paix d'Utrecht.

Par ce traité signé le 11 avril 1713, la France céda à l'Angleterre l'Acadie ou Nouvelle-Ecosse. Ce fut le premier anneau qui se détacha de la chaîne de nos colonies américaines. L'abandon de cette province découvrit le Canada qui fut ainsi fatalement condamné à succomber à son tour et dont la chute devint une simple question de temps. La perte du Canada devait entraîner celle de la Louisiane et de la vallée du Mississipi, jusqu'à ce qu'il ne restât plus rien de la domination française, sur ce grand continent où elle a marqué si profondément sa trace.

Une clause spéciale du traité garantissait aux Acadiens le libre exercice de la religion catholique et accordait une année de délai à ceux d'entre eux qui préféreraient se retirer de la province. Peu de jours après la signature de cette convention, la reine Anne enleva cette restriction et prolongea le délai indéfiniment.

La mort de la reine et l'accession au trône du roi Georges Ier fournirent aux autorités anglaises un moyen de garder les Acadiens sous leur dépendance et de les lier à la Nouvelle-Ecosse, ce fut le serment d'allégeance imaginé par le gouverneur Caufield.

Le serment du test ordonné à tous ceux qui devenaient sujets anglais renfermant un acte d'apostasie, il ne pouvait être question de l'imposer. On y substitua la formule suivante que l'on appela le serment d'allégeance[1] :

« ... Je promets sincèrement et jure que je veux être fidèle et tenir une véritable allégeance à Sa Majesté le roi Georges.

« Ainsi Dieu me soit en aide. »

Cette tentative était un piège dangereux; car si les Acadiens avaient prêté ce serment sans réserve, on n'aurait pas manqué de s'en prévaloir pour leur dire qu'ils étaient devenus sujets anglais et n'avaient plus le droit de quitter le pays.

Les vaincus se tirèrent de ce mauvais pas avec autant d'habileté que de sagesse. Ils protestèrent de leur obéissance au roi Georges et de leur reconnaissance pour ses bienfaits, mais en même temps ils déclarèrent qu'ils avaient, dès la conclusion du traité d'Utrecht, pris la résolution de quitter l'Acadie pour se rendre au Canada et que, par conséquent, ils ne pouvaient prêter serment.

Caufield se contenta de ces protestations; ses successeurs, John Doucet, Nicholson, Philipps, eurent moins de bienveillance et usèrent de moins de temporisation. Leurs attaques se portèrent principalement sur les prêtres, qui, disaient-ils, fomentaient le trouble dans le pays, et empêchaient d'amener la population à l'obéissance. Cette accusation qui allait se répéter jusqu'en 1755 était fondée : les missionnaires, en effet, étaient coupables d'entretenir les Acadiens dans la fidélité au catholicisme. On leur défendit alors de se mêler en rien des affaires civiles de leurs chrétiens et de leur donner aucun conseil, comme si leur qualité de prêtre leur enlevait le titre et les droits de citoyens.

Le but évident de ces ordres était de mieux profiter

---

1. *Voyage au pays d'Évangéline*. Casgrain.

de l'ignorance des habitants laissés à eux-mêmes et de surprendre plus facilement leur bonne foi. Les Anglais voulurent également forcer les missionnaires à rejeter l'autorité de l'évêque de Québec, et à violer par là les règles les plus élémentaires de la hiérarchie catholique. Ils allèrent jusqu'à disposer des cures, déplacer des curés et les remplacer par d'autres...

Ils empêchèrent de bâtir de nouvelles églises et de réparer les anciennes, ils en démolirent même quelques-unes, entre autres[1], à la Prée-Ronde de Port-Royal.

M. Gaulin, vieillard vénérable, blanchi dans les missions sauvages, où, écrivait-il, il n'avait eu souvent pour toute nourriture que les coquillages de la mer, fut jeté dans un cachot par le gouverneur Armstrong. Les réclamations de ses paroissiens, les habitants des Mines, dont Armstrong redoutait la vengeance, finirent par ouvrir les portes de sa prison. Certains gouverneurs cherchèrent à imposer des lois aux prêtres jusque dans l'administration des sacrements. Ainsi par exemple, l'un d'eux, Mascarène, écrivit des lettres de menaces à M. Desenclaves, parce qu'il n'avait pas accordé l'absolution à des catholiques qui refusaient de faire des restitutions.

Mais ce qui était plus alarmant et inspirait aux Acadiens et à leurs prêtres la pensée que leur foi était en danger, c'était les tentatives de perversion faites parmi eux par les protestants. On croyait en effet que les forcer à embrasser la religion de leurs maîtres était le seul moyen « d'en faire de bons sujets ». Impuissants de ce côté, les Anglais en revinrent à presser les vaincus de prêter le serment d'allégeance.

Pendant sa seconde administration, le gouverneur Philipps réussit enfin à l'obtenir (1730) en accordant une

---

[1]. *Voyage au pays d'Évangéline*, p. 78-82.

des concessions qui tenaient le plus au cœur des habitants de l'Acadie : celle de ne point porter les armes contre leurs compatriotes les Français, ni contre les sauvages leurs alliés. De là le nom de neutres qui leur fut donné.

C'était une révolution dans leur existence : de sujets français, ils devenaient sujets anglais.

II

Les Acadiens vécurent alors dans une tranquillité relative jusqu'en 1750, mais, à cette époque, l'inimitié anglaise s'accusa plus fortement.

Le temps était passé où les petits gouverneurs de Port-Royal, avec une poignée de soldats, se lamentaient, derrière les murs éboulés de leurs bastions, de ne pouvoir réduire leurs ennemis. La ville d'Halifax avait été fondée ; des forts avaient été élevés dans de la péninsule, principalement le fort Lawrence, sur l'isthme en face de Beauséjour, et le fort Edouard à Pisiquid. Toutes ces nouvelles places étaient bien garnies d'hommes et de munitions.

L'Acadie était alors divisée en six paroisses : Port-Royal, la Rivière-aux-Canards, le Grand-Pré, Pisiquid (aujourd'hui Windsor,) Cobequid (aujourd'hui Truro) et Beaubassin aussi appelé Cheguenicktouk, sans compter les importantes stations de : Chipoudy, Peticoudiac, Memramcook sur la rive occidentale de la baie de Fundy. Les missions sauvages étaient au nombre de trois : Maligaouèche dans l'île du Cap-Breton, à 23 lieues de Louisbourg ayant pour dépendance Natkitgoneiche, Malpek dans l'île Saint-Jean avec cinq ou six villages, et Chigabenakady avec Tagamigouèche et Pobekitk.

Les missionnaires de ce temps ont un nom illustre dans l'histoire de l'Acadie. C'étaient Maillard, le plus ancien, le plus sage et le plus savant d'entre eux; Girard, parti du Séminaire des Missions-Étrangères en 1740, il évangélisa l'Acadie de 1742 à 1752; Jean Manach, né en Bretagne, parti de Paris en 1750, il fit ses premiers travaux à Louisbourg; Leloutre, né à Morlaix et envoyé en Amérique en 1737, Breton par la race, il l'était aussi par son caractère tenace et vigoureux; à voir l'opposition qu'il fait aux Anglais, on croirait qu'il veut continuer les luttes séculaires de ses compatriotes et venger leurs malheurs; le sang des hommes d'armes qui suivirent Beaumanoir ou Duguesclin semble couler dans ses veines; patriote ardent, saint prêtre et apôtre zélé, il donne sa mesure dès les premiers jours de son arrivée et permet à Maillard de porter sur lui ce jugement[1] :

« Tout va bien pour le nouveau missionnaire. Il est en état de faire valoir le talent évangélique partout où il trouvera des Mikmacks; il ne parle pas encore correctetement; mais il tient la clef des principales conjugaisons. Ainsi l'usage luy rendra la parole assurée; il est du reste parfait Mikmack à l'église, parce qu'il sait, lit et chante parfaitement bien toutes nos prières. »

Et ailleurs :

« Je ne saurais vous dire avec quelle application il a étudié leur langue pendant tout le temps que nous avons été ensemble à Maligaouèche au Cap-Breton; son attache était telle qu'il ne m'a pas été possible de regarder dans aucun autre livre que dans les cahiers de mikmack, pour répondre, autant que mon petit savoir me donnait l'aisance, à toutes les questions qu'il me faisait journalièrement; je n'ai pu obtenir autre chose de lui que deux heures de temps après

---

[1]. Arch. M.-É., vol. 327. Amérique.

souper pour étudier l'Écriture sainte et la Théologie morale. Il sait actuellement, grâce à Dieu, se tirer d'affaire avec les sauvages qu'il instruit et confesse très bien; il a de plus le don de se faire craindre par eux, ce qui contribuera infailliblement à l'amendement des plus déréglés. »

Les prévisions de M. Maillard se réalisèrent; par son activité et par sa vigueur, M. Leloutre renouvela les chrétiens dans leur première ferveur. Il était bien résolu à ne s'occuper que d'évangéliser les sauvages, lorsqu'il fut témoin des tentatives faites pour pervertir les Acadiens; profondément alarmé du péril que courait leur foi, craignant le même danger pour les Mikmacks, il crut de son devoir de pousser les uns et les autres à se joindre aux Français et à se faire les auxiliaires du capitaine Duvivier, officier canadien, dont l'expédition, entreprise en 1744 pour reconquérir l'Acadie, semblait avoir toutes les chances de succès.

Duvivier échoua, et dès lors Leloutre fut signalé aux autorités anglaises comme un fauteur de troubles.

Revenu en France en 1745 ou 1746, il y resta peu et repartit en 1747 sur un des navires de l'amiral de la Jonquière qui allait au secours du Canada.

A la hauteur du cap Finistère, la flotte française fut rencontrée, battue et prise par l'amiral Warren. Celui-ci avait habité Louisbourg et connaissait la réputation de patriote français et d'ennemi des Anglais de M. Leloutre, il demanda s'il était présent. On répondit que non, et l'amiral n'insista pas.

Aussitôt averti par ses amis, Leloutre changea de nom, prit celui de Rosanvern et se fit passer pour l'aumônier de l'amiral de la Jonquière. Enfermé d'abord à Salisbury où tous les officiers le connaissaient et l'appelaient plus souvent l'abbé Leloutre que l'abbé Rosanvern, il craignit d'être découvert et alla partager la captivité de ceux qui étaient à Winchester. Remis en liberté après quelques mois, il retourna en Acadie où presque aussitôt le nouveau gouverneur du Canada, le comte de la Galissonnière, le pria d'engager les Acadiens à quitter leur pays et à venir s'établir dans la colonie française, autour du fort Beauséjour[1], nouvellement construit.

Le projet était trop conforme aux idées de Leloutre pour qu'il n'aidât pas à l'exécuter. Il réussit à persuader deux villages : les hommes envoyèrent leurs femmes et leurs enfants au delà de la frontière, mirent le feu à leurs maisons et à leur église, puis, au nombre de plus de 600, ils se rendirent au fort.

Ce départ fut un véritable événement, il émut toute la Nouvelle-Ecosse où la presque totalité de la population était acadienne; la terreur qu'il inspira aux autorités britanniques les tint pendant plusieurs années dans une constante alarme.

D'autres Acadiens se réfugièrent à Shediack, et, sous la direction du missionnaire, s'organisèrent et entreprirent de conquérir des terrains sur la mer, pour remplacer les propriétés qu'ils venaient d'abandonner.

Il ne faudrait pas conclure de ces actes que les sentiments patriotiques de Leloutre lui fissent oublier la charité commandée par sa double dignité de prêtre et de chrétien.

L'intendant Prévost rapporte, dans une lettre adressée au ministre en date du 15 octobre 1750, que trente-sept Anglais, dont dix-sept soldats et six femmes, avaient été faits prisonniers par les sauvages et amenés au port Toulouse, dans l'île du Cap-Breton.

« C'est M. Leloutre, ajoute-t-il, qui les a tirés

---

1. Aujourd'hui le fort Cumberland sur un coteau qui se projette vers l'est et domine la magnifique baie de Beaubassin.

des mains des sauvages et qui a traité de leur rançon pour une somme de 8,155 liv. 7 s. pour la sûreté de laquelle les sauvages ont gardé en otage un lieutenant d'infanterie et deux bas officiers. »

Les Anglais ne tinrent nul compte du bien qu'il faisait aux leurs, ils ne voulurent voir en lui que le prêtre catholique et le patriote français, et ils mirent sa tête à prix ; Edouard Cornwallis, gouverneur de la Nouvelle-Ecosse, ne rougit pas de promettre cent livres à quiconque le tuerait.

Aucun sauvage ne se laissa séduire par l'appât de l'or, et ce ne fut ni la première, ni la dernière fois que les enfants des forêts d'Amérique donnèrent cet exemple de générosité à un capitaine anglais.

Leloutre était le plus remuant des apôtres de l'Acadie, Maillard en était le plus calme. Il avait, nous l'avons raconté, formé à la vie apostolique M. Leloutre qui disait de lui : « C'est un trésor que ce missionnaire, auquel je crois que le Seigneur a donné le don des langues, il est étonnant de voir les progrès qu'il y a faits. C'est un ouvrier infatigable pour l'étude et les travaux inséparables de ces missions, c'est un ministre rempli de l'esprit de Dieu, heureux, si je pouvais suivre de loin ses traces, d'avoir vécu avec lui pendant six à sept mois. »

Les études de Maillard sur la langue mikmack ont été remarquées, elles se composent d'un alphabet, d'une grammaire, d'un dictionnaire et de plusieurs livres de piété.

Il suivit envers les Anglais une conduite différente de Leloutre ; puisque le sort des armes avait donné l'Acadie à l'Angleterre, il ne lui appartenait pas, pensa-t-il, de combattre une autorité légalement établie, le meilleur était d'être fidèle à Dieu, de rester en dehors des questions politiques, d'employer d'autres moyens que la séparation absolue pour conserver la foi des Acadiens et des sauvages.

Ni l'ardeur de M. Leloutre, ni la douceur de M. Maillard n'eurent raison de l'ambition anglaise et de la haine protestante.

Etre catholique était le premier crime des Acadiens; posséder le sol, occuper les plus belles terres et empêcher les émigrants britanniques de s'enrichir promptement était le second. Lorsque la guerre éclata en 1754 entre la France et l'Angleterre, les Anglais résolurent de proscrire les Acadiens en masse.

III

Le projet, tout horrible qu'il fût, n'était pas nouveau. Il avait été élaboré par un gouverneur des Massachusetts dès 1740. Il était d'ailleurs de tradition dans la politique de la Grande-Bretagne, car si nous remontons plus haut, nous voyons un projet analogue exécuté en Irlande en 1654. Les Irlandais furent expulsés en masse de trois de leurs provinces et parqués dans la quatrième, le Connaught.

William Pitt, alors chef du ministère anglais et le philanthrope Franklin décidèrent que le même plan serait exécuté en Acadie. Le gouverneur, Lawrence, eut le triste et inhumain courage de tenter l'entreprise et la honte de réussir. C'est cette déchirante catastrophe dont nous allons faire un bref récit pour clore l'histoire de cette mission.

Le premier juin 1755, trois mille hommes partis de Boston, sous les ordres des colonels Monckton et Winslow, débarquèrent dans la baie de Fundy, afin d'attaquer les deux forts français construits pour défendre l'isthme, d'isoler les Acadiens, ou de les expulser de la Nouvelle-Ecosse.

Il ne leur fut pas difficile de triompher des quatre cent quatre-vingt-cinq hommes renfermés dans le fort Beauséjour.

Un favori de l'intendant Bigot commandait ce poste ; sur l'ordre de son protecteur, il songeait à s'enrichir en spéculant sur les fourrures, bien plus qu'à combattre ; il ne tint que quatre jours et capitula le 16 juin. Monckton n'eut pas à se gêner, des officiers ivres signèrent ses conditions sans délibérer. M. Leloutre, dont l'énergie s'était brisée contre la lâcheté du commandant français qu'il n'avait pu décider à résister, s'enfuit sous un déguisement.

Les vainqueurs préludèrent ensuite à l'exécution de leur plan par des rigueurs inaccoutumées. Des juges sans pudeur violèrent toutes les lois, il suffit d'être accusé pour être condamné, le moindre employé voulut être obéi dans tous ses caprices, les soldats se montrèrent d'une brutalité révoltante.

« Si vous ne fournissez du bois à mes troupes, disait un capitaine Murray, je démolirai vos maisons pour en faire du feu. »

« Si vous ne voulez pas prêter le serment de fidélité sans réserve, déclarait un autre, je vais faire pointer mes canons sur vos villages. »

La population acadienne s'élevait au chiffre de 16 à 17,000 personnes.

Prendre cette population par force était impraticable, on eut recours à la ruse. Une proclamation générale de Monckton commanda, sous les peines les plus graves, à tous les hommes et aux jeunes gens âgés de dix ans et au-dessus de se rassembler dans l'église de leurs villages, afin d'y recevoir communication des ordres du gouvernement.

Le jour fixé était le vendredi 5 septembre. Pour donner une idée de ce qui se passa dans les autres villages acadiens, indiquons ce qui se fit au Grand-Pré où 483 hommes, 337 femmes et 1,107 enfants se présentèrent.

Quand ils furent enfermés dans l'église, dont les avenues étaient gardées par les Bostonnais, le colonel Winslow se plaça au milieu de l'assemblée, et fit cette proclamation :

« Vous êtes ici réunis, afin que je vous fasse part de la résolution définitive de sa Majesté à l'égard des habitants français de cette province. Vos terres, votre bétail et vos provisions de toute espèce sont confisqués au profit de la couronne, et vous-mêmes, vous serez éloignés de ce pays. Vous devez à la bonté de sa Majesté le droit que j'ai de vous laisser emporter tout votre argent et vos objets domestiques, sans qu'ils puissent cependant encombrer les vaisseaux où vous allez vous embarquer. Dès ce moment, je vous déclare prisonniers du roi. »

Le silence de la stupeur accueillit ces paroles, les malheureux Acadiens étaient atterrés, ils n'eurent pas même le temps de se reconnaître; immédiatement ils furent conduits sur six rangs, la baïonnette dans les reins, depuis l'église jusqu'au navire; ils passèrent au milieu de leurs femmes et de leurs enfants agenouillés et pleurant.

On raconte qu'à ce moment de suprême sacrifice dominant les sanglots et les cris de désespoir, la voix d'un exilé s'éleva, chantant un vieux cantique de France que tous continuèrent :

> Faux plaisirs, vains honneurs, biens frivoles,
> Ecoutez aujourd'hui nos adieux.
> Trop longtemps vous fûtes nos idoles;
> Trop longtemps vous charmâtes nos yeux;
> Loin de nous, la futile espérance
> De trouver en vous notre bonheur!
> Avec vous, heureux en apparence,
> Nous portons le chagrin dans nos cœurs.

Des fragments de ces cantiques ont été retrouvés écrits sur des feuilles volantes, que les proscrits emportaient parmi leurs objets les plus précieux. Une de ces feuilles est au British Museum de Londres, trophée d'inhumanité que les Anglais contemplent sans regret, sans remords, avec joie peut-être : n'est-ce pas en effet le souvenir d'une victoire, le mémento d'une conquête définitive ?

Le même jour et à la même heure, presque tous les autres villages étaient traités de même, sept mille Acadiens saisis étaient embarqués vers une destination inconnue.

Mille d'entre eux furent jetés dans le Massachusetts, d'autres en Géorgie, quatre cent cinquante furent conduits à Philadelphie, et on leur proposa de les vendre comme esclaves. Disséminés dans les montagnes de la Pensylvanie, la plupart moururent de misère et de douleur. Quatre cents périrent dans les flots.

Parmi les Acadiens qui restaient dans leur pays, quelques-uns parvinrent à s'échapper et gagnèrent les bois.

Les Anglais s'efforcèrent de les arrêter ou de les chasser; n'y pouvant réussir, ils ravagèrent la contrée pour leur ôter tout moyen de subsistance. Deux-cent cinquante-cinq maisons et autant de fermes furent brûlées dans le district des Mines. Du côté de Port-Royal, dont les habitants s'étaient sauvés chez les Mikmacks, les soldats brûlèrent 253 maisons [1].

---

[1]. Le poème d'Evangéline, chef-d'œuvre qui a mis le sceau à la réputation de Longfellow, a retracé de la manière la plus saisissante les tristes scènes de ce funeste exode. En voici quelques passages :

« Dans le cimetière, les femmes et les enfants étaient attroupés. Soudain les portes de l'église s'ouvrirent, et l'on vit s'avancer les soldats; en lugubre procession suivaient les fermiers acadiens depuis longtemps emprisonnés, mais résignés. Tels des pèlerins qui partent en voyage loin de leurs foyers et de leur patrie chantent en marchant, et, en chantant, oublient qu'ils sont las et harassés.

Quand les Acadiens virent incendier leur chapelle, ils sortirent du bois, se jetèrent sur leurs ennemis, en tuèrent ou blessèrent vingt-neuf pour venger l'injure faite à leur religion, mirent les autres en fuite, puis retournèrent au milieu des sauvages pour passer plus tard en Canada et même en France.

Les terres des expulsés furent données aux colons protestants qui s'emparèrent des métairies et firent disparaître toutes les traces du catholicisme dans les temples et les maisons.

Telle fut la fin de la domination totale des Français et des missions de la Société dans l'Acadie ou Nouvelle-Ecosse.

Leloutre avait peut-être eu tort de se mêler très activement aux luttes des Français contre les Anglais, mais à coup sûr il avait bien vu l'avenir et préconisé le vrai moyen de salut.

Si les Acadiens l'avaient écouté lorsqu'il les pressait

Ainsi le chant aux lèvres, les paysans acadiens descendaient.
De l'église vers le rivage, au milieu de leurs femmes et de leurs filles.
En tête venaient les jeunes gens et élevant ensemble leurs voix :
Ils chantaient, tandis que leurs lèvres tremblaient, un chant des missions catholiques !
Cœur sacré du Sauveur ! ô inépuisable fontaine !
Remplis nos cœurs aujourd'hui de force, de soumission et de patience !
Puis les vieillards en marchant, et les femmes qui se tenaient au bord de la route,
Se joignirent au psaume sacré : et les oiseaux sous le soleil au-dessus d'eux,
Mêlaient leurs accents aux leurs, comme des voix d'esprits envolés.
. . . .
Ainsi, vers l'embouchure du Gaspereau défila le lugubre cortège.
Là le désordre l'emporta avec le tumulte et le vacarme de l'embarquement.
Affairés, les bateaux allaient et venaient chargés et dans la confusion.
Des femmes étaient arrachées à leurs maris, et des mères trop tard envoyaient leurs enfants
Laissés sur le rivage, étendant les bras avec les plus navrantes supplications. »

d'émigrer, lorsqu'il leur disait qu'ils étaient sur un volcan, qu'ils n'avaient pas de pires ennemis que ceux qui les entretenaient dans une fausse sécurité, ils auraient échappé à la déportation, ils auraient grossi les rangs de Canadiens et partagé leur sort qui fut plus heureux, puisqu'au Canada, en face de la population nombreuse et frémissante, prête à affronter les suprêmes combats avec le courage du désespoir, les Anglais n'osèrent se livrer à aucune brutalité, et les vaincus, respectés et craints de leurs vainqueurs, gardèrent leurs propriétés avec l'héritage plus précieux de leur foi. Les missionnaires ne furent guère mieux partagés que les chrétiens.

Leloutre, qui s'était réfugié à Québec, s'embarqua pour l'Europe sur un navire marchand. Le navire fut pris en mer et le prêtre conduit en Angleterre où il fut retenu pendant huit ans, d'abord dans les prisons de Portsmouth et de Plymouth, puis au château d'Elisabeth dans l'île de Jersey. Sa captivité ne ralentit pas son zèle pour le peuple qu'il aimait.

Du fond de sa prison, il écrivit des lettres qu'il réussit à faire parvenir jusqu'à la cour de France, plaidant chaleureusement la cause des exilés et sollicitant avec ardeur quelques secours pour ces malheureux. Après sa mise en liberté et la conclusion de la paix, il fut un des agents les plus actifs de leur rapatriement et de leur établissement dans le Poitou, dans le Berry qu'habitent encore leurs descendants. Il les suivit à Belle-Ile-En-Mer et voulut leur consacrer ses soins jusqu'à son dernier soupir.

Signalons ici une double particularité qui se rattache directement à l'histoire de la Société des Missions-Étrangères. Les Acadiens, réfugiés dans le Poitou, reçurent de M. le marquis de Pérusse, un territoire considérable dans la paroisse d'Archigny non loin de Châtellerault. Or, en 1797, le Séminaire des Missions-Étrangères, vendu par la Révolution, sera racheté avec le concours de Mlle Pérusse d'Escars, la nièce du bienfaiteur des Acadiens.

De ces familles franco-acadiennes sortiront des rejetons pleins de foi et de dévouement qui, au xixe siècle, entreront dans la Société des Missions-Étrangères et se consacreront à l'évangélisation des infidèles d'Extrême-Orient [1].

Les deux autres prêtres de la Société, Girard et Manach, n'eurent pas un meilleur sort que Leloutre.

Emmené captif avec la plus grande partie des Acadiens de sa paroisse, sur un bâtiment anglais, Girard fit naufrage avec eux et les vit périr dans les flots, au nombre de plus de quatre cents. Lui-même ne dut son salut qu'à l'humanité du capitaine, qui le recueillit dans une frêle embarcation; après avoir été quatre jours et quatre nuits le jouet des flots, il échoua enfin, à demi mort, sur les côtes d'Angleterre.

Manach fut fait prisonnier le 5 mars 1761, tandis qu'il passait d'un canton à l'autre du Maine, pour porter les secours de la religion à ses fidèles dispersés dans les bois; il subit, pendant sept mois, les plus durs tourments de la captivité, et fut ensuite jeté sur un navire qui le transporta en France.

De sa chaumière bretonne, il tournait souvent ses regards vers le pays qu'il avait évangélisé et qu'il désirait tant revoir; les lettres qu'il écrivit à quelques familles chrétiennes sont remplies de ces sentiments d'attachement et de zèle [2] :

« Je voudrois vous aller joindre, et si je voyois jour à faire agréer une démarche par le gouvernement, je

---

[1]. Entre autres M. Chicard, missionnaire au Yun-nan, dont la vie a été écrite par le P. Drochon sous ce titre : *Un chevalier apôtre*.
[2]. Le *Canada français*, juillet 1889. Documents sur l'Acadie, p. 143. Lettre du 4 mars 1763.

mépriserois toutes les offres les plus avantageuses qu'on me pourroit faire, comme j'ai fait jusqu'icy : et c'est à quoy vous devés travailler conjointement avec les habitans, c'est-à-dire à obtenir du gouvernement une permission de vivre parmy vous, que j'accepteray sous telle condition qu'on voudra exiger de moy; parce qu'une fois parti, il est à présumer que je finiray mes jours dans le pays que vous habité.

« Je ne crois pas devoir m'étendre davantage là-dessus; vous connaissés vos besoins, mon affection et mon attachement; vous pouvès tous en général et en particulier répondre de moy et de mes démarches; et j'espère que ma conduite fera voir que les idées qu'on a eues sur mon compte étoient mal fondées; au reste, j'ignore toujours quel a été le sujet de ma détention. »

Maillard fut le seul missionnaire dont les Anglais tolérèrent la présence dans la Nouvelle-Écosse.

De même que ses collaborateurs, il avait été tout d'abord emprisonné, mais il ne tarda pas à faire tomber bien des préjugés autour de lui, par l'intérêt qui s'attachait à sa personne, à sa science et à ses hautes qualités. Il finit par acquérir l'estime générale, et les meilleurs esprits le recherchèrent. Il se servit de cette influence pour rendre son ministère utile.

D'Halifax, il correspondit avec des groupes d'Acadiens et leur écrivit des lettres vraiment apostoliques, que les fidèles lurent dans les assemblées « avec un respect qui rappelait celui des chrétiens lorsqu'ils écoutaient les épîtres de l'apôtre saint Paul. »

Dans une de ces lettres, adressée à Louis Robichaud, excellent catholique à qui il avait confié la direction de la paroisse de Salem, il disait[1] :

« Je ne manque point cette occasion pour vous faire

---

[1]. *Un pèlerinage au pays d'Évangéline*, p. 396-397.

savoir combien je désirerais être à proximité de vous et de tous les autres catholiques, dispersés çà et là dans les contrées de Boston et ailleurs, pour votre consolation à tous et pour la mienne. Mais il convient que nous ne vivions plus que résignés entièrement à la volonté du Seigneur, en nous soumettant de bon cœur à tout ce qu'il lui plaira faire de nous.

« J'approuve volontiers que vous receviez le consentement mutuel exprimé par la parole des parents de ceux et de celles qui veulent s'unir en mariage. Mais faites cela en présence de témoins requis à cette fin.

« Je sais que tout cela vous donnera des misères, cependant vous n'en serez que mieux devant Dieu qui, un jour à venir, y aura égard, si vous avez intention de servir le prochain et de m'aider en même temps pour l'amour de lui.

« Comme nous avons ici une grande liberté pour vaquer aux fonctions de notre sainte religion dans notre oratoire de la grande batterie d'Halifax, nous avons par conséquent la consolation de conserver le Saint Sacrement devant lequel nous entretenons jour et nuit un luminaire. Et pour le pouvoir faire longtemps, j'écris à tous nos frères de Chignectou, de Pisiquid, de Louisbourg et d'ailleurs, qu'ils aient à se joindre à nous pour cette dépense, et qu'ils prouvent par là qu'ils nous sont unis pour ne faire tous ensemble qu'un seul et même corps en Jésus-Christ, qui est notre chef.

« Mais remarquez qu'en cela je ne m'adresse qu'à ceux qui sont pénétrés de la vérité de ce grand et redoutable mystère. Je laisse à part les indifférents. Remarquez en outre que je ne demande pas des sommes, mais seulement qu'un chacun fournisse selon ses facultés. Un liard donné d'un bon cœur à cette intention vaut une pistole à celui qui ne peut faire plus.

« Proposez, s'il vous plaît, cet article dans votre assemblée de prières au saint jour du dimanche. —

« Vous rendrez ainsi hommage au temple du Seigneur où se célébreront tous les jours les saints mystères auxquels vous avez part, puisqu'aussi bien que nous, vous êtes membres de l'Église catholique.

« J'ai soin, tous les dimanches, de vous avoir présents en esprit, et de vous regarder alors comme joints à nous dans l'action du saint sacrifice. J'en fais mention expresse en présence de tout le peuple fidèle qui m'entoure. Faites de même dans vos prières communes.

« Faites bien mes compliments à votre épouse, à votre sœur Nanniche et à toute votre famille, aussi bien qu'à tous ceux qui ne m'ont pas encore oublié. »

A Halifax, 17 septembre 1762.

Le gouverneur d'Halifax n'hésita pas à recourir à l'autorité de M. Maillard dans une circonstance difficile.

Irrités du traitement barbare infligé aux Acadiens et à leurs prêtres qui avaient été leurs propres missionnaires, les Mikmacks les vengeaient en massacrant impitoyablement les Anglais qui tombaient entre leurs mains. Accoutumés à parcourir les forêts de la Nouvelle-Écosse en connaissant les sentiers les plus secrets, ils échappaient à toutes les recherches et à toutes les poursuites de la garnison ; les choses en arrivèrent à ce point que les habitants d'Halifax n'osèrent plus franchir les remparts de leur ville. Maillard n'eut qu'un mot à dire aux sauvages pour mettre un terme à leurs représailles. Reconnaissant de ce service, le gouverneur lui accorda une pension de 200 livres sterling et lui fit bâtir une église où les sauvages et les Acadiens eurent toute liberté de venir pratiquer leurs devoirs religieux.

Le missionnaire vécut encore plusieurs années à Halifax. A ses derniers moments, il reçut la visite d'un ministre protestant qui lui offrit de le disposer à bien mourir. En entendant cette parole, le vieillard se releva sur sa couche funèbre, et, rassemblant ses dernières forces, il prononça d'une voix douce et lente cette réponse profondément sacerdotale :

« J'ai servi Dieu toute ma vie, et chaque jour je me suis préparé à la mort en offrant le saint sacrifice de la messe. » Quelques heures après, il expira (1768).

Les protestants firent au prêtre catholique de splendides funérailles auxquelles assistèrent tous les habitants d'Halifax et de nombreux officiers et soldats de la garnison.

Avec Maillard disparaissait le dernier missionnaire soutenu ou envoyé en Acadie par le Séminaire des Missions-Étrangères de Paris : le premier, M. Thury, prêtre du séminaire de Québec, y était venu en 1684.

C'était donc une période de 84 ans pendant laquelle, soit directement par ses prêtres, soit indirectement par ceux de Québec auxquels elle avait fourni des secours, la Société avait eu à s'occuper de cette contrée ; l'étranger protestant l'en exilait de même qu'il la chassait du Canada. Cette autre phase de son histoire se rattache comme la précédente à l'histoire coloniale de la France.

IV

Maîtres absolus de l'Acadie, les Anglais s'étaient préparés immédiatement à conquérir le Canada qu'ils avaient déjà si souvent attaqué. Le gouvernement français ne fit pas plus pour ce second pays que pour le premier.

M. de Tocqueville a dit quelque part :

« Si vous voulez bien connaître le faible d'un gouvernement, étudiez-le dans ses colonies. Là, les défauts apparaissent grossis, comme si on les voyait à travers un microscope. »

Jamais parole ne fut plus vraie.

Sous Louis XV, la France était au pillage par les favorites et par les courtisans dont le nombre grandissait sans cesse.

L'Amérique présentait le même spectacle dans un jour plus éclatant. M. Desenclaves s'en désolait, et dans une lettre à l'évêque de Québec, il exhalait ses plaintes contre la corruption de l'administration française, « contre cette foule de petits gentilshommes, qui ne subsistent que par les bienfaits de sa Majesté très chrétienne, ne pensent qu'à faire leur bourse aux dépens du public et des particuliers, ne voulant pas faire un pas pour défendre une place dont la prise entraînera après elle les plus belles espérances de la France... et la désolation d'environ seize cents familles, par la perte des biens, de la liberté et même de la vie pour le plus grand nombre... »

Les historiens ont parlé comme l'abbé Desenclaves, et ils ont ajouté des raisons, qui font pénétrer plus profondément encore dans l'état du Canada : la faiblesse du gouverneur, les luttes des officiers de l'armée de terre contre les officiers des troupes de la colonie et ceux de la milice, la formation de deux partis se haïssant et se déchirant, la difficulté de faire la guerre dans un pays immense, sans routes, partout couvert de bois, et avec si peu de forces.

Pour comble de malheur, de graves complications survinrent en Europe. Afin de sortir victorieuse de la lutte qu'elle soutenait en Amérique contre l'Angleterre, la France n'aurait pas dû compliquer cette expédition d'outre-mer d'une guerre continentale. Louis XV, sous l'influence de la marquise de Pompadour, suivit une ligne de conduite différente ; il s'allia avec l'Autriche contre la Prusse et prit part à la guerre de Sept Ans, quoique notre pays n'y eût aucun intérêt. La guerre continentale absorba bientôt toutes les ressources du gouvernement français, et la guerre d'Amérique, qui nous eût été profitable, fut non seulement négligée, mais regardée comme un obstacle.

En France, personne à peu près ne s'inquiétait de la déplorable orientation de cette politique. On ne comprenait pas l'importance de ce qui se passait au delà des mers, on ne voyait pas les conséquences de la victoire qu'on abandonnait à l'Angleterre. Perdre l'Amérique, c'était pour la France, passer au second rang des nations colonisatrices, et livrer à la race anglaise le Nouveau-Monde tout entier.

Voltaire, dont la parole faisait malheureusement trop souvent loi, écrivait à M. de Moncrif le 27 mars 1757 : « On plaint ce pauvre genre humain qui s'égorge dans notre continent à propos de quelques arpents de glace au Canada. »

La guerre d'Amérique était au contraire populaire dans la Grande-Bretagne qui en devinait les résultats futurs, si évidents aujourd'hui.

Le gouvernement envoyait ses meilleures troupes, les négociants ne craignaient pas d'engager leurs capitaux, les philosophes étaient de l'avis du gouvernement des négociants et du peuple. Hume, blâmant Gibbon d'écrire en français : « *Les Révolutions de la Suisse* », disait : « Laissez, laissez les Français triompher de ce que leur langue est maintenant répandue partout. Nos solides établissements d'Amérique qui croissent sans cesse promettent à la langue anglaise bien plus de stabilité et de durée. »

La peste et la famine augmentèrent encore les ravages de la guerre au Canada. Au mois de mars 1757, il fallut réduire les habitants de Québec à quatre onces de pain par jour. Le séminaire fit d'énormes sacrifices pour nourrir ses élèves jusqu'aux vacances durant lesquelles il les renvoya chez leurs parents.

Le 28 septembre, il délibéra s'il serait possible de rouvrir le pensionnat, mais la mauvaise apparence de la récolte obligea de suivre le conseil de l'évêque, en suspendant les fondations et en se bornant aux ecclésiastiques jusqu'à l'arrivée des secours de France, car on avait demandé inutilement à l'intendant Bigot des provisions de farine.

L'année suivante, on résolut, malgré la disette et la cherté des vivres, de recevoir vingt des pensionnaires les plus pauvres, incapables de continuer leurs travaux hors du séminaire.

On les choisit dans les deux classes les plus élevées, la seconde et la philosophie, parce que l'interruption prolongée de leurs études offrait plus d'inconvénients, et on les garda jusqu'au commencement du siège de Québec.

Pendant ce temps, les Français se battaient partout avec courage, mais le courage est trop souvent inutile sans l'esprit de conduite, sans la constante application aux affaires. Les victoires de la Belle-Rivière, de Chourgen, de William-Henry retardèrent les Anglais sans les arrêter, puisqu'ils prirent Louisbourg, détruisirent le fort Frontenac et occupèrent la vallée de l'Ohio ; la victoire de Carillon n'eut pas de résultat plus efficace.

Il était évident que le Canada était à la veille de succomber, les directeurs du Séminaire de Paris, qui suivaient avec une inquiétude croissante la marche des événements, donnaient aux directeurs de Québec les conseils d'une sage prévoyance :

« Nous ne saurions trop vous recommander, leur disaient-ils, dans une lettre du 16 février 1759, de veiller avec zèle sur l'œuvre que la divine Providence nous a confiée. Vous savez comme nous que c'est de là principalement que dépend le bien qui se fait dans le diocèse. »

Ces paroles empreintes d'une sorte de solennité devaient être les dernières que la maison de Paris adresserait à celle de Québec, en qualité de mère et de supérieure. Le sort de la guerre allait bientôt rompre des liens confirmés par une existence de près d'un siècle.

Le siège de Québec commença le 25 juin 1759 ; durant la nuit du 12 au 13 juillet, une batterie élevée sur les hauteurs de la Pointe-Lévy commença à bombarder la ville.

En un mois, les plus belles maisons et la cathédrale devinrent la proie des flammes. La basse ville fut incendiée pendant la nuit du 8 au 9 août.

« Le séminaire, exposé au feu de l'ennemi, fut criblé de boulets, et la quantité de ceux que l'on trouve encore pour peu que l'on creuse dans le jardin, doit faire juger du nombre considérable de projectiles que dut recevoir la ville entière [1]. »

La bataille d'Abraham qui coûta la vie à Montcalm et à Wolf amena la reddition de Québec. L'année suivante, Montréal capitula malgré les efforts du chevalier de Levis qui voulait « défendre le pays pied à pied, et se battre jusqu'à extinction ».

Le Canada fut perdu pour la France ; les Canadiens le regrettèrent-ils beaucoup ? Au premier instant, oui, sans doute, mais depuis ? Voici ce qu'écrivait dernièrement à ce sujet un Canadien de grande érudition, auquel l'Académie française a décerné une de ses plus belles récompenses :

« Ce n'est pas aux Canadiens à faire à Montcalm un

---

[1]. *Hist. du Sém. de Québec* (manuscrit).

reproche de sa défaite, car elle les a débarrassés de leurs pires ennemis, les Bigot et les Louis XV. Les vainqueurs d'Abraham de qui ils n'attendaient que des chaînes leur ont finalement apporté la liberté [1]. »

L'article 6 de la capitulation de Québec du 18 septembre 1759 « assura le libre exercice de la religion romaine, promit sûreté aux personnes religieuses, et accorda à l'évêque le pouvoir d'exercer librement et avec décence les fonctions de sa charge. »

L'article 35 de la capitulation de Montréal octroya la même faveur avec cette clause particulière : « Si les chanoines, prêtres, missionnaires, les prêtres des Missions-Étrangères et de Saint-Sulpice ainsi que les Jésuites et les Récollets veulent passer en France, leur passage sera accordé sur les vaisseaux de sa Majesté Britannique; et tous auront la liberté de vendre en total ou en partie les biens fonds et mobiliers qu'ils possèdent dans la colonie... Ils pourront emporter avec eux, ou faire passer en France le produit de quelque nature qu'il soit desdits biens vendus. »

Sous sa forme assez bienveillante, cet article cachait le désir de voir les prêtres français quitter le Canada; en réalité, les Anglais ne voulaient que leur faciliter le moyen de partir, aussi se gardèrent-ils bien de montrer la même condescendance pour les laisser conserver avec la France les relations qu'ils avaient avant la conquête. Les directeurs du séminaire en eurent bientôt une preuve péremptoire.

Les six années de supériorité de M. Pessard étant écoulées, les directeurs de Paris, sur sa demande, nommèrent son successeur. Leur choix tomba sur M. Maillard, le missionnaire d'Acadie dont nous avons parlé

---

[1]. Casgrain. Montcalm peint par lui-même, dans la Revue : Le Canada français. Juillet 1889, p. 347.

plus haut. et, à son défaut, sur M. Gravé. A la réception de cette lettre, les directeurs du séminaire de Québec, craignant d'exciter les soupçons du gouvernement et d'attirer quelque orage sur leur maison, résolurent de déclarer franchement l'autorité d'où émanait le titre du nouveau supérieur :

« C'était, dit le cardinal Taschereau[1], un acte de prudence et une marque de confiance dont le général Murray s'était rendu digne par la protection qu'il avait accordée au séminaire. M. Pressard alla donc informer le gouverneur qui, sans répondre sur le fond de la question, manda chez lui les directeurs et leur annonça qu'il ne souffrirait pas qu'on eût égard à cette nomination, non plus qu'à aucun ordre qui émanerait du Séminaire de Paris, jusqu'à ce que les affaires du Canada fussent définitivement réglées. Il ajouta qu'au reste il ne s'opposait pas à une élection faite par les directeurs de Québec, pourvu qu'ils ne nommassent pour supérieur aucun des deux sujets désignés par Paris. » L'ordre ne comportait guère de discussion ; le même jour, 4 juillet, les directeurs élurent M. Urbain Boiret qui fut reconnu sans difficulté.

Poursuivant son plan de séparer de la France le clergé du Canada, le général Murray défendit également de faire venir des prêtres français pour gouverner le séminaire.

« Dans le fond, dit Mgr Taschereau[2], résumant ainsi les travaux des Missions-Étrangères et la reconnaissance des Canadiens, ce n'était pas un malheur, les directeurs de Paris n'avaient jamais prétendu éterniser leur pouvoir dans le séminaire de Québec, ils l'avaient reconnu formellement en 1727. Et d'ailleurs un article du règlement les

---

1. *Histoire du Séminaire de Québec*, p. 731.
2.   Id.   p. 754.

obligeait à se retirer d'un lieu, dès qu'ils auraient réussi à y former un clergé indigène capable de se suffire à lui-même. Tout au plus pouvait-on regretter que cette séparation se fît tout à coup, sans avoir été préparée de longue main, et dans un temps où la guerre et une longue vacance des classes et du siège épiscopal avaient réduit de près de moitié le clergé canadien. »

Ainsi se terminèrent les travaux de la Société des Missions-Étrangères en Amérique. Elle y avait été appelée à l'aurore des gloires de Louis XIV, elle en partait, chassée par l'Angleterre, sous les hontes du règne de Louis XV.

Dans cette période d'un siècle, elle avait donné ses prêtres et son or, elle avait multiplié ses démarches à Rome ou à Versailles pour servir le séminaire de Québec et le Canada, elle avait aidé à l'établissement du clergé indigène à l'organisation du diocèse, et évangélisé les sauvages de la Louisiane et de l'Acadie, secouru les colons français, elle avait beaucoup donné et n'avait rien reçu; comme la rosée fécondante, ses bienfaits étaient toujours descendus sans remonter jamais. De ses labeurs et de ses sacrifices, il lui reste la consolation et l'honneur d'avoir, sur ce petit coin de terre, bien servi la France et l'Église.

V

Pendant que les événements politiques éloignaient la Société de l'Amérique, la piété d'une âme généreuse tentait de lui ouvrir un autre champ d'action dans une île de la mer des Indes, à Socotora.

Vers la fin de l'année 1748, deux prêtres des Missions-Étrangères, MM. Louis et Méyère, se rendaient au Tonkin. Par le travers de Socotora, le capitaine du navire qu'ils montaient leur parla longuement de l'île et de ses habitants, il les engagea même à se consacrer à l'évangélisation des insulaires, promettant de leur servir d'introducteur et d'interprète.

Les missionnaires ne pouvaient suivre ces conseils, puisque leurs supérieurs leur avaient donné une autre direction, mais ils consignèrent dans leur journal de voyage les désirs du capitaine et leurs remarques.

« Nous avons failli n'avoir d'autre ressource que d'aller hiverner à Moka[1], où nous espérions trouver quelque vaisseau pour la côte de Coromandel, écrivait M. Louis. Si nous avions été forcés à prendre ce parti, notre capitaine était résolu de relâcher à Socotora, et d'y rester autant de temps qu'il serait nécessaire pour nous instruire de l'état du christianisme. Il nous entretenait souvent du bien qu'il y aurait à faire dans cet endroit et s'offrait, supposé que quelqu'un de nous voulut bien se consacrer au salut de ces pauvres insulaires, de venir avec lui après son voyage, et de lui servir d'introducteur et d'interprète. Je marquerai ici ce qu'il nous a appris de cette île, où il avait été, dans l'espérance que cela touchera le cœur à ceux qui se sentent de la vocation pour les œuvres abandonnées.

« Socotora est à l'orient du cap de Guarda, et à quelque distance de la mer Rouge. Cette île a environ quarante lieues de circuit. Saint François Xavier y aborda en allant aux Indes, et il trouva de si bonnes dispositions dans les insulaires qu'il était résolu de rester avec eux et de se dévouer à leur instruction. Ils étaient déjà chrétiens; mais ils n'avaient presque du christianisme que le désir de l'embrasser, et leur religion n'était qu'un mélange d'erreurs et de superstitions idolâtriques. L'abandon où ils vivaient depuis plusieurs siècles, le défaut de pasteurs pour les instruire, et le commerce

---

1. Arch. M.-É., vol. 163.

avec les Abyssins, avaient presque entièrement éteint chez eux les lumières de la foi, et ne leur avaient laissé qu'une idée confuse de Jésus-Christ, et de quelques-uns de nos mystères.

« Saint François Xavier en baptisa une grande partie pendant son séjour; aussi leur fidélité à garder ce que la tradition a pu leur conserver des instructions que ce saint leur donna, marque la grande vénération qu'ils avaient pour lui.

« Ils demandent sans cesse des missionnaires, et se plaignent avec raison de ce qu'étant rachetés du sang de Jésus-Christ comme les autres peuples, ils ne participent pas aux mêmes faveurs. Ceux qui ont fait quelque séjour à Socotora leur ont souvent entendu dire :

« Eh! pourquoi nous a-t-on abandonnés? Est-ce parce que notre île ne produit point les richesses que cherche l'avidité des Européens?

« Est-ce qu'il n'y a plus personne en Europe comme le grand-père qui passa ici du temps de nos ancêtres, qui ne cherchait que le salut des âmes et méprisait tous les biens de ce monde?

« Est-ce que les missionnaires ont peur de mourir de faim avec nous? qu'il en vienne quelqu'un, nous partagerons avec lui notre nourriture, et nous ferons en sorte qu'il ne lui manque rien ; nous vendrons notre sang-de-dragon et notre aloès, pour lui acheter ce que la nature avare nous refuse, et notre soumission à ses volontés le dédommagera abondamment de son exil.

« Le R. P. Michel-Ange, récollet piémontais, avait été témoin des plaintes de ces pauvres insulaires, et il s'était déterminé à aller finir ses jours avec eux. Il était venu à Pondichéry en demander la permission à Monsieur Dumas à qui la cour de Rome l'avait renvoyé. Il l'avait obtenue, et il s'était embarqué dans un vaisseau français qui devait toucher à Socotora, en allant à Moka, mais Dieu se contenta de sa bonne volonté, le vaisseau fut pris par les Boncelas, pirates cruels. Ce saint religieux fut massacré et eut le bonheur de voir couronner son zèle par une espèce de martyre.

« Depuis ce temps, aucun missionnaire n'a tenté de pénétrer dans cette île, et malgré l'horreur que ces insulaires ont pour l'Alcoran, il est fort à craindre que les Arabes, qui se sont rendus maîtres de tous les ports, ne l'introduisent dans la suite. Et pour lors quel compte Dieu ne demanderait-il pas à ses ministres d'avoir laissé perdre par leur négligence une chrétienté si considérable.

« Nous aurions bien souhaité pouvoir porter quelques secours à ces pauvres gens. M. Méyère, en particulier, sentait une forte inclination pour se consacrer à cette bonne œuvre; mais notre vocation nous appelait autre part; nous nous devions aux Tonkinois, et c'eût été prendre le change que de les abandonner, dans la vue apparente d'un plus grand bien. »

Louis et Méyère finissaient cette partie de leur journal, comme ils l'avaient commencé, en exprimant l'espérance que leur narration toucherait le cœur « de ceux qui se sentent de la vocation pour les œuvres abandonnées ».

L'espoir des missionnaires se réalisa quelques années après. Une personne de foi très vive, Madame de Rupelmonde [1], vint un jour de l'année 1755, rendre visite à M. de Lalanne, supérieur du Séminaire des Missions-Étrangères et lui ouvrit son âme. Elle avait été très émue du récit de MM. Louis et Méyère sur Socotora « surtout pendant ses oraisons et pendant ses actions de grâces », et elle se sentait extrêmement portée à procurer à ces

---

[1]. Recourt, maison de l'Artois, d'où sont sortis les châtelains de Lens, les seigneurs de Licques, de Rupelmonde, de Camblain, de la Comté des ..teux, de Riabroeck et du Sart.

pauvres insulaires la connaissance de la religion chrétienne. Elle offrit tout ce qui était nécessaire pour commencer cette expédition et promit des fonds suffisants pour la soutenir si elle réussissait.

Les directeurs transmirent la demande à Mgr de Martiliat, alors procureur de la Société à Rome, en l'accompagnant des observations d'une clairvoyante administration[1] :

« Nous n'avons pas cru devoir mettre des obstacles à cette bonne œuvre, attendu qu'elle ne peut en aucune manière préjudicier aux anciennes missions.

« A l'égard du temporel, la personne fournira tout ce qui est nécessaire, même la pension pour le besoin des missionnaires dans la maison jusqu'à leur départ.

« Pour le spirituel, c'est-à-dire pour les sujets qu'il faudra employer, nous avons tout lieu de penser que nous en trouverons sans diminuer le nombre de ceux dont nous pourrions avoir besoin. »

« Car, ajoutaient-ils ailleurs, faisant cette réflexion d'hommes qui connaissent les secrets mobiles dont la Providence se sert pour attirer et exciter, « comme ce sera une mission nouvelle, plusieurs sujets auront un attrait particulier pour y aller. »

Madame de Rupelmonde était encouragée dans son pieux projet par plusieurs Carmélites des couvents de Paris.

La Mère Thaïs de la Miséricorde, en particulier, s'y était ardemment attachée. Elle écrivit plusieurs lettres à Mgr de Martiliat, l'assurant que cette entreprise serait glorieuse pour Dieu et la sainte Église.

La Mère Pauline de Jésus partageait l'enthousiasme de sa sainte sœur et rendait témoignage de ces efforts en ces termes :

---

1. Arch. M.-É., vol. 25, p. 46.

« Vous savez que Sœur Thaïs a eu le bonheur de trouver tout ce qu'il faut pour la tentative. J'ai suivi tout cela de près, et il y a une providence marquée qui me fait espérer une suite heureuse dans cette affaire qui est toute pour la gloire de Dieu[1]. »

Plus lettrée que la Mère Thaïs de la Miséricorde, la Mère Pauline de Jésus mêlait à ses récits quelques lignes d'exquise amabilité, parfum du cloître plus encore que du monde[2] :

« Je ne connois point M. le comte de Stainville, mais la conduite qu'il a tenue à votre égard me le fait estimer et respecter, et c'est de quoi luy attirer bien des amis, puisque tous les vôtres, Monseigneur, partageront votre reconnoissance. »

Consultée par Mgr de Martiliat, la Propagande donna son consentement et accorda des pouvoirs à deux missionnaires, MM. Dupuy et Querville, « de chers sujets comme il est rare d'en trouver; ils ont tous deux de l'esprit, de la science, une foi vive et ferme, un courage à toute épreuve. »

A ce premier éloge, la Mère Thaïs ajoutait ces lignes :

« Les caractères de ces messieurs sont très différents. M. Dupuy parle tout simplement de ses sentiments et je puis vous dire qu'ils sont pareils à ceux de saint François Xavier. M. Querville est au contraire renfermé en lui-mesme, et ce n'est que par art qu'on peut sçavoir ce qu'il pense sur l'article du beau de son âme. Ils sont tous deux très humbles, et même M. Querville le prouve peut-être à l'excès.

« ...Enfin ce sont d'excellents sujets, bien unis ensemble et prêts à répandre leur sang pour la foi. »

---

1. Arch. M.-É., vol. 356. Socotora.
2. Id. Id.

VI

Les deux missionnaires furent recommandés au gouverneur de Pondichéry par Machault, l'ancien ministre de la marine. Ils partirent de Marseille le 2 août 1755, vingt-deux jours avant la mort de Mgr de Martiliat dont les négociations en cette affaire furent les derniers travaux. Débarqués à Alexandrette, ils suivirent la route de terre jusqu'à Bassora, et se rendirent par mer d'abord à Banderabassy, ensuite à Mascate, où le consul hollandais et un riche Indien, nommé Naratam, les accueillirent avec distinction. Ayant appris qu'ils avaient tout à redouter des Arabes si leur projet de prêcher le catholicisme à Socotora était découvert, ils prirent le titre et l'habit de médecin.

La science médicale des Socotorins était assez primitive pour que celle des prêtres français, quoique modeste, parût fort grande.

Enfin le 13 janvier 1757, dix-sept mois après leur départ de Paris, les deux missionnaires arrivèrent en vue de l'île. Outre les détails sur Socotora reproduits dans le journal de Méyère et de Louis, il ne nous semble pas inutile d'ajouter ceux-ci :

Située dans la mer des Indes, sur la côte méridionale de l'Afrique, entre 50° 45' et 52° 10' de longitude Est et 11° 50' et 12° 30' de latitude Nord, Socotora fut, dit-on, évangélisée par saint Thomas. Une tradition vivante encore au XVI° siècle rapportait que cet apôtre, en se rendant aux Indes, fit naufrage sur les côtes de l'île, et l'on montrait une église construite avec les débris plus ou moins renouvelés de son navire. De fait, beaucoup d'hommes portaient le nom de Thomas.

La population chrétienne avait été, au VI° siècle, renforcée par l'arrivée de captifs originaires de l'empire romain d'Orient qu'y déporta Khosroës, roi de Perse.

Au point de vue spirituel, Socotora relevait au XVIIIe siècle, du patriarche chaldéen, chef des Nestoriens. Les chrétiens de cette île étaient donc hors de la communion catholique. Ils avaient, d'ailleurs, une foi peu éclairée et s'adonnaient à de nombreuses pratiques de sorcellerie. Cependant ils avaient conservé une organisation particulière. Dans chaque groupe de population, l'office du curé était rempli par un cacize, nom sous lequel les missionnaires désignent le chef d'un district. Ces chefs n'étaient pas moins ignorants que le reste de la population, ils n'avaient aucun livre, et récitaient, sans en comprendre le sens, les prières en langue chaldéenne qu'ils avaient plus ou moins retenues; à la fin de chacune de ces prières, ils répétaient à plusieurs reprises un mot qui rappelait l'Alléluia.

Des sacrements, ils n'avaient conservé que le baptême, et encore le fait n'est pas hors de controverse.

Ils se ressentaient fortement de l'influence de leurs conquérants, les Arabes du royaume de Fartak, autrefois judaïsants, ensuite convertis à l'islamisme, aussi ils vénéraient Mahomet, observaient la circoncision et certains sacrifices analogues à ceux des Juifs. D'autres insulaires, probablement des aborigènes, vivaient tout à fait sauvages à l'intérieur du pays.

Les Portugais occupèrent Socotora en 1507. En 1549, après le passage de saint François Xavier, quatre Jésuites séjournèrent quelque temps dans l'île, leur apostolat fut presque infructueux; ensuite était venu le P. Michel-Ange dont le capitaine avait raconté la mort à Louis et à Méyère.

Telle était la situation de Socotora lorsque les prêtres de la Société des Missions-Étrangères y abordèrent. Le vaisseau jeta l'ancre à deux kilomètres du rivage. Les

Arabes, compagnons de la traversée des missionnaires, se doutaient plus ou moins de leur qualité et de leur projet. Ils n'avaient cessé de les interroger sur ce qui les amenaient dans une contrée si pauvre et si misérable ; ils avaient été jusqu'à vouloir les empêcher de descendre à terre et à les menacer de les transporter sur la côte de Coromandel.

Dupuy et Querville prirent leurs dispositions pour parer au danger, ils se munirent d'une outre, de quelques cordes, inspectèrent les bastingages du navire, résolus de gagner la terre à la nage, si les Arabes tentaient d'exécuter leurs menaces. Ils ne furent heureusement pas obligés d'en venir à cette extrémité, et réussirent à persuader au capitaine de laisser descendre l'un d'eux, tandis que l'autre resterait à bord comme otage. Arrivé à Tamret, capitale de l'île, le missionnaire[1] demanda une audience au gouverneur, déclina son nom, sa nationalité, sa qualité de médecin, et finit en sollicitant l'autorisation pour lui et pour son compagnon d'habiter Socotora et de se consacrer aux soins des malades.

Le gouverneur qui ne lui « parut pas un méchant homme » accorda tout sans questionner autrement.

Dupuy et Querville se mirent donc immédiatement à exercer la médecine, espérant gagner l'affection des habitants et découvrir peu à peu des indices de la présence des chrétiens que l'on supposait dispersés à travers les montagnes. Ils prodiguèrent les remèdes et opérèrent des guérisons, mais les marchands venus avec eux firent courir des bruits qui les rendirent suspects.

A toutes leurs demandes de renseignements, ils n'eurent que des réponses vagues, contradictoires, parfois évidemment mensongères. Malgré ces ennuis ils se préparèrent à s'avancer dans l'intérieur du pays ; l'un

---

1. Nous ne savons lequel des deux missionnaires descendit à terre.

d'eux, nous ne savons lequel, partit secrètement pendant une nuit d'orage. Il se dirigea vers le sud-ouest, pénétra dans une vallée fort longue, bordée de hautes montagnes ; il avait quelques provisions qui furent bientôt épuisées, il se nourrit alors de racines et de fruits sauvages ; il passait les nuits à la belle étoile, les jours à errer sans rencontrer personne ; il revint à Tamret, mais son voyage n'avait pas tardé à être connu de tous, et à devenir la base de commentaires variés et malveillants ; son retour excita les imaginations, le gouverneur ordonna aux missionnaires de quitter l'île au plus tôt, et joignant l'action à la parole, il fit prendre et transporter sur le rivage leurs vêtements, leurs remèdes, tout ce qu'ils possédaient. Résister était impossible, mais quitter cette terre de prédilection sembla si pénible aux prédicateurs de l'Évangile, qu'ils essayèrent de s'enfuir dans les montagnes. Aussitôt poursuivis et arrêtés, ils furent jetés sur un navire en partance pour l'Inde. Ils étaient restés un mois dans l'île ; l'inutilité de leurs premiers efforts ne les découragea pas.

« Nous conservons toujours, M. Querville et moi, écrivait M. Dupuy[1], un grand désir d'entreprendre de nouveau la mission de Socotora, et nous espérons tout de la Providence de Dieu.

« Il faudrait qu'on nous obtînt des pouvoirs qui durent toute notre vie, car si nous retournons à Socotora, nous y demeurerons peut-être le reste de nos jours sans avoir aucune communication avec les Européens. »

Après un court séjour à Pâte, ils allèrent à Pondichéry près du procureur des Missions-Étrangères M. Mathon, et reçurent de lui des secours, pour recommencer leur tentative ; ils repartirent pour l'Arabie le 29 février 1759.

1. Arch. M.-É., vol. 356, p. 127. Socotora.

Arrivés à Bassora et n'osant plus se fier aux Arabes dont ils connaissaient les dispositions hostiles, ils prirent le parti de s'embarquer seuls. Leur dessein était d'aborder dans quelque endroit désert de la côte :

« Là, disaient-ils, Dieu aura soin de notre nourriture et de notre vie jusqu'à ce que nous ayons des chrétiens qui puissent nous secourir ».

Ils achetèrent une petite barque et mirent à la voile, envoyant, le 12 juin 1760, au Séminaire des Missions-Étrangères quelques mots pleins de confiance et de piété.

« C'est Dieu qui doit tout faire par sa Providence, et c'est ce qui augmente nos espérances et nos désirs. »

Cette lettre fut la dernière qu'ils écrivirent. Deux ans s'écoulèrent sans qu'on reçut aucune nouvelle des courageux apôtres.

Enfin, par une dépêche du 27 septembre 1762, M. Perdreau, consul de France à Bassora, apprit aux directeurs la mort des deux missionnaires.

« Le respect que MM. Dupuy et Querville s'attiraient par une conduite des plus édifiantes me fait avec une vraie sensibilité vous confirmer la nouvelle de la couronne du martyre, qu'ils ont acquise en allant pour la seconde fois à Socotora ; ce triste événement, arrivé depuis deux ans ne m'a été confirmé que depuis peu. Je vous avouerai, Monsieur, que je fis, lorsqu'ils passèrent, l'impossible pour les dissuader de leur entreprise, ayant une connaissance du local de cette isle ; mais leur zèle mit obstacle à mes représentations : ainsi étaient certainement les décrets de la Providence. »

Vers le même temps, le chef du comptoir de Surate, Anquetil de Briancourt, envoya quelques renseignements complémentaires.

« Une tempête, disait-il, avait obligé les deux missionnaires à se jeter à la côte où, à peine débarqués, ils avaient été massacrés par les Arabes. »

C'était la seconde fois que des prêtres de la Société essayaient de fonder une mission entièrement nouvelle et la seconde fois qu'ils versaient leur sang sans que personne connût bien exactement leurs souffrances et leur mort. La première entreprise de ce genre avait eu lieu au Pégou où Genoud et Joret avaient été tués ; la seconde venait de se terminer de la même façon dans une île africaine. Personne en Europe ne s'était occupé des premiers, les seconds n'obtinrent pas plus d'attention et ne recueillirent pas plus de gloire.

Mais les apôtres du Christ ne travaillent ni pour le monde, ni pour la renommée ; le salut des âmes est l'unique but de leurs efforts, et s'ils meurent avant de l'avoir atteint, la certitude que leur sacrifice sera récompensé immédiatement s'unit à l'espoir que de leur sang germera une moisson abondante ; c'est plus qu'il ne faut pour mourir heureux.

Cependant, la Société ne renouvela point la tentative de MM. Dupuy et Querville, elle manquait de ressources pour cette entreprise qui semblait devoir être longue, et la Propagande, éclairée par les mémoires des deux missionnaires, l'engageait à attendre un moment plus favorable.

Disons immédiatement, pour ne pas interrompre le récit des événements graves qui vont suivre, qu'en 1766, sur l'ordre du Pape Clément XIII, le Séminaire s'occupa d'envoyer trois missionnaires en Guinée : MM. Belgarde, de Clais et Sibire, qui partirent sans être agrégés à la Société au même titre que ceux qui allaient en Extrême-Orient.

La Guinée, vaste région de l'Afrique occidentale, entre Sierra-Leone au nord, et le cap Lopez au sud, était habitée par des populations de race nègre et par quelques négociants portugais et espagnols. Les prédicateurs de l'Évangile avaient plusieurs fois abordé sur ses côtes, mais ils avaient très rarement pénétré à l'intérieur.

Sibire resta à Loango, la capitale de la Guinée méridionale, à 5 kilomètres de la mer, les deux autres s'établirent à Kibota, plus avant dans le pays.

Dès les premières semaines de leur séjour, tous les trois furent atteints de la fièvre et en butte aux vexations des nègres qui les trompèrent et les volèrent.

Ils ne répondirent à ces traitements indignes que par une inaltérable patience, et un dévouement qui laissèrent les nègres insensibles et n'amenèrent aucune conversion.

En 1776, un autre missionnaire, Descourvières, passa quelques mois en Guinée, il n'obtint pas plus de résultat.

L'heure de la conversion n'avait pas sonné pour ces pauvres peuples, leur mortel sommeil devait se prolonger longtemps encore.

CHAPITRE II
1760-1773

I. La Société des Missions-Étrangères s'attache exlusivement à l'Extrême-Orient. — Invasion birmane à Siam. — Courageuse conduite de Mgr Brigot et des chrétiens. — Les directeurs du Séminaire de Paris désirent le rétablissement du séminaire de Siam. — II. Seconde invasion des Birmans. — MM. Alary et Andrieux prisonniers. — III. Siège de Juthia. — Baptêmes d'enfants de païens. — Négociations des Birmans avec Mgr Brigot. — Incendie de Juthia. — Ruine de la mission. — Mgr Brigot, emmené en Birmanie, sacre Mgr Percotto. — IV. Le collège général à Hon-dat soutenu par Mgr Piguel, dirigé par Pigneau de Behaine, Artaud, Morvan. — Vertus de Mgr Piguel, Vicaire apostolique de Cochinchine et de ses missionnaires Levavasseur, Boiret, Halbout. — V. État du collège général. — Ses professeurs emprisonnés. Leur courage. — Le collège général transporté à Pondichéry. Bref du Pape, Pie VI à la Société des Missions-Étrangères. — VI. Le clergé indigène au Tonkin. — Éloge par Mgr Hilaire de Jésus. — État général de la mission du Tonkin. Tentatives pour évangéliser le Laos. Détails sur ce pays. — VII. La Société s'établit définitivement en Chine. — Mgr Pottier, son emprisonnement et ses souffrances, sa délivrance. — VIII. MM. Falconet, Alary, Gleyo, sacre de Mgr Pottier. Arrestation de M. Gleyo, sa captivité, sa délivrance, ses visions, appréciation de M. Moye.

I

La Société des Missions-Étrangères n'a plus à s'occuper de l'Amérique, elle ne croit pas que les circonstances soient favorables pour reprendre la route de Socotora, elle concentre donc toute son attention et toute son activité sur l'Extrême-Orient. C'est là, d'ailleurs, son vrai champ de bataille, c'est là qu'elle a envoyé ses forces vives et déployé toutes ses énergies. La génération des Vicaires apostoliques, de Lolière, Lefèvre, Néez, de Martiliat, est passée ou s'éteint dans la vieillesse et la maladie ; Brigot a remplacé de Lolière à

Siam avec de nouveaux missionnaires : Andrieux, Kerhervé, Corre, Artaud ; Piguel va succéder à Lefèvre en Cochinchine, il sera aidé par Halbout, Boiret, Levavasseur ; Reydellet, à la tête du Tonkin, a pour collaborateurs : Savary, Bricard, Thiébaut, Sérard, Viard, Lebreton ; enfin en Chine Pottier va confesser la foi avant de fonder définitivement la mission du Su-tchuen. Comme leurs prédécesseurs et plus encore les ouvriers apostoliques travailleront dans les tribulations et dans les larmes, ils seront les victimes de la guerre civile et de la guerre étrangère, de la haine des gouvernements et de l'hostilité des particuliers, ils verront leurs œuvres ruinées, leurs chrétiens dispersés, eux-mêmes seront frappés, emprisonnés, exilés. Par la grâce de Dieu, ils survivront à l'orage, se courbant et s'éloignant pour le laisser passer, puis ils viendront reprendre l'œuvre interrompue : s'ils n'ont pas le temps de la restaurer entièrement, du moins ils prépareront pour leurs successeurs les matériaux de cette restauration, et ils ne laisseront pas diminuer entre leurs mains le patrimoine de la Société ou plus exactement les missions qui lui sont confiées.

En 1754, les Birmans, fiers de s'être affranchis du joug oppresseur des Pégouans, résolurent d'étendre leur domination sur le royaume de Siam. Sous un prétexte futile, le roi équipa trente navires, vint s'emparer de la ville de Mergui, la pilla et l'incendia. Les habitants eurent heureusement le temps de prendre la fuite, ainsi que les deux missionnaires de la paroisse, Andrieux[1] et Lefèvre. Encouragés par ce premier succès et par la terreur qu'inspiraient leurs armes, les vainqueurs marchèrent sur Juthia (1758). L'ancien roi de Siam, Chao-dok-ma-dua, s'était fait talapoin, lais-

---

1. Du diocèse de Clermont, parti en 1750.

sant la couronne à son frère; il fut forcé par les mandarins de reprendre les affaires en main, essaya de réorganiser l'armée et envoya contre les envahisseurs un corps de quinze mille hommes, qui fut complètement défait. Il leva alors deux nouvelles armées, construisit des fortins autour de la ville, et débarrassa le fleuve de toutes les boutiques élevées sur pilotis, qui gênaient les mouvements de la flotte. Ne voulant négliger aucune de ses forces, il pria le Vicaire apostolique, Mgr Brigot [1], d'user de son influence sur les chrétiens pour les engager à combattre. « La demande du roi est très juste, répondit l'évêque, c'est le devoir des chrétiens de lutter pour la défense de la patrie. » Et il fit un appel qui fut entendu. « Le troupeau, docile à la voix du pasteur, se souvint que le Dieu de paix qu'il servait était aussi le Dieu des batailles [2]. »

Plusieurs régiments, uniquement composés de chrétiens, reçurent la garde des bastions. Les derniers préparatifs étaient à peine achevés que les Birmans campaient à deux lieues de la capitale, après avoir brûlé tous les villages environnants et battu les troupes dirigées contre eux. Furieux de ces échecs et voulant se venger de ce qu'il appelait une trahison, et n'était en réalité que de la paresse jointe à de l'incapacité, le roi fit jeter en prison son père nourricier et son premier ministre. Cette vengeance ne changea pas la face des choses.

Afin de conserver des soutiens aux Missions de la Société, Mgr Brigot fit partir les élèves du séminaire général, sous la conduite de Kerhervé [3] et de Martin [4], pour Chantaboun, au sud-est de Siam, sur les frontières du

---

1. D'Orléans, parti en 1741.
2. *Histoire du royaume de Thaï*, par Mgr Pallegoix, vol. 2, p. 241.
3. De Quimper, parti en 1750.
4. De Caen, parti en 1753.

Cambodge. Un autre missionnaire, Sirou[1], profita des troubles pour briser, sans que personne y fît attention, la pierre de scandale placée devant l'église.

Les assiégeants gagnèrent rapidement du terrain, ils incendièrent le collège de Mahapram, la factorerie hollandaise, capturèrent les galères royales dont ils se servirent pour piller la douane, couler à fond ou brûler quantité d'embarcations hollandaises ou chinoises. A plusieurs reprises, ils attaquèrent le village de Saint-Joseph, mais ils furent repoussés avec perte par les chrétiens dont le courage, au dire des mandarins, contrastait grandement avec la pusillanimité des autres troupes. Ils approchèrent cependant des remparts, et bientôt ils s'établirent à portée de canon et bombardèrent la ville. Tout à coup, sans qu'on put deviner la raison de ce départ précipité, ils levèrent le siège et reprirent à marches forcées la route de Birmanie. Le lendemain, on eut l'explication de ce soudain éloignement : leur roi venait de mourir, et abattus par ce malheur, obligés par leurs coutumes d'aller lui rendre les honneurs suprêmes dans son propre pays, ils s'étaient éloignés, abandonnant toutes leurs conquêtes.

A la mission, Mgr Brigot était partagé entre la joie de la délivrance et la douleur que lui causaient les mauvaises nouvelles qu'il recevait sur le sort de Kerhervé et de Martin. Quelques Chinois étaient venus raconter à l'évêque que les deux missionnaires avaient été massacrés ; le fait, assuraient-ils, était absolument certain, on avait vu les corps flotter sur le fleuve, et on les avait reconnus aux soutanes et aux tonsures. Tout portait à croire à ce malheur qui heureusement n'était pas vrai. C'était une de ces fausses nouvelles, comme il en court en tout pays, pendant les jours d'effroi, et elles sont tenues

---

1. Du diocèse de Séez, part[i] en 1753.

pour vraies dès qu'elles sont publiées. Les Orientaux plus encore que les Occidentaux, excellent à les inventer avec une sorte de bonne foi et à les répandre avec une rapidité étonnante.

Kerhervé, Martin et leurs élèves avaient échappé aux Birmans, ils n'avaient pas même eu le temps de se rendre à Chantaboun et étaient restés sains et saufs à l'embouchure du Ménam ; bientôt ils revinrent à Juthia, ramenant par leur retour la joie dans tous les cœurs.

Le roi n'oublia pas la conduite de Mgr Brigot et l'intrépidité des chrétiens. Le premier ministre se fit l'interprète des sentiments du souverain. Dans une visite que lui firent l'évêque et les missionnaires, il les remercia d'avoir, dans la dernière guerre, rendu au royaume de Siam de plus grands services que ne l'avaient fait leurs prédécesseurs. Chaque chrétien reçut, en présent, une pièce d'étoffe et du riz, les élèves du collège de la toile. « Mais, dit une relation, le roi fut trompé à l'égard des écoliers, car il ne leur aurait certainement rien donné, s'il eût su qu'ils avaient fui au port. » Le peuple baptisa l'église française du nom d'église de la Victoire, il salua du nom de grand défenseur de la ville Mgr Brigot, qui, cependant, s'était borné à encourager les catholiques ; on prétend même que Chao-dok-ma-dua conçut quelque jalousie de la gloire de l'évêque, toutefois il ne le témoigna par aucune malveillance, et peu de temps après le départ des Birmans, il retourna définitivement à la vie monastique.

A la nouvelle de ces malheurs le Séminaire de Paris s'était ému, moins pour la mission elle-même que pour le séminaire général de Juthia. Aussi s'empressa-t-il de répondre, par une lettre adressée à tous les membres de la Société, à un doute qui s'était élevé sur l'opportunité, soit de rétablir cette institution à Siam, soit de l'abandonner et de la remplacer par des séminaires particuliers dans chaque Vicariat apostolique[1] :

« Nous croyons, Nosseigneurs et Messieurs, qu'il ne faudra jamais penser à se retirer de Siam que dans la dernière extrémité. Ce lieu est l'entrepôt général de toutes nos missions orientales, et le séminaire de Siam a toujours été regardé comme le berceau, le fondement et l'espérance de tout le clergé par rapport à notre service, qui a pour but principal la formation d'un clergé tiré des naturels du pays. Si par le malheur des guerres, ou par quelque autre fâcheux accident, on était forcé de se retirer de Siam, nous pensons qu'il serait très à propos de ne s'en éloigner que le moins qu'il se pourrait, et qu'on ne devrait rien omettre, ni rien négliger pour tâcher d'y rentrer.

« Le rétablissement du collège de Mapram nous paraît un objet digne de votre zèle, et des plus importants de notre œuvre : mais avant de rien entreprendre à cet égard, il faudra amasser les fonds nécessaires, et si nous obtenons le payement des quatre années d'arrérages de la gratification du Roy, cela pourra aider beaucoup à accélérer le rétablissement de ce collège. »

II

Mgr Brigot n'eut pas le temps de donner suite aux désirs exprimés par les directeurs et qui étaient également les siens ; une seconde invasion des Birmans apporta la désolation et la ruine dans sa mission.

A la fin de l'année 1764, les ennemis attaquèrent et défirent le roi de Thavai, tributaire de Siam, ils le suivirent ensuite à Mergui où le malheureux se réfugia.

---

[1] Arch. M.-É., vol. 62, p. 99.

Le 11 janvier 1765, vers 4 heures du matin, le bruit du canon annonça l'arrivée des vainqueurs, qui entrèrent dans la ville sans combat et la saccagèrent. La chrétienté de Mergui, dirigée alors par deux missionnaires, Alary[1] et Andrieux, comptait de 800 à 1,000 fidèles. Plusieurs d'entre eux, croyant leur dernière heure venue, cherchèrent un asile dans l'église, et se jetèrent en larmes aux genoux de M. Alary. Le prêtre les exhorta au courage, à la résignation et leur donna l'absolution. Il avait à peine achevé de parler qu'un soldat se précipita sur lui et le saisit à la gorge. Sans s'effrayer de cette brutale agression, Alary expliqua qu'il n'était pas un combattant, mais un homme de paix, un maître de religion. Le soldat ne répondit point, inspectant le missionnaire des pieds à la tête, il se demandait quelle partie de son costume lui plaisait le mieux ou lui servirait le plus, après quelques secondes de réflexion, il se décida : « Donne-moi ton chapeau, » fit-il, et avant que le prisonnier eût obéi, il prit le chapeau et s'en coiffa. En ce moment, avec de grands cris de bêtes fauves, d'autres soldats se jetèrent sur le missionnaire, le dépouillèrent de ses vêtements, ne lui laissant que sa chemise. Ils entrèrent dans la chambre de M. Andrieux, prirent le calice, les ornements, les livres, puis ils poussèrent dehors les prédicateurs de l'Évangile et mirent le feu à la maison.

Pendant l'incendie, les pillards ordonnèrent aux deux prêtres de descendre dans une petite barque attachée au rivage, ceux-ci se mettaient en devoir d'obéir lorsque le général birman les appela devant lui. Assis sur un tas de décombres, le général reçut les captifs avec l'insolence d'un vainqueur et la grossièreté d'un sauvage. Il les fit frapper de coups de bâton sur

---

1. Du diocèse d'Albi, parti en 1763.

les jambes, parce qu'ils ne s'asseyaient pas à la mode de son pays, il les interrogea sur les navires européens mouillés à l'entrée du port et ordonna à M. Alary de prendre sept à huit jonques de guerre et d'aller les attaquer. Le missionnaire s'excusa sur ce qu'il était prêtre et n'entendait rien à la guerre. Le général trouva heureusement la raison bonne, car on se demande ce que serait devenu le doux et humble M. Alary à la tête d'une flotte birmane, livrant bataille à des Européens.

Les captifs furent conduits, à travers les rues incendiées, au grand bazar de la ville, et pendant plusieurs heures, ils restèrent les témoins attristés des amusements sacrilèges des soldats qui paradaient avec les chasubles et les aubes et jouaient avec les vases sacrés. Grâce à l'intervention d'un pilote chrétien nommé Joseph, ils obtinrent enfin un peu de nourriture et un abri pendant les quinze jours que les Birmans séjournèrent à Mergui, attendant le retour de l'armée partie au pillage de Tenasserim. Ils profitèrent de ce délai pour briser la pierre de scandale, semblable à celle de Juthia, que l'on avait élevée devant leur église. Le général et son conseil ne prirent point garde à cet acte dont ils n'auraient pas compris l'importance, ils étaient beaucoup plus préoccupés de décider s'ils tueraient ou emmèneraient les missionnaires; après deux délibérations sur ce sujet, ils résolurent de les garder afin de les offrir au roi comme des esclaves de premier choix, et ils les conduisirent à Tavay. Un riche Mahométan de cette ville, Momosadec, les prit sous sa protection, leur donna des vêtements, et, à leurs pressantes sollicitations, racheta les jeunes chrétiennes enlevées par les vainqueurs. L'influence de Momosadec ne parvint pas cependant à empêcher le vice-roi de Tavay d'appeler les missionnaires à son tribunal.

Avec l'astuce particulière aux Orientaux, le vice-roi commença par laisser croire aux captifs qu'il voulait leur rendre les objets volés et punir les pillards. Il avait fait poser près de lui le calice, les vases sacrés et les ornements, il tenait à la main la grande croix de l'église : « Reconnaissez-vous cette croix, leur demanda-t-il, et vous appartient-elle? — Elle nous appartient, répondit M. Alary. — Vous a-t-on pris autre chose et quelle somme d'argent avez-vous perdu? » La première question n'était posée que pour amener la seconde. Andrieux ne comprit pas tout de suite le but du vice-roi, et craignant, comme il le dit, de nuire par sa déclaration à ceux qui avaient pris cet argent, il se contenta de répondre qu'il ne savait pas assez la langue des Birmans pour l'expliquer, mais que plus tard le missionnaire qui résidait à la cour du roi d'Ava donnerait les éclaircissements désirés. Le vice-roi redoubla ses instances : « Où as-tu caché l'argent ? » répétait-il. Avant de répondre, Andrieux mit la main dans sa poche pour en tirer un fil d'argent et montrer que c'était là toute sa fortune ; mais sans attendre aucune explication, le vice-roi s'écria : « Il a de l'argent, qu'on le mette à la question. » Une chaudière remplie de calain et de plomb fondu avait été préparée pour punir les criminels, un soldat prit la main du missionnaire et la tint au-dessus de la chaudière, attendant l'ordre de l'y plonger. L'accusé protesta avec énergie qu'il ne possédait rien : « Qu'il dise donc, répliqua l'interrogateur, ce qu'on lui a volé. » Le missionnaire consentit enfin à répondre. Après sa déposition, les deux prêtres eurent la permission de retourner chez leur hôte.

Dans un second interrogatoire, le vice-roi manifesta quelque bienveillance envers eux, il leur offrit le thé, leur montra les effets pillés et leur indiquant d'une main la custode, de l'autre des soldats à genoux rangés devant lui : « Regardez, leur dit-il, et voyez si vous reconnaissez celui qui a pris cette petite boîte... » L'attaque avait eu lieu au petit jour, et dans la confusion qui l'accompagna, les missionnaires n'avaient pas remarqué les traits des assaillants : ils le dirent au Birman qui prit la custode, l'ouvrit, enferma une petite idole dans le vase sacré autrefois la demeure du Roi des Rois, du Saint des Saints ; Alary et Andrieux se récrièrent, implorant qu'on leur remit la custode, le gouverneur leur imposa silence. Le mal était sans remède ; douloureusement émus, les apôtres baissèrent les yeux et gardèrent le silence, demandant pardon à Dieu de cette profanation accomplie par un malheureux, plus ignorant que coupable. Le vice-roi leur remit seulement la croix de l'église et les congédia. Dans un troisième interrogatoire, les missionnaires furent frappés de coups de bambou et menacés de mort, puis ils furent embarqués sur l'un des navires qui faisaient voile pour la Birmanie.

Ils n'allèrent qu'à Rangoon où ils ne restèrent pas longtemps, et, après leur libération, gagnèrent Macao. Alary se rendit ensuite au Su-tchuen, et Andrieux passa en Cochinchine où il retrouva un certain nombre d'élèves du séminaire général.

Ce départ de quelques vaisseaux birmans, connu à Juthia, causa une grande joie au roi de Siam qui se figura que les vainqueurs se retiraient de nouveau comme la première fois. Par un édit solennel, il défendit à ses sujets tout sentiment de crainte, et afin de prouver combien cette défense était fondée, il licencia les milices et célébra des réjouissances publiques. Cependant, afin d'effrayer l'ennemi, si par hasard il se présentait, et d'après le conseil d'un mandarin musulman, on éleva de distance en distance, sur les terrasses de la ville, trois poutres liées ensemble ; de l'un à l'autre de ces faisceaux, on tendit des cordes sur lesquelles, à une hauteur triple des murailles, furent placés des canons. La sottise s'unissait à la folie pour perdre le royaume de Siam. Hélas! sous toutes les latitudes sonnent ces heures fatales où les peuples et les rois s'abandonnent au plaisir, à l'insouciance, et, par un orgueil voisin de la démence défient l'avenir plein de menaces qui verra sombrer leur puissance, leur gloire et parfois leur honneur. Mgr Brigot s'attristait de ces fêtes insensées et de ces puérils préparatifs de combat. Sentant l'orage approcher, il fit de nouveau partir les élèves du séminaire que MM. Artaud et Kerhervé conduisirent à Chantaboun.

III

Les prévisions de l'évêque étaient exactes, et le 6 mai l'ennemi parut devant Juthia. Les Siamois païens, persuadés que la valeur des chrétiens avait seule protégé la ville lors de l'invasion précédente, vinrent en foule se réfugier dans leur quartier. Mgr Brigot et M. Corre[1] en profitèrent pour enseigner les vérités catholiques, ils furent écoutés avec une respectueuse indifférence. Les Siamois n'étaient pas éclairés par leurs malheurs qui leur paraissaient l'effet de causes entièrement naturelles; la justice de Dieu était encore cachée à leurs yeux.

Le baptême des enfants païens consola les missionnaires de l'endurcissement des parents. Pendant les années 1765 et 1766, époque de famine et de guerre, le chiffre de ces baptêmes dépassa dix mille.

« Le bruit de la guerre a ramené tout le peuple dans la capitale, écrivait M. Corre à M. Darragon, directeur du

---

[1]. De Saint-Pol-de-Léon, parti en 1760.

Séminaire des Missions-Étrangères [1], la Providence a, par là, rapproché de nous ce que, les années précédentes, nous allions chercher au loin. Je parle des enfants moribonds. Ce n'était qu'avec d'immenses travaux que nous parvenions à les trouver dans les villages ; aujourd'hui, le Seigneur nous épargne cette peine, et la ville nous présente une abondante moisson. Autrefois, à peine dans quinze jours, en marchant depuis le matin jusqu'au soir, trouvait-on quarante de ces enfants à baptiser ; maintenant, par la miséricorde de notre aimable Sauveur, il n'est pas rare qu'en un seul jour on en baptise soixante ; et le soir on ne rentre pas content au séminaire, quand les jours ordinaires on n'en a pas baptisé une trentaine.

« L'excellence de cette œuvre nous anime ; nous ne laissons pas échapper une si belle occasion de procurer quelque gloire à Dieu. Tous les jours, nous courons nu-pieds dans les eaux et à travers les épines à la recherche de ces petits infortunés, dispersés de tous côtés. »

Cependant le siège de Juthia traînant en longueur, les ennemis expédièrent un détachement piller et brûler Bangkok. L'église et le collège catholique furent la proie des flammes. L'incendie projetait encore ses lueurs funèbres sur les campagnes environnantes, lorsqu'un capitaine anglais, Pauny, mouilla dans le port avec deux vaisseaux chargés de marchandises. Le roi de Siam lui fit proposer de combattre les Birmans moyennant d'importants avantages commerciaux ; la proposition souriait médiocrement à l'Anglais qui ne l'eût probablement pas acceptée, si les Birmans n'avaient, les premiers, attaqué ses navires.

Il se rangea alors résolument du côté des Siamois, remonta le Ménam et canonna les forts de l'ennemi.

---

1. *Nouvelles lettres édifiantes*, vol. 5 ; p. 439.

Mais, ne recevant pas de Juthia la poudre et les balles dont il avait besoin, il abandonna ses alliés maladroits que sa présence et son courage auraient peut-être sauvés, pilla six jonques chinoises et mit à la voile. Le royaume perdait sa dernière chance de succès.

Après le départ des Anglais, les Birmans inondèrent le pays, laissant toutefois à quelque distance de la capitale le gros de leur armée qui construisit de nombreux fortins, pour empêcher tout secours de parvenir aux assiégés. Lorsqu'ils furent solidement établis dans leurs lignes, ils s'avancèrent à une portée de canon des remparts.

Parmi les chrétiens, les uns gardaient les bastions, les autres avaient obtenu trente pièces de canon, des fusils, des sabres et cinq mille francs pour défendre les églises et les forts situés hors des murs.

Le 13 novembre, les Birmans s'emparèrent de plusieurs grandes pagodes défendues par les Chinois et lancèrent leurs boulets jusque sur l'église Saint-Joseph; les chrétiens répondirent bravement à leur feu, démolirent une des pagodes nouvellement emportées et prirent un éléphant de guerre. Mais quelques jours après, ils se laissèrent surprendre et ne durent leur salut qu'à la valeur de la troupe qui veillait sur le séminaire et sur l'évêché.

De l'autre côté de la ville, les Chinois, qui défendaient la loge hollandaise et le village portugais, furent battus. Les deux prêtres de cette dernière paroisse, un Dominicain et un Jésuite, ne voyant plus aucune chance de victoire, se rendirent.

Les vainqueurs espérèrent que cet exemple serait suivi par l'évêque; ils lui firent écrire par le Dominicain pour l'engager à donner à ses chrétiens l'ordre de déposer les armes.

« Que pouvait-il, presque sans soldats et sans forts,

contre un corps de cinq mille hommes? lui disaient-ils. D'ailleurs, il n'avait rien à craindre, les missionnaires, les catholiques, l'église, le séminaire seraient respectés. Seules, les maisons des particuliers seraient incendiées et les armes enlevées. » Tout d'abord, Mgr Brigot refusa d'entrer personnellement en pourparlers avec l'ennemi et dépêcha un chrétien prendre de plus amples informations. Le général birman retint le messager et déclara qu'il ne traiterait qu'avec l'évêque en personne. Celui-ci consentit enfin à se présenter chez le général qui le reçut avec honneur, et lui réitéra ses promesses, ajoutant que les catholiques devaient immédiatement se retirer dans l'église ou dans l'enceinte du Séminaire et l'évêque dans une pagode qu'il lui indiqua; « la nuit suivante, disait-il, il irait brûler les restes du quartier Saint-Joseph. »

Il fallut accepter ses dures conditions. Le 23 mars, l'incendie fut allumé et se communiqua rapidement à l'église qui fut réduite en cendres. Le vainqueur envahit le séminaire qu'il pilla malgré sa parole, et emmena dans son camp les prêtres, les élèves et les fidèles. Dans la nuit du 7 au 8 avril 1767, la malheureuse cité de Juthia fut prise d'assaut, ruinée de fond en comble et les habitants massacrés ou réduits en servitude ainsi que les princes de la maison royale.

L'antique capitale de Siam ne s'est jamais relevée de ce désastre, elle n'est plus aujourd'hui qu'une agglomération de pagodes et de palais à moitié détruits par le feu, de statues colossales déchiquetées par le temps, de forts en partie écroulés, de pans de murailles branlantes, et ces ruines imposantes, plus tristes sous le ciel éclatant d'Extrême-Orient, gisent couvertes de broussailles impénétrables, ombragées de vieux peupliers d'Inde, asile des hiboux et des vautours.

Les belles églises, élevées par les premiers évêques

et par les premiers prêtres de la Société des Missions-Étrangères, disparurent dans cette catastrophe, et c'est avec un serrement de cœur qu'on lit ces mélancoliques paroles écrites en 1830, par Mgr Pallegoix, futur vicaire apostolique de Siam.

« Mon cœur fut ému à la vue des ruines déplorables de quatre églises chrétiennes, au milieu des champs et des déserts. Je choisis pour mon séjour les ruines de Saint-Joseph, où sont les tombeaux de onze vicaires apostoliques et d'une multitude de saints missionnaires. J'allais chaque jour méditer sur les débris de colonnes et de murs antiques, qui sont devenus le repaire des hiboux, des scorpions et des serpents; et je priais le Seigneur de rendre à ces lieux saints leur gloire première. Sur les ruines du palais épiscopal, j'élevai une cabane de feuilles et de bambous, où je célébrai le saint sacrifice tous les dimanches et fêtes. »

Une nouvelle Juthia s'est bâtie à peu de distance, mais elle n'a ni la splendeur, ni la puissance, ni la richesse de l'ancienne. Née près des tombeaux, elle a gardé dans sa physionomie et dans son allure quelque chose de triste et de funèbre; le sceau du malheur qui marqua son origine a laissé son empreinte sur elle.

La capitale détruite, le pays dévasté, l'armée birmane repartit pour Ava, emmenant prisonniers le roi, les princes et une partie du peuple. Un certain nombre de chrétiens furent immédiatement dirigés sur la Birmanie, et incorporés dans les troupes. D'autres, guidés par M. Corre, trouvèrent le moyen de s'échapper et se retirèrent au Cambodge. Mgr Brigot fut remis entre les mains du pilote Joseph, le même qui, à Mergui, avait secouru MM. Alary et Andrieux. Joseph reçut l'ordre de conduire l'évêque à Rangoon; il lui rendit ainsi qu'aux catholiques, des services signalés, en particulier pendant leur séjour à Ban-xang.

Les troupes birmanes s'étaient arrêtées dans cette petite ville située sur les bords du Mé-klong, elles traitaient les prisonniers avec la dernière brutalité, frappant les hommes et outrageant les femmes. Plusieurs captifs chrétiens, indignés de ces infamies, défendirent leurs compagnes; les soldats les ayant aussitôt accusés de rébellion, le gouverneur voulut les faire décapiter, le pilote Joseph courut chez lui, expliqua leur conduite, et l'instruisit du caractère de paix et de douceur de la vraie foi. « Au lieu d'avoir quelque chose à craindre des chrétiens, lui dit-il, vous avez tout à espérer; leur évêque principalement pourra vous rendre de véritables services, en engageant les Français à fonder un comptoir à Tavay ou à Mergui. » Les espérances de commerce que le pilote évoquait aux yeux du gouverneur étaient à coup sûr fort chimériques, mais l'argument suffit à calmer sa colère.

Le 6 juin, les captifs furent embarqués, et, après dix jours de navigation, prirent la route de terre qui traversait une partie de l'ancien royaume de Tenasserim, et allait du golfe de Siam à l'océan Indien, ils eurent à supporter de grandes souffrances, durent escalader de hautes montagnes boisées en suivant de véritables sentiers de chèvres, coucher à la belle étoile, et souvent ils manquèrent de nourriture; beaucoup moururent de fatigue, et en plusieurs endroits, le chemin fut bordé de cadavres. Enfin ils arrivèrent à Tavay. Un Arménien, Babatan, réclama l'honneur de loger l'évêque et de nourrir quelques chrétiens, mais sa fortune ne lui permit pas de prolonger de telles générosités, d'autant plus que la famine avait élevé le prix des vivres à un taux extraordinaire : un boisseau de riz coûtait jusqu'à 25 ou 30 piastres. Mgr Brigot vendit tout ce qu'il avait sauvé du pillage; l'argent ainsi recueilli ne dura pas longtemps, alors dans un dernier et suprême élan de charité, l'évêque vendit son anneau épiscopal, le gage béni de son alliance avec l'église de Siam. Ce trait de désintéressement qui révèle combien forte et douce était l'union du Père et des enfants, du pasteur et de ses ouailles, toucha le cœur d'un capitaine anglais nommé Rivière : il sollicita l'honneur de recevoir le Vicaire apostolique à son bord, et le pria de considérer le navire comme sa propre demeure.

A Rangoon, les missionnaires, barnabites italiens, firent à l'exilé, un accueil digne de ses vertus et de ses malheurs. Leur supérieur, le P. Percotto [1], avait reçu ses bulles d'évêque de Maxula et, depuis quelques mois, cherchait à qui il s'adresserait pour être consacré. Il ne pouvait songer à se rendre ni à Siam en guerre avec les Birmans, ni en Cochinchine ou au Tonkin dont l'entrée était interdite aux prêtres européens sous peine de mort, ni à Macao, ni à Goa, dont les évêques étaient toujours assez mal disposés pour les missionnaires des autres nations.

Mgr Brigot arriva juste à temps pour lui donner la consécration épiscopale, il mit à sa disposition quelques catéchistes lettrés et sérieux, à l'aide desquels le nouvel évêque commença un séminaire.

Des désastres de la mission de Siam sortait ainsi un germe régénérateur pour la mission de Birmanie. Grand spectacle que nous donnent les choses humaines, qui, par quelque côté, sont toujours les choses de Dieu : la mort touche à la naissance et la décadence au progrès ; travailleur aveugle de l'œuvre qu'il fait et plus encore de celle qu'il prépare, l'homme s'attriste et pleure sur ce qu'il appelle les malheurs du présent; il croit que les institutions croulent quand elles ne font que changer, il voit les ruines s'amonceler, sans se douter que demain

---

1. La *Mission de Birmanie*, par Mgr Bigandet, p. 49.

on prendra ces ruines pour élever un nouveau et plus vaste édifice.

IV

Pendant que sur les chemins de l'exil, l'évêque accomplissait ainsi l'œuvre de Dieu, M. Artaud avait guidé jusqu'à Chantaboun la fuite des élèves du séminaire général. Cette ville lui ayant paru encore trop proche de l'ennemi, il partit pour Cancao, aujourd'hui Ha-tien, et se fixa un peu au sud de ce port, à Hon-dat.

Il y reçut bientôt un secours du Vicaire apostolique de Cochinchine, Mgr Piguel[1], qui, plaçant au-dessus de l'utilité de sa mission, l'intérêt général des Missions et l'importance de la grande œuvre de la Société des Missions-Étrangères, se priva de deux de ses collaborateurs, Pigneau de Béhaine[2] et Morvan[3], et les envoya au séminaire général. Il avait une belle âme de saint, cet évêque, qui donnait l'exemple de la solidarité des membres de la Société, de leur union, de leur ferme volonté d'atteindre à tout prix le but premier de leurs travaux. Mais sa vertu dominante était l'amour de la pauvreté. Son palais épiscopal était une misérable cabane, construite à la mode cambodgienne, à peine recouverte de quelques feuilles qui laissaient passer le vent et la pluie, les murs en étaient de feuilles comme le toit, et le mobilier se composait à peu près exclusivement de simples nattes. Il avait un vestiaire à l'avenant garni de deux vieilles chemises, d'un mouchoir, d'un habit en toile noire pour tous les jours, et d'une vieille soutane violette pour les offices pontificaux des jours de fête. Il ne gardait rien

---
1. Du diocèse de Rennes, parti en 1747.
2. De l'ancien diocèse de Laon, parti en 1765.
3. De Quimper, parti en 1766.

pour lui, et toutes ses ressources passaient en bonnes œuvres : le séminaire, l'entretien des catéchistes, les secours aux confesseurs de la foi prisonniers ou exilés, le soulagement des pauvres et des malades, en sorte que, sans faire, comme les religieux, le vœu solennel de pauvreté, on pouvait dire avec vérité, de lui et de ses prêtres, qu'ils en pratiquaient strictement la vertu. Son zèle à procurer le salut des âmes était très grand. Toujours réfugié au Cambodge depuis l'édit de proscription qui avait, pour la seconde fois, frappé les missionnaires de Cochinchine, il fit tous ses efforts pour remédier à cette déplorable situation, en entretenant de fréquents rapports avec ses chrétiens.

En même temps, il s'occupa des Cambodgiens, au milieu desquels la Providence l'avait jeté; il fit prêcher l'Évangile à ce peuple, que le Saint-Siège avait confié à sa sollicitude pastorale, et, malgré le petit nombre des ouvriers apostoliques, il lui donna un prêtre, Levavasseur[1], pour l'amener à la foi.

Mgr Piguel projetait aussi l'établissement d'une mission chez les tribus sauvages qui habitent les montagnes à l'ouest de la Cochinchine. « Ces gens-là, écrivait-il, paraissent nés pour le christianisme. Ils ont beaucoup de vertus morales et peu de défauts; ils n'ont ni pagodes, ni talapoins; j'espère qu'on y recueillera de grands fruits. Je souhaiterais bien envoyer deux missionnaires pour ouvrir cette mission. » Les apôtres désirés ne vinrent pas, et cette œuvre fut remise à des jours meilleurs, mais elle devait présenter plus d'obstacles que le bon évêque ne le supposait.

Mgr Piguel avait d'excellents collaborateurs. Levavasseur, resté au Cambodge, s'appliqua à l'étude de la

---

1. De Séez, parti en 1766.

langue khmer, traduisit le catéchisme en cette langue et composa encore un traité contre les superstitions du pays ; il fonda au Cambodge le premier couvent des Amantes de la Croix, et une association de pieuses femmes chargées de secourir les pauvres et de visiter les malades abandonnés ; il était d'un caractère ferme et très charitable ; il mourut saintement en 1777, après dix ans d'apostolat.

Denis Boiret[1] qui fut nommé en 1776 directeur-procureur au Séminaire de Paris et dont nous verrons les travaux pendant la Révolution, était un prêtre très pieux, appliqué à l'étude, entendu aux affaires et cherchant à les faire réussir par la force des raisons plutôt que par des concessions qui lui eussent paru des faiblesses.

Pierre Halbout[2] dont la carrière apostolique se termina en 1788 fut au jugement de Pigneau de Behaine un des meilleurs missionnaires de Cochinchine.

Il faillit tomber aux mains du gouverneur de la province du Phu-yen, dans le courant du mois de février 1767 : il était encore malade d'un séjour d'un mois qu'il avait fait au milieu de montagnes très malsaines pour visiter et consoler les chrétiens proscrits, lorsque le grand mandarin fit investir à l'improviste la misérable cabane où il se réfugiait. Il n'eut que le temps de s'enfuir, par une ouverture secrète, et incapable de marcher à cause de l'épuisement complet de ses forces, il se mit à ramper à travers les hautes herbes ; il échappa aux soldats, mais tous ses effets furent pris, sans excepter son bréviaire.

Artaud et le prêtre indigène Jacques Tchang qui, sous la direction de Pigneau de Behaine, résidaient au séminaire général à Hon-dat, et instruisaient une qua-

---

1. De la Flèche, parti en 1766.
2. Du diocèse de Bayeux, parti en 1759.

rantaine d'élèves chinois, siamois et annamites, étaient également remarquables par leurs vertus et n'éprouvaient pas de moindres tribulations.

V

Le séminaire, en effet, cette belle création des premiers Vicaires apostoliques soutenue par la Société au prix des plus grands sacrifices, était dans la plus triste situation depuis qu'il avait été établi au Cambodge.

On peut voir, par le récit suivant, à quel degré de misère professeurs et écoliers étaient alors réduits[1] : On n'avoit, dit un missionnaire, pour réfectoire qu'une grange couverte de paille, et ouverte de tous côtés. Quand il survenoit quelque tempête à l'heure des repas, les écoliers qui étoient du côté d'où le vent souffloit, étoient obligés de se lever, d'emporter leur portion, et d'aller du côté opposé chercher quelque coin pour éviter d'être mouillés. Le corps de logis où on dormoit et où on étudioit n'étoit pas en meilleur état. Les vents du nord avoient emporté une grande partie des pailles du toit, de façon que, quand il pleuvoit pendant la nuit, la plupart des écoliers étoient obligés de se lever, de ramasser leurs nattes et de chercher un abri, en attendant la fin de l'orage ; quand la pluie étoit passée, ils s'en retournoient dans leurs chambres, étendoient leurs nattes sur la terre qui étoit toute mouillée, et dormoient le mieux qu'ils pouvoient jusqu'au lendemain matin. Une partie du viatique que j'avois apporté avec moi fut employé à remédier à ces maux, et on travailla à construire un nouveau collège. Nous fûmes obligés d'assembler nous-

---

1. *Nouvelles lettres édifiantes*, vol. 5, p. 507.

mêmes les matériaux, et de faire le gros de l'ouvrage. Deux jours de la semaine, les études étoient interrompues pour aller au désert couper et dégrossir les bois, d'où il falloit ensuite les traîner ou les porter à travers les marais, jusqu'à une rivière où l'on venoit les chercher en bateau. »

Des disgrâces d'un autre genre attendaient les missionnaires que leur qualité d'étrangers et d'exilés rendait suspects aux autorités du pays. Vers la fin de 1767, un prince siamois passa par Hon-dat en se rendant au Cambodge. Le gouverneur de Ha-tien avait ordre de l'arrêter, il le manqua; soupçonnant les prêtres catholiques de lui avoir donné asile, et de l'avoir aidé à fuir, il les fit prendre par ses soldats. Le mandarin, chargé de cette arrestation, interrogea M. Artaud qui commença par disculper ses deux confrères évidemment innocents de la faute dont on les accusait, puisque l'un, Pigneau de Behaine, ignorait la langue siamoise et que l'autre, Jacques Tchang, habitait le collège depuis quelques jours seulement. Quant à lui, Artaud, il avait refusé de recevoir le prince au séminaire, et n'avait pas même consenti à avoir avec lui un entretien, afin de ne pas offenser le gouverneur. Malgré ces raisons péremptoires, les missionnaires furent emmenés au tribunal, et les mandarins, chargés d'instruire l'affaire, les firent comparaître à dix heures et demie du soir. Après un long et solennel préambule, le premier juge leur dit : « Toutes les informations ont été prises, nous sommes sûrs de votre faute, vous n'avez plus qu'à l'avouer. — Notre religion, répondit Artaud, défend le plus petit mensonge. Sachez que toutes les richesses du gouverneur, tous les tourments imaginables ne sont pas capables de m'en faire dire un seul. C'est le Dieu que j'adore, le Dieu tout-puissant, qui me donne cet amour pour la vérité. Pour ce qui regarde le prince siamois, je répéterai ce que j'ai déjà dit : j'ai refusé de le loger et de lui parler. » Cette réponse présageait un long et difficile interrogatoire, les mandarins préférèrent le repos, et se retirèrent en ordonnant de conduire les accusés en prison. Le lendemain, le fils d'un général vint les voir de la part de la femme du second juge et d'une des dames les plus riches de la ville pour les saluer et prier M. Artaud de parler avec moins d'assurance.

Reconnaissant de cette sollicitude, mais inébranlable dans la vérité, le prêtre chargea le messager de ces paroles : « Je vous prie de remercier ces dames et de leur dire que je répondrai comme il convient à un missionnaire. » Cependant après quelques jours, le gouverneur se ravisa, et soit pour découvrir la vérité, soit pour s'emparer de l'étranger, il proposa à M. Artaud d'aller au Cambodge conférer avec le prince et de le faire consentir à venir à Ha-tiên. Le prêtre acquiesça à la demande, mais aux conditions suivantes : 1° avant son départ, on libérerait les deux autres missionnaires; 2° le gouverneur promettrait de respecter la vie et la liberté du prince; 3° le négociateur s'engageait uniquement à rapporter la réponse et n'aurait dans cette affaire aucune qualité d'ambassadeur ou d'envoyé officiel. Ces conditions furent acceptées.

Pigneau et Jacques Tchang furent mis en liberté sur-le-champ, leurs vertus et leur charité déclarées par sentence publique très recommandables. Artaud partit, mais il ne réussit pas à persuader le prince siamois qui se défiait, à bon droit peut-être, de ces offres inexplicables. Irrité de cet échec qui déroutait ses plans, le gouverneur jeta de nouveau les missionnaires en prison.

On les traita cette fois avec plus de rigueur que la première, « on leur mit des cangues si pesantes qu'ils en étaient accablés. » Artaud reçut la sienne en prononçant ces paroles du prêtre qui se revêt de la chasuble pour monter à l'autel :

« *Domine, qui dixisti : Jugum meum suave est et onus* « *meum leve: fac, ut istud portare sic valeam, quod con-* « *sequar tuam gratiam.* Seigneur, qui avez dit : mon joug est doux et mon fardeau léger, faites que je porte celui-ci de manière à mériter votre grâce. »

Leur détention dura trois mois; un jour, mieux disposé qu'à l'ordinaire, le gouverneur daigna reconnaître leur innocence et les renvoya; justice de potentat qui traite ses administrés avec toute la désinvolture d'un tyran! A leur retour au collège, les missionnaires trouvèrent les écoliers fervents et en bon ordre; pendant l'absence de leurs maîtres, les plus anciens élèves, avec le sens administratif qui caractérise les Orientaux, avaient pris la direction de la maison et veillé à la discipline.

Le fait paraîtrait singulier en Europe; en Extrême-Orient, il n'a rien d'extraordinaire. Les surveillants d'étude y sont presque inutiles, et le respect de l'âge y est tel qu'il suffit souvent à établir une autorité capable de commander le silence et la tranquillité, mieux cependant que le travail.

Les missionnaires ne demeurèrent pas longtemps en paix dans leur studieuse retraite. Un gros parti de pirates chinois et cambodgiens, profitant des troubles du moment, vinrent pour piller le collège et massacrer les élèves cochinchinois, auxquels les Cambodgiens avaient voué une haine particulière. Les écoliers et les maîtres réussirent à s'échapper excepté Artaud, qui, gravement malade, eut un de ses élèves massacré entre ses bras, et fut lui-même si cruellement battu, qu'il en mourut quinze jours plus tard, le 28 novembre 1769.

La position n'était plus tenable, Pigneau de Behaine,

après s'être concerté avec Morvan, son collaborateur, passa à Malacca, puis à Pondichéry où, après bien des traverses, il installa le séminaire général en 1770, sous la protection du drapeau français, à Virampatnam, petit village situé à une lieue de Pondichéry.

Cette mesure, commandée par les circonstances, provoqua quelques regrets. Les Indes étaient trop éloignées des missions de l'Indo-Chine et plus encore de celles de Chine, le climat était assez différent et causait un affaiblissement général dans la santé des écoliers ; on disait également que le séminaire devait toujours être établi dans le territoire des missions de la Société.

Les objections sont faciles à soulever, les principes bien beaux à émettre, mais à quoi aboutissent les objections que les circonstances ne permettent pas de résoudre, sinon à arrêter une initiative qui ne donnerait peut-être pas un résultat parfait, mais tout au moins un résultat supérieur à l'inaction.

On a dit avec autant d'esprit que de raison : « Ceux qui veulent le tout tombent dans le rien[1]. » C'est une conséquence qu'il ne faut point oublier lorsqu'on juge les entreprises humaines ordinairement faibles par quelque côté et excellentes par d'autres. Les missionnaires, en établissant le collège général à Pondichéry, empêchaient sa destruction totale, ils continuaient dans des conditions inférieures, mais relativement bonnes et imposées par les circonstances, l'œuvre de leurs devanciers.

Du reste, Pigneau de Behaine et ses collaborateurs ne prétendaient pas fixer à tout jamais le séminaire général dans les Indes, ils étaient prêts à le transférer à Siam ou sur un autre point de l'Indo-Chine, dès que la situation politique et religieuse le permettrait.

---

1. Mgr d'Hulst.

Cette persévérance à conserver cet établissement et à former le clergé indigène, en dépit des malheurs, des persécutions et des confiscations, était grandement approuvée à Rome; le Souverain Pontife Pie VI en témoigna sa satisfaction par un bref très élogieux adressé aux évêques et aux prêtres de la Société des Missions-Étrangères et dont voici la traduction [1] :

« Vénérables Frères et chers Fils,

« Salut et bénédiction apostolique,

« Dès le commencement de Notre Pontificat, nous avons eu sujet de nous réjouir du rapport, par lequel notre cher Fils, Etienne Borgia, secrétaire de la Congrégation de la Propagande dans son zèle ardent pour remplir les devoirs de sa charge, nous a exposé en détail tous les services que vous avez rendus au Saint-Siège, le but de votre belle œuvre et les travaux que vous entreprenez pour conserver votre Séminaire destiné à procurer le salut des âmes.

« Notre joie a encore été augmentée par le témoignage solennel de la Congrégation de la Propagande et surtout de notre cher fils Joseph-Marie Castelli, Cardinal-Prêtre de l'Église romaine, et Préfet de la même Congrégation, qui, dans l'ardeur de son zèle pour la propagation de la foi chrétienne et la gloire de Dieu, nous a fait les plus grands éloges de vous et de votre Séminaire et nous l'a fortement recommandé en son nom et au nom de toute la Congrégation. Heureux de ces éloges rendus à vos vertus, Vénérables Frères et chers Fils, nous avons voulu vous envoyer ces lettres pour témoigner de notre bienveillance toute particulière et de notre charité pontificale à votre égard, pour vous récompenser

---

1. Daté du 10 mai 1775.

des efforts que vous avez déjà faits et stimuler votre zèle pour l'avenir.

« Nous avons fort à cœur l'œuvre que vous poursuivez avec ardeur pour Jésus-Christ, l'Église et le Saint-Siège, et nous approuvons le collège que vous avez établi à Virampatnam près de Pondichéry et que vous êtes disposés à étendre à toutes les régions où le besoin s'en fera sentir. Cette œuvre sera mise sous notre protection spéciale, sous celle du Saint-Siège et de la Congrégation de la Propagande.

« En recevant ces marques de notre protection et de notre bienveillance que nous vous donnons et que vous pouvez toujours espérer de nous, soyez persuadés que nous entendons en même temps vous exhorter à persévérer dans votre zèle pour le salut des âmes. Les travaux et les souffrances que vous endurez dans ces lointains pays vous paraîtront légers si vous savez considérer la grandeur de votre ministère. N'êtes-vous pas, en effet, les envoyés du Christ, ceux à qui Il a confié le soin d'arracher les âmes à la tyrannie de Satan et de les conduire au bercail du bon Pasteur?

« Ne perdez donc pas courage au milieu des peines et des contrariétés de toutes sortes que vous endurez pour soutenir votre collège; armez-vous, au contraire, d'un zèle nouveau à soutenir votre belle œuvre. Vous parviendrez à ce résultat si vous faites tous les efforts possibles pour augmenter le nombre de vos élèves. Qu'ils viennent donc nombreux de la Chine, du Tonkin, de la Cochinchine, du Cambodge, de Siam, en un mot de chacune de vos missions. Et dans l'exercice de ce ministère, croyez que vous ne pouvez rien faire de plus agréable au Saint-Siège et à la Propagande qu'en vous y dévouant avec ardeur.

« Il nous serait aussi très agréable qu'en dehors de ce collège ou séminaire général, chacun des Vicaires apostoliques, se basant sur ce modèle, établisse dans sa mission un collège du même genre tel qu'il en existe au Tonkin et en Cochinchine pour la formation du clergé indigène.

« C'est ainsi qu'en travaillant à la multiplication des séminaires et à l'augmentation des élèves, on pourvoira à la sécurité des Églises, et l'on n'aura plus à craindre, comme cela est arrivé pour le Japon, qu'au temps des persécutions, l'exercice du ministère apostolique ne devienne impossible.

« Nous avons voulu vous écrire ces paroles, Vénérables Frères et chers Fils, afin de louer votre zèle et de vous exciter toujours davantage dans vos travaux admirables.

« Nous prions le Dieu tout puissant qu'il daigne protéger, bénir vos efforts et vos labeurs pour augmenter sa gloire et pour procurer le salut des âmes, et nous vous donnons affectueusement, Vénérables Frères et chers Fils, la bénédiction apostolique. »

Parmi les missions de la Société, celle qui marchait la première par le nombre de ses prêtres indigènes et de ses séminaristes était toujours le Tonkin occidental; le Vicaire apostolique de la mission espagnole, Mgr Hilaire de Jésus qui l'avait visité, avait porté ce jugement[1] : « Le séminaire de Ke-vinh est établi sur des bases solides et sagement gouverné, les prêtres indigènes sont nombreux et bons, les séminaristes, diacres, sous-diacres, minorés sont humbles et obéissants, plusieurs parlent très correctement le latin et connaissent bien les règles grammaticales. »

En 1763, à la mort de Mgr Néez, le Tonkin occidental comptait 29 prêtres indigènes, et 34 en 1770, sous l'épiscopat de Mgr Reydellet.

---

1. Arch. M.-É., vol. 690.

Le supérieur du séminaire qui avait été pendant plusieurs années M. Bricart, était à cette époque M. Sérard, prêtre pieux, savant et très appliqué à ses devoirs. Les deux ou trois autres missionnaires européens étaient chargés de l'administration des districts : M. Savary, dans le Nghe-an, avait autorité sur tout le territoire qui forme aujourd'hui le Tonkin méridional, M. Viard eut à peine le temps de commencer ses travaux apostoliques; parti de France en 1768, il mourut en 1770; M. Thiébaud parcourut les provinces de Nam-dinh, Ninh-binh et Thanh-hoa.

Les conversions étaient assez nombreuses eu égard au petit nombre des ouvriers apostoliques : elles variaient ordinairement de 500 à 700, quelquefois cependant elles s'élevèrent à un chiffre supérieur; en 1770, on en compta 861. Cette même année, l'état général de la mission était tracé en ces termes par Mgr Reydellet [1] :

« Notre sainte Religion sous le règne de ce nouveau roy est assez tranquille. Les missionnaires et les chrétiens jouissent d'une certaine liberté, et peuvent vaquer à leurs fonctions et à leurs exercices plus aisément qu'autrefois. Cependant les anciens édits portés autrefois subsistent encore et ne sont pas révoqués. Les gouverneurs de quatre provinces, sans être chrétiens, paraissent affectionnés, et gardent le silence sur le christianisme. Quelques grands mandarins de la cour favorisent les chrétiens, mais seulement sous main, et sans le faire paraître au dehors, pour ne pas donner de l'ombrage aux autres mandarins, avec lesquels, pour des raisons particulières, ils doivent se ménager. D'autres, retenus par la crainte, n'osent suivre les penchants de leur cœur et de leur cupidité, parce qu'ils voient sous leurs yeux les châtiments visibles que Dieu a exercés contre

---

1. Arch. M.-É., vol. 690, p. 653.

ceux qui ont osé toucher aux choses saintes, c'est ainsi que Dieu tout bon et tout miséricordieux a pitié de ses enfants trop timides et encore faibles dans la foy.

« Les affaires du siècle ne sont pas tout à fait si tranquilles. Les voleurs et les brigands, malgré la diligence des gouverneurs de provinces, font des courses et sur mer et sur terre, ils pillent de côtés et d'autres, ils mettent la terreur partout, ils contiennent le genre humain dans des alarmes continuelles, et répandent une espèce d'amertume sur la douceur de la vie de ce monde. C'est un fléau dont Dieu punit ces pays.

« Pour les rebelles dont on a parlé ces années précédentes, qui étaient réfugiés dans les montagnes, qui avaient des intrigues dans la plaine où ils faisaient de temps en temps des descentes, jetaient l'épouvante partout, ravageaient et pillaient des cantons entiers, ils ont été repoussés par les armées du roy en l'année 1769, et au commencement de 1770. Depuis ce temps-là ils n'ont fait aucune descente ni aucune invasion dans ce bas pays. On désire que cette paix soit durable. »

Le Vicaire apostolique du Tonkin occidental ne se contenta pas de prêcher la parole de Dieu aux populations annamites, il essaya de la faire porter aux contrées laotiennes.

Le Laos avait plus d'une fois tenté le zèle de la Société des Missions-Étrangères ; ses premiers Vicaires apostoliques en avaient été chargés ; Mgr Pallu avait rédigé de longues instructions pour les missionnaires qu'il avait l'intention d'y envoyer.

Par suite des circonstances difficiles, de la grandeur et de l'importance des travaux que nécessite l'établissement de toute nouvelle mission, ces desseins n'avaient pas reçu leur exécution.

Mgr Reydellet résolut de commencer ; il y était poussé par son ardeur pour la conversion des infidèles et aussi par le désir de réaliser un projet dont les missionnaires s'entretenaient souvent dans leurs lettres et dans leurs conversations.

Connaissant mal le climat insalubre et les obstacles matériels d'un séjour prolongé dans les montagnes et les forêts de l'ouest, ils espéraient pouvoir y fonder, en dehors des atteintes du gouvernement annamite, des postes qui leur serviraient de refuges pendant les persécutions et y établir un séminaire jouissant de la tranquillité et de la paix nécessaire aux études.

Situé entre l'Annam, le Cambodge, le Siam, la Birmanie et la Chine, le Laos comprend une superficie d'au moins 500,000 kilomètres carrés couverts de nombreuses forêts, arrosés par de grands fleuves.

Le pays est très montagneux, très accidenté et exposé à de fréquentes inondations. Il est habité, en grande partie, par une population appartenant ainsi que les Siamois à la famille Thaï, et désignée par les Birmans sous le nom de Chan. Dans l'est, près du Tonkin et de la Cochinchine, sur les hauts plateaux, habitent les tribus sauvages connues sous la qualification générique de Moïs et portant les noms différents de Phouon ou Phouen, de Tho, de Samma, de Mili, de Sa, etc.

Si nous étudions leur religion, nous voyons que les Laotiens sont bouddhistes, mais d'un bouddhisme peu orthodoxe, mêlé de toutes sortes de pratiques superstitieuses; ils croient aux sorts, aux présages, aux esprits, aux démons auxquels ils font de nombreux sacrifices; ils ont des sorciers dont le rôle est très souvent rempli par une femme, qui conjure les esprits en dansant jusqu'à tomber de fatigue dans une crise nerveuse. Afin d'éloigner les génies malfaisants, ils construisent de petits fétiches en bambou ou en rotin et les posent à la porte d'entrée de leur enclos ou sur une perche plantée au bord du chemin. Quand ils sont en voyage, ils font près de leurs campements des fétiches avec quelques rotins croisés en treillis.

Chez les Moïs, il n'y a pas de religion proprement dite, si par religion on entend un corps de doctrine avec ses dogmes et ses mystères transmis par un enseignement régulier. Tout se borne à un ensemble de superstitions extrêmement nombreuses, qui enserrent l'homme dans les actes de son existence entière. C'est en somme le fétichisme animiste, le culte des esprits et des morts, la crainte des forces naturelles, la croyance à une autre vie et plus ou moins vaguement à une puissance supérieure.

En 1771, Mgr Reydellet chargea deux catéchistes d'aller explorer le pays, de s'enquérir des dispositions des habitants et de choisir un village convenable à une première fondation, en même temps il demanda au Saint-Siège juridiction sur le Laos.

La réponse de Rome fut favorable, et Mgr Borgia, secrétaire de la Propagande, écrivit à l'évêque le 17 janvier 1773 que le Pape étendait ses pouvoirs sur le Laos sans cependant l'annexer à la mission du Tonkin occidental.

Lorsque cette lettre arriva, les catéchistes, envoyés par Mgr Reydellet, étaient de retour de leur voyage d'exploration. Ils étaient partis de la province de Nghe-an, avaient remonté le Song-ca d'abord et ensuite son affluent le Song-con, ils avaient visité une partie du Tran-ninh que les missionnaires de cette époque appellent le Petit-Laos par opposition au Grand-Laos ou Laos-chau qui est situé plus au nord. Ils racontèrent qu'ils avaient trouvé quelques chrétiens tonkinois réfugiés dans les montagnes pour échapper à leurs créanciers, que plusieurs tribus étaient en guerre, mais que dans le Tran-ninh, de nombreux habitants leur avaient promis d'embrasser la religion, s'ils venaient se fixer parmi eux. Le voyage les avait d'ailleurs extrêmement fatigués, et ils priaient Mgr Reydellet de leur permettre de se reposer pendant plusieurs mois avant de repartir.

On ne pouvait attendre davantage d'une première tentative confiée à deux catéchistes, il restait à envoyer un missionnaire européen pour juger en dernier ressort de la situation, et savoir s'il était possible de fonder un établissement stable. Malheureusement des troubles civils et religieux venaient d'éclater au Tonkin, ils ne laissaient pas à l'évêque les hommes, le temps, les ressources et la liberté indispensables à toute fondation nouvelle. Si la mission eût été établie, on eût pu la continuer ; mais l'inaugurer en pleine tourmente était impossible. On remit donc cette expédition à des temps plus calmes, et nous verrons combien elle tiendra au cœur des Vicaires apostoliques du Tonkin.

VII

La Société était plus heureuse en Chine, où jusqu'alors elle avait éprouvé bien des déboires, et n'avait pu fonder aucune mission sur de larges assises capables de résister aux persécutions.

Par suite des circonstances, ses prêtres avaient vu leurs travaux arrêtés dès les débuts ; Maigrot avait été chassé du Fo-kien, Danry et Leblanc du Yun-nan, Basset et de la Balluère du Su-tchuen, et plus tard, de Martiliat, de Verthamon, Lefèvre avaient subi le même sort.

Cependant en 1752, grâce à la persévérance du Séminaire, la Société était définitivement chargée de la province du Su-tchuen érigée en Vicariat apostolique, auquel furent adjoints le Yun-nan et bientôt après, par la force des choses, le Koui-tcheou.

Ces trois provinces formaient ainsi une seule mission, la plus vaste et la plus peuplée de toutes celles qu'évangélisait la Société, puisqu'elles avaient une superficie d'environ 600,000 kilomètres carrés et plus de 60,000,000 d'habitants. Quatre missionnaires en avaient successivement été nommés évêques et Vicaires apostoliques : J.-B. Maigrot[1], La Cerre[2], de Reymond[3] et Kerhervé[4]. Par une étrange coïncidence, deux d'entre eux étaient morts avant leur sacre, un troisième Kerhervé, avant de partir de Siam, et La Cerre n'avait pas cru devoir accepter. Pendant dix ans, la Société n'avait donc été représentée au Su-tchuen que par un seul prêtre, François Pottier; mais ce prêtre en valait plusieurs ; il était un de ces grands élus par lesquels Dieu fonde les institutions et sauve les peuples.

Né à la Chapelle-Saint-Hippolyte, village situé à trois lieues de Loches, le 9 mars 1726, François Pottier fit ses premières études au collège de cette ville, et le quitta pour aller à Paris étudier la théologie au séminaire du Saint-Esprit, d'où il passa au séminaire des Missions-Étrangères. Il s'embarqua pour la Chine, à Lorient, le 30 décembre 1753.

Son départ pour les Missions ne se fit pas sans combat ; un oncle et une tante qui l'avaient recueilli orphelin, et avaient remplacé avec un touchant dévouement son père et sa mère morts jeunes voulaient le retenir pour consoler et embellir leurs derniers jours. Il les quitta après les avoir

1. Nommé évêque de Sura, mort le 20 octobre 1752.
2. Du diocèse de Toulouse, parti en 1737, missionnaire à Siam, procureur à Macao, nommé évêque de Zéla en 1753.
3. Du diocèse de Saint-Claude, parti en 1753, nommé évêque de Cinne en 1756, mort la même année.
4. Nommé évêque de Gortyne en 1763, mort à Chantaboun (Siam) le 22 janvier 1766.

prévenus, mais sans oser leur faire ses adieux : « Je vous avoue, leur écrivit-il, que j'aurais succombé chez vous à l'assaut que me donnèrent votre tendresse, vos larmes et vos prières, si je n'avais eu recours chaque jour à la divine Providence qui m'avait tracé ma voie. Ne croyez pas cependant avoir aidé un ingrat ; je vous serai toujours reconnaissant des bontés que vous avez eues pour moi. » Il entra au Su-tchuen au moment même où Urbain Lefèvre en sortait, conduit de prétoire en prétoire jusqu'à Canton. Les prêtres indigènes administraient le nord, le sud et l'ouest de la province : il prit la partie orientale. On ne crut pas d'abord qu'il résisterait aux fatigues de son ministère. Petit, maigre, souvent malade, il semblait n'être venu au Su-tchuen que pour y mourir ; il se soutint néanmoins, se fortifia peu à peu, et brava fatigues et périls.

Il fit plus et mieux, il étudia avec beaucoup de perspicacité le caractère chinois ; le connaissant bien, il le mania avec une rare dextérité ; il prit, peu à peu, un très grand ascendant sur les fidèles et sur les prêtres indigènes, devint plus encore par sa valeur personnelle que par sa qualité de prêtre européen et de missionnaire apostolique, le chef incontesté du Vicariat ; en 1760, il fut arrêté.

On sait que la Chine est le pays des sociétés secrètes, dont les nombreux affiliés travaillent sourdement au renversement de la dynastie tartare-mandchoue. La plus audacieuse de ces sectes révolutionnaires est celle du Nénuphar Blanc.

Ses adhérents portent le nom de Pe-lien-kiao. Une de leurs révoltes amena des complications dont le contre-coup frappa les catholiques ; un décret fut rendu, prescrivant de rechercher non seulement les Pe-lien-kiao, mais également les adeptes de toute religion étrangère. Pottier fut dénoncé au mandarin qui envoya immédiatement des satellites pour le prendre. Ceux-ci exécutèrent l'ordre, se saisirent du missionnaire, l'enchaînèrent et se mirent en route pour le conduire au prétoire; ils avaient compté sans les chrétiens qui, avertis de cette arrestation, se précipitèrent au secours du prisonnier et le délivrèrent. Les soldats battus portèrent plainte au mandarin qui exigea la comparution de M. Pottier devant son tribunal. Afin de ne pas attirer de plus grands malheurs sur les fidèles, l'apôtre obéit à la sommation et fut jeté en prison (1760). On sait ce que sont les prisons chinoises; tous ceux qui les ont visitées en ont tracé un tableau dont les repoussantes couleurs sont au-dessous de la réalité, ceux-là seuls qui les ont subies en connaissent toutes les affreuses tortures. Dans une mesure de quelques pieds carrés, ornée d'un autel dédié à la divinité « qui adoucit le cœur des méchants », sont entassés 50 à 60 condamnés; ils sont revêtus d'une livrée qu'orne sur la poitrine le nom de la prison écrit en grosses lettres; ils sont fatigués par une atmosphère empestée, par une nourriture insuffisante, par un repos souvent interrompu, dévorés par la vermine, décimés par le typhus, la dysenterie, la fièvre. Dans ce bouge, l'infection morale surpasse encore la corruption physique; les condamnés se livrent à des infamies sans nom qu'ils commettent au grand jour. C'est dans ce milieu indigne que le prêtre vécut.

Enfin, le 14 septembre[1], vers le soir, il fut appelé devant le mandarin, et interrogé sur son état, sur sa nationalité, sur les dogmes de la religion chrétienne, etc... Ses réponses, aussi simples que véridiques, ne convainquirent point le magistrat chinois qui ordonna de lui appliquer les entraves. Ce sont des pieux de bois, entre lesquels on place les pieds du patient, on les serre en

---

[1]. Arch. M.-É., vol. 436, p. 851-858.

rapprochant leurs extrémités, jusqu'à aplatir les os ; et on frappe dessus des coups secs qui se répercutent douloureusement sur les pieds et sur les jambes. Après une première pression, le mandarin posa quelques interrogations au sujet du crucifix du missionnaire.

Malgré ses souffrances, Pottier répondit en développant les principes de la religion chrétienne et les motifs absolument désintéressés qui l'avaient amené dans l'empire. « Comment se peut-il faire ! s'écria le magistrat, tu vis à tes dépens, et tu viens ici pour le service des autres ! je ne crois nullement à tes paroles. » Ce juge était certainement un Chinois de bonne marque, il croyait surtout à l'intérêt comme mobile supérieur des actions humaines. Il ordonna de frapper dix coups de bâton sur les chevilles des pieds, et répéta les mêmes questions, auxquelles le patient opposa naturellement les mêmes réponses.

Irrité de ne pas obtenir les aveux qu'il voulait, il le fit frapper encore, mais sans succès, il finit par le renvoyer en prison. La douleur que ressentit le captif lorsqu'on lui ôta les entraves fut si vive qu'il ne put retenir ses plaintes, et fut obligé de se faire porter à son cachot ; cette douleur continua pendant plusieurs jours, et fut encore aggravée par des ulcères qui se formèrent sur les plaies des pieds.

Quand il éprouva quelque amélioration, son cœur se prit à songer avec tristesse à l'exil qui l'attendait, et il est touchant de l'entendre dire[1] :

« Ayant enfin un peu recouvré la santé et la liberté des mains, j'ai senti aussitôt naître une nouvelle douleur intérieure. La coutume des Chinois est de reléguer hors de l'empire les Européens qu'ils peuvent prendre dans leurs États ; c'est là précisément ce qui fait mon inquié-

---

[1]. Arch. M.-É., vol. 436, p. 857.

tude, augmentée de beaucoup par le chagrin que j'ai d'abandonner mes pauvres fidèles, destitués ainsi de secours spirituels. »

Le missionnaire vit bientôt son inquiétude justifiée. Le 29 novembre, après 75 jours d'emprisonnement, il reçut l'ordre qui le bannissait de l'empire; il se mit en route sous la garde de quelques prétoriens. Arrivé à Ouan-hien sur le Yang-tse [1], il apprit que le premier mandarin de la ville avait été destitué, et que son remplaçant n'était pas encore arrivé. Pottier n'était pas seulement attaché à sa mission, c'était un esprit éminemment pratique. Il jugea la circonstance favorable pour obtenir sa liberté. En beaucoup de pays, tout s'arrange avec de l'argent, il paraît qu'il en est de même en Chine, grâce à quelque don plus ou moins considérable, les voleurs y deviennent honnêtes, les esprits obtus vifs et clairs. Le missionnaire trouva, moyennant une somme assez modique, deux prétoriens qui comprirent sans trop de peine que la faute pour laquelle il avait été condamné n'était pas grave; ils lui remirent l'ordre d'exil qu'il brûla immédiatement, puis il loua une petite barque, et après sept jours et sept nuits de voyage, il était de retour au milieu de ses chrétiens. Sa détention et ses souffrances furent marquées d'une grâce spéciale qu'il a racontée lui-même : « Depuis plusieurs années, j'avais des douleurs dans les jambes, qui me rendaient difficiles les voyages continuels. Dieu permit qu'après la torture des pieds, je pus recouvrer non seulement l'état ordinaire de ma santé, mais je me vis complètement délivré de cette infirmité. »

Pottier resta au Su-tchuen pendant cinq années encore, sans autres collaborateurs que des prêtres chinois qu'il dirigeait avec douceur et fermeté.

---

1. Fleuve Bleu.

Dans ses lettres que nous avons toutes lues, nous n'avons pas découvert une seule parole de crainte, d'inquiétude ou de découragement[1], pas une seule ligne qui fît allusion à cette dure situation. Assurément il prie le Séminaire d'envoyer des missionnaires, mais il ne parle jamais du secours ou des joies qu'ils lui apporteront. Il ne s'occupe que des besoins de l'évangélisation ; rien de personnel ne se dégage de ses demandes, son abnégation est complète, son dévouement absolu. C'est un spectacle qui n'est pas sans grandeur que celui de ce prêtre, seul Européen au milieu d'une province reculée de la Chine, multipliant le nombre des conversions, imposant par ses vertus et la sûreté de son jugement son autorité aux prêtres indigènes et aux chrétiens, luttant de persévérance et d'habileté contre les hommes et contre les choses, sans autre soutien humain que la force de sa volonté, sans autre guide que sa propre sagesse.

VIII

A partir de 1766, des collaborateurs lui arrivèrent. Les premiers furent : Falconet[2], un bon et vaillant soldat, qui eut vite conquis la confiance et l'affection de Pottier, mais mourut en 1772, ayant à peine mis la main à l'œuvre ; Alary, le saint missionnaire exilé de Siam, et Gleyo[3], du diocèse de Saint-Brieuc, ancien supérieur de la petite communauté d'Issy. Celui-là est un homme à part dans la Société des Missions-Étrangères ; il ne res-

1. On ne trouve qu'une trace d'inquiétude, c'est lorsque, jeune missionnaire, il traversait la Chine pour se rendre au Su-tchuen, et encore était-ce le fait de la fièvre plutôt que de la volonté et de l'intelligence.
2. Du diocèse de Lyon, parti en 1764, arrivé en Chine en 1766.
3. Parti en 1764.

semble à aucun des missionnaires que nous avons rencontrés jusqu'ici, à aucun de ceux dont nous aurons l'occasion de parler. Il dédaigne tous les moyens humains; il est favorisé de visions merveilleuses et plongé dans une oraison presque continuelle ; par le genre de ses vertus, il rappelle les grands contemplatifs, et par la beauté de ses actions, les plus intrépides apôtres et les plus saints confesseurs de la foi.

Il arriva en Chine en 1767. Cette même année, le 24 janvier, Pottier était nommé évêque d'Agathopolis, et Vicaire apostolique du Su-tchuen ; il ne fut sacré que deux ans et demi plus tard, le 10 septembre 1769, et encore dut-il parcourir les deux cent cinquante lieues qui le séparaient de son consécrateur, le Vicaire apostolique du Chen-si. Son épiscopat commença par une tristesse : l'emprisonnement de Gleyo, arrêté le 11 juin 1769 et livré au mandarin de Yun-tchang[1], ville de troisième ordre, à l'ouest de Tchong-kin. Cette arrestation causa une vive sensation dans le pays, elle eut la même cause que celle de Mgr Pottier en 1760 : la poursuite des sociétés secrètes qui travaillaient, prétendait-on, au renversement de la dynastie tartare-mandchoue.

Nous ne savons au juste jusqu'à quel point est vraie cette accusation qui se répète encore aujourd'hui. En tous cas, la dynastie tartare-mandchoue vit encore. Les mandarins, par ignorance ou par malice, plaçaient toujours la religion chrétienne au nombre des sectes dangereuses, et la poursuivaient sans ordres exprès de leurs supérieurs, quelquefois dans l'espoir de rendre service à l'État, plus souvent de se signaler par des actes de zèle, ou d'extorquer de l'argent aux néophytes. Il paraît bien cependant que les mandarins de Yun-tchang étaient convaincus d'avoir mis la main sur le chef des Pe-lien-kiao, car ils

---

[1]. S'écrit aussi Yuin-tchang et Yuin-tcheang.

répandirent ce bruit dans toute la province. Les ornements sacerdotaux du missionnaire les confirmèrent dans leur opinion, car ils les prirent pour des emblèmes de la souveraineté: la chasuble fut un manteau royal, le devant d'autel un ornement du trône, le fer à l'hostie un instrument pour battre monnaie, le bréviaire un livre de sorcellerie.

Le mandarin de première classe de Tchong-kin se rendit à Yun-tchang avec plusieurs de ses collègues, afin de juger le prisonnier; il arriva solennellement escorté de quatre ou cinq cents satellites et soldats. Il fit aussitôt comparaître le missionnaire; plus habile et plus instruit que son subordonné, il vit tout de suite qu'il avait réellement affaire à un Européen prédicateur de la Religion, et le débat changea de face. Il voulut absolument arracher à M. Gleyo l'aveu qu'il était venu en Chine pour amasser des richesses. « Allons, disait-il, si tu t'obstines à nier que tu sois venu pour t'enrichir, je vais te faire trancher la tête, et si ta religion peut quelque chose, qu'elle t'arrache d'entre mes mains. — Notre religion, répondit M. Gleyo, n'est pas établie pour nous procurer un bonheur temporel, mais pour nous conduire à la félicité du ciel. — Oh l'insensé! le lieu de la félicité céleste, n'est-ce pas la Chine? » Le mot est enfantin et orgueilleux, deux qualités très chinoises. Afin d'en démontrer la vérité, le mandarin ne trouva rien de mieux que de faire donner seize soufflets au missionnaire qui avait l'inconvenance de ne pas se croire en paradis.

En infligeant ces tortures, le juge avait souvent sur les lèvres la parole ironique qui rappelle celle des Juifs insultant le Sauveur : « Si ta religion peut quelque chose, qu'elle t'arrache d'entre mes mains. » Comme le divin Maître, le doux M. Gleyo ne répondit que par le silence.

Après plusieurs autres interrogatoires du même genre, il fut conduit à Tchen-tou, résidence du vice-roi. Comme il sortait de prison, il vit devant lui Notre-Seigneur, tel qu'on le représente montant au ciel, qui lui dit : « Je vous serai propice à Tchen-tou, comme je vous l'ai été à Yun-tchang. » Ce fut la première vision dont il fut honoré, beaucoup d'autres la suivirent. Durant le voyage, il fut placé dans une chaise à porteurs et enchaîné comme un criminel. Il supporta ses souffrances avec joie, gardant toujours son âme dans l'intime communion de Dieu; sa ferveur et son esprit de pénitence étaient tels que, dans la relation qu'il nous a laissée de ce voyage, il se reproche comme une jouissance indigne d'un prisonnier de Jésus-Christ, le plaisir qu'il prit à regarder les paysages gracieux, les sites pittoresques et grandioses qui se déroulèrent devant ses yeux. « Rien, pensait-il, n'aurait dû détourner son cœur de la pensée de l'honneur que Dieu lui faisait, en le prenant pour son témoin. »

Afin d'éviter les embarras que pouvait lui susciter l'arrestation d'un Européen dans sa province, le vice-roi du Su-tchuen voulait que M. Gleyo déclarât qu'il était de Canton, vainement il le fit souffleter, soumettre à la bastonnade, il se heurta à une résistance obstinée.

Ne pouvant arracher cette déclaration au captif, le mandarin recommença les questions déjà posées à Yun-tchang : « Dis que tu es venu pour chercher des richesses, ordonna-t-il. — Non. — Pourquoi donc es-tu venu? — Pour prêcher la religion. — Quelle religion? — La religion chrétienne. — Ecrasez-lui les os. » Et le patient subissait les entraves, pendant que les bourreaux criaient à tue-tête : « Dis donc que tu es venu ici pour avoir du riz et de l'argent. »

La violence de la douleur fit évanouir le confesseur, et sur l'ordre de leur chef, les satellites le reconduisirent en prison où régnait une maladie contagieuse qui fit de nombreuses victimes. Les mandarins espéraient que M. Gleyo en serait atteint et qu'il y succomberait, mais ils n'osaient le tuer et se contentaient de désirer sa mort. « Pourquoi ne meurs-tu pas? » lui disait l'un d'eux dans un des multiples interrogatoires qu'il eut à subir. Et le prêtre, les lèvres tuméfiées et durcies, balbutiait : La naissance et la mort ne dépendent pas de l'homme. — N'as-tu pas une corde pour te pendre? — Je n'ai jamais eu semblable pensée. — Eh bien, je vais t'aider à mourir. — Sur un signe du juge, les satellites frappèrent le malheureux à coups de bambou sur les cuisses. Au vingtième coup, M. Gleyo s'affaissa : le juge, craignant qu'il n'expirât, le fit emmener, il ne voulait pas le tuer, mais seulement l'aider à mourir. Dieu réservait à son serviteur une autre destinée ; il le purifiait par une longue épreuve, afin d'en faire un vase d'élection utile au salut d'un grand nombre d'âmes.

IX

Après quelques semaines de séjour à Tchen-tou, le confesseur fut renvoyé à Yun-tchang, où il demeura jusqu'à la fin de son emprisonnement en 1777. Il fut mis plusieurs fois à la question, affligé de graves maladies; mais dans les moments les plus pénibles de cette dure existence, il jouit des plus douces consolations. Dieu le Père, Notre-Seigneur, le Saint-Esprit, la très sainte Vierge et les saints lui apparaissaient, l'instruisaient, le reprenaient, le fortifiaient, l'aidaient à mettre ses souffrances à profit, et à avancer dans les voies de la perfection. Nous citerons quelques récits de ces visions, écrits par M. Gleyo lui-même, et conservés dans les archives du Séminaire des

Missions-Étrangères. En voici une qu'il eut pendant son voyage de Yun-tchang à Tchen-tou[1]:

« Le dimanche suivant, comme j'étais dans la campagne, environ vers les quatre heures ou quatre heures et demie de l'après-midi, m'étant arrêté pendant quelque temps à regarder la beauté du ciel et de la campagne et prenant à cela un plaisir grossier aussi bien qu'à voir la liberté des habitants pendant que j'étais enchaîné, je me mis à me reprocher ma divagation de cœur, et à me resserrer dans ma tribulation; et alors me souvenant de la lumière que m'avait donnée Notre-Seigneur le dimanche précédent, je me mis à désirer tacitement à part moi, s'il serait possible que mon Dieu me donnât chaque dimanche quelque miséricorde insigne pour me fortifier, je n'osais pas demander cela comme je n'ai jamais osé en demander aucune, je faisais ce désir-là comme à part moi, sans penser quasi à Dieu. Aussitôt je sentis fort vivement la présence de plusieurs saints anges un peu en haut, devant moi, vers ma gauche qui se mirent à me dire de concevoir un grand et courageux mépris de tout ce qui est visible et temporel et de mon propre corps, et me ressouvenir de ma dignité de prestre si grande dans le Ciel.

« Tout cela fut accompagné en moi d'une grande paix et d'une forte impression de ce courageux mépris, dont les saints princes me parlaient. »

Plus tard, dans la prison de Tchen-tou, le confesseur de la foi eut d'autres apparitions qu'il précise davantage : « Lorsque les chrétiens furent séparés d'avec moi, dit-il, Notre-Seigneur, dans une grande et insigne faveur en laquelle il me visita, me prédit que ma tribulation serait longue; en m'en parlant,

---

[1]. Arch. M.-É., vol. 501, p. 87.

il se servit du terme de si longue, ainsi la durée de ma tribulation était bien pesée devant Dieu avant la séparation des chrétiens d'avec moi ; considérant qu'il n'y avait pas d'apparence que je fusse martyr, je pensais avec une grande peine que vraisemblablement tout se réduirait à la fin à me renvoyer à Canton comme bien d'autres. Je regrettais cela assez amèrement, ne désirant rien que de rester en cette mission ici. Comme j'étais dans ces peines-là, je reçus une grande miséricorde de la très sainte Vierge, en laquelle elle me dit en termes formels qu'elle s'offrait à faire que je ne serai point renvoyé à Canton, mais que je serai tout simplement remis en cette mission ici. Quand j'entendis ma glorieuse Mère Reine me parler ainsi, je lui répondis que je croyais fermement qu'en sa suprême royauté et en la gloire de la maternité divine, elle pouvait, quand et comme il lui plairait, opérer cela, mais qu'étant un si misérable pécheur comme je suis, je n'osais pas demander une telle grâce, qui me paraissait un miracle. Quoique je répondisse ainsi, je ne laissais pas d'avoir confiance que cela s'accomplirait par après ; réfléchissant là-dessus, je me fis une peine assez sensible sur la la manière dont j'avais répondu à la très sainte Vierge. L'exemple d'Achaz me revint à l'esprit lorsqu'il refusa de demander un miracle que lui proposait le prophète Isaïe ; et selon mon penchant de mettre au grief toutes les fautes que je fais, au préjudice de la confiance en Dieu, je conçus de la crainte d'avoir peut-être mis obstacle par mon imprudente réponse à l'accomplissement de la prophétie de la très sainte Vierge.

« Comme j'étais dans cette peine-là, je reçus une grande et inestimable miséricorde de mon Dieu le Saint-Esprit que j'invoquais tant alors. Etant dans la cour de la prison vers le milieu du jour, commençant une oraison, au début de laquelle j'avais coutume de dire tout ce que je savais d'hymnes en l'honneur du Saint-Esprit ; lorsque j'en fus à dire ces paroles : « *Veni sancte Spiritus, et emitte cœlitus lucis tuœ radium* », tout d'un coup, sentant naistre en moi une grande plénitude de paix et de consolation intérieure, je vis en haut devant moi à la distance d'une quinzaine de pieds environ, l'adorable personne du Saint-Esprit sous la forme d'une colombe rayonnante et lumineuse, et du bec du symbole il descendait un grand trait de lumière qui se terminait à moi et m'investissait. Alors j'entendis mon Père adorable me parler avec des gémissements d'une si profonde et si infinie miséricorde, d'une si tendre et si intime compassion, qu'il n'y a point d'expression humaine pour exprimer cela, des gémissements que l'Écriture appelle inénarrables, il faut sentir et éprouver cela pour sçavoir ce qui en est ; et mon Père adorable, me parlant ainsi, me dit : Je vous éclairerai, je vous inspirerai, je vous conduirai, je vous protégerai, et vos ennemis seront bouleversés, et s'embarrasseront dans leur fausse et mondaine prudence, sans qu'il puisse rien arriver au préjudice de ce qui vous a été promis ; Ce que j'ai souligné (c'est-à-dire je vous éclairerai, je vous inspirerai, je vous conduirai, je vous protégerai), fut en paroles formelles et le reste en une inspiration très forte et très vive. Après cela, la lumière cessa. Par le fait d'une si grande miséricorde, je connus clairement que mon Dieu avait pitié de moi, et que mon imprudence, en répondant à la très sainte Vierge Marie, n'empêcherait point l'accomplissement de sa promesse . »

Nous citerons encore cette vision de Dieu le Père et de la très sainte Vierge, qui est une des plus remarquables.

« Environ au milieu du mois de décembre de cette année-là, mon Père adorable vint me visiter un soir par les insignes grâces ici. Comme j'étais accoudé sur mes paillasses, faisant mes pauvres prières à l'ordinaire, tout d'un coup, avec une grande paix et consolation intérieure, je vis devant moi, vers ma droite, un peu en haut comme à la distance d'environ 60 pieds de moi un grand apppartement semblable à une grande nef d'église ; à terre, au milieu de cet appartement-là, je vis la personne de mon Dieu le Père en forme humaine assis sur un fauteuil qui lui servait de thrône. La très sainte Vierge était assise avec lui à sa droite sur un autre fauteuil aussi qui lui servait de thrône, vêtue d'un vêtement de la couleur que portent ordinairement les religieuses, c'est-à-dire de couleur noire, je vis que j'étais devant eux, à leurs pieds, tout à fait couché par terre sur mon côté droit, vêtu comme je l'étais avant ma persécution, jouissant de la consolation qui était répandue en moi, et considérant tout cela, je vis tout d'un coup que je n'étais plus couché par terre, mais à genoux devant mon Père adorable et ma très chère Mère Reine, en grande paix et confiance, et à ce qu'il me semble en prières, offrant mes demandes ordinaires, ayant été quelque peu de temps ainsi, je sentis en mon intérieur que mon Père adorable me bénissait, me remplissait de force, de courage et de grâce, et m'envoyait travailler au salut des âmes, à l'instant je me levai, et me mis à m'en aller en courant vers la porte qui était au bas de l'église. L'exultation et la dilatation de cœur, que je ressentis à ce moment-là, furent si fortes, que je perdis presque entièrement l'usage des sens, et ne pensais plus que ce qui se passait était en vision. Après avoir ainsi couru huit ou neuf pas, mon Dieu permit que je sentis encore que j'étais en ma prison. Sentir cela et gémir un peu, ce fut toute une même chose. Incontinent je me revis de nouveau à genoux comme auparavant, gémissant doucement de ce que cela n'était pas en réalité. Alors je vis mon père adorable et ma très chère Mère Reine me regarder avec un visage si riant, et d'une si douce compassion, que j'eus confiance que ce temps-là viendrait. Mon Père, pour m'ouvrir davantage le cœur à espérer en lui, voulut glorifier son saint Thrésor en moi, en me montrant combien la miséricorde et la protection de ma très chère Mère m'était assurée pour m'attirer invinciblement la sienne. Après avoir vu cela fort vivement, la lumière me fut retirée[1]. »

Que faut-il penser de la réalité de ces visions ? A considérer les habitudes de prière, l'esprit d'oraison et de mortification, l'amour des souffrances qui se révèlent dans toute la vie de M. Gleyo, il ne paraît pas téméraire de le croire digne de ces grâces éclatantes. Sur le fait lui-même, le plus intime ami du missionnaire, celui qui a le mieux connu la tournure de son esprit, la valeur de son jugement, la droiture de son cœur, M. Moye, un très saint prêtre, aujourd'hui déclaré Vénérable, n'a eu aucun doute, et il a résumé en ces termes les raisons de sa conviction [2] :

« Les révélations de M. Gleyo sont vrayes, divines et surnaturelles, puisqu'elles ont des caractères de divinité et d'infaillibilité qui ne peuvent convenir à l'erreur et au mensonge. 1° L'esprit de prophétie : il a été dit à M. Gleyo que sa tribulation serait longue, que Dieu le délivrerait, qu'il ne retournerait point à Canton, qu'il resterait dans la mission du Su-tchuen, qu'il aurait encore la consolation de célébrer les divins mystères, que l'arrêt de mort porté contre lui ne serait pas exécuté, que ceux qui l'assisteraient ne seraient pas persécutés pour lui avoir donné aide et secours, qu'il ne serait pas inquiété au sujet des autres prêtres et des catéchistes, toutes ces choses et beaucoup d'autres qui lui ont été prédites se sont réalisées contre toute apparence humaine.

1. Arch. M.-E., vol. 501, p. 109.
2. *Id.* vol. 501, p. 293.

« 2° La croix. — C'est dans la tribulation que Dieu se communique. Or, M. Gleyo n'était-il pas dans cet état douloureux qui attire les regards et les grâces de Dieu ?

« 3° La dévotion à la sainte Vierge. — Le récit fait par M. Gleyo de sa captivité et de ses révélations prouve surabondamment combien cette dévotion était implantée dans son cœur.

« 4° Les effets salutaires que ces révélations produisaient dans son cœur et dans ses mœurs, le changement admirable qu'elles ont opéré dans ses sentiments et sa conduite : correction de ses défauts, progrès dans toutes les vertus, patience, charité, conformité à la volonté de Dieu, esprit de prière, etc., des fruits si excellents ne peuvent venir que d'un bon principe. *Ex fructibus eorum cognoscetis eos.*

« 5° Les révélations ne pouvaient venir du démon qui ignore l'avenir indépendant des causes naturelles, et qui porte le trouble, les ténèbres, et tend à inspirer le vice, à ruiner la vertu, à détruire la confiance en Dieu, et la dévotion à la sainte Vierge et aux saints; elles ne peuvent non plus provenir de l'imagination, car les visions étaient toutes opposées aux préjugés et à la façon de penser de M. Gleyo. Il est même arrivé qu'il ne comprenait pas le sens des paroles qui lui ont été dites, ou qu'il les entendait tout différemment et dans un sens contraire ; preuve certaine qu'elles ne provenaient pas de ses réflexions ou de ses rêveries, mais d'un principe surnaturel.

« 6° L'esprit d'humilité et de docilité. — M. Gleyo n'a pas voulu s'en rapporter à son propre jugement, il a aussitôt soumis ses révélations à l'examen et au jugement de ceux que la Providence lui avait donnés pour directeurs, il a reconnu d'abord qu'il avait mal entendu certaines paroles. Il n'a montré aucune opiniâtreté, aucun orgueil, pas d'attachement à son sens. Il a avoué lui-même qu'il était tombé dans les deux excès de présomption et de défiance. »

Appuyé sur toutes ces raisons, M. Moÿe conclut à la réalité des visions de M Gleyo. Le Vicaire apostolique et les autres missionnaires ne se sont pas prononcés sur cette délicate question ; mais ils ont toujours tenu le confesseur de la foi pour un prêtre d'une extraordinaire vertu.

X

Pendant que le prisonnier passait sa vie entre les tortures que lui faisaient subir les hommes, et les consolations que Notre-Seigneur prodiguait à son âme, Mgr Pottier s'efforçait d'obtenir sa liberté. Un instant, il espéra réussir moyennant une somme de 150 taëls d'argent promise au secrétaire d'un mandarin ; mais cet employé fut dirigé sur une autre sous-préfecture, et l'on dut renouer d'autres négociations. Mgr Pottier disposait alors de 2,000 francs. « Si cette somme ne suffit pas, écrivait-il à M. Alary, on vendra la nouvelle maison, et jusqu'aux habits des missionnaires. » Le captif désirait moins vivement sa délivrance, heureux de souffrir pour Jésus-Christ il avait fermé son cœur à tous les désirs de liberté et de travail, désireux uniquement et toujours de se résigner à la volonté de la Providence.

Dieu lui-même, semble-t-il, lui avait appris combien cette résignation lui est agréable et comment il la récompense.

« Dans mon cachot, raconte le prêtre [1], il me survint une croix que je n'envisageais qu'avec frayeur.

« J'eus pendant un mois de tels éblouissements que j'avais tout lieu de craindre de perdre la vue. La pensée

---

1. *Nouvelles lettres édifiantes*, vol. 1, p. 77.

d'un tel état, au milieu des compagnons auxquels j'allais être livré, m'était si amère, qu'il me semblait que je n'avais d'autre ressource, ni d'autre consolation, que de désirer la mort, tant j'avais de répugnance pour une telle affliction. Enfin, un soir, étant renfermé dans l'intérieur de la prison, je me mis à répandre mon cœur avec larmes, en présence de mon Dieu, je m'abandonnai à sa miséricorde, et lui fis le sacrifice de ma vie : aussitôt que j'eus fait cela, je me sentis tranquille; il me sembla même que Dieu me promettait intérieurement que je ne perdrais pas la vue, je crus à cette parole intérieure, je ne m'occupai plus de mon infirmité, et ma vue se rétablit peu à peu et assez promptement. »

M. Gleyo comprit l'enseignement que lui offrait cette grâce, et il ne songea plus qu'aux secours divins, et répondit à la proposition de l'évêque : « Monseigneur et vénérable père, je demande instamment que vous ne fassiez aucune poursuite à l'effet de me délivrer d'ici; selon tout ce que je connais, tout cela serait inutile. Abandonnez-moi à Notre-Seigneur Jésus-Christ et à sa très digne Mère. Ils m'ont sauvé de la mort dont l'arrêt était venu ici, ne peuvent-ils pas me délivrer à leur volonté? »

Cependant, en 1776, le procureur de Missions-Étrangères à Macao, Steiner[1], eut la pensée d'écrire à un Jésuite portugais, le père Da Rocha qui, après la dissolution de la Compagnie de Jésus par Clément XIV, était resté à Pékin, en qualité de membre du tribunal des mathématiques et revêtu de la dignité de grand mandarin. Le religieux n'hésita pas à user de son crédit en faveur du prisonnier, il écrivit au vice-roi du Su-tchuen dont il était l'ami, mais le mandarin de Yun-tchang qui ne voulait pas lâcher sa proie répondit à son supérieur que

---

1. Du diocèse de Metz, parti en 1772.

M. Gleyo avait perdu la raison. La sublime sagesse du captif qui ne faisait entendre ni plaintes, ni récriminations, qui souriait à ses juges et remerciait ses bourreaux, lui avait paru une folie : saint Paul avait parlé pour tous les infidèles, et dans l'empire de Chine aussi bien que dans l'empire romain, on insultait aux témoins du Christ en les traitant d'insensés. Le vice-roi du Su-tchuen se contenta de la réponse de son subordonné, et cette première démarche n'eut pas de résultat. Mais au mois de mars 1777, l'empereur ayant délégué le P. Da Rocha pour lever la carte d'une partie du petit Thibet nouvellement conquis, le missionnaire passa par Tchen-tou.

Mgr Pottier le pria d'intercéder de nouveau en faveur du prisonnier. Espérant avoir plus de chances pour réussir de vive voix que par écrit, le religieux s'empressa de faire droit à la demande du Vicaire apostolique. Aux premières ouvertures, les autorités chinoises répondirent comme à l'ordinaire que le prisonnier était atteint de folie. Sur les sollicitations pressantes du P. Da Rocha qui pria de s'assurer de la vérité du fait, on fit venir M. Gleyo, on l'interrogea, et on constata qu'il avait la plénitude de sa raison. Le mandarin lui fit part des intentions bienveillantes du vice-roi; mais il aurait voulu en profiter pour le faire consentir à quitter la Chine; le captif refusa. Il avait passé huit années en prison, il y resterait encore aussi longtemps qu'on voudrait, mais il ne quitterait pas l'empire et ne cesserait pas de prêcher les vérités divines. On se contenta enfin de sa promesse de se tenir caché aux yeux des païens, et il fut mis en liberté (2 juillet 1777).

Il demeura d'abord quatre ou cinq jours dans la maison du P. Da Rocha; puis, par une sombre nuit d'orage, sous les torrents d'une pluie battante, une chaise à porteurs bien fermée s'arrêta devant la demeure du jésuite; un homme enveloppé d'un grand manteau de toile cirée sortit précipitamment, entra dans la chaise, et les porteurs s'éloignèrent en toute hâte. C'était M. Gleyo qui se rendait chez son évêque. Les souffrances avaient prématurément vieilli le saint confesseur dont l'aspect frappa douloureusement Mgr Pottier : « J'eus, dit-il, la véritable consolation de revoir ce cher confrère, qui était séparé de moi depuis huit ans. Mais ce qui me fit de la peine, ce fut d'apercevoir en lui le visage d'un homme mort, des mains tremblantes, une maigreur et une faiblesse extrêmes et la voix d'un homme expirant. En vérité, à ce spectacle si touchant, M. de Saint-Martin[1] et moi eûmes peine à retenir nos larmes. Au moment de son entrée, ce ne fut qu'avec des soupirs partant bien du cœur, que toute la maison récita le *Te Deum*, en actions de grâces pour cette délivrance en quelque sorte miraculeuse. »

Nous avons anticipé de quelques années sur la marche générale de notre histoire en racontant la libération de M. Gleyo qui d'ailleurs n'eut pas une influence directe sur la vie des Missions-Étrangères ; mais si, laissant de côté cet heureux événement particulier, nous contemplons la Société pendant cette période qui va de 1760 à 1773, nous voyons ses Vicariats apostoliques et ses établissements principaux accablés par plus d'un malheur; Siam est ruiné, le séminaire général se soutient médiocrement à Pondichéry, la Cochinchine, le Tonkin, le Su-tchuen font des progrès peu sensibles. C'est la dernière fois que nous constatons cet état d'atonie à peu près générale : un souffle va bientôt passer, redonnant la vigueur à ce qui paraît faible, l'extension à ce qui semble diminuer.

1. De Paris, docteur de Sorbonne, parti en 1772.

CHAPITRE III

1773-1780

Les Missions-Étrangères pendant la seconde partie du xviiie siècle. — I. Le règlement de la Société. — Lettres patentes de Louis XV confirmées par Louis XVI. — II. Missions offertes ou confiées à la Société. — La Perse. — Pékin. — Districts du Tonkin et de la Cochinchine. — III. Pondichéry. — Négociations. — Acceptation de Pondichéry. — Nomination d'un supérieur. Mgr Brigot. — Installation. — IV. État politique et religieux des Indes. — Statistique. — Mission de Pondichéry. — Population. — V. Premiers travaux abandonnés; guerre anglo-française. — Capitulation de Pondichéry. — Prudence nécessaire aux missionnaires. — Obstacles qu'ils rencontrent. — Pondichéry reconquis par la France. — Traité de Versailles. — VI. Caractère des persécutions au xviiie siècle. — Rentrée des missionnaires à Siam. — Le roi Phajatack. — Son mécontentement contre les chrétiens. — Mgr Le Bon. MM. Garnault et Coudé accusés et chassés. — VII. La guerre civile en Cochinchine et au Tonkin. — Mgr Pigneau de Behaine. — Ses premières relations avec Nguyên-anh (Gia-long). — Travaux des missionnaires. — Nguyên-anh et Pigneau de Behaine, accusations contre l'évêque. — VIII. La guerre au Tonkin. — Ses ravages. — La persécution. — Mgr Davoust. — Expédition au Laos.

Le xviiie siècle s'avance, pliant sous le poids de ses innombrables fautes religieuses et politiques. On entend dans le grand corps social de terribles craquements précurseurs d'effondrements ou de révolutions profondes. La France trouve dans un nouveau roi la bonté et la piété propres au bonheur d'un peuple dans des jours tranquilles, non l'intelligence et l'énergie nécessaires aux temps troublés.

Par un contraste, dont il faut remercier la Providence, la Société des Missions-Étrangères reprend à cette époque une vie nouvelle. Elle remanie quelques points de son règlement et le fait reconnaître de nouveau par les pouvoirs civils, elle agrandit le territoire qu'elle évangélise, par l'adjonction de nouvelles provinces et de nouveaux royaumes; elle reçoit du Souverain Pontife des témoignages d'estime que méritent son activité et sa fidélité. Elle se fait rouvrir les portes de ses missions de Siam et de Cochinchine dont elle était chassée, elle se recrute d'ouvriers à l'initiative ardente, qui créent des œuvres et les font prospérer, elle possède des évêques dont les vues larges et la sage administration posent les bases définitives de l'organisation de leurs Vicariats apostoliques; enfin elle continue de suivre ses traditions en unissant la France à l'Église et en essayant de l'implanter en Indo-Chine.

I

Ces travaux ne s'accomplissent, ni sans périls, ni sans combats, la victoire ne suppose-t-elle pas la bataille, et avant de dresser l'étendard de la croix sur les murs ennemis, ne faut-il pas emporter d'assaut la citadelle? Ces luttes et leurs résultats sont évidemment la grande page de l'histoire des Missions-Étrangères, mais ils ne sont pas la seule.

On doit, pour être complet, pénétrer au plus intime de l'existence de la Société, scruter les éléments qui la composent, et en étudier les mutuels rapports. Nous avons expliqué précédemment son organisation, donné les principes sur lesquels elle s'appuie, et exposé les points importants du règlement élaboré en 1700 par les directeurs du Séminaire et par les procureurs des Missions.

Ce règlement, avons-nous dit, fut envoyé aux Vicaires apostoliques et aux missionnaires pour être étudié et approuvé par eux. Comme on devait s'y attendre, il y eut, sur quelques points, une diversité de vues qui nécessita des échanges de correspondance. Par suite de la difficulté des communications, de la durée des traversées, de l'agitation de la vie des missionnaires, ces observations et ces explications se prolongèrent pendant longtemps; à distance d'ailleurs, il n'est pas toujours aisé de bien saisir l'idée précise du correspondant et de lui répondre avec justesse. On fait plus en un quart d'heure de conversation que par des lettres nombreuses; mais la situation était telle, il fallait l'accepter; elle était encore aggravée par la composition du conseil du Séminaire uniquement formé de directeurs que l'on recrutait dans le clergé de France, qui n'avaient jamais exercé le ministère évangélique dans les Missions et avaient fait leurs études à la Sorbonne ou dans les maisons ecclésiastiques ordinaires.

De cette différence d'éducation et de vie entre les missionnaires et les directeurs naquirent des divergences d'idées sur la constitution de la Société et sur le régime qu'il convenait de lui appliquer.

D'autre part, les premiers Vicaires apostoliques et leurs procureurs, soit inattention, soit inexpérience, avaient négligé de faire déclarer assez expressément dans les Lettres patentes de 1663 le mode d'administration des biens de la Société.

Dans ces Lettres, il était dit à la vérité que le Roi « permettait l'établissement du Séminaire en faveur des sieurs Poitevin et Gazil, deux des prêtres de l'Association laissés à Paris, et de leurs associés pour les Missions-Étrangères, » « ce qui paraissait marquer suffisamment que c'était pour le corps de l'Association; » mais quelques expressions, employées dans des actes postérieurs, firent naître une sorte d'obscurité sur les droits respectifs des évêques, des missionnaires et des directeurs, relativement au Séminaire et aux biens donnés à la Société. Cette obscurité ne fut presque pas aperçue, tant que vécurent les premiers associés, instruits du véritable état des choses, mais elle augmenta à mesure qu'on s'éloigna de l'origine.

L'article qui excitait surtout l'attention concernait le principe et le siège de l'autorité sur tout le Corps.

En 1745, Mgr de Martiliat[1] se plaint de l'indépendance des directeurs, de l'espèce de supériorité qu'ils veulent s'arroger et des droits qu'ils prétendent avoir de se recruter sans nombre et sans conteste.

Dans leur réponse datée de 1747, les directeurs affirment qu'ils n'outrepassent nullement leurs droits. L'année suivante, Mgr de Martiliat, revenu en France avec la procuration des trois autres Vicaires apostoliques, essaya de faire prévaloir les idées de ses commettants et les siennes. Les pourparlers et les tentatives d'arbitrage ayant échoué, l'affaire fut portée, en 1750, devant le grand conseil, et, l'année suivante, le tribunal du roi rendit un arrêt qui donnait gain de cause aux directeurs.

Cet arrêt qui semblait séparer le Séminaire du Corps des missions, affligea profondément celles-ci. Cette affliction se montra plus vive dans les lettres des Vicaires apostoliques Bennetat et Lefèvre et dans celles du procureur général de Pondichéry. En 1754, les directeurs, par une lettre commune, protestèrent que le décret royal ne changerait rien, dans la pratique, aux rapports du Séminaire avec les Missions.

Deux ans plus tard, M. Burguerieu[2], supérieur du Séminaire, desireux de satisfaire tout le monde, écrivit à Mgr Lefèvre des propositions d'arrangement sur des bases nouvelles.

Sa lettre renferme les vues du Séminaire relativement à l'administration, elle touche en passant aux pro-

1. Arch. M.-É., vol. 168, p. 176.
2. Du diocèse d'Aire, vicaire général de Langres, directeur en 1738, supérieur de 1750 à 1753 et de 1775 à 1783, mort le 16 février 1789.

jets des Missions sur le même sujet, et proteste de la sincérité des directeurs, lorsqu'ils offrent aux Vicaires apostoliques de terminer le règlement selon les vœux de tous ; et surtout elle pose cette question principale :

« Pour travailler à ce règlement, il faut convenir d'abord de quelle manière on veut faire Corps ensemble. »

Le supérieur ne voit que deux manières possibles : La première, sur les bases du règlement de 1700, consiste dans une association commune composée de cinq parties distinctes : les quatre missions et le Séminaire ; la seconde constitue le Séminaire de Paris comme centre d'une communauté à laquelle seraient incorporés les Vicaires apostoliques et les missionnaires selon le mode des Sulpiciens qui, même dans les provinces, sont toujours considérés comme des membres particuliers de la communauté établie à Paris.

Il est évident que M. Burguericu avait beaucoup de bonne volonté, mais étranger pendant longtemps à la Société, il n'avait pas bien saisi son mode d'organisation primitive, le mieux adapté à son but et à ses travaux ; autrement il n'eût pas proposé ce second mode.

En 1760, les Missions envoyèrent de nouveaux procureurs, afin de reprendre les études d'ensemble et de faire rapporter le premier décret. Les missions d'Amérique se joignirent à celles d'Extrême-Orient, et l'affaire reparut devant le Parlement, qui, par un arrêt de 1764, confirma celui de 1751 [1]. Cette solution ne pouvait évidemment mettre tout le monde d'accord. Les directeurs et les procureurs des Missions pensèrent que mieux valait traiter leurs affaires autrement. Grâce à Mgr Davoust, évêque de Céram, député par le Tonkin occidental, qui déploya dans l'étude de ces délicates questions une habileté, une prudence, une persévérance au-dessus de tout

---

1. Arch. M.-É., vol. 168, p. 160.

éloge, les uns et les autres se rencontrèrent dans un milieu créé par des concessions mutuelles. Un compromis qui était le résultat des efforts communs, et tout ce qu'on pouvait désirer à cette époque, fut unanimement adopté. Cet accord fut porté devant le conseil du roi en 1773, et il en résulta les Lettres patentes de Louis XV, confirmées deux ans plus tard, au mois de mai 1775, par Louis XVI et dont voici le texte[1] :

« De l'avis de notre conseil, qui a vu ladite délibération du vingt-deux février mil sept cent soixante-treize, dont expédition est ci-attachée sous le contre-scel de notre chancellerie, et de notre grâce spéciale, pleine puissance et autorité royale, nous avons approuvé et confirmé, et par ces présentes, signées de notre main, approuvons et confirmons l'établissement du Séminaire des Missions-Étrangères, fait en notre bonne ville de Paris, en vertu des Lettres patentes données au mois de juillet mil six cent soixante-trois; et les expliquant et interprétant, même y ajoutant en tant que besoin, nous approuvons et autorisons l'association qui existait dès lors entre les premiers missionnaires et les premiers directeurs, et qui n'a cessé d'exister entre leurs successeurs; ce faisant, érigeons et réunissons en un Corps d'association pour les Missions-Étrangères, tant les évêques, Vicaires apostoliques et autres missionnaires français, envoyés du Séminaire dans les Missions, que les directeurs dudit Séminaire et ceux qui succéderont aux uns et aux autres. Voulons que ledit Corps d'association jouisse dans notre royaume de tous les droits civils et ordinaires, dont y jouissent les autres Corps et Communautés légalement établis. »

La décision royale ne changeait en rien les Lettres patentes, données par Louis XIV, elle ne faisait qu'en

1. Règlement de la Soc. des M.-É. Pièces officielles; 2ᵉ partie, p. 48.

développer le point principal; elle ne modifiait pas l'organisation de la Société, elle l'expliquait seulement en termes précis. Il était dès lors acquis sans conteste que la Société se composait d'autant de Corps majeurs et indépendants, qu'elle comptait de missions, plus le séminaire de Paris, qui leur était assimilé pour les droits. La supériorité ne résidait donc dans aucun de ces Corps pris en particulier, mais dans leur réunion.

Ces discussions n'avaient pas, comme on pourrait le croire, affaibli l'estime dont la Société des Missions-Étrangères jouissait à Rome et en France; on comprenait très bien que les cœurs peuvent être unis et les opinions opposées, les mains se rapprocher pour un même labeur, et l'intelligence garder ses préférences pour des formes diverses d'organisation. Il est visible d'ailleurs, par les travaux accomplis en Extrême-Orient et par l'aide que le Séminaire de Paris leur donne, que l'intérêt supérieur des âmes prime ces différences d'appréciation et réunit tous les prêtres de la Société dans un même élan de charité.

Aussi, même à cette époque, Rome et le Gouvernement français augmentent les contrées déjà si vastes confiées aux Missions-Étrangères.

II

Au commencement de l'année 1773, la Propagande songea à mettre de nouveaux Vicariats entre les mains de la Société dont elle appréciait les progrès, l'obéissance au Saint-Siège, l'organisation en rapport direct avec la constitution des Églises, et elle lui offrit la Perse, appuyant sa proposition sur l'espoir qu'elle avait de voir cette mission reprendre une vie plus active grâce à cette nouvelle direction, sur les liens qui avaient uni le Séminaire et plusieurs évêques de Babylone, entre autres Bernard de Sainte-Thérèse et Picquet, et sur l'envoi, dans le passé, de prêtres des Missions-Étrangères dans cette partie de la Turquie d'Asie.

L'offre était séduisante, car c'est toujours une joie et un honneur pour les plus jeunes de marcher sur les traces des aînés, et de renouer les liens d'une tradition brisée, mais la pénurie des ressources, le petit nombre des missionnaires, la différence de régime et d'action que réclame l'apostolat en Perse et en Extrême-Orient engagèrent la Société à décliner la proposition.

Après la suppression de la compagnie de Jésus en 1773, la Société reçut l'offre de la mission de Pékin dont elle ne crut pas pouvoir assumer la charge ; elle était plus désireuse d'avoir les districts administrés par les Jésuites en Cochinchine et au Tonkin, où elle trouvait la possibilité de travailler sur un terrain qu'elle connaissait bien, d'agrandir et de fortifier les missions que déjà elle possédait dans le royaume annamite. Au nom de la Société, le Séminaire de Paris demanda donc, par l'intermédaire du cardinal de Bernis, ambassadeur de France à Rome, la cession de ces districts et écrivit au Souverain Pontife la supplique suivante[1] :

« Très Saint Père,

« Les Vicaires apostoliques, les missionnaires français et les directeurs du Séminaire des Missions-Étrangères de Paris, très humblement prosternés aux pieds de Votre Béatitude, vous supplient de vouloir bien daigner leur accorder les missions que les religieux de la Compagnie de Jésus occupaient dans tout le Vicariat de la Cochinchine et dans le royaume du Tonkin, puisque les sup-

1. Arch. M.-É., vol. 218, p. 773. *Datée du 27 août 1773.*

pliants y travaillent par eux-mêmes et par le ministère des prêtres annamites.

« Les prêtres français demandent ces missions de la Cochinchine et du Tonkin, parce que dans leur forme actuelle, elles ont été commencées et entretenues jusqu'à présent, grâce à la libéralité des Rois très chrétiens et de nombreux fidèles de France. En effet, en l'an 1660, partaient pour ces régions les premiers Vicaires apostoliques et les missionnaires. Louis XIV leur fournit les vaisseaux et paya les frais de leur voyage et de leur nourriture. En 1662, ce même roi assigna aux Vicaires apostoliques et aux missionnaires une pension annuelle et perpétuelle tout en annexant aux susdites missions les revenus de deux bénéfices ecclésiastiques.

« En 1664, le clergé français, à l'exemple de son roi très chrétien, consacra une pension annuelle pour favoriser ces mêmes missions. En outre, plusieurs seigneurs français soutinrent par leur générosité cette œuvre si précieuse. Parmi ces bienfaiteurs et ces bienfaitrices, Madame la duchesse d'Aiguillon ne doit pas tenir le dernier rang. C'est elle qui, outre des dons nombreux et riches, fonda une rente perpétuelle pour le Vicariat apostolique du Tonkin.

« Louis XV, suivant les exemples de son bisaïeul et prédécesseur Louis XIV, se montra son émule par ses pieuses libéralités envers les susdites Missions, il a accordé jusqu'à ce jour, sur son trésor particulier, ladite pension, a gardé sous sa protection les missions et les missionnaires, et après avoir réformé et changé la Compagnie des marchands des Indes, créée et confirmée par Louis XIV, qui était obligée de transporter les missionnaires dans les Indes orientales, il a autorisé le passage des missionnaires sur ses navires et à ses frais.

« En 1750, le sérénissime duc d'Orléans augmenta de ses biens les rentes des susdites Missions. Enfin, passant sous silence le nom de plusieurs autres bienfaiteurs de ces Missions, nous terminons en ajoutant que les missionnaires français ont constitué ces Missions et les administrent depuis très longtemps.

« C'est appuyés sur ces motifs que nous osons humblement solliciter cette grâce de Votre Sainteté. »

Le Supérieur et les directeurs du Séminaire de Paris.

Le cardinal de Bernis soutint chaleureusement la demande de la Société. De leur côté, les Franciscains portugais, qui étaient en Cochinchine, et les Dominicains espagnols, qui évangélisaient le Tonkin oriental, avaient présenté au Souverain Pontife des suppliques analogues.

Les gouvernements de Portugal et d'Espagne intervinrent. La Propagande pria d'abord les Dominicains et les Missions-Étrangères de veiller à l'administration des paroisses des Jésuites, puis elle examina longuement l'affaire, et le 20 mai 1786, elle décida que ces districts seraient partagés entre les Dominicains et « les prêtres du Séminaire des Missions-Étrangères au zèle, à la piété et à la doctrine desquels elle avait une entière confiance. »

En Cochinchine, tous les districts que la Société avait demandés lui furent assignés. Il eût du reste été difficile de les partager avec les religieux portugais, qui étaient à peine deux ou trois et administraient quelques paroisses de la Basse-Cochinchine, tandis que ces districts étaient situés dans le nord.

III

La suppression de la Compagnie de Jésus fit également proposer à la Société, la mission de Pondichéry ou comme on disait alors du Carnate ou des Malabares.

Le gouvernement de Louis XVI, plus occupé des intérêts religieux que le précédent, commença en même temps à Rome et à Paris les premières négociations relatives à cette affaire. M. de Sartine, ministre de la marine, écrivit au cardinal de Bernis que le roi désirant dans les possessions françaises des Indes une Société légalement reconnue, aucune autre ne lui semblait plus apte à l'évangélisation de ce pays que les Missions-Étrangères.

« Quoique Sa Majesté n'eût aucun sujet de plainte contre les anciens missionnaires, disait-il[1], Elle a jugé que depuis l'extinction de la Société des Jésuites, leurs missions ne pouvaient plus avoir d'existence légale, parce qu'un tel établissement ne peut se concevoir sans dépendre d'un Ordre ou Congrégation approuvée dans le royaume, sans y avoir des supérieurs comptables envers le gouvernement des opérations et de la conduite des missionnaires, une maison commune, un centre de réunion et de conseil, un asile pour les infirmes. »

Le même jour, le ministre appela chez lui Mgr Davoust, lui développa le projet du roi et lui demanda si la Société était disposée à le seconder. Davoust ne pouvait seul résoudre la question qui devait, d'après le règlement, être portée devant tous les supérieurs de la Société, c'est-à-dire devant les évêques, les supérieurs des missions et le conseil des directeurs.

Au Séminaire, qui avait déjà refusé la Perse et Pékin, l'avis général fut qu'il était impossible d'accepter cette succession trop onéreuse. On fit part de cette réponse à M. de Sartine, qui ne consentit pas à la transmettre au roi et chargea un des employés de son ministère M. de Boyne de continuer les pourparlers.

Celui-ci écouta avec bienveillance les objections, ne

---

[1]. Arch. M.-É., vol. 31, p. 543.

les résolut point, mais il fit entendre à Mgr Davoust que le gouvernement était absolument décidé à passer outre, et que les négociations avec Rome et les pourparlers avec la cour de Portugal étaient à peu près terminés.

Dans de telles conjonctures, il n'y avait plus qu'à s'incliner; cependant pour éviter des difficultés subséquentes que leur connaissance des Missions et des sentiments des Portugais leur faisaient craindre, les directeurs déclarèrent qu'ils n'accepteraient la proposition qu'aux conditions suivantes[1] :

« 1° La mission aurait pour supérieur un évêque Vicaire apostolique, afin qu'elle fût sur le même pied que les autres missions de la Société.

« 2° Le Séminaire ne serait obligé d'y envoyer dans le moment présent que quatre à cinq missionnaires d'Europe.

« 3° Les Jésuites qui étaient encore dans le Carnate n'en sortiraient point et continueraient d'y travailler, de concert avec les prêtres des Missions-Étrangères, et cela contre l'avis de la cour du Portugal qui demandait leur rappel en France.

« 4° On pourrait élever des indigènes pour en former un clergé national, « ce qui, disait Mgr Davoust en rappelant les luttes du passé, ne sera pas possible tant que nous n'aurons pas un Vicaire apostolique français de notre maison : car nous ne consentirons jamais à former des prêtres pour un évêque étranger. L'exemple seul des vexations exercées en Cochinchine par Mgr de Nabuce contre nos missionnaires d'Europe et nos élèves annamites suffit pour nous délivrer à jamais de cette tentation. »

« 5° Enfin, même si toutes ces conditions étaient agréées, il en restait une dernière, la principale, sans laquelle

---

[1]. Arch. M.-É., vol. 31, p. 349.

toutes les négociations ne pourraient aboutir : les autres Vicariats de la Société devaient donner leur consentement à l'acceptation de cette nouvelle mission.

Le gouvernement répondit qu'il ferait près de la cour romaine toutes les démarches nécessaires pour satisfaire les désirs des directeurs.

Au mois de mars 1776, des lettres patentes signées de Louis XVI et contresignées par M. de Sartine déclarèrent la remise des missions des Jésuites dans l'Inde à la Société des Missions-Étrangères. Voici la partie de la teneur de ces lettres qui indique les raisons et les conditions de ce changement[1] :

« La dissolution de la Compagnie et Société des Jésuites dans notre royaume pays, terres et seigneuries de notre obéissance, nous obligeant de pourvoir à la desserte des missions qui ont été établies dans les Indes, par les libéralités de Louis quatorze, et en vertu de la permission portée par ses lettres patentes, en forme d'édit, données à Versailles au mois de mars mil six cent quatre-vingt-quinze :

« Nous avons pensé que nous ne pouvions confier un Établissement aussi utile pour la religion et aussi avantageux à nos sujets, en de meilleures mains qu'en celles des prêtres du Corps de l'association pour les Missions-Étrangères. A ces causes et autres, de l'avis de notre Conseil et de notre certaine science, pleine puissance et autorité royale, nous avons ordonné et, par ces présentes signées de notre main, ordonnons, voulons et nous plaît ce qu'y suit :

Art. 1er

« Les missions qu'entretenait la Société éteinte des Jésuites en divers endroits des Indes orientales, et

---

[1]. Arch. M.-É., vol. 31, p. 7.

notamment celle qui est connue sous le nom de mission malabare, seront desservies à l'avenir et jusqu'à ce que nous en ayons autrement ordonné, par des prêtres du Corps de l'association pour les Missions-Étrangères.

Art. 2

« Les prêtres auront, pendant qu'ils desserviront les missions, l'administration et jouissance de tous biens meubles et immeubles dont le fond et la propriété sont affectés aux missions, ensemble ceux qui ont été donnés soit par les rois nos prédécesseurs, soit par des particuliers et qui ont été chargés de fondation ou destinés à la Propagation de la Religion catholique, à l'enseignement et à l'entretien des missionnaires et des Indiens nouvellement convertis. »

Les trois autres articles concernaient la translation des propriétés de la mission des Jésuites aux Missions-Étrangères.

En même temps, notre ambassadeur à Rome pressait vivement la conclusion de la négociation; malgré de nombreuses démarches, malgré les sollicitations du procureur particulier de la Société, la nomination d'un Vicaire apostolique ne put être obtenue. Le ministre, écrivant aux directeurs du Séminaire, s'en excusa en ces termes[1] : « La cour de France ne perdra point de vue la demande qu'elle a faite à la cour de Rome pour donner extérieurement à cette mission la forme de toutes celles que vous desservez, des circonstances particulières ayant engagé Sa Majesté à ne pas insister absolument dans ce moment-ci sur la première demande qu'elle avait formée. »

Ces circonstances particulières, auxquelles le ministre

[1] Arch. M.-É., vol. 31, p. 469.

faisait allusion, n'étaient autres que la susceptibilité toujours en éveil des Portugais. La cour de Lisbonne n'avait élevé aucune objection contre l'envoi dans les Indes des missionnaires français, mais seulement contre la nomination d'un Vicaire apostolique, « ce qui, disait-elle était contraire à ses droits de patronage ». Les évêques portugais des Indes, imbus des mêmes préjugés, suivirent les mêmes errements, et celui de San-Thomé menaça d'un conflit de juridiction. Afin d'éviter ces divisions, le Souverain Pontife décida que l'évêque choisi pour gouverner la mission de Pondichéry n'aurait que le titre de supérieur. Cette mesure fondée sur des motifs d'une véritable sagesse chrétienne n'obtint pas tous les succès qu'on s'en était promis. Les Portugais firent entendre leurs éternelles réclamations, protestèrent de leurs droits sur les chrétiens et même sur les missionnaires; on passa outre et on chercha parmi les prêtres de la Société le plus apte aux fonctions de supérieur dans cette délicate situation. Il fut d'abord question de M. Mathon[1], procureur à Pondichéry depuis 1743, ensuite de Mgr Davoust dont le ministre de la marine avait apprécié les remarquables qualités de finesse et d'habileté rehaussées de vigueur.

Dans un entretien qu'il eut avec ce prélat, il le pressa vivement d'accepter, et comme l'évêque s'en défendait, et proposait Mgr Brigot, il termina l'entretien par ces mots significatifs : « Je vous donne trois heures pour réfléchir, mais il faut que vous acceptiez. » Rentré au Séminaire, Mgr Davoust écrivit au ministre une lettre dans laquelle il résumait les motifs qui devaient l'engager à nommer Mgr Brigot[2] :

« Après avoir réfléchi aussi mûrement que le peu de

---

1. Du diocèse de Lyon, parti en 1743, mort en 1778.
2. Arch. M.-É., vol. 31, p. 428. Lettre du 26 août 1776.

temps que vous nous avez donné nous l'a permis, sur l'objet important dont il s'agit, nous persistons à croire que, dans les circonstances actuelles, il seroit sinon nécessaire, du moins fort à propos que ce fut l'évêque de Tabraca qui remplit le poste du nouveau Vicariat apostolique. Il connoît déjà les choses en grande partie, ayant résidé assez longtemps à Pondichéry où il était aimé de M. Law et des autres principaux officiers de la ville. Il sait parfaitement le genre d'éducation qu'il convient de donner à la jeunesse indienne, ayant été nombre d'années à la tête de notre séminaire et de notre collège dans le temps que ces établissements subsistoient à Siam. Il est d'un caractère fort doux et très propre à lui attirer la confiance de ceux qui vivent avec lui, et c'est par là qu'il se faisait aimer généralement des missionnaires, des élèves et chrétiens qu'il avoit sous sa direction. »

Mgr Davoust fut écouté et son choix agréé. Par le bref pontifical du 30 septembre 1776 qui substitua la Société des Missions-Étrangères aux Jésuites, Mgr Brigot, l'ancien Vicaire apostolique de Siam, récemment revenu des prisons de Birmanie, fut nommé supérieur de la mission. En même temps, une préfecture apostolique fut créée à Pondichéry et fut donnée aux religieux Capucins qui devaient exercer leur ministère parmi les Européens; le supérieur de la mission malabare et le préfet apostolique étaient complètement indépendants l'un de l'autre.

IV

Maintenant que nous avons fait connaître le détail des négociations qui conduisirent la Société dans les Indes, il nous semble bon de jeter un coup d'œil sur le pays dont elle était chargée.

La mission de Pondichéry était située sur la côte de Coromandel et comprenait tout le pays possédé par la France, c'est-à-dire une partie du Carnate [1].

Elle devait quelques années plus tard embrasser le Tandjour, le Maduré dans la partie méridionale du Carnate, le Maïssour et le Coïmbatour à l'ouest.

Fraction d'une des plus merveilleuses contrées de la terre, ce pays présente d'immenses plaines unies comme un miroir, empourprées par la vive lumière du soleil, parsemées de maigres pâturages ou de riches récoltes de riz, animées par des villages tantôt pittoresques et tantôt assez tristes, coupées par de larges étangs et par des rivières tortueuses, torrents pendant la saison des pluies et ravins desséchés pendant la plus grande partie de l'année. Il se relève vers l'ouest en des plateaux ondulés, des montagnes nues ou boisées dont les reflets grisâtres ou les teintes vert sombre se détachent d'une façon saisissante sur le bleu profond du ciel. Les villes entourées de blanches murailles sont enrichies de mosquées, de palais aux bas reliefs couverts de délicates figurines, de pagodes gigantesques qui étonnent plus par leurs proportions et leur prodigieuse ornementation que par leur élégance.

Les habitants de cette région appartiennent aux peuples dits Dravidiens.

Le nom de Dravida fut donné par les Hindous à une des tribus de l'Inde méridionale; actuellement il s'applique à tout l'ensemble des populations parlant les idiomes d'une seule famille linguistique, distincte d'autres groupes de langues agglutinantes. Ces populations

---

[1]. Sous le nom de Carnate ou Carnatic, on désignait la portion de la zone maritime du Dekkan dans l'Inde méridionale. Cette contrée s'étend de la rivière Gandlagama un peu au sud du Kistnah inférieur jusqu'au cap Comorin. Sauf dans son extrémité méridionale, le Carnate est enfermé entre les Ghâtes orientales et la mer et comprend à peu près toute la côte de Coromandel.

sont les Telougous ou Télingas, les Tamouls et les Kanaras, les Malayalam, etc.

Leur portrait a été souvent tracé : stature belle et bien proportionnée, peau fortement bronzée, yeux largement fendus, généralement noirs ou jaunes foncés, nez aquilin à narines minces et fines; chevelure variant du noir au châtain, soyeuse et abondante, barbe longue et fournie.

Ce qui frappe d'abord l'observateur européen dans les institutions sociales de ces peuples, c'est la répartition des habitants en une foule de castes, vestiges des races diverses qui sont venues successivement se fixer sur un même sol et se sont juxtaposées sans se mélanger ni s'unifier.

On ne distinguait autrefois que quatre castes principales : les Brames, prêtres ; les Kchatrias, guerriers ; les Vaïchyas, agriculteurs et commerçants, et les Soudras, artisans. Ces castes se sont subdivisées en fractions presque innombrables qui ne sont en réalité que des corporations de métiers « sociétés restreintes dont le domaine ne s'étend parfois pas au delà d'une province, d'un canton, même d'un village ». Disons tout de suite que si une telle institution présente de grands inconvénients : ruine du patriotisme, destruction de la liberté individuelle et de l'initiative, négation de l'égalité entre tous les hommes; elle offre certains avantages pour établir et perfectionner l'ordre, faciliter le gouvernement et l'administration, contenir les passions, prévenir la dégradation et la barbarie.

Des religions qui se partagent les habitants, le Brahmanisme possédait au xviiie siècle et possède encore le plus grand nombre de sectateurs. Viennent ensuite le Djaïnisme et le Mahométisme.

Une étude détaillée du Brahmanisme ne rentre évidemment pas dans le cadre de cette histoire, mais comme cette religion est le principal obstacle contre lequel les missionnaires ont à lutter, nous en esquisserons les lignes principales.

Le Brahmanisme a passé par trois formes successives : Védisme, Brahmanisme propre et Néo-Brahmanisme ou Indouisme.

Le Védisme, le culte des Aryas, ainsi nommé à cause de ses livres sacrés, les quatre Védas, était une religion naturaliste dont le culte s'adressait aux grandes forces et aux phénomènes de la nature personnifiés et déifiés sous des noms divers.

A la période dite brahmanique, époque de Manou et des écoles philosophiques, ces dieux perdent une grande partie de leur importance et de leur pouvoir au profit de Brahma, personnification de la prière qui devient le dieu suprême, créateur des dieux, du monde et des hommes, ils continuent cependant à être adorés et invoqués.

Avec le Néo-brahmanisme ou Indouisme, le seul véritablement existant depuis plusieurs siècles, Brahma perd à son tour le rang de seul dieu suprême qui s'étend à Vichnou et à une divinité nouvelle, Siva. Ces dieux forment avec Brahma la triade ou trimourti dans laquelle Brahma représente le principe créateur, Vichnou le principe conservateur, et Siva le principe destructeur.

Si Brahma est resté la première personne de la Triade indoue, ce n'est plus le Brahma majestueux des temps anciens, il a été défiguré, écrasé sous un amas de légendes burlesques ou obscènes, il n'a plus de culte. Vichnou et Siva l'ont supplanté et avec eux, sous leur égide, et pour ainsi dire sous leur conduite, une tourbe innombrable de prétendus êtres divins ont rempli la scène.

« Le Brahmanisme[1] est devenu une arène immense

---

[1]. *Du Brahmanisme et de ses rapports avec le Judaïsme et le Christianisme.* Mgr Laouënan, t. II, p. 2.

dans laquelle s'agitent, se mêlent et se coudoient avec les dieux des antiques Aryas, les fétiches des populations aborigènes et sauvages, les animaux, les poissons, les reptiles, les montagnes, les pierres, par-dessus tout les divinités femelles des tribus dravidiennes, les dieux de chaque village, les esprits démoniaques de toute nature ; c'est un amas confus et sans cesse divers de croyances, de légendes, de pratiques et de prétentions qui se résolvent en sectes innombrables, plus différentes néanmoins par leurs dénominations que par le fond même de leurs doctrines. Il existe, en effet, dans ce pandémonium, un certain principe d'unité qu'il a reçu du Brahmanisme antique : c'est le panthéisme le plus effronté et le plus absolu. »

Les superstitions étranges ou impudiques y ont leurs coudées franches, elles embrassent la vie entière de l'homme et presque toutes ses actions ; elles sont réglées et codifiées par de minutieuses prescriptions.

Parmi les pratiques des Indiens au xviiie siècle, les plus sanglantes étaient les sacrifices humains offerts à la déesse Kali et le suicide obligatoire des veuves. Elles ont été interdites par le gouvernement anglais.

Le Djaïnisme a beaucoup de rapports avec le Bouddhisme, tout en présentant plusieurs différences. Il reconnaît le Dieu suprême, l'âme éternelle essentiellement distincte de la matière, le dogme des peines et des récompenses, il honore des divinités d'un ordre inférieur, il prohibe le mensonge, le vol, l'impudicité ; il enseigne que la plus grande vertu est de ne tuer aucun être vivant.

La doctrine religieuse et la morale du mahométisme sont assez connues pour qu'il soit inutile de l'expliquer.

Le protestantisme était aussi représenté dans l'Inde, mais il n'avait pas alors cette ardeur de propagande qu'il montre aujourd'hui. Dans les provinces confiées en 1776 aux Missions-Étrangères ou dans celles dont elle fut chargée peu après, on ne compte que trois paroisses protestantes de quelque importance : Tranquebar, Tandjour et Trichenopoly.

Les Frères moraves envoyèrent des missionnaires dans l'Inde vers 1750, ils n'eurent que de médiocres succès, et après avoir langui pendant une soixantaine d'années à Tranquebar où ils avaient formé leur principal établissement, ils quittèrent cette ville en 1801.

La foi catholique avait été prêchée dans le Carnate par les Capucins vers le milieu du xviie siècle et par les Jésuites pendant le xviiie.

D'après des listes authentiques dressées vers 1750, le nombre des néophytes dans le Carnate était de 80,000 ; dans le Maïssour, de 35,000, de 150,000 dans le Maduré, et de 120,000 de la province de Marava au cap Comorin.

En 1776, le nombre de ces chrétiens avait notablement diminué, en grande partie par suite de l'insuffisance numérique des missionnaires portugais.

En un seul jour (1755) par les ordres iniques de Pombal, 127 Jésuites portugais furent enlevés aux missions de l'Inde et transportés à Lisbonne où ils s'éteignirent lentement dans les cachots du fort Saint-Julien.

Les Jésuites français, restés en très petit nombre, se trouvèrent dans l'impossibilité d'exercer sur les chrétiens la surveillance et la direction nécessaires.

Les longues et sanglantes guerres des Français, des Anglais et des princes indigènes, qui ravagèrent tout le Décan, pendant une partie du xviiie siècle ruinèrent ces chrétientés florissantes ; la peste et la famine, surtout en 1770, achevèrent ce que la guerre avait si largement commencé.

C'est à ces causes, beaucoup plus, malgré les assertions contraires, qu'à la promulgation et à l'application de la bulle contre les Rites *Omnium sollicitudinum* du

12 décembre 1744, qu'est due la diminution des catholiques[1]. Lorsque cette mission fut remise à la Société, elle n'avait pas de clergé indigène, elle comptait peu de catéchistes et encore moins d'écoles, elle comprenait d'après l'estimation de plusieurs missionnaires « de vingt à vingt-quatre mille communions pascales », ce qui ne suppose pas un chiffre total dépassant 55,000 à 60,000 chrétiens.

La ville de Pondichéry possédait un couvent de Carmélites et un couvent de religieuses indigènes où se retiraient beaucoup de veuves chrétiennes auxquelles les coutumes indiennes ne permettent pas de se remarier.

V

La Société des Missions-Étrangères n'était point une inconnue dans ces parages, puisqu'elle y entretenait un procureur depuis 1699, que plusieurs de ses prêtres les avaient traversés et que d'autres avaient exercé les fonctions d'aumônier dans les troupes françaises.

Lors de son arrivée, Mgr Brigot eut à régler les questions d'ordre intérieur que nécessitait le changement d'administration.

De Sartine avait prévenu le gouverneur et le conseil de Pondichéry des mesures à prendre en cette circonstance. La lettre qu'il envoya à cette occasion au gouverneur, M. de Bellecombe et à M. Chevreau, commandant général et ordonnateur des établissements français, est curieuse par les détails dans lesquels elle entre sur la conduite à tenir envers les Jésuites et envers l'évêque de San-Thomé.

---

[1]. Telle était en particulier l'opinion de Mgr Laouënan, archevêque de Pondichéry, qui a laissé sur cette question des notes décisives.

Bienveillante dans la forme et assez juste dans son ensemble, elle montre l'intrusion du gouvernement dans une affaire qui semble relever exclusivement de Rome; cette manière d'agir était ordinaire à cette époque. Les passages que nous citerons aideront à comprendre l'esprit de l'administration française avec laquelle les missionnaires allaient avoir à traiter[1] : « L'intention de Sa Majesté est que, de concert avec Mgr l'évêque de Tabraca, vous tâchiez de conserver autant des anciens missionnaires qu'il vous sera possible, sous la condition néanmoins qu'ils s'affilieront à la Congrégation des Missions-Étrangères, et qu'ils se soumettront à l'autorité du nouveau supérieur de la mission malabare, et au régime qu'il leur prescrira. Ils vivront en tout et sans aucune exception comme s'ils étaient du Corps des Missions-Étrangères et demeureront associés comme auparavant à l'œuvre des Missions et à tous les avantages temporels qui en pourront résulter. Sa Majesté n'exige d'ailleurs aucune formalité de ceux de ces anciens missionnaires qui resteront attachés à cette mission. Vous pouvez même les assurer de la protection de sa Majesté et d'une retraite utile à la fin de leurs travaux, soit qu'ils demeurent affiliés à cette Congrégation, soit qu'ils viennent à s'en séparer après leur retour en France.

« Ceux, au contraire, qui pourront continuer leurs travaux et qui refuseront de reconnaître le nouveau supérieur qui leur est donné par Sa Majesté, prouveront par là qu'ils tiennent encore opiniâtrement au régime de la Société absolument éteinte en France et dans toute l'Europe. Vous les préviendrez qu'ils se trouveront sans état à leur retour en France et qu'ils s'y présenteront d'une manière peu favorable pour obtenir des pensions

---

1. Arch. M.-É., vol. 31, p. 543.

que les circonstances obligeront au surplus à rendre très modiques.

« Sa Majesté vous laisse les maîtres de donner à ceux de ces anciens missionnaires, qui montreraient d'abord quelque répugnance, tout le tems que vous jugerez à propos pour faire leurs réflexions, sans qu'ils puissent exercer aucune fonction jusqu'à ce qu'ils se soient soumis à l'autorité du nouveau supérieur. Cependant si vous en reconnaissiez quelques-uns dont le séjour dans la colonie vous paraît dangereux, vous prendriez les mesures convenables pour empêcher qu'ils ne mettent des entraves à l'exécution des ordres du roi et pour les renvoyer promptement en France.

« Je joins également ici le Bref de Préfet apostolique et les pouvoirs accordés par le Pape au Père Sébastien, supérieur de la mission des Capucins, ainsi que les lettres d'attache du roi pour leur exécution. Vous ferez aussi enregistrer ces différents titres au conseil supérieur.

« Sa Majesté a jugé à propos de donner cette nouvelle forme aux deux missions qui sont desservies par ses sujets dans les Indes, pour les soustraire à tout acte de juridiction de la part de l'évêque de San-Thomé. Vous veillerez soigneusement à ce que les intentions du roi à cet égard soient strictement exécutées. Le Supérieur de la Mission malabare et le Préfet apostolique de celle des Capucins sont munis de pouvoirs suffisants pour être indépendants à tous égards du prélat portugais, et vous ne permettrez en aucun cas qu'il puisse, ou par lui-même ou par ses délégués, remplir aucune fonction ecclésiastique dans ces deux missions. Les particuliers, soit français, soit indiens attachés à ces deux missions, ne pourront désormais s'adresser à ce prélat pour obtenir des dispenses, et vous empêcherez l'exécution de celles qu'il pourrait leur avoir accordées.

« Vous userez néanmoins de beaucoup de ménagements avec l'évêque de San-Thomé, et dans le cas où il vous témoignerait quelque mécontentement, vous lui feriez connaître que les motifs qui ont déterminé sa Majesté à rendre les Missions françaises de l'Inde indépendantes de sa juridiction, n'ont rien qui lui soit personnel, que la juridiction d'un évêque étranger est absolument incompatible avec la forme de l'administration des colonies françaises et principalement avec la liberté de l'église gallicane qui sont particulières à la nation. Vous ferez rendre d'ailleurs à ce prélat, s'il passait dans quelque endroit de votre gouvernement, les mêmes honneurs qui lui étaient ci-devant attribués, et vous observerez seulement qu'il ne puisse exercer aucun acte d'autorité. »

Les instructions du ministre étaient accompagnées d'une lettre du roi ordonnant que le titre de supérieur de la mission malabare donné à Mgr Brigot fût enregistré de suite et sans difficulté.

Le 3 septembre, cet ordre fut exécuté en présence du P. de Mozac, supérieur des Jésuites dans la mission malabare, de son confrère le P. Vernet, procureur, de M. Jalabert, procureur des Missions-Étrangères à Pondichéry et d'un membre du conseil supérieur de la colonie, M. de Losme, sous la présidence de MM. de Bellecombe, Chevreau et de Mgr Brigot. Les formalités de l'enregistrement achevées, les Pères de la Compagnie de Jésus remirent une déclaration dont la teneur est la meilleure preuve de leur obéissance au Saint-Siège et de leur désir de vivre en bonne harmonie avec les nouveaux prédicateurs de l'Évangile ; la crainte de voir renaître la discussion sur les Rites malabares s'agitait cependant encore au fond de leur cœur, comme il est facile de le saisir par quelques mots de cette pièce que nous reproduirons tout entière[1] :

1. Arch. M.-É., vol. 995, p. 149.

« Messieurs,

« Comme les sentiments sont les mêmes, la délibération est commune et parfaitement la même.

« La répugnance que nous devons tous avoir pour embrasser un nouvel état est bien corrigée par l'avantage d'être unis à un Corps distingué par son zèle pour la conversion des infidèles. Ce sera moins un changement d'état que la continuation des mêmes exercices, sous les influences d'un Corps protégé de l'une et l'autre puissance et sous la direction d'un prélat chargé lui-même des mérites d'un long et pénible apostolat, que le Saint-Siège vient de donner pour supérieur à notre mission.

« Nous croyons avoir lieu de nous flatter, Messieurs, que Mgr l'évêque, notre supérieur, voudra bien, lorsqu'il jugera à propos de faire quelque changement essentiel au sujet des Rites malabares, prendre l'avis de tous les missionnaires, pour ne pas perdre en un moment les fruits de cent ans de mission, et, si la chose ne pouvait être décidée sans avoir recours à Rome, Sa Grandeur voudra bien obtenir du Souverain Pontife, une décision claire et expresse qui ne laisse aucun lieu à la perplexité des consciences. Alors on verra que même les anciens missionnaires sont tous très parfaitement soumis au Saint-Siège.

« Cela supposé, nous sommes tous très disposés à l'union qui ne sera jamais bien cimentée que par l'union des cœurs et des sentiments; nous n'attendons plus rien si ce n'est que Sa Grandeur veuille bien nous notifier sa ratification pour aller lui rendre nos hommages, accepter l'association, et l'assurer de notre parfaite soumission.

« En nous associant, nous envisageons également, Messieurs, l'avantage inestimable de nous conformer aux intentions de Sa Majesté, et de vous témoigner,

Messieurs, notre prompte obéissance et le très profond respect avec lequel nous avons l'honneur d'être, Messieurs,

« Vos très humbles et très obéissants serviteurs.

« A Pondichéry, le 18 septembre 1777. »

A cette déclaration dont la courtoisie ne parvenait pas à dissimuler complètement une légitime tristesse, Mgr Brigot répondit par ces paroles [1] :

« Je souscris à l'acte ci-dessus contenant déclaration et acceptation de la part de Messieurs des missions malabares, et j'accepte, en la qualité de supérieur de toutes les missions françaises de l'Inde qui m'a été confiée par Sa Sainteté Pie VI et par Sa Majesté très chrétienne, la réunion pure et simple du Corps et des membres de la mission malabare au Corps de Messieurs des Missions-Étrangères, le tout au désir des Lettres patentes rendues à ce sujet au mois de mars 1776 ; sauf toutefois, les droits attachés à ladite supériorité, lesquels, dans aucun cas, ne peuvent être restreints et que je dois conséquemment conserver dans leur entier.

« † Pierre BRIGOT, Evêque de Tabraca.

« A Pondichéry, le 18 septembre 1777. »

Les actes du transfert des biens de la mission des Jésuites aux Missions-Étrangères furent signés quelque temps après.

---

1. Arch. M.-É., vol. 995, p. 151.

V

Durant ces formalités, le Séminaire de Paris envoyait de nouveaux prêtres dans les Indes : à Magny, fixé au collège depuis 1774, à Mathon, à Jalabert[1], venaient successivement s'adjoindre Champenois[2], Perrin[3], Jarric[4], Petitjean[5], et plus tard Grandmottet[6], Mottet[7] et Seveno[8]. Ces derniers n'avaient pas encore quitté la France que notre colonie des Indes était devenue anglaise.

Les dispositions que notre gouvernement montrait en faveur de l'indépendance des Etats-Unis d'Amérique avaient été funestes à nos établissements des Indes où les Anglais commencèrent les hostilités avant la déclaration de guerre, s'emparèrent sans combat de Karikal, de Chandernagor, et mirent le siège devant Pondichéry qui capitula, le 17 octobre 1778, après quatre mois de résistance.

Dans le traité de capitulation, les Français n'oublièrent pas la liberté religieuse et la demandèrent dans le XIII° article[9] :

« Le libre exercice de la religion catholique apostolique et romaine sera conservé en entier ; les églises seront respectées, les ecclésiastiques et les religieux seront maintenus dans la pleine puissance de leurs maisons et de toute autre propriété et privilèges ; des sauvegardes seront données à cet effet, principalement au préfet apostolique, afin qu'il puisse exercer sans crainte et avec

---

1. De Mirepoix, parti en 1764, mort le 22 février 1781.
2. Du diocèse de Reims, parti en 1777, mort le 28 octobre 1810.
3. Du diocèse de Besançon, parti en 1777.
4. Du diocèse de Clermont, parti en 1778.
5. Du diocèse de Besançon, parti en 1781, mort le 11 septembre 1783.
6. Du diocèse de St-Claude, parti en 1784, mort le 12 mai 1790.
7. Du diocèse de Besançon, parti en 1785, mort le 29 septembre 1839.
8. De Vannes, parti en 1785, mort le 4 février 1788.
9. Arch. M.-É., vol. 996, p. 692.

décence les fonctions de son état. Les missionnaires auront la liberté d'aller d'un lieu à l'autre pour continuer leurs respectables fonctions, et ils recevront sous le pavillon anglais la même protection dont ils jouissent sous le pavillon français, et tous auront pour Mgr l'évêque de Tabraca, actuellement à Pondichéry, les égards qu'il mérite pour sa piété plus encore que pour sa dignité. »

A cet article, les Anglais firent la réponse suivante d'un libéralisme tout protestant. « Accordé, tant qu'ils se comporteront comme il convient et qu'ils ne chercheront point à faire des prosélytes parmi ceux qui professent la religion protestante. »

Cependant, au mépris de cette capitulation, les vainqueurs furent à peine maîtres de la ville qu'ils détruisirent plusieurs édifices religieux, entre autre une église et le premier étage de la maison des missionnaires.

La situation de Mgr Brigot fut dès lors fort délicate, il allait avoir à traiter avec les Anglais, ennemis de la France ; s'il était calme et pacifique, les Français l'accuseraient très vite d'antipatriotisme ou de trahison ; s'il élevait quelques observations ou manifestait des sentiments d'antipathie, les Anglais ne manqueraient pas de se plaindre de son hostilité ; il suffisait d'une démarche imprudente, d'un mot inconsidéré ou irréfléchi pour compromettre les intérêts de la mission, pour faire chasser les prêtres catholiques comme des ennemis irréconciliables et des perturbateurs de la paix publique. La mesure, pour odieuse qu'elle fût, aurait soulevé plus d'applaudissements que de blâmes en Angleterre.

La conduite que les missionnaires tinrent dans ces circonstances critiques s'inspira des sages instructions émanées de la Propagande plus d'un siècle auparavant : « Ne cherchez jamais à exciter dans ces contrées aucune faction en faveur soit des Espagnols, soit des Français, des Persans ou des Turcs, mais apaisez de tout votre pouvoir celles qui existent. »

« Que si quelqu'un de vos missionnaires averti de ces choses ne s'abstient pas d'y prendre part, renvoyez-le immédiatement en Europe, de crainte que son imprudence ne vienne à compromettre les intérêts si graves de la religion. »

La susceptibilité du patriotisme anglais se compliquait encore de la haine protestante. La réponse faite à l'article XIII de la capitulation révélait aux prédicateurs de l'Évangile ce qu'ils avaient à attendre. Dès que l'Angleterre avait été victorieuse de la France, des ministres protestants étaient arrivés dans l'Inde et avaient déployé une activité capable de leur attirer des adeptes et surtout d'en enlever au catholicisme.

Contre ce double obstacle, la patience, la générosité, le zèle discret et persévérant étaient les meilleures armes de combat. La tâche des missionnaires fut d'ailleurs facilitée par la bienveillance du commandant de Pondichéry, qui n'imita pas la plupart de ses compatriotes et se montra en toutes circonstances respectueux des prêtres catholiques et de leurs droits.

« Il fit tout ce qu'il put, dit M. Perrin, pour leur faire oublier leur disgrâce. Il y aurait même réussi, si un Français pouvait jamais préférer son intérêt propre à la gloire de son pays. »

Cependant la prise de Pondichéry, aggravée par trois défaites successives de notre allié Hayder-Ali, eut enfin le don d'émouvoir la cour de Versailles, qui se décida à envoyer dans les Indes le bailli de Suffren avec une flotte nombreuse et l'ancien compagnon de gloire de Dupleix, Bussy, à la tête de plusieurs milliers d'hommes.

Suffren remporta quatre victoires navales qui changèrent la face des choses, firent reculer les Anglais, donnèrent à nos alliés un nouveau courage, et nous inspirèrent un instant l'espoir de recouvrer notre empire colonial.

Par malheur, Bussy n'était plus que l'ombre de lui-même, un vieillard affaibli par la longue jouissance de ses trésors.

Après avoir commis de nombreuses fautes militaires, il se laissa acculer dans Gondelour et allait être obligé de se rendre, lorsque, par une cinquième victoire, Suffren le sauva.

Le bailli s'apprêtait à profiter de ce succès pour courir à Madras que Bussy devait assiéger par terre lorsqu'une frégate parlementaire vint lui annoncer la nouvelle d'un armistice. Quelques jours plus tard, la paix était signée à Versailles (1783). Triste paix hélas ! au lieu de profiter de nos victoires navales pour exiger la restitution de nos anciennes possessions et de nos vieux territoires, le gouvernement se contenta de réclamer les comptoirs : Pondichéry, Chandernagor, Karikal ; au lieu de donner à notre allié le roi de Mysore une situation indépendante et d'assurer l'avenir de ce royaume en lui envoyant des soldats et quelques officiers, il l'abandonna à ses propres ressources. Il aurait pu fonder un empire, il ouvrit des factoreries, et pour combien de temps? Tel n'était pas le rôle qu'avaient rêvé pour la France Martin, Dumas et Dupleix.

VI

Quels que fussent les événements politiques, la Société des Missions-étrangères était désormais solidement fixée à Pondichéry, elle avait eu le temps de recevoir l'administration des mains des Jésuites, de se rendre compte du fonctionnement des paroisses, des méthodes employées dans l'évangélisation des païens. Le gouvernement français l'y avait protégée, le gouvernement anglais conservée, elle était chez elle, et pouvait espérer qu'elle maintiendrait cette mission dans une situation prospère et que si, par hasard, elle était chassée par la persécution, par les guerres civiles ou étrangères, elle aurait pris racine assez profondément pour ne jamais perdre le droit de rentrer et d'être bien accueillie.

L'exil et la proscription en effet sont un des côtés caractéristiques de l'apostolat en Extrême-Orient, pendant le XVIII° siècle; mais à de rares exceptions près, on ne condamne pas les missionnaires à mort, on se contente de les chasser.

Les païens, ignorant ce que la foi met de vigueur et de persévérance dans le cœur des apôtres, pensent qu'il en sera d'eux comme des marchands et qu'après avoir été maltraités, ils ne reviendront plus. C'est le contraire qui se produit : le regret d'avoir laissé leurs chrétiens seuls ou sous la garde unique des prêtres indigènes ravive le zèle des missionnaires expulsés, qui font de suprêmes efforts, emploient les plus ingénieux stratagèmes pour tromper la surveillance de leurs ennemis et profitent de toutes les circonstances pour retourner dans leurs Églises.

Un roi persécuteur les a chassés, ils attendent sa mort, ou si sa vie se prolonge, ils font des tentatives de rentrée sous le couvert du commerce; ainsi avait agi Mgr Bennetat; s'ils ne réussissent pas, ils se tiennent à la frontière et comme Mgr Piguel et Mgr Lefèvre, ils font de rapides voyages sur le territoire d'où une loi les bannit, pour soutenir et encourager leurs fidèles. S'ils ont été victimes d'une guerre étrangère, ils reparaissent aussitôt que le vainqueur s'est éloigné ou qu'il a perdu les avantages de ses premières victoires; tel est l'exemple que nous offrent les missionnaires de Siam, chassés ou emmenés prisonniers par les Birmans, et dont nous avons précédemment raconté les malheurs.

La principale armée birmane partie pour Ava, les

Siamois, un instant tranquilles et en apparence soumis, coururent aux armes à la voix d'un mandarin courageux et battirent les ennemis.

Ce mandarin se nommait Phajatak, il était fils d'un Chinois et d'une Siamoise et avait pendant plusieurs années gouverné une des provinces septentrionales du Siam.

Brave, hardi, entreprenant, il se mit à la tête d'une petite troupe de partisans que des succès partiels augmentèrent rapidement. Il s'empara d'abord de la ville de Bang-pla-soi qui le reconnut pour roi et ensuite de Rajong. Sacré chef des Siamois par la victoire, il appela à lui tous les hommes de bonne volonté et marcha contre Chantaboun dont le gouverneur refusait de reconnaître son autorité. Arrivé aux pieds des murailles de la ville, il fit briser tous les vases de cuisine et dit à ses soldats : « Mes amis, il faut que nous allions prendre notre repas dans la place. » C'est moins grandiose que de brûler ses vaisseaux, mais, à Siam, la signification est la même. Quelques heures plus tard, Phajatak entrait victorieux dans la ville. Son courage ne connaissait pas de demi-mesure, lorsque dans le combat il voyait reculer un de ses officiers, il s'élançait vers lui : « Tu crains donc le sabre des ennemis, et tu ne crains pas le mien, » lui criait-il, et il lui fendait la tête. Maître de Chantaboun, il se retourna contre les Birmans, les battit en plusieurs rencontres et les chassa du pays. Proclamé par le peuple reconnaissant, roi, sauveur et restaurateur de l'État, il monta sur le trône et se fixa à Bangkok dont il fit la nouvelle capitale du royaume.

A la nouvelle de ces succès, M. Corre revint du Cambodge à Siam le 14 septembre 1769. Phajatak lui fit bon accueil et lui donna une propriété avec autorisation de bâtir une église; cette bienveillance ramena l'espérance au cœur du missionnaire.

« Pour conserver la mémoire de cet événement, qui, écrivait-il[1], semble annoncer l'exaltation de notre sainte religion à Siam, ce qui convient assez avec les circonstances du temps et l'état présent du royaume, j'ai l'intention de bénir la chapelle sous l'invocation de la Sainte-Croix. »

La situation de la mission était alors profondément triste. Des 12,000 fidèles dont elle se composait avant la guerre des Birmans, elle n'en comptait plus que mille, les autres étaient morts ou exilés, les églises, les presbytères, les écoles avaient été incendiés.

Tout était à recommencer. Corre recommença. En 1772, Mgr Le Bon[2], évêque de Métellopolis, vint l'aider, il était accompagné de M. Garnault[3] et avait apporté pour le roi des présents et une lettre de M. Law, gouverneur de Pondichéry. Ces objets furent d'abord remis au barcalon ; quelques jours après, l'évêque et son missionnaire furent priés de se rendre à l'audience royale. Le souverain leur demanda des nouvelles du gouverneur de l'Inde française, leur offrit selon l'usage quelques pièces d'étoffe avec une somme d'argent, et donna ordre au ministre d'ajouter un nouveau terrain à celui qu'il avait précédemment accordé. Satisfait de ce premier entretien avec les prêtres étrangers, il voulut en avoir d'autres, mit la conversation sur les questions religieuses, écouta l'explication de la doctrine catholique, et posa même des objections : « Si Dieu n'a point de corps, disait-il un jour, comment a-t-il pu parler aux hommes ? » On lui répondit que « Celui qui a formé la langue, l'oreille et les sons, sait bien parler et se faire entendre sans avoir de corps, ou qu'il peut se revêtir de la forme humaine si telle est sa volonté. »

1. *Nouvelles lettres édif.*, vol. 5, p. 483.
2. De St-Malo, parti en 1745, mort le 27 octobre 1780.
3. Du diocèse de Toulouse, parti en 1770, mort le 4 mars 1811.

Des mandarins, ennemis des chrétiens, regrettèrent ces fréquents entretiens regardés comme des témoignages de bienveillance, et saisirent la première occasion pour exciter la défiance du prince contre les catholiques et les missionnaires.

En 1775, au jour fixé pour la prestation du serment de fidélité à Phajatak, trois officiers chrétiens, au lieu de se rendre à la pagode et d'y boire l'eau lustrale préparée par les bonzes, allèrent à l'église, et, agenouillés devant l'autel en présence de nombreux fidèles, ils prononcèrent le serment sur les saints Évangiles entre les mains du Vicaire apostolique qui leur en donna une attestation.

En racontant cet acte au roi, les mandarins le présentèrent comme un crime de lèse-majesté et un attentat direct à ses droits. Phajatak aurait pu comprendre que la fidélité à Dieu est le meilleur gage de l'obéissance au souverain; il ne réfléchit à rien, entra en fureur et commanda de jeter en prison les trois officiers, l'évêque et deux missionnaires Garnault et Coudé[1]; les juges voulurent les forcer d'avouer que le serment prêté par les officiers chrétiens était une faute; naturellement ils refusèrent. Leur résistance fut dénoncée au prince qui les fit amener en sa présence, dépouiller de leurs vêtements et frapper de cent coups de rotin; après l'exécution, les confesseurs furent enfermés dans le cachot des Cinq-Fers ainsi nommé, parce que les prisonniers sont retenus par cinq liens : ils ont des fers et des ceps aux pieds, une chaîne et une cangue au cou et des ceps aux mains.

Les fidèles eurent cependant la permission de visiter leurs prêtres, ils leur apportèrent de la nourriture, lavèrent et pansèrent leurs plaies avec un touchant et profond respect. Ces témoignages de piété provoquèrent

---

1. D'Auray, parti en 1773, mort le 8 janvier 1785.

une nouvelle délation. Une pauvre veuve, ayant religieusement conservé les linges ensanglantés, les montra à quelques fidèles. Ce fait fort simple fut bientôt transformé en un crime contre la sûreté de l'État. Un assez mauvais chrétien, débiteur des missionnaires, désireux d'échapper au payement de ses dettes et sans doute aussi d'obtenir des faveurs des mandarins, pensa que les circonstances étaient propices. Il présenta contre les prisonniers cette accusation : « L'évêque et les prêtres ont recommandé à cette femme de garder les linges teints de leur sang, de les laisser sécher sans les laver et de les envoyer en Occident, afin d'exciter la colère des Européens contre le royaume de Siam. Ils ont caché dans leur demeure des fusils et des munitions et comptent armer leurs chrétiens pour seconder les étrangers. »

Sans croire absolument à ces calomnies, le roi fit défense aux navires prêts à partir pour Batavia de recevoir aucune lettre des chrétiens, et il traduisit les accusés devant un tribunal composé de plusieurs grands mandarins, qui lut la plainte déposée contre eux. Ils opposèrent aussitôt cette réponse péremptoire : « Il suffit d'une visite domiciliaire pour démontrer la fausseté de l'accusation dont nous sommes victimes. »

Les juges s'empressèrent d'aller au presbytère et à l'évêché, d'ouvrir les meubles et les malles, ils ne trouvèrent ni poudres, ni fusils, et furent à ce point convaincus de l'innocence des missionnaires qu'ils leur proposèrent de poursuivre le calomniateur. Les victimes refusèrent : « Ce n'est pas la coutume des chrétiens d'agir ainsi, répondirent-ils, et non seulement nous pardonnons à notre accusateur, mais nous lui remettons sa dette et l'autorisons à partir quand il voudra. » Cette éclatante justification ne leur rendit cependant pas la liberté, et ce fut seulement huit à neuf mois plus tard que sur la demande d'un officier anglais de passage à Siam, on leur ôta la cangue et les ceps.

Le 14 août, on les conduisit devant le premier ministre qui leur promit la liberté à condition que les chrétiens se porteraient caution pour eux. Les fidèles s'écrièrent d'une commune voix qu'ils étaient tous les garants de leurs pères, trop heureux, ajoutaient-ils, de payer de quelque manière les bienfaits qu'ils en avaient reçus.

Néanmoins, avant de laisser partir les captifs, le ministre voulut les obliger à signer la promesse de ne plus défendre aux officiers de boire l'eau du serment, et de ne rien faire contre les coutumes du royaume. Mgr Le Bon, MM. Garnault et Coudé protestèrent de leur obéissance aux coutumes nationales tant qu'elles ne seraient pas contraires à la religion catholique. Cette restriction donna lieu à de nouvelles conférences entre les mandarins : les uns parlaient de renvoyer les missionnaires en Europe, les autres vantaient leurs vertus et leur charité à l'égard des Siamois, l'utilité que le commerce du royaume pouvait retirer de leur présence. Ces derniers finirent par l'emporter, et les portes de la prison s'ouvrirent pour les captifs, sans autre formalité que le cautionnement des chrétiens.

La tranquillité ne fut pas de longue durée. Phajatak, dont l'activité était toujours en éveil, avait employé ses loisirs à composer un code de superstitions. En 1778, il voulut en faire l'inauguration par une procession solennelle sur le fleuve. La fête devait durer trois jours, tous les habitants de Bangkok, quelle que fût leur nationalité, Chinois, Annamites, Laotiens, Indiens, Malais, reçurent ordre d'y être présents.

Pendant la cérémonie, le roi monta à une tribune élevée sur les rives du Ménam et assista au défilé; ne voyant pas de chrétiens, il eut un brusque mouvement de colère. « Je connais, s'écria-t-il, la cause de l'abstention des catholiques, je finirai bien par les réduire à l'obéissance, et si l'évêque et les missionnaires s'opposent à moi, je les ferai tuer, mais, ajouta-t-il, ils se laisseraient tuer et mourraient comme des bêtes. »

Le lendemain, un peu apaisé par les explications d'un haut mandarin, il se contenta d'exprimer son zèle pour le salut du genre humain. « Je voudrais conduire le monde dans le droit chemin, les chrétiens ne veulent pas me suivre, ils se perdront, c'est leur affaire. » Les intentions du souverain siamois étaient presque aussi bonnes que son ignorance était grande et son esprit absolu.

Quelque temps après, un jour de solde, il s'emporta de nouveau contre les chrétiens : « A quoi bon donner la paye à ces gens-là ? ils ne veulent assister à aucune de nos cérémonies, ils refusent même de venir jouer de leurs instruments à ma suite dans nos jours de fêtes. » Les assistants murmurèrent les noms de l'évêque et des missionnaires, et le roi conclut : « Pas de payes pour les chrétiens tant que l'évêque et les prêtres ne partiront point. » Cette menace connue dans le peuple inspira la crainte d'une persécution plus grave : les fidèles en pleurs se précipitèrent dans les églises, conjurant le Seigneur de les sauver, et une nouvelle procession ayant eu lieu, quelques-uns d'entre eux y assistèrent dans l'espoir que leur obéissance désarmerait le roi.

Mgr Le Bon s'indigna de ce compromis, et le dimanche suivant, à la messe, il publia une sentence d'excommunication contre les coupables. Excepté un, tous les excommuniés reconnurent leur faute et implorèrent le pardon que l'Église ne refuse jamais à la faiblesse repentante.

Phajatak sut le fait, et mieux disposé sans doute, il sembla comprendre la valeur morale des catholiques et leur droit à la résistance, il adressa même des reproches au barcalon de ce qu'il l'excitait contre eux : « Me voyant l'autre jour dans un moment de colère, lui dit-il, vous avez cherché à m'animer davantage. Les chrétiens sont fermes dans leur religion au lieu que vous, vous êtes comme un animal à deux faces; vous pouvez être sûr que si j'en étais venu à quelques excès contre eux, vous l'auriez payé, vous en auriez été vous-même la victime. »

Ce n'était là qu'un éclair de bon sens, traversant la nuit d'orgueil et de paganisme qui, hélas! enveloppait ordinairement l'esprit du roi.

Bientôt ces excitations et ces froissements multipliés produisirent sur lui une irritation sourde dont le résultat fut l'exil des missionnaires. Vers la fin de l'année 1779, Mgr Le Bon et MM. Garnault et Coudé furent cités devant les tribunaux, insultés, frappés et enfin bannis du royaume. Dénués de tout en quittant Bangkok, obligés d'errer au hasard avant de pouvoir gagner Pondichéry, les trois confesseurs de la foi essuyèrent des fatigues et des privations sans nombre.

Mgr Le Bon, déjà courbé sous le poids des années et épuisé par les travaux, par les persécutions et les peines qu'il avait éprouvées pendant trente-cinq ans d'apostolat, succomba à Goa le 27 octobre 1780. Ses deux compagnons d'exil rentrèrent à Siam en 1782, l'année même où Phajatak, devenu fou, était massacré par le peuple fatigué de ses violences. Ils prouvaient une fois de plus que, chassés par la guerre étrangère ou par la haine persécutrice des ennemis du catholicisme, les missionnaires, ainsi que nous l'avons dit plus haut, ne désespéraient jamais de leur œuvre et persévéraient jusqu'à la fin dans leur sainte vocation.

Malheureusement, ces événements entravaient la marche et les succès de la Société dans les missions de Pondichéry et de Siam qui auraient eu, à ce moment, un profond besoin de tranquillité afin de pouvoir se reconstituer et retrouver quelque chose de leur ancienne prospérité.

VII

Les Vicariats apostoliques de la Cochinchine et du Tonkin avaient, à la même époque, bien des malheurs à déplorer, ils étaient en proie à des guerres civiles qui eurent une notable action sur le christianisme, un grand retentissement en France, ne furent pas sans influence sur notre politique coloniale et enfin ne cessèrent que grâce à l'initiation d'un des évêques de la Société des Missions-Étrangères.

En 1765, sur son lit de mort, le Chua de Cochinchine, Vo-Vuong [1], déshérita son fils aîné et désigna pour lui succéder un autre de ses fils Dué-tong [2], né d'une femme de second rang. Un ambitieux vulgaire, Phuoc, sans autres talents que ceux de l'intrigue, prit en main le pouvoir, s'empara de l'héritier légitime qui mourut en prison et gouverna sous le nom du nouveau prince. Sa conduite hautaine et vexatoire provoqua un mécontement général ; une étincelle jaillit et alluma le feu de la guerre civile. Dans la province du Binh-dinh, deux frères Nhac et Hué et un de leurs parents, Lu, profitèrent de l'impopularité de Phuoc pour lever l'étendard de la révolte. A la tête d'une bande de voleurs grossie des séditieux, ils s'emparèrent de la ville de Qui-nhon. Sur leurs étendards, ils avaient mis cette inscription : Tây-son, montagnards de l'Ouest, et c'est pour cette raison qu'eux et leurs partisans furent désignés par ce nom et que leur révolte le porte également.

Dans l'espoir de se délivrer de la tyrannie du régent et de chasser les Tay-son, des mandarins cochinchinois demandèrent du secours au roi du Tonkin, et

---

1. Gouverna de 1737 à 1765.
2. De 1765 à 1776.

surtout au Chua, Trinh-sum, plus maître que le souverain. C'était ouvrir la porte à d'ambitieuses espérances. Depuis plus d'un siècle, en effet, les Trinh essayaient d'établir leur domination personnelle sur la Cochinchine en anéantissant celle des Nguyên. Une armée tonkinoise marcha donc aussitôt sur Hué, prétendant aller au secours de Dué-tong, et en réalité préméditant de s'emparer du pays.

Bientôt ces étranges alliés se démasquèrent et traitèrent le malheureux Dué-tong en vaincu. Enfermé dans son palais, ce prince s'écriait en pleurant : « Notre règne est en proie à deux guerres à la fois, nos soldats sont morts, nos généraux sont battus, il ne nous reste qu'à partir pour Saïgon. » Il parvint en effet à se réfugier dans cette ville. Dès qu'il eut appris cette fuite, le chef rebelle Nhac s'empressa de reconnaître les Trinh et reçut d'eux le gouvernement de plusieurs provinces avec le titre de général de l'avant-garde (1775). Mais lorsque les Tonkinois, confiants dans sa fidélité, eurent rappelé leur armée, il se fit proclamer roi, puis pour en finir avec les Nguyên fugitifs, il envoya des troupes en Basse-Cochinchine sous le commandement de son frère Hué, appelé aussi Long-nhuong. Après plusieurs défaites, l'infortuné Dué-tong et son fils tombèrent aux mains des ennemis et furent étranglés (1778).

Par suite de cette double mort, un jeune homme de 17 ans, Nguyên-anh, connu plus tard sous le nom de Gia-long, devint le représentant légitime des droits de ses ancêtres au trône. A cause de la gravité des circonstances, il crut plus habile de ne pas prendre le titre de Chua, et se contenta de celui de généralissime des montagnards de l'Est : Dong-son. Traqué avec acharnement par les Tay-son, il tomba un instant en leur pouvoir; mais il réussit à s'échapper et se réfugia près du Vicaire apostolique de Cochinchine, Mgr Pigneau de Behaine, évêque d'Adran, qui attendait au Cambodge un moment favorable pour rentrer dans sa mission.

Les événements auxquels fut mêlé Mgr Pigneau ont fait sortir son nom de l'obscurité qui nous dérobe le plus souvent la vie et les travaux des ouvriers évangéliques, nous nous arrêterons donc un instant devant cette grande et sympathique figure qui éclaire et domine trente ans de l'histoire religieuse de Cochinchine et n'est pas étrangère à notre histoire nationale.

Mgr Pierre-Joseph-Georges Pigneau naquit le 3 novembre 1741. Son père n'était pas noble, comme on l'a souvent écrit, mais receveur de la terre d'Origny, apanage des ducs de La Vallière. Il était originaire de Behaine, section de la commune d'Origny, département de l'Aisne.

Selon un usage adopté par nombre de familles de la riche bourgeoisie au xviiie siècle, et sans doute pour le distinguer d'une autre branche, on ajouta à son nom patronymique celui de la petite localité dont il sortait, et il s'appela ou on l'appela Pigneau de Behaine.

Il commença ses études au collège de Laon, et les continua à Paris au Séminaire de la Sainte-Famille ou des Trente-trois, il les acheva au Séminaire des Missions-Étrangères.

De même que François Pottier, il quitta Paris sans prévenir ses parents dont il craignait peut-être l'opposition, et ce fut de Lorient seulement qu'il leur annonça son départ.

La lettre est touchante et instructive, car le cœur de l'enfant et l'âme du prêtre y vibrent à l'unisson. « Nous gémirions encore sous l'empire du démon et dans les ténèbres de l'idolâtrie, disait-il, si des hommes remplis de l'esprit de Dieu et d'un zèle vraiment apostolique, n'avaient eu le courage de s'expatrier pour venir nous éclairer des lumières de l'Évangile. L'amour, la tendresse, le respect qu'ils avaient pour leurs parents ne furent pas capables de les arrêter... Un nombre presque incroyable d'âmes, qui marchent dans la même voie où nous étions alors, nous tendent les bras et nous conjurent d'aller leur faire part de l'avantage qu'on nous a procuré... Je me sens intérieurement pressé depuis plusieurs années d'aller travailler au salut de tant de malheureux qui sacrifient leur âme au démon de l'erreur et du mensonge. J'espère que vous ne ferez qu'applaudir à un dessein si conforme à votre manière de penser et que vous ne me refuserez pas votre bénédiction. Je ne l'ai pas attendue pour partir, parce que je connais ma faiblesse et votre amitié. »

D'abord professeur au collège général, prisonnier et exilé comme nous l'avons raconté, il avait en quelques années passé par les phases les plus diverses de la carrière évangélique. Il reçut à Pondichéry les bulles qui l'instituaient évêque d'Adran et coadjuteur de Mgr Piguel. La mort de ce dernier l'investit bientôt de la charge de Vicaire apostolique ; néanmoins il ne fut sacré qu'en 1774 à Madras. A la fin de cette même année, il jugea le moment venu de rentrer dans sa mission et s'embarqua pour Macao, d'où il gagna le Cambodge en 1776 ; ce fut vers cette époque que Nguyên-anh le rencontra. L'évêque s'attendrit sur le sort du royal fugitif, il lui donna l'hospitalité et essaya par de bonnes paroles de lui faire entrevoir des jours meilleurs. Cependant on ne surprend encore à ce moment ni dans ses lettres, ni dans celles de ses prêtres le désir d'aider le prince à remonter sur le trône.

La guerre civile, la famine, la peste ravageaient alors l'Annam et laissaient quelque répit à la guerre religieuse. Les missionnaires en profitèrent. Grenier[1] entra

---

[1] Du diocèse de Saint-Flour, parti en 1772, mort le 10 juin 1777.

en Basse Cochinchine, Labartette[1] et Liot[2] dans la province du Dinh-cat et dans le Phuyen; Faulet[3] porta son zèle chez les Stieng, au nord, entre la Cochinchine et le Cambodge; Le Clerc[4] chez les Mois du nord-est. Mgr Pigneau qui avait ramené de Pondichéry ses élèves annamites s'établit près de Ha-tien et donna la direction du séminaire à Morvan[5]. Celui-ci étant mort, quatre mois plus tard, Le Clerc lui succéda.

Ce petit établissement fut pillé l'année suivante (1778) par des pirates cambodgiens. Ces misérables tuèrent quatre élèves, brûlèrent la maison et l'église, massacrèrent plusieurs chrétiens, entre autres sept religieuses annamites qui préférèrent la mort à l'infamie.

La position n'était plus tenable. Par bonheur, Nguyên-anh avait remporté plusieurs succès considérables sur les Tây-son et s'était rendu maître de la Basse-Cochinchine, Mgr de Behaine crut pouvoir compter sur la reconnaissance du prince qui avait été son hôte, et il se fixa avec ses élèves dans la chrétienté de Tan-trieu, non loin de Bien-hoa où résidait Nguyên-anh.

C'est de cette époque que datent leurs relations suivies. Le prince passait en longs entretiens avec l'évêque le temps qu'il n'employait pas aux exercices militaires, tantôt il le faisait venir chez lui et tantôt suivi seulement de deux ou trois mandarins, il lui rendait visite, s'asseyant familièrement et sans apparat sur la même natte. De quoi s'entretenaient donc ces deux hommes, si différents par l'éducation, les mœurs et les idées? L'âme apostolique de l'évêque d'Adran voulait sans doute dédommager ce roi aux trois quarts détrôné,

---

1. Du diocèse de Bayonne, parti en 1773, mort le 6 août 1823.
2. De Preuilly, parti en 1776, mort le 28 avril 1811.
3. Du diocèse de Saint-Malo, parti en 1773, mort en 1783.
4. De Bourgogne, parti en 1774, mort le 21 septembre 1778.
5. De Quimper, parti en 1766, mort le 13 janvier 1776.

de la couronne temporelle qui chancelait sur son front, par l'espérance d'une autre couronne plus précieuse et plus durable, à l'abri des révolutions et des défaites. Le prince, dompté par le malheur, écoutait-il avec confiance la parole évangélique? il paraît fort douteux que Nguyên-anh ait jamais eu l'intention sérieuse de se faire chrétien; mais dans ces conversations sur la religion, bien des préjugés tombaient, bien des calomnies étaient mises à néant, et s'il ne se sentait pas la force d'embrasser la morale austère du christianisme, il était obligé d'avouer la sublimité de sa doctrine, et ne pouvait faire moins que d'accorder la liberté religieuse aux fidèles. Plusieurs grands mandarins de la cour fugitive reçurent le baptême et montrèrent à leur roi que les enfants de l'Église sont encore les sujets les plus fidèles et les soldats les plus dévoués.

Nous lisons, dans les mémoires du temps, que la messe se célébrait régulièrement, au palais, les dimanches et jours de fête, pour les officiers de la cour et les mandarins chrétiens. Le roi y assistait souvent, et écoutait avec attention les allocutions que l'évêque y faisait dans un style clair et très élégant, car il possédait à merveille toutes les délicatesses de la langue des lettrés [1]. L'intimité de Mgr de Behaine avec Nguyên-anh excita chez ceux qui ne le connaissaient pas et préféraient blâmer plutôt que s'enquérir, la crainte que le Vicaire apostolique n'oubliât ses devoirs d'apôtre; on l'accusa même de s'occuper de guerre et de donner des conseils aux officiers sur l'art militaire. Un des missionnaires de Cochinchine, M. Liot, crut devoir répondre à cette accusation [2]:

« La réputation et le crédit de Mgr d'Adran augmentent

---

1. Louvet, *Cochinchine religieuse*, t. 1, p. 401.
2. Arch. M.-É., vol. 33, p. 418.

de jour en jour, non pas comme on a fait courir le bruit qu'il enseigne la guerre; à la vérité, du temps du grand mandarin qui est mort, Sa Grandeur a quelquefois été consultée sur des choses qui touchaient d'assez près ce point, mais il a toujours évité de répondre, changeant la question, ou disant que, vivant retiré du monde, il ne s'en mêlait point surtout de ce qui regarde la guerre qui est contre son état de prêtre (c'est-à-dire personne retirée du monde qui fait pénitence), mais par ses conseils, il a sauvé la vie à bien des personnes que la justice voulait faire mourir, soulagé les autres dans leurs misères, souvent réconcilié le roi avec ses mandarins et les mandarins entre eux. Ce faux bruit vient de ce que le grand mandarin de Cochinchine, pour se vanter et donner du cœur aux autres mandarins et au peuple, publiait partout que Monseigneur, qui savait tout ce qu'on peut imaginer, était son maître et que sous un tel maître, il était bien sûr de défaire les révoltés du royaume. »

A une lettre des directeurs du Séminaire sur le même sujet, Mgr Pigneau de Behaine répondit lui-même en ces termes le 21 juillet 1781 [1] :

« Vous me rappelez les ordres de la Sacrée Congrégation, les instructions apostoliques et les articles de notre règlement, on vous aura sans doute écrit que j'en avais besoin, je ne m'arrêterai pas à m'en excuser, car si j'étais capable d'oublier mon état jusqu'à ce point, je n'aurais pas grand scrupule de le nier, quoique cela fût véritablement.

« Je vous dirai seulement que beaucoup de mandarins me visitent pour attraper quelque petit présent, que je vais chez le roi de dix à douze fois l'année pour entretenir son amitié, et que tous les ressorts de ma politique

---

1. Arch. M.-É., vol. 33, p. 418.

sont employés à éluder leurs demandes et surtout fuir leurs visites qui me sont très importunes.

« On désirerait, disent quelques-uns, que nous fussions cachés. Je le désire bien autant qu'eux; mais le mal est que cela est impossible. J'ai avec moi un collège de 22 écoliers, sans compter mes domestiques et ceux des missionnaires, comment sans protection conserver tout cela dans un pays où sans exception tout le monde est pris pour soldat? parmi les mandarins du 1er, 2e et 3e ordre, il y a des chrétiens, et connus comme tels, comment, sans apparence de mystère, cacher les prêtres dans un temps de guerre où la moindre chose fait ombrage? »

L'accusation n'eut pas d'autre effet pour le moment, mais nous la verrons se reproduire avec plus de force, et heureusement sans plus de fondement.

Déjà habitué aux vicissitudes des jugements humains, l'évêque ne s'en inquiéta pas outre mesure et continua de travailler au salut des infidèles, et à la grande œuvre nécessaire à la solidité de l'Église dont il était le chef : le clergé indigène.

Le séminaire qu'il avait près de lui, à Tan-trieu, ne pouvait évidemment suffire au recrutement de ce clergé, il en fit établir un autre dans le Quang-tri à Di-loan, et y plaça en qualité de premier supérieur Jacques Longer[1], le futur Vicaire apostolique du Tonkin occidental.

L'établissement fut ensuite transféré à An-ninh.

A peu près inconnu pendant un siècle, le nom du séminaire d'An-ninh a retenti tout d'un coup dans le monde entier, lorsque, en 1885, au plus fort de la guerre de la France en Annam, ses professeurs et ses élèves, secondés par les chrétiens des paroisses voisines, soutinrent pendant deux mois un siège héroïque[2].

1. Du Hâvre-de-Grâce, parti en 1775, mort le 8 février 1831.
2. La Société des Missions-Étrangères pendant la guerre du Tonkin, p. 73.

VIII

Au Tonkin, les mêmes combats se livraient au milieu des mêmes misères. Le pays était dans la plus complète anarchie. Des complots formés contre le Chua Trinh-sum, avaient d'abord été déjoués, mais à sa mort, en 1778, une révolte militaire porta Trinh-giai au pouvoir à l'exclusion de Trinh-can désigné par son père. Les Tay-son, vainqueurs en Cochinchine, envahirent le Tonkin, et, sous le commandement de Hué, s'emparèrent de Ha-nôi.

Le vainqueur frappa les Trinh, mais respecta le roi Lê-hien-tong. Celui-ci, d'ailleurs, ne traita pas le général Tay-son en ennemi, il lui décerna les titres aussi vagues que sonores : de commandeur en chef, de défenseur du trône légitime, et lui accorda en mariage une princesse de sa famille.

Grâce à cette politique ou à la bienveillance naturelle de Hué, Lê-hien-tong mourut en paix dans le palais de ses ancêtres, à l'âge de 70 ans [1], après avoir nommé son successeur, Lê-chieu-thong [2], dont le règne court et malheureux devait aboutir à un désastre complet.

Mgr Reydellet traçait le plus triste tableau de l'état de sa mission pendant ces guerres bien plus semblables à des brigandages organisés sur une large échelle, qu'à des expéditions militaires [3] :

« Nous n'avons plus ni communautés, ni collèges, ni maisons, ni résidences, ni églises, tout est abattu. Plusieurs de nos prêtres du pays sont cachés, l'évêque, les prêtres, les catéchistes sont recherchés ; il y a grande récompense pour quiconque pourra les prendre ; j'en

---

1. En 1785.
2. 1786-1788.
3. Arch. M.-É., vol. 690, p. 841.

fallait pas davantage pour remuer et armer la cupidité des infidèles, aussi jettent-ils feu et flamme ; on ne saurait dire jusqu'où vont leurs recherches et leurs perquisitions.

« La plupart de nos gens ne trouvent où se réfugier ; nos effets portés et rapportés à différentes reprises chez les chrétiens dépérissent, quelques-uns les ont brûlés, d'autres les ont enterrés, et les fourmis blanches les ont rongés.

« Ici pauvreté sur pauvreté et toujours nouvelles misères sur nouvelles misères.

« Les religieuses Amantes de la Croix ont des croix plus qu'elles n'en peuvent porter. Les plus jeunes sont renvoyées chez leurs parents, les plus vieilles sont dispersées de côté et d'autre et cachées chez les chrétiens.

« Les chrétiens sont partout la victime des infidèles et des mandarins. Quarante-deux ont été faits prisonniers et conduits à la ville, ils viennent d'être exilés à perpétuité, ils perdent tous leurs biens, ils ont été mis à des amendes pécuniaires, et avec le fer rouge on leur a imprimé au front le caractère de religion portugaise, qu'ils appellent ici caractère infamant ; d'autres sont encore retenus prisonniers à la ville. Nous avons fait de grandes dépenses pour obtenir leur liberté, mais nous avons perdu et peine et argent, car on dit qu'on se dispose à leur trancher la tête.

« L'autorité publique s'obstine à faire faire par les chrétiens des libelles d'apostasie, à faire construire des idoles, temples d'idoles, pagodes, etc., on n'avait jamais vu jusqu'ici, dans ce pays-ci, de persécution si furieuse.

« La tyrannie, l'injustice, l'impiété et le brigandage triomphent et dominent. La justice est opprimée, et les bons sont écrasés. Daigne le Seigneur faire usage de sa puissance, remédier à tant de désordres qui désolent ce misérable pays et rétablir partout le bon ordre, la justice, l'équité, enfin sa sainte religion. »

L'évêque mourut sans voir des jours meilleurs. Son successeur, Mgr Davoust, revenu de France après l'obtention des Lettres patentes de Louis XVI, ne se laissa pas effrayer par les malheurs qu'il avait sous les yeux. Il recommanda la prudence et le calme à ses missionnaires Sérard, Le Breton, Le Roy, La Mothe, à ses prêtres indigènes, à ses catéchistes et chacun resta à son poste ou dans le voisinage.

Les Tay-son qui avaient abandonné le Tonkin, y rentrèrent et déployèrent une certaine rigueur contre les prédicateurs de l'Évangile et contre les chrétiens. Mgr Davoust a raconté plusieurs de ses alertes et de ses travaux dans des pages qui donnent bien la note de son caractère actif et vigoureux, de son imperturbable sang-froid, et mettent en pleine lumière les péripéties de l'existence apostolique [1] :

« J'ai été menacé nombre de fois, depuis le commencement de cette année[2], et le suis encore aujourd'hui. Comme je venais de faire l'ordination et de célébrer les fêtes de Noël et de l'Épiphanie dans un grand village situé tout proche de la résidence du gouverneur de la province du midi, et que le concours des fidèles avait été très considérable, sans compter ceux qui venaient chaque jour de toutes parts pour recevoir le sacrement de Confirmation, ce mandarin, homme fort avide d'argent, fut bientôt informé de mon séjour dans son voisinage. En conséquence, un chef de bandits lui demanda un ordre pour venir me saisir, il n'en fallut pas davantage pour répandre au loin l'alarme et l'épouvante. L'on débitait déjà que j'avais été arrêté, mais la

---

1. Arch. M.-É., vol. 691, p. 515.
2. 1784.

Providence ne permit pas que le gouverneur écoutât la demande qui lui était faite, et j'en fus quitte alors pour deux ou trois alertes assez vives, où quelques-uns de nos chrétiens tonkinois donnèrent des preuves non équivoques et de leur attachement pour moi, et de leur propre faiblesse. Car, dans une de ces circonstances, ayant entendu dire que le gouverneur s'avançait en personne, à la tête d'environ 400 hommes armés, avec un éléphant, quelques pièces de campagne et tout l'accoutrement militaire, et qu'il n'était qu'à une très petite distance de notre résidence, et croyant déjà me voir entre ses mains, ils ne songèrent plus qu'à prendre la fuite, et vinrent me saluer tout éplorés et jetant presque les hauts cris.

« J'ai fait, cette année, tous les offices de la semaine sainte, ordonné deux prêtres et deux sous-diacres, et célébré la Pâque dans une petite chrétienté, qui n'est éloignée de la capitale que de trois ou quatre heures de chemin, et qui est placée au milieu des infidèles. Il faut avouer, à ne consulter que les faibles lumières de la raison et les règles de la prudence ordinaire, que le lieu paraissait bien peu propre à une pareille solennité, qui est très connue des gentils mêmes, surtout dans un temps où une patrouille ou espèce de maréchaussée faisait sa ronde dans ces quartiers, et venait de mettre à contribution un village chrétien tout près de là. Par la protection divine, et par les sages précautions que les principaux habitants chrétiens, gens riches et à leur aise, avaient prises, soit à l'égard du chef de cette troupe, à qui ils avaient promis une récompense honnête, soit vis-à-vis de leurs voisins infidèles, à qui ils ont également fait ressentir les effets de leur générosité, tout s'est passé dans le meilleur ordre et à la satisfaction de tout le monde ; en sorte que depuis le lundi de la semaine sainte, jour de mon arrivée, jusqu'au lundi de Pâques, jour de mon départ, les gentils ainsi que les chrétiens n'ont pas discontinué de faire, jour et nuit, la sentinelle et de veiller à ma sûreté. — Je quittai cet endroit, au grand regret de la plupart des chrétiens, et même de quelques infidèles, pour m'approcher encore davantage de la capitale, afin d'être plus à portée de donner la Confirmation à ceux des fidèles de cette grande ville qui n'avaient encore pu la recevoir. Le premier avril, je conférai en particulier ce sacrement à une jeune princesse, que le roi actuel appelle sa tante, et qui est la dernière des enfants d'un des grands-oncles paternels de sa Majesté tonkinoise. »

Cet état de troubles fit renaître le projet de fonder une chrétienté au Laos. Le Breton[1] envoya deux catéchistes, Nhuong et Xuyên, faire cette expédition. Ceux-ci revinrent au bout de six mois. Ils avaient trouvé quarante chrétiens tonkinois groupés « en un village séparé et propre, disaient-ils, à devenir le centre de la mission, » ils rapportaient de l'ivoire et donnaient de la contrée cette appréciation succincte que leurs successeurs n'ont pas démentie. « Le pays est fort beau, mais l'eau ne vaut rien. »

L'année suivante, le même missionnaire chargea le prêtre indigène Bôn et le catéchiste Xuyên de tenter un nouvel essai. Arrivés à trois journées de marche du village des catholiques découverts dans le voyage précédent, ils apprirent que ces malheureux, faussement accusés du meurtre d'un homme qui s'était noyé, avaient été obligés de s'enfuir. Ils tournèrent leurs pas vers d'autres stations, et rencontrèrent une centaine de chrétiens auxquels le P. Bôn administra les sacrements ; il baptisa 4 adultes et 19 enfants. Les lettres des missionnaires ne nous disent pas si ces néophytes étaient des Tonkinois

---

1. Du diocèse d'Avranches, parti en 1774, mort le 27 août 1787.

ou des Laotiens; mais il est plus probable qu'ils étaient Tonkinois. Les renseignements du prêtre annamite laissaient entrevoir les grandes difficultés de l'établissement projeté, car M. Le Breton terminait son récit par ces mots de doute plus que d'espoir[1] : « Il paraît que Dieu prépare peu à peu les voies pour annoncer l'Évangile à ces peuples des forêts, je n'espère guère y aller moi-même. Je désire au moins en ouvrir la route à d'autres. »

1. Arch. M.-É., vol. 691, p. 816.

CHAPITRE IV
1780

I Organisation des Missions de la Société des Missions-Étrangères. — Statistique. — Le personnel. — Vicaires apostoliques. — Missionnaires européens. — Prêtres indigènes. — Catéchistes. — Religieuses. — II. Organisation des districts, des paroisses, des chrétientés. — Visites des missionnaires. — Administration des sacrements. — III. Séminaires. — Écoles. — Fondations des écoles de filles au Su-tchuen par l'initiative de M. Moÿe. Direction de Mgr Pottier. Instructions de la Propagande. Opinion de Mgr de Saint-Martin. — IV Livres. — Ouvrages composés par les missionnaires : de Saint-Martin, Moÿe, Sérard, Mgr Longer, Mgr Pigneau. — Conversions des infidèles. — Difficultés des conversions : l'état religieux de l'Extrême-Orient, la nationalité des missionnaires, l'orgueil national, les calomnies, les scandales des Européens, la pauvreté des néophytes. — V. Causes des conversions : la grâce, le travail des hommes, les incidents divers. — VI. Le catéchuménat. — Valeur morale des chrétiens. — VII. Baptêmes d'enfants de païens *in articulo mortis* au Su-tchuen, en Indo-Chine. — Instructions de la Propagande. — Statistique.

I

La Société des Missions-Étrangères a un triple but que son règlement exprime en ces termes :

« 1° Former à la cléricature les sujets qui en sont trouvés capables; 2° prendre soin des nouveaux chrétiens; 3° travailler à la conversion des infidèles, en sorte que le premier emploi soit toujours préféré au second et le second au troisième. »

Nous sommes en 1780, plus d'un siècle s'est écoulé depuis que la Société travaille à atteindre sa fin, au milieu des vicissitudes que nous avons racontées. Quels résultats a-t-elle obtenus? Quelle organisation a-t-elle donnée aux missions qui lui sont confiées? Quel personnel emploie-t-elle? Quelles œuvres d'évangélisation, de charité, d'éducation a-t-elle fondées? quelle est la valeur de ses chrétiens et de ses néophytes?

Telles sont les questions que peut se poser tout esprit qui sait que la bataille n'est qu'un moyen d'obtenir la victoire et la victoire elle-même la condition de la conquête.

Nous allons essayer de donner des réponses substantielles sans entrer dans de menus détails.

A cette époque, la Société est chargée de 5 missions : une en Chine : la province du Su-tchuen, à laquelle se rattachent les provinces de Kouy-tcheou et du Yun-nan, et un poste dans le Fo-kien : Hing-hoa; trois en Indo-Chine : le Tonkin occidental, qui s'étend depuis les frontières de Cochinchine jusqu'aux frontières de Chine en s'arrêtant à l'est au fleuve Rouge et à la rivière Claire; la Cochinchine, comprenant tout le royaume de ce nom et le Cambodge; le royaume de Siam; une aux Indes : la mission malabare ou de Pondichéry.

La statistique de ces missions est assez difficile à dresser avec une exactitude absolue : les prédicateurs de l'Évangile, craignant que leurs papiers ne tombent entre les mains des persécuteurs, n'osaient tenir le registre de leurs paroisses et de leurs chrétiens. Nous ne connaissons de très détaillé et de très complet sur cet objet qu'un petit catalogue dressé par Mgr Bennetat vers 1755. Il contient le nom de toutes les stations de Cochinchine et du Cambodge qui sont au nombre de 225 et le chiffre des catholiques qui s'élève à 22,370. D'après cette statistique, et d'après celle de l'administration des sacrements, on peut conclure que le nombre des chrétiens, en 1780, était dans ce Vicariat de 30 à 35,000 environ.

Au Tonkin, une lettre de M. Lamothe, datée de 1786, porte le chiffre des chrétiens à 130,000. En 1782, Siam, ruiné par la guerre birmane, ne comptait guère plus de

1,000 à 1,200 chrétiens. Le S. tchuen, le Kouy-tcheou, le Yun-nan où Mgr Pottier avait trouvé 4,000 fidèles en possédaient à peu près 12,000.

Enfin dans le Fo-kien, le petit poste de Hing-hoa et ses dépendances, que les prêtres indigènes avaient administrés pendant une cinquantaine d'années et qui venaient d'être confiés (1778) à M. Chaumont comptaient cinq à six cents chrétiens.

La mission de Pondichéry, restreinte à ses premières limites, avait environ 55,000 fidèles.

La Société devait donc pourvoir aux besoins spirituels de 240,000 chrétiens dispersés au milieu de 150 millions d'idolâtres. Comment y réussissait-elle? Par quelle organisation forte et simple à la fois soutenait-elle et faisait-elle progresser son œuvre?

Examinons d'abord dans l'ordre hiérarchique le personnel des missions. La première autorité ecclésiastique qui commande aux Vicariats apostoliques ainsi qu'à la Société, est après le Souverain Pontife, la Congrégation de la Propagande.

Les voies romaines avaient toutes pour point de départ la colonne milliaire du Capitole; la Propagande est pour les Missions cette colonne milliaire, elle donne les pouvoirs aux ouvriers évangéliques et guide leur ministère, elle nomme les évêques, délimite les juridictions, et donne tantôt des instructions générales, tantôt des décisions précises et absolues sur des cas déterminés.

Le personnel de chaque mission se compose d'évêques Vicaires apostoliques, de missionnaires européens, de prêtres indigènes, de catéchistes et de religieuses. Le Vicaire apostolique gouverne, comme l'évêque d'un diocèse, dans la limite que lui donnent le droit ecclésiastique et le règlement général de la Société. Aucune autorité ne s'interpose entre lui et ses prêtres. Il est ordinairement revêtu du caractère épiscopal, il y a cependant quelques exceptions. Maigrot fut Vicaire apostolique du Fo-kien plusieurs années avant d'être nommé évêque de Conon ; Leblanc, Vicaire apostolique du Yunnan en 1697, ne fut élu évêque que vingt ans plus tard en 1717. Plus rarement encore à la tête de la mission est un simple prêtre avec le seul titre de supérieur ; le fait se présente pour M. Néez, supérieur du Tonkin occidental pendant dix ans.

En vertu des ordres de la Propagande, le Vicaire apostolique est obligé d'avoir une résidence en un lieu déterminé, non qu'il soit tenu de l'habiter continuellement, car les besoins de la mission exigent de lui des courses multipliées ; mais cette résidence est nécessaire pour donner la facilité aux prêtres et aux chrétiens de recourir au supérieur lorsqu'ils ont des affaires relevant de son autorité. Elle est située ordinairement au centre du pays, et dans un village habité par des fidèles nombreux. Lorsque l'évêque s'absente, il laisse à sa demeure un ou deux catéchistes qui connaissent son itinéraire et peuvent le tenir au courant des événements.

Il est souvent assisté d'un coadjuteur ; cette mesure est utile dans les temps de persécutions qui exilent les pasteurs, les emprisonnent ou les condamnent à mort ; elle a d'autre part l'avantage de ne jamais abandonner la mission à un administrateur intérimaire.

Si les coadjuteurs les premiers choisis disparaissent avant leur évêque, celui-ci en désigne d'autres. Mgr Néez en eut successivement deux : Devaux et Bennetat. Mgr Longer en aura quatre dont le dernier lui succédera. Mgr Pigneau de Behaine choisit Mgr Labartette, et Mgr Pottier sacra Mgr de Saint-Martin.

En 1780, la Société compte six évêques ; quatre sont Vicaires apostoliques : un pour chacune des missions de

Siam, de Cochinchine, du Tonkin, et du Su-tchuen : il y a un coadjuteur au Tonkin, et Mgr Brigot est supérieur de la mission de Pondichéry.

Il ne faudrait pas inférer de cette dignité et de ces titres à une vie aisée et à des honneurs éclatants.

« Accepter un Vicariat apostolique, au moins dans les missions d'Asie, écrit un missionnaire de Siam [1], c'est du dévouement, et pas autre chose. La vaine gloire, l'amour des aises et des commodités n'ont rien à mordre ici. On n'a pas la consolation d'être à la tête d'un nombreux clergé ; on ne reçoit pas d'honneurs extraordinaires, on n'officie pas dans de belles églises, ni avec cette majestueuse dignité qui se voit en Europe ; on n'a pour habitation qu'une véritable cabane ; on achèterait pour cent francs les matériaux qui ont servi à construire celle de notre évêque, et quant à son mobilier, il serait bien difficile de le vendre ; pour les honoraires et les traitements, ce n'est pas la peine d'en parler. »

A cette époque, les Vicaires apostoliques sont tout à la fois chefs et soldats, ils doivent diriger et travailler, car leurs prêtres sont peu nombreux. Naturellement, ils visitent leurs missions, administrent la confirmation, confèrent les saints ordres, tiennent leur correspondance à jour, mais encore ils confessent, prêchent et gouvernent un district ou un séminaire.

Aux termes d'un décret du 8 août 1755, le Vicaire apostolique est assisté d'un ou de deux provicaires qui le représentent et régissent la mission pendant son absence ou à sa mort s'il n'a pas de coadjuteur.

Ses premiers collaborateurs sont les missionnaires européens ; plus d'une fois, nous avons dit que leur nombre était absolument insuffisant pour les travaux qu'ils avaient à faire, et pour ceux que leur zèle aurait

---

1. *Ann. de la Prop. de la Foi*, vol. 7, p. 391.

voulu entreprendre. Précisons : en 1780, Siam comptait deux missionnaires ; la Cochinchine et le Cambodge sept, le Tonkin cinq, le Su-tchuen et le Fo-kien huit, Pondichéry trois, le séminaire général établi à Virampatnam deux, la procure de Macao deux. C'étaient avec les neuf directeurs du Séminaire de Paris tous les membres de la Société des Missions-Étrangères ; au total 44 prêtres ou évêques.

Les événements que nous avons racontés révèlent assez clairement leur vie : travaux du ministère dans la pauvreté et les inquiétudes, souffrances de la prison, amertumes de l'exil, embellis par la joie surnaturelle d'accomplir l'œuvre de Dieu et par l'espoir des récompenses éternelles.

Les prêtres indigènes leur apportaient le concours de leur dévouement et de leur expérience. Les différentes missions en comptaient environ 110.

La Société avait grandement mis à profit le clergé indigène qu'elle avait formé ; grâce à lui, nous l'avons particulièrement constaté en Chine en 1732 et en 1748 ; au Tonkin en 1712, dans la Cochinchine en 1745 et en 1751, elle avait conservé ses chrétiens et maintenu ses missions au milieu des orages et des tempêtes. La plupart des résultats qu'on s'était promis de la création de ce clergé avaient été atteints ; il restait à l'augmenter, à lui donner une instruction plus développée, à lui enseigner mieux encore l'art de mettre les ressources de son esprit pratique au service de son zèle.

Au-dessous des prêtres et dans un ordre hiérarchique différent se plaçaient les catéchistes. On sait avec quel soin les premiers Vicaires apostoliques avaient prescrit leur formation et indiqué les services qu'ils pouvaient rendre, ils les avaient demandés probes, pieux, savants, humbles et habiles, ils avaient distingué entre les catéchistes ambulants, que le missionnaire pouvait envoyer partout dans les villages païens prêcher la doctrine catholique, instruire les catéchumènes, fonder une paroisse, et les catéchistes résidents à demeure fixe dans les stations, chargés d'y maintenir le bon ordre et les pratiques religieuses. Cette classification avait été conservée. Les missions de la Société possédaient quatre à cinq cents catéchistes ambulants et plus de deux mille catéchistes résidents. Ces derniers pouvaient cependant, en beaucoup de cas, être considérés plutôt comme conseillers notables d'une paroisse que comme catéchistes proprement dits. Près des catéchistes étaient les religieuses. Les Amantes de la Croix, fondées par Mgr de la Motte Lambert, s'étaient multipliées dans toutes les missions de l'Indo-Chine.

« Beaucoup de filles, que leurs parents veulent forcer à des superstitions ou marier à des gentils, se consacrent à Dieu pour éviter les dangers auxquels elles seraient exposées, écrivait Lepavec, missionnaire au Tonkin[1]. Les années précédentes, j'en envoyai un grand nombre dans les communautés religieuses de la province méridionale. Je me proposais d'y en envoyer plusieurs autres; mais on me dit que l'on ne pouvait plus en recevoir, parce que toutes les communautés étaient pleines. J'en établis une l'année dernière, dans laquelle il y a déjà plus de vingt religieuses très ferventes; je viens d'en former une autre cette année; elle ne tardera pas d'être aussi nombreuse que la première. Les chrétiens, témoins de la ferveur de ces vierges et des dangers qu'elles courent dans le monde, contribuent bien volontiers à ces établissements. »

D'après le relevé que nous avons fait en lisant les lettres du Tonkin, les couvents des Amantes de la Croix dans cette mission étaient au nombre de 26

---

1. *Nouv. Lettr. édif.*, vol. 7, p. 379

renfermant en tout de 250 à 300 religieuses. En Cochinchine, leurs maisons principales étaient dans le Phu-yen et le Khanh-hoa, provinces que les prêtres des Missions-Étrangères avaient toujours évangélisées, on en comptait 10 avec 100 à 120 religieuses. Avant l'invasion des Birmans, Siam en possédait quatre avec 58 religieuses; en 1780, il n'y avait plus que le couvent de Bangkok dont M. Garnault disait [1] :

« Cette capitale possède dix vierges consacrées à Dieu, parmi lesquelles sont les deux sœurs, objets de la persécution que je vous ai racontée, et les deux généreuses chrétiennes qui les relevèrent de leur chute. A ces pieuses filles se sont réunies deux veuves; toutes mènent ensemble une vie très austère, elles observent presque continuellement un parfait silence. »

En Chine, M. Moÿe venait de relever l'institut des Vierges chrétiennes fondé par Mgr de Martiliat.

M. Moÿe était un saint prêtre et un homme d'œuvres. Sa vie a été écrite avec une grande hauteur de vues et un très vif esprit de piété par Mgr Marchal [2] lorsqu'il était vicaire général de Saint-Dié; son caractère est net et tranché :

« Le trait qui le distingue, c'est la fermeté et une sorte d'austérité impitoyable à l'endroit de la nature corrompue. Pénétré de la nécessité d'affaiblir le vieil homme pour favoriser le développement de l'homme nouveau, rien ne lui coûtait dès qu'il s'agissait d'atteindre ce double but, mortifications corporelles, humiliations de toutes sortes, renoncements incessants; sa vie n'était qu'une pénitence habituelle, et il prétendait que telle devait être la vie de tout chrétien vraiment digne de ce nom. Les âmes qui consentaient à se soumettre à cette

---

1. *Nouv. Lett. édif.*, vol. 5, p. 582.
2. Mort archevêque de Bourges.

forte discipline avançaient rapidement, on le comprend, dans les voies de la perfection, et leur sainteté contractait vite ce tempérament vigoureux qui les défendait aisément de toute faiblesse et trahissait en même temps l'école généreuse à laquelle elles avaient été formées. Son génie propre le portait à aller droit au fait et à l'action. »

A trente ans simple vicaire de Metz, il avait fondé l'institut des Sœurs de la Providence et établi de nombreuses écoles. Il avait écrit pour les âmes qu'il dirigeait un livre de haute mysticité : « *Le Dogme de la Grâce* », traité complet de l'action de la grâce dans les âmes, de ses procédés, de ses marques et des obstacles qu'elle rencontre.

Parti pour la Chine en 1772, il avait fait ses premières armes au Su-tchuen, il avait, malgré son âge, appris la langue avec une remarquable facilité et la parlait très purement. Deux ans après, dirigé vers le Kouy-tcheou, il avait été arrêté, frappé, puis inespérément mis en liberté. Revenu au Su-tchuen, il se fit le restaurateur de l'Institut des Vierges chrétiennes bien tombé depuis Mgr de Martiliat. Il ajouta quelques règles aux anciennes et surtout ce qui est son œuvre propre, comme nous le verrons bientôt, il forma ces pieuses Vierges à instruire les jeunes filles et les catéchumènes et alla même jusqu'à employer plusieurs d'entre elles au baptême des enfants de païens *in articulo mortis*. Cet Institut, encore à ses débuts, comprenait en 1780, environ quatre-vingts religieuses vivant dans leur famille, puisque les mœurs chinoises ne leur permettaient pas de se réunir en communauté. Si nous ajoutons une vingtaine de carmélites et une dizaine de religieuses chargées des veuves indiennes, à Pondichéry, nous aurons achevé le dénombrement des âmes qui s'étaient consacrées à Dieu sous la conduite des prêtres de la Société des Missions-

Étrangères. Tel était donc le personnel des missions : 6 évêques, 29 missionnaires européens, 9 directeurs du Séminaire à Paris, 110 prêtres indigènes, 400 catéchistes ambulants, 2,000 catéchistes résidents et environ 500 religieuses.

Voyons maintenant quel parti la Société des Missions-Étrangères avait tiré de ses propres forces et de celles qui étaient directement à son service.

II

La solidité d'une armée réside dans le grand nombre de ses soldats, mais également et certains diront surtout dans son organisation. Que chaque homme, que chaque chose soit à sa place et ce n'est plus seulement l'ordre qui règne, mais la force qui s'accroît, force de résistance et de conquête.

La Société n'était composée que d'un petit bataillon, elle devait donc suppléer au nombre par une organisation judicieuse. Cette organisation s'inspirait des habitudes des contrées évangélisées et variait selon les pays. Elle avait eu ses premières bases posées dans les *Monita*, elle s'était peu à peu développée et affermie par l'activité et l'entente des Vicaires apostoliques et de leurs prêtres. Les supérieurs de la Société n'avaient pas eu à intervenir, puisque d'après la constitution même du Corps le Vicaire apostolique est seul chef direct de sa mission. Voici quelles en étaient les grandes lignes :

Le Tonkin était divisé en un certain nombre de districts correspondant généralement au nombre des missionnaires européens; un missionnaire était placé à la tête de chaque district ; quelquefois quand les missionnaires manquaient, un prêtre indigène était élevé à ce poste.

Chaque district était subdivisé en paroisses et comprenait quatre, six, huit ou dix paroisses. Chaque paroisse se composait de dix, de quinze, même de vingt chrétientés, elle était toujours dirigée par un prêtre indigène. Il en fut ainsi dès le début, sous l'épiscopat de Mgr Deydier et de Mgr de Bourges. Cependant, comme on avait apporté un ou deux changements à cet ordre, Mgr Longer, le successeur de Mgr Davoust, jugea bon de régler définitivement que les missionnaires ne seraient attachés à aucune paroisse en particulier, mais seraient à la tête d'un district composé de plusieurs paroisses.

Il trouvait à ce plan le double avantage de placer le Vicariat tout entier dans les mains des missionnaires qui dirigeaient le clergé indigène, et de faciliter l'envoi des ordres, que l'évêque avait à expédier à quatre ou cinq prêtres seulement, pour en assurer aussitôt l'exécution.

En Cochinchine et à Siam, la même organisation existait dans certaines parties de la mission; dans d'autres, les prêtres indigènes relevaient directement de l'évêque sans l'intermédiaire du missionnaire européen.

Au Su-tchuen et à Pondichéry, les missionnaires et les prêtres indigènes avaient chacun une paroisse indépendante formée d'une ou plusieurs stations selon leur importance.

L'organisation ne s'arrêtait pas là ; afin de garder les fidèles dans le devoir, de faciliter les travaux du prêtre, et de ne pas absorber son temps dans l'examen des détails, une part d'autorité était donnée à des fidèles influents, à ceux que nous avons appelés précédemment les catéchistes résidents, et que l'on nomme également les notables. Au Tonkin, chaque paroisse composée de plusieurs villages chrétiens a un conseil formé de personnages importants qui s'occupent de l'état matériel et spirituel; et de plus, chaque petite station possède un ou deux chefs, chargés de présider aux réunions à l'église, de préparer les malades à la mort, de rendre compte au missionnaire de la situation générale.

En Cochinchine, le conseil des notables de toute une paroisse ou de tout un district existe également, mais il est moins répandu et il a parfois un fonctionnement plus limité ; dans ce cas, chaque chrétienté petite ou grande a son conseil composé de quatre, cinq ou six fidèles hiérarchiquement désignés sous le nom de trum, câu, bien ; mais les premiers chefs de la résidence principale, généralement au nombre de deux, ont une sorte d'autorité morale sur les autres.

Le Su-tchuen a une organisation analogue à cette dernière et dont les noms seuls diffèrent. Aux Indes, les conseils de paroisse et de chrétienté n'existent pas, ils sont remplacés par les catéchistes dans la résidence du missionnaire, et surtout par les chefs de caste.

C'était donc partout, dans une certaine mesure, le gouvernement du peuple chrétien par lui-même, sous la direction du pasteur ; cette méthode a le double avantage de faciliter les travaux de l'apôtre, nous l'avons dit, et d'apprendre à la paroisse à se conduire par elle-même, chose inappréciable à une époque et dans des pays où les troubles sont fréquents, les prêtres peu nombreux et souvent éloignés ; elle a été conçue d'après une juste appréciation des besoins des missions et adaptée aux facultés d'obéissance et de commandement en sous-ordre que possèdent les Orientaux.

A l'appel de leurs chefs et aux jours fixés, les chrétiens se groupent à l'église ou à la maison qui en tient lieu, pour prier et entendre lire quelques instructions.

Le dimanche, ils tiennent ordinairement deux ou trois réunions. Ils récitent ou plutôt ils chantent à deux chœurs les magnifiques prières composées par les premiers missionnaires, et qui renferment un abrégé succinct, mais très clair, de tout ce qu'un catholique doit croire et pratiquer : les principaux mystères de la foi, les commandements de Dieu et de l'Église, les actes des vertus théologales, les sept sacrements, les huit béatitudes, les œuvres de charité corporelles et spirituelles. Suivent la lecture de l'épître et de l'évangile, l'annonce des fêtes de la semaine, des jours de jeûne et d'abstinence et la récitation du Rosaire médité.

Au Su-tchuen, les fidèles récitent le dimanche à la première réunion les trente-trois pater de la Couronne de Notre-Seigneur, les litanies des saints avec versets et oraisons, le Veni Creator, le Te Deum, le symbole de saint Athanase ; puis le chef de famille chez lequel a lieu la réunion prend un chapitre du catéchisme et l'explique.

A la seconde réunion, les prières sont : la troisième partie du Rosaire, les litanies de la sainte Vierge et le Magnificat. Ces réunions ne rappellent-elles pas la parole de saint Justin : « Le jour du soleil (c'est-à-dire le dimanche), tous les chrétiens qui habitent les villes et les campagnes s'assemblent dans un même lieu. Là on lit les écrits des Apôtres ou les livres des Prophètes autant que possible. Ensuite dès que le lecteur a fini, celui qui préside nous exhorte à imiter de si beaux exemples. »

L'Église catholique est restée la même à travers les siècles et à travers le monde, elle continue à enseigner les mêmes prières et les mêmes dogmes, à former par les mêmes moyens les âmes aux plus belles vertus.

Dans toutes les missions, les chrétiens sont assujettis seulement à neuf jours de jeûne ; aux autres jours de jeûne, ils gardent l'abstinence. En Chine, pour éviter toute assimilation dangereuse avec la secte rebelle des Pe-lien-kiao, qui sont des jeûneurs, ils peuvent user de viande, les jours défendus, quand ils se trouvent en présence de ces sectaires; ils avaient et beaucoup ont encore l'autorisation de travailler le dimanche, après la récitation des prières, soit à cause de leur pauvreté, soit dans la crainte que leur repos ne les trahisse.

Le prêtre visite de temps en temps toutes les stations dont il est chargé, une fois par an dans les districts très vastes, quatre à cinq fois dans les autres.

Le jour de son arrivée est une véritable fête ; tous les fidèles, revêtus de leurs habits de cérémonie, viennent le saluer et lui offrir avec leurs hommages les présents de leur pauvreté : quelques fruits, de petits gâteaux, sans parler du bétel, de l'arec, du tabac, du thé, condiments indispensables de toute bonne réception.

Le prêtre reçoit ensuite, en particulier, les chefs de la chrétienté qui lui exposent la situation, les progrès, les abus, les difficultés; il s'enquiert des catéchumènes, appelle les fidèles qui témoignent le désir de l'entretenir et de le consulter, il rétablit la paix si elle est troublée, il visite les malades ; la prudence guide ses actes et la prière les sanctifie. Pendant ce temps, le catéchiste parcourt le village, entre dans chaque maison, excite les retardataires, exhorte les pécheurs, invite tout le monde à se préparer à la réception des sacrements. Il est écouté, et chaque visite sacerdotale est marquée par d'abondants fruits de grâce et de salut.

Le lendemain, de grand matin, car les pauvres ont besoin de leur travail, ou pendant la nuit, si on redoute les espions et la police, la messe est célébrée. Si des catéchumènes sont prêts à recevoir le baptême, l'apôtre le leur confère, rehaussant cette cérémonie de tout l'éclat permis par la pénurie des missions. Des confréries de la Bonne-Mort, des Ames du Purgatoire, de la Sainte-Vierge, de Saint-Joseph, ayant toutes pour but une assistance mutuelle, spirituelle ou matérielle, ont des réunions spéciales. Des concours de catéchismes se tiennent dans certains Vicariats : le Tonkin et la Cochinchine ; ils sont un précieux stimulant à l'étude de la doctrine catholique.

Les tableaux d'administration des missions nous diront mieux et avec plus de précision les travaux des ouvriers apostoliques. Ce sont des chiffres, et contre les chiffres, les arguments *à priori* et les suppositions perdent toute leur force. Il nous est évidemment impossible de les donner tous, soit parce que le catalogue en serait fastidieux, soit parce que les missionnaires ne nous l'ont pas laissé. Nous omettons les baptêmes d'adultes et ceux d'enfants d'infidèles à l'article de la mort dont nous parlerons plus tard, ainsi que les chiffres des mariages qui nous manquent très souvent. Nous commençons par l'administration des sacrements au Tonkin pendant plusieurs années.

En 1765 : 71,476 confessions : 57,903 communions, 2,797 baptêmes d'enfants, 883 confirmations, 1,995 extrêmes-onctions.

En 1770 : 73,859 confessions, 59,764 communions, 2,269 baptêmes d'enfants, 1,144 confirmations, 1,365 extrêmes-onctions.

En 1782 : lorsque nos missionnaires administraient une partie des anciens districts des Jésuites, les chiffres s'élèvent beaucoup plus haut : 121,172 confessions, 103,770 communions, 6,183 baptêmes d'enfants et 1,473 extrêmes onctions.

Les catalogues de la mission de Cochinchine sont moins complets que ceux du Tonkin ; pour les avoir même approximativement, ils exigent beaucoup de recherches ; ils donnent environ 25,000 confessions, 18,000 communions, 12 à 1,400 baptêmes d'enfants et 400 extrêmes-onctions. A Siam : même absence de catalogues complets ; environ 1,000 confessions, 7 à 800 communions, 150 baptêmes d'enfants.

Voici les catalogues du Su-tchuen. Ils donnent les confessions et les communions annuelles. En 1770 : 2,096 confessions, 1,984 communions, 522 baptêmes d'enfants.

En 1778 : 4,800 confessions, 2,965 communions, 821 baptêmes d'enfants.

En 1780 : 5,940 confessions, 2,841 communions, 766 baptêmes d'enfants.

La mission de Pondichéry administrée seulement par trois missionnaires, désolée par les guerres, ne nous offre pas la possibilité de donner un état même approximatif.

Si nous résumons ces chiffres et prenons une moyenne, nous arrivons, pour une année et pour la Société entière, au total suivant : 150,000 confessions, 100,000 communions, 4,000 baptêmes d'enfants.

Telles sont l'organisation, la vie de la chrétienté, de la paroisse, du district, et l'administration des sacrements, il nous reste à indiquer quelles œuvres générales d'éducation, de charité et d'apostolat la Société avait établies dans ses missions.

III

La première, la plus essentielle, celle dont nous avons si souvent parlé et dont nous avons signalé la création à mesure qu'elle a eu lieu, partout où la Société est fixée, est l'établissement des séminaires.

Outre le collège général dont nous avons vu la fondation à Juthia et les différentes translations, par suite des guerres et des persécutions, à Chantaboun, à Ha-tieu, à

Pondichéry, chaque mission possédait un petit et un grand séminaire.

Des missionnaires européens, aidés de prêtres indigènes ou de théologiens, étaient à la tête de ces établissements, qui ne recevaient en général que des jeunes gens de 18 à 19 ans déjà formés et ayant une certaine culture intellectuelle puisée chez les prêtres chargés des paroisses. On y enseignait le latin, un peu de mathématiques, d'histoire, de géographie, et avec soin la littérature indigène et beaucoup de doctrine chrétienne.

On accoutumait les élèves à passer tour à tour de l'étude aux exercices de piété et aux travaux de la maison, ils faisaient la cuisine, gardaient la porte, coupaient le bois, vannaient le riz, cultivaient le jardin et, à l'occasion, réparaient la maison.

Cette discipline évitait la présence et le payement des domestiques, comme l'expliquait avec un grand sens pratique Mgr Néez à Mgr de Martiliat, « elle [1] habituait les écoliers travaillant ensemble et gratuitement à se regarder comme des frères, à prendre l'esprit de communauté, à considérer le missionnaire comme un père qui a soin de ses enfants lesquels, en retour, lui doivent l'amour, le respect et l'obéissance : par là on gagne leur cœur, et dès que le cœur est gagné, on vient aisément à bout du reste. »

Avant de faire étudier la théologie à ces jeunes gens, on les employait comme catéchistes, en les confiant à des missionnaires ou à des prêtres indigènes, qui les gardaient près d'eux ou les envoyaient parmi les païens. Après plusieurs années d'épreuve, lorsqu'ils avaient atteint l'âge de 30 à 35 ans, ils étaient admis au grand séminaire où ils apprenaient

---

1. Arch. M.-É., vol. 689, p. 384.

une théologie pratique et substantielle, l'écriture sainte, et par-dessus tout la piété et le zèle.

Le Su-tchuen avait un seul séminaire dont les élèves observaient un règlement différent, selon qu'ils étaient humanistes ou théologiens. Abandonnée et reprise plusieurs fois par M. de la Balluère et par Mgr de Martiliat, cette maison avait été réinstallée en 1762 par M. Pottier qui en avait chargé le vénérable prêtre indigène André Ly. Celui-ci, vieux et infirme, incapable de vaquer à l'administration des vastes districts de la province, avait accepté avec joie l'offre de consacrer ses derniers jours à cette belle œuvre. Il se retira à quelque distance de Tchen-tou, sur une montagne déserte, emmenant avec lui neuf enfants pour les instruire ; il mit à cette tâche une grande assiduité et vit bientôt s'accroître le nombre de ses élèves.

Ce petit établissement fut détruit en 1770, quatre ans avant la mort du P. André Ly, par la persécution qui avait causé l'arrestation de M. Gleyo.

Un autre fut commencé à Tao-pa, à une journée et demie de Tchong-kin, par M. Moye dont l'activité embrassait tous les labeurs ; mais le principal fut celui de Long-ki.

Au sortir de sa prison, M. Gleyo était parti pour les frontières du Yun-nan, et s'était fixé dans ce petit village. Mgr Pottier, considérant cette station isolée comme très propre à l'installation d'une maison d'éducation, pria M. Gleyo de faire quelques constructions, lui envoya des élèves et bientôt un prêtre très pieux, très docte et très doux, qui fut le grand promoteur du clergé indigène au Su-tchuen, M. Hamel. A la suite d'une perquisition, le séminaire fut transféré à Lo-lan-keou dans la mission actuelle du Su-tchuen méridional.

Le Tonkin comptait deux petits séminaires : l'un dans le Bo-chinh au sud du Vicariat et l'autre tantôt dans la province de Ninh-binh et tantôt dans celle de Nam-dinh où était également situé le grand séminaire. Ces trois séminaires renfermaient en général cent cinquante à deux cents élèves.

La Cochinchine n'eut longtemps pas d'autre grand séminaire que celui de Juthia, elle eut son petit séminaire soit à Phu-cam près de Hué, soit à Faifo et ensuite à Di-loan, puis à Phuong-ru.

La mission de Pondichéry se servit d'abord du collège général tant qu'il resta dans la petite île de Virampatnam, et plus tard lorsqu'il fut établi à Pulo-pinang, elle en créa un pour elle-même.

Il y avait donc cinq petits séminaires et quatre grands renfermant environ 400 élèves et fournissant chaque année cinq, six et même dix prêtres.

Les missions possédaient encore d'autres maisons d'éducation, petites écoles tenues par les prêtres indigènes qui instruisaient les futurs élèves des petits séminaires ou par des maîtres chrétiens qui enseignaient la littérature de leur pays et la doctrine catholique. Les plus nombreuses étaient pour les garçons; bien rares étaient les écoles de filles, et encore étaient-elles plutôt des succursales de catéchuménats. On trouvait cependant, surtout en Indo-chine, un certain nombre de jeunes filles et de femmes capables de lire les livres annamites imprimés en caractères latins. C'était une exception et également une dérogation aux mœurs orientales; les missions de Chine n'avaient eu pendant longtemps aucune école de filles.

En Extrême-Orient, en effet, les écoles sont très nombreuses et l'instruction primaire très répandue; mais ce bienfait n'est assuré qu'aux garçons; généralement les filles ne reçoivent pas d'instruction. Il résulte de cet état de choses que les chrétiennes sont beaucoup moins instruites sur les vérités religieuses qu'elles le pourraient être et que les mères de famille sont incapables de former leurs enfants.

Or, sans le concours des femmes, pensaient les missionnaires, il est à craindre que la foi n'aille s'affaiblissant de génération en génération, ou tout au moins que l'éducation offre bien des lacunes.

Au Su-tchuen, cette pensée avait fortement frappé M. Moÿe.

En 1779, un jour qu'il réfléchissait sur ce sujet et priait en demandant le secours des lumières divines, il eut une vision et entendit une voix lui dire : « Ayez un grand zèle pour l'éducation de la jeunesse. » Dès ce moment, ses pensées se fixèrent, et lorsque vers la fin de cette même année, il alla pour la première fois visiter M. Gleyo dans la partie méridionale du Su-tchuen, son projet d'établir des écoles de filles était arrêté.

Il s'en ouvrit à son saint ami qui en fut effrayé et refusa de l'aider dans cette entreprise. Le projet était en effet hérissé de difficultés capables d'arrêter plus d'un missionnaire. Tous les éléments de succès manquaient à la fois; pas d'écoles, pas de maîtresses, des élèves partout dispersées et qu'il était presque impossible de réunir, comme on le fait en Europe; et plus que cela, la nouveauté du fait contraire aux coutumes chinoises. Sans se laisser décourager par l'opinion de l'ami sur lequel il comptait le plus fermement, M. Moÿe tenta quelques essais, il envoya plusieurs vierges dont il connaissait la haute vertu enseigner la religion à des enfants d'excellentes familles chrétiennes.

Ces modestes essais réussirent, M. Gleyo finit par se rallier, le Vicaire apostolique, Mgr Pottier, laissa faire. M. Moÿe envoya à ce dernier Françoise Jèn qui, par sa piété et sa rare capacité, lui inspirait la plus entière confiance.

La religieuse se concilia bientôt l'estime et l'affection

de tous. D'autres suivirent son exemple, deux sœurs Monique et Lucie Sèn, leur tante Madeleine Sèn, et Catherine Lô furent les premières parmi ces âmes d'élite. Plein d'espoir et de confiance, le missionnaire ouvrit alors de nouvelles écoles à Tchang-keou, à Che-kia-tong et dans plusieurs autres villes ou villages.

« Il voyait déjà, écrit son biographe[1], les élèves des Vierges institutrices dans un avenir prochain, comme sœurs, devenir les anges gardiens de leurs frères, comme épouses s'acquitter d'un pieux apostolat près de leur époux, comme mères s'asseoir en reines au milieu de leurs enfants et faire de leurs foyers autant de centres d'où rayonnerait la vie chrétienne. » Ce rêve enchanteur n'est pas encore réalisé, et personne ne peut prévoir l'époque de son accomplissement, mais il est bon que ceux qui tentent une œuvre difficile aient au cœur l'espoir d'un bien immense ; cet espoir est une force, et si le bien désiré s'opère, ne fût-ce que partiellement, c'en est assez pour augmenter l'éclat de la gloire de Dieu, édifier les âmes, accroître la vertu du monde et entourer d'une auréole plus brillante le nom des initiateurs.

Son projet expérimenté et agréé, M. Moÿe voulut en assurer la perpétuité par l'établissement d'un couvent, où dix à quinze vierges chrétiennes seraient tour à tour formées à leur rôle de maîtresses d'école. Il le fonda dans le district de M. Gleyo, sur les frontières du Yun-nan et par conséquent plus éloigné de la surveillance des mandarins.

Installé d'abord à Long-ki, puis à Lolan-keou, ce couvent fut définitivement fixé à Lo-ko-sen. Le missionnaire alla lui-même initier ces futures institutrices à l'œuvre qu'il voulait d'elles. La méthode d'enseignement qu'il

---

1. *Vie de M. l'abbé Moÿe*, p. 159.

leur prescrivit fut naturellement en rapport avec son but : faire connaître la religion, ranimer la ferveur et préparer des générations solidement chrétiennes. Aussi ordonna-t-il aux maîtresses de s'appliquer à développer l'intelligence de leurs élèves, à la pénétrer de l'esprit de foi et de prière. Il voulut que contrairement à l'usage des maîtres d'écoles chinois, à mesure qu'elles enseignaient à lire les livres de religion, elles les expliquassent et fissent ainsi un véritable cours de doctrine dont le texte était fourni par d'excellents ouvrages. Afin de donner aux leçons un caractère constamment religieux, il prescrivit de les entremêler de prières très fréquentes, choisies de manière à rappeler aux enfants leurs devoirs envers Dieu, envers eux-mêmes et envers le prochain. Lorsqu'il voyait ces religieuses fortement pénétrées de l'esprit de leur vocation et bien habituées à ce mode d'enseignement, il les envoyait fonder des écoles soit dans son propre district, soit dans les districts voisins.

Dans les grandes villes, à Su-tcheou-fou, à Tchong-kin, à Tchen-tou, les écoles étaient stables et restaient constamment ouvertes ; ailleurs, le petit nombre des chrétiens et l'hostilité des païens rendaient cette stabilité impossible ; Moye acceptait sans hésitation les conséquences de cet ordre de choses, et trouvait bon que les maîtresses eussent la liberté de passer d'une station dans une autre, après être restées assez longtemps dans chacune d'elles pour enseigner et expliquer la doctrine.

Il ne se contenta pas de former ces vierges au rôle d'institutrices, il en voulut faire des apôtres, leur enjoignit d'enseigner les catéchumènes, et ne craignit pas de les laisser discuter avec des lettrés sur les vérités religieuses. Monique Sèn, entre autres, argumentait à merveille. « Un théologien, disait le missionnaire, n'aurait pas mieux raisonné que cette simple fille, et j'avoue que je n'aurais pas trouvé sur-le-champ des raisons aussi propres et aussi péremptoires. » Le succès couronna quelquefois cette extraordinaire hardiesse, mais ce système d'évangélisation ne pouvait être érigé en règle de conduite ; la femme n'est point appelée à enseigner dans l'Église et moins encore dans les pays païens, où elle court de plus grands dangers et où les coutumes s'y opposent. Le sage Mgr Pottier, et c'est la caractéristique et peut-être le grand bienfait et le grand enseignement de son épiscopat, ne s'opposait jamais aux initiatives de ses missionnaires, il se contentait de les modérer et de les régler quand besoin en était ; sous ce rapport, il fut un admirable chef de mission ; la méthode de M. Moye lui ayant paru dépasser la mesure, il ne voulut cependant pas trancher lui-même la question et consulta la Propagande qui, en 1784, répondit par une consultation décisive et précise sur toutes les questions de principes.

Elle approuvait l'institut des Vierges chrétiennes, mais elle lui enjoignait les prescriptions suivantes propres à en assurer le bon fonctionnement : Les Vierges ne devaient pas annoncer la parole de Dieu dans les assemblées d'hommes ; elles n'étaient autorisées à faire le vœu de chasteté qu'à l'âge de vingt-cinq ans accomplis et seulement pour trois ans ; encore ce vœu était permis uniquement à celles que leur famille pouvait entretenir. Autant que possible, il fallait choisir pour maîtresses d'école des Vierges âgées de trente ans, remarquables par la pureté de leur vie, leur savoir et leur prudence. Les écoles ne pouvaient être ouvertes que dans la maison paternelle et dans des maisons qui ne seraient pas habitées par des hommes, et enfin les réunions devaient être assez rares pour ne pas éveiller les soupçons des païens.

« Pour vous, concluait la Sacrée Congrégation en s'adressant à Mgr Pottier[1], intimez ces règles en votre nom à vos missionnaires, afin qu'ils les observent exactement et avec zèle ; mais si vous jugez qu'à raison des temps et des personnes, ces règles ne peuvent aucunement être observées, il vaudrait mieux dissoudre cette société de Vierges chrétiennes que d'exposer la religion elle-même à quelque grave danger. Vous examinerez avec votre prudence accoutumée ce qu'il convient de faire en ces conjonctures. »

La largeur de vues de l'évêque, la saine approbation qu'il portait sur les choses et les hommes, son tact parfait dans le commandement étaient aussi propres à régulariser les travaux des institutrices, que l'activité et l'initiative de M. Moye étaient capables de les faire naître.

Dès lors, les écoles de filles se créèrent peu à peu dans les villes et dans les campagnes. Mgr de Saint-Martin, coadjuteur et successeur de Mgr Pottier, qui ne les avait pas immédiatement appréciées à leur juste valeur, revint de cette première impression, et écrivit à M. Dufresse [2] :

« Multipliez les écoles de garçons ; mais où trouver de bons maîtres? Si l'honoraire est compétent, il y a espérance. Faites contribuer en général à cette bonne œuvre. Je manque dans ma partie d'écoliers et de bons maîtres. Amenez-nous en de vos côtés, faites des fondations pour cela. Conservez par-dessus tout les écoles de filles; Dieu les bénit évidemment si elles sont instituées selon les règles de M. Moye interprétées par la Sacrée Congrégation. Je vous les recommande comme la prunelle de mon œil. Instituez-en partout. A cet égard, j'ai été trop indifférent, et même

---

1. *Vie de M. Moye*, p. 472.
2. *Lettres de M. de Saint-Martin. Notice*, p. LXXIII.

négligent. C'est par elles que la foi et une solide piété se conservent dans les familles. Faites en sorte, je vous prie, qu'on sache partout, même en Europe, quels sont mes sentiments à leur égard, et les vœux que je fais pour elles en mourant, afin que l'espèce d'indifférence que j'ai témoignée ne nuise nulle part à une institution si utile et dictée par l'esprit de Dieu. »

Les écoles exigeaient un complément : des livres pour servir à l'instruction des maîtres et des maîtresses d'abord, des élèves ensuite, et être répandus en grand nombre parmi les chrétiens.

Ceux-ci possédaient déjà quelques livres de prières, mais les anciens missionnaires qui les avaient composés avaient en plus d'un endroit cédé au désir d'employer un style très relevé, dans l'espoir de donner une haute idée du catholicisme ; cette élégance de la forme était devenue un défaut ou plutôt une cause de confusion, car beaucoup de chrétiens n'étaient pas assez lettrés pour saisir la pensée de l'auteur qui restait à l'état de formule vide de sens. Mgr de Martiliat s'était préoccupé de ces inconvénients, Mgr Pottier les avait plusieurs fois signalés.

On rédigea donc de nouveaux ouvrages dans une langue accessible à tous, afin d'aider les chrétiens à conserver la vivacité de la foi, afin de faire glisser la connaissance du christianisme dans les familles infidèles, et de leur apprendre que l'homme n'est « pas la fine essence des éléments, ni l'âme un air subtil qui s'évapore à l'instant, où le corps cesse de vivre ». Mgr de Saint-Martin composa un traité du purgatoire et le fit reviser par un prêtre indigène, il traduisit l'Imitation de Jésus-Christ, le catéchisme de Montpellier, des passages choisis de l'Écriture Sainte, les litanies de saint Jean l'Évangéliste, et de nombreuses prières, particulièrement en l'honneur de saint Joseph.

M. Moye composa également des prières, un livre de

piété intitulé : la Voie droite du Ciel, une Imitation de la sainte Vierge, où les mystères et les vertus de la Mère de Dieu sont exposés en soixante-trois articles correspondant aux *Pater* et aux *Ave* du chapelet, avec lesquels on les entremêle dans la récitation.

Ces ouvrages lus avidement par les chrétiens, propagés parmi les païens, opérèrent un bien considérable ; aujourd'hui après plus d'un siècle, ils sont très répandus dans plusieurs missions de la Chine et continuent d'imprégner les âmes d'une salutaire doctrine.

Tous étaient écrits en caractères chinois, car on n'avait pas encore pris, au Su-tchuen l'habitude contractée depuis, d'écrire des livres de prières en caractères latins, avec des signes indiquant la tonalité de chaque syllabe, comme l'avaient fait en Annam les missionnaires portugais et après eux les missionnaires français.

En ce dernier pays, les prédicateurs de l'Évangile rivalisaient avec leurs confrères de Chine pour répandre la doctrine du salut par la diffusion des livres composés pour le clergé indigène, les catéchistes et les simples fidèles.

Le provicaire de la mission du Tonkin, M. Philippe Sérard, traduisit le Symbole de Bellarmin, les Examens de Tronson, la Perfection chrétienne de Rodriguez, la Retraite ecclésiastique de Tiberge, il écrivit plusieurs volumes de méditations, un traité sur l'humilité et compléta un cours d'instructions « que tous les aspirants aux fonctions de catéchistes sont tenus d'apprendre par cœur et de réciter en public ».

Mgr Longer donna un catéchisme et apporta un perfectionnement à l'imprimerie de son Vicariat. « Au lieu des planches en bois sur lesquelles les Annamites gravent ce qu'ils veulent imprimer, il fit tailler et graver par ses catéchistes des caractères isolés et mobiles. »

Mgr Pigneau employa les loisirs forcés que lui créait

sa retraite au Cambodge à traduire le livre des Quatre Fins de l'homme et les Méditations de Dupont.

Il commença également les deux dictionnaires annamite-latin-chinois et latin-annamite que Mgr Taberd acheva plus tard et fit imprimer à Calcutta.

Ces ouvrages que nous sommes loin d'énumérer tous étaient le fruit d'une étude approfondie de la langue du pays, ils excitaient l'admiration des indigènes par la pureté et la clarté du style plus encore peut-être que par la beauté des pensées. Ils étaient composés par intervalles, tantôt dans un village, tantôt dans un autre, au milieu des occupations du saint ministère, ou pendant les persécutions qui obligeaient les missionnaires à rester enfermés des semaines et des mois sans pouvoir ni prêcher ni confesser; ils constituaient une sorte de repos pour ces travailleurs habitués à parcourir monts et vallées, à confesser pendant de longues heures, à prêcher plusieurs fois par jour, à déjouer les ruses des mandarins, à dirimer des procès, à fonder des églises.

IV

Mais à la première heure de liberté, les apôtres, abandonnant leurs livres, reprenaient leurs courses dans les paroisses chrétiennes et dans les villages païens qu'on leur signalait prêts à embrasser le catholicisme, ils recommençaient leurs prédications et s'efforçaient d'amener à la vérité les âmes encore plongées dans l'erreur.

C'est là le grand labeur du missionnaire, celui qui dilate son cœur, exalte son âme, lui rend ses fatigues légères et lui fait oublier ses souffrances, mais c'est aussi le travail qui lui coûte le plus de peines et oppose à son zèle les plus difficiles obstacles.

En effet, c'est sur ce terrain que se livre le combat principal entre Dieu et le démon. Cette lutte se retrouve partout depuis le commencement du monde, elle est bien plus vive dans les pays païens, et l'on a écrit avec raison : « Dans ces contrées, tout est païen non seulement les âmes, mais le sang, l'atmosphère, le sol; le démon, depuis si longtemps propriétaire tranquille, s'est attaché à tout, même à la nature physique; il semble avoir donné aux hommes un double péché originel, et aux choses une force particulière de résistance à la grâce »; en un sens, on pourrait dire que cet obstacle est l'unique, puisque tout ce qui éloigne de Dieu vient du démon plus ou moins écouté et aidé par l'homme; mais il revêt des formes multiples, étranges, impossibles à imaginer et parfois à comprendre. Il en est cependant quelques-unes que l'on peut saisir, nous allons les examiner; elles nous aideront à pénétrer plus intimement dans l'action de la Société des Missions-Étrangères, dans la vie de ses prêtres et dans l'apostolat catholique en Extrême-Orient.

Parmi les causes qui s'opposent aux conversions, commençons par la plus générale, par celle que tous les historiens ecclésiastiques ont constatée dans leurs études sur les rapports du catholicisme avec le monde romain, et que nous retrouvons en Extrême-Orient. Elle ressort de la constitution même des sociétés païennes, du mode de respect et de soumission qu'elle impose au chrétien et que celui-ci accepte ou refuse. Le chrétien est soumis aux souverains de son pays, à ses chefs particuliers, à ses juges, il est soldat, il paye les impôts, en un mot il obéit à toutes les lois, une seule exceptée la loi religieuse; pour celle-là, il relève de Dieu seul. Or dans la constitution des sociétés d'Extrême-Orient ainsi que dans toutes les sociétés païennes, la religion est absorbée par l'État. Elle forme une institution de l'État, un établissement politique, une partie intégrante de la législation civile ; l'État en détermine la forme et en prescrit les pratiques, de même qu'il règle les successions ou le service militaire. Sacrifices, prières, rites sacrés, tout relève de la puissance publique. Tout manquement au culte officiel est donc un manquement à la loi. D'après les préceptes du catholicisme, le chrétien ne peut suivre ce culte et se conformer à la loi qui l'ordonne ; il ne peut se rendre à la pagode, ni prendre part aux réjouissances publiques, ni contribuer aux réparations, aux embellissements et aux constructions des temples. Telle est la difficulté élevée par la situation religieuse de l'Extrême-Orient, par le paganisme dont le néophyte veut sortir. Elle a pour base la nature même des choses ; le christianisme est la vérité, le paganisme est l'erreur ; comment la vérité et l'erreur pourraient-elles pactiser ensemble et se rencontrer dans les actes d'un même homme ?

C'est en présence de cette difficulté que se trouvaient les chrétiens des premiers siècles de l'Église, et c'est pour la résoudre qu'ils mouraient. Ils ne se révoltaient pas contre les pouvoirs établis qui leur disaient : « Offrez de l'encens ou mourez, » ils choisissaient la mort. Les missionnaires avaient enseigné cette doctrine à leurs fidèles, et ceux-ci imitaient leurs devanciers dans leur obéissance et dans leur martyre.

En dehors du culte officiel et de la vie publique, la vie privée en Extrême-Orient, semblable sur ce point à celle des anciens, est comme pénétrée de religion : les mariages, les naissances, les sépultures, les fêtes de famille sont prétextes à sacrifices avec libations, fumigations d'encens et agapes communes où sont servies des viandes offertes aux idoles. Autant de cérémonies superstitieuses auxquelles le chrétien ne peut assister. Dans ces conditions, il devient un être à part, dont l'existence heurte souvent la jurisprudence, les mœurs et les habitudes de ses compatriotes. Il faut avoir vécu longtemps dans les missions, avoir été mêlé à la vie des néophytes pour savoir à combien de peines physiques ou morales les expose leur conversion. On y voit la réalisation de cette parole de Notre-Seigneur : « Je ne suis pas venu apporter la paix, mais la guerre. » C'est la guerre, en effet, mais qui n'a de combattants que d'un seul côté. Le chrétien gémit, implore, attend des jours meilleurs, sans jamais se venger de ses insulteurs ; il sait qu'à l'exemple du Maître qu'il adore, il doit porter sa croix jusqu'au sommet du Calvaire, le seul chemin du ciel.

Un second obstacle naît, comme une sorte de corollaire du premier, de la nationalité des missionnaires. Nous venons de dire que les païens ne distinguent pas la puissance civile de la puissance religieuse ; c'est pourquoi ils ne comprennent pas ou comprennent mal qu'un missionnaire travaille exclusivement pour Dieu, qu'il se voue aux sacrifices, quitte son pays, expose sa vie uniquement pour le salut des âmes ; ne croyant pas au but spirituel, ils cherchent naturellement le but matériel, et ils concluent que le missionnaire est envoyé par son roi, d'après eux, chef temporel et spirituel, afin de préparer la conquête du pays, qu'il est l'avant-garde d'une armée étrangère.

Des imprudences ont encore accrédité cette idée fausse, on sait la réponse d'un Espagnol à un Japonais qui lui demandait par quels moyens son souverain avait pu conquérir tant de royaumes[1] :

« Rien de plus aisé, répondit le malheureux ; nos rois commencent par envoyer dans le pays des religieux qui

---

[1]. *Histoire de l'Église catholique*, par Rorhbacher, p. 25-36 (édit. 1852).

engagent les peuples à embrasser notre foi, et quand ils ont fait des progrès considérables, on envoie des troupes qui se joignent aux nouveaux chrétiens, et n'ont pas beaucoup de peine à venir à bout du reste.

Cette boutade mensongère, retenue par les païens et répétée par eux, a suffi pour rendre ombrageux ou persécuteur plus d'un gouvernement.

L'empereur Yong-tching y faisait allusion un jour dans une conversation avec quelques missionnaires :

« Vous voulez, disait-il, que tous les Chinois se fassent chrétiens, votre loi le demande, je le sais bien, mais en ce cas-là, que deviendrions-nous? Les sujets de vos rois ? Les chrétiens que vous faites ne reconnaissent que vous ; dans un temps de trouble, ils n'écouteraient d'autre voix que la vôtre. Je sais bien qu'actuellement il n'y a rien à craindre ; mais quand vos vaisseaux viendront par mille et par dix mille, alors il pourrait y avoir du désordre. »

C'est, pour le dire en passant, un obstacle que le christianisme, à ses origines, n'avait pas rencontré. L'empire romain renfermait une grande partie du monde connu, et quand les prédicateurs de l'Évangile passaient d'Asie mineure à Rome, de Rome en Gaule, de Gaule en Espagne, ils n'étaient nulle part des étrangers. Ce nom d'étranger a retenti bien des fois à l'oreille des missionnaires comme une injure, mais plus encore comme un cri de défiance, et rien ne le fait cesser, pas même la preuve manifeste que les prêtres s'occupent uniquement des choses spirituelles. Si par hasard, en effet, ils se mêlent de choses temporelles, c'est autant dans l'intérêt du pays qu'ils évangélisent et qui est devenu leur patrie d'adoption que par le désir de servir leur patrie première. Nous avons, dans le cours de notre histoire, donné bien des preuves de cette assertion, contentons-nous de citer plusieurs des noms qui les rappellent : de la Motte Lambert, Pallu, Laneau, Bennetat. Nous en trouverons beaucoup d'autres encore, nous verrons même des évêques refuser de laisser leurs chrétiens s'enrôler dans les rangs des ennemis des dynasties régnantes et persécutrices. Ajoutons à ce préjugé l'orgueil national, mais un orgueil profondément enraciné qui, en plusieurs pays, dépasse toute mesure. La Chine en est un exemple :

« Fier[1] de son antiquité, de ses institutions séculaires, de la sagesse de ses lois, fier aussi de son prestige auprès des nations voisines, vassales ou tributaires de la dynastie, le peuple chinois estime que le monopole de la civilisation lui appartient et juge fatal à ses mœurs comme à son unité tout contact avec les étrangers. De là sa longue résistance à ouvrir ses ports aux Européens; de là la sourde et systématique opposition qu'il fait à leur influence.

« Cette susceptibilité d'amour-propre national prend surtout ombrage du catholicisme. La raison en est facile à comprendre. Si le gouvernement chinois ne craint plus guère aujourd'hui l'affluence des commerçants européens, c'est que, cantonnés dans quelques grandes villes du littoral, ils se contentent d'envoyer leurs marchandises dans l'intérieur du pays sans y paraître eux-mêmes et sans y propager de doctrines. La religion catholique, au contraire, a ses missionnaires répandus dans toutes les provinces; partout elle exerce une influence directe sur les esprits et sur les cœurs, rectifiant ou condamnant les croyances erronées du peuple, abolissant dans les usages traditionnels ce qui est contraire à ses lois, réformant la famille, redressant les idées, se mêlant en un mot à tout ce qui fait la vie de la nation. Cette intervention continuelle du christianisme et de la puissance de son action, voilà ce qui épouvante la classe des lettrés,

---

1. *Vie de Mgr Dubar, Vicaire apostolique du Tche-ly Sud-Est*, par le P. Leboucq, p. 338.

trop clairvoyants pour n'y pas reconnaître le principe d'une immense révolution morale qui changera la face du pays. »

Les calomnies grossissent ces préjugés : elles sont de toute nature et se rencontrent dans tous pays, les plus absurdes sont les mieux acceptées, tantôt répandues par des hommes de bonne foi, tantôt inventées à plaisir par les bonzes, par les talapoins, par les lettrés, par les brahmes, par les mandarins, par tous ceux qui détestent le christianisme, méprisent les Européens, ou craignent que leur ascendant ne s'étende trop loin et n'enlève les adeptes qui les font eux-mêmes vivre.

« Pourquoi nous combattez-vous et voulez-vous nous chasser ? demandait un missionnaire à un Brahme.

— Parce que vous nous arrachez nos fidèles et que nous ne pouvons plus vivre, » répondit cyniquement celui-ci.

Les placards anonymes, les libelles diffamatoires, les nouvelles colportées de village en village accusent les missionnaires et les chrétiens de forfaits, de crimes contre nature, d'assassinats ; et tout cela se dit, s'imprime, se répète par des milliers de bouches. Les païens d'Occident lançaient ces mêmes accusations il y a dix-huit siècles, les païens d'Extrême-Orient n'ont rien inventé. Le démon se répète, et l'esprit humain dévoyé ne recule pas devant un perpétuel plagiat.

Un des graves délits qu'on impute aux catholiques en Chine et en Indo-Chine est de ne pas honorer les ancêtres. En vain expose-t-on la doctrine de l'Église sur les défunts, en vain récite-t-on des prières et fait-on des cérémonies funèbres publiques et solennelles, le côté sensible n'apparaît pas suffisamment à ces hommes habitués à tout considérer sous l'aspect matériel. Ils ne voient ni viande ni argent offert aux défunts, ils ne sont pas satisfaits, et déclarent volontiers que si les ancêtres ne sont pas honorés selon le mode suivi par eux, ils ne le sont pas du tout. Ces ancêtres sont encore un obstacle d'un autre genre; ils n'ont pas embrassé le catholicisme, donc concluent leurs descendants, nous ne pouvons pas l'embrasser, nous devons rester dans la religion de nos pères.

Que l'on juge des tracasseries que ces calomnies et ces idées peuvent exciter. A défaut des persécutions générales et officielles, que de vexations locales, que de luttes les nouveaux convertis doivent soutenir dans l'ombre, luttes d'autant plus pénibles qu'elles sont de tous les instants. A peine a-t-on connaissance de la conversion, que s'élève un murmure désapprobateur, puis des railleries, des injures et enfin des violences et des hostilités ouvertes; si le catéchumène est pauvre, on lui refuse tout service, on cherche à le trouver en défaut dans le paiement des impôts et dans l'acquittement des corvées; s'il est riche, on lui intente un procès. Ce sont des persécutions mesquines sans doute, mais que leur continuité rend intolérables. On citerait difficilement une paroisse dont les membres n'aient pas été, à leur entrée dans le catholicisme, assaillis par ces ennuis. En Chine, ces importunités sont aggravées par les agents des sociétés secrètes. Aux Indes, elles revêtent parfois un caractère plus sensible encore; le néophyte est chassé de la caste, et il ne peut entrer dans une autre, c'est une sorte de quarantaine continuelle, qui laisse l'homme seul, traité par tous en ennemi.

Quand ils énumèrent les obstacles aux conversions, les missionnaires ajoutent également les scandales donnés par les Européens. Au XVII° et au XVIII° siècle, les Européens étaient moins connus en Extrême-Orient que de nos jours, ils étaient cependant en assez grand nombre dans les Indes, à Siam, à Canton, pour que les habitants de ces pays eussent sous les yeux de mauvais exemples dont ils faisaient flèche contre le christianisme, ils parlaient aux prédicateurs de l'Évangile dans des termes analogues à ceux que citait un missionnaire au commencement du xix° siècle[1] :

« Vous dites que votre religion est la seule bonne et la seule véritable, la seule qui conduise l'homme au salut; mais voyez ceux de vos compatriotes qui vivent parmi nous, et qui ont été élevés dans la religion que vous nous prêchez. Quoique chrétiens, ils se livrent publiquement et sans scrupule à des désordres, que nous, païens, oserions à peine commettre en secret. Quel avantage peut-il donc y avoir à embrasser une religion qui a si peu d'influence sur la conduite et le règlement des mœurs de ceux qui la professent, et qui viennent d'un pays où elle est seule professée? »

Le rang social de ceux qui, ordinairement, se convertissent est également un obstacle. Les bergers sont venus les premiers autour de la crèche, ce sont encore eux qui viennent reconnaître le Dieu de l'Eucharistie. Les grands et les riches ont peine à s'agenouiller sur le même parvis, à adorer le même Dieu, à obéir aux mêmes commandements que les petits et les humbles. Ils ont peine à croire qu'ils peuvent embrasser la même religion sans déchoir. On citerait sur cet article nombre de faits curieux et typiques, nous nous contenterons d'un seul[2]. Aux Indes, pendant qu'un missionnaire faisait l'administration d'une des petites stations de son district, il voyait chaque soir le chef du village païen se présenter à lui avec de petits présents, selon l'étiquette du pays, et engager une conversation de quelques instants. Quand une certaine

---

1. *Annales de la Propagation de la Foi*, 1826, p. 3.
2. *Annales de la Sainte-Enfance*, vol. 22.

intimité fut établie, le missionnaire entama le chapitre de la religion, développa les motifs d'embrasser le christianisme et réfuta d'avance les objections qui peuvent se présenter à l'esprit d'un Indien. Après l'avoir écouté dans le plus religieux silence, le païen prit congé de lui avec toutes les formes de la politesse ordinaire.

Le lendemain, il rassembla auprès de lui les notables chrétiens et leur dit : — Quelqu'un d'entre vous a-t-il à se plaindre de moi? — Personne assurément, lui répondit-on. — M'est-il arrivé de mettre le moindre obstacle à vos fêtes, à vos cérémonies. — Jamais. — Ne vous ai-je pas donné une petite somme pour vous aider à construire l'église? — Personne ne l'ignore. — Durant les quelques jours que votre Gourou (prêtre) passe chaque année dans le village, a-t-il manqué de riz, de piments, de lait, de bananes ou de sucre? — Non certes. — Son cheval a-t-il maigri faute de grain ou d'herbe? — Nullement. — Vous convenez donc que j'ai toujours été bon soit pour votre Gourou, soit pour vous-mêmes. — Toujours, nous le reconnaissons avec plaisir. — Eh bien! alors pourquoi votre Gourou m'inflige-t-il une pareille humiliation? — Laquelle? Qu'est-ce qu'il vous a fait? — Comment ose-t-il me proposer sérieusement, à moi, de tomber dans sa religion?

L'expression révèle pleine et entière la pensée païenne; embrasser la foi catholique est une chute, une déchéance qui pour beaucoup entraîne la honte.

Que l'on joigne à ces difficultés celles qui naissent de la nature humaine en opposition avec les exigences du christianisme. Les enseignements de Jésus-Christ effrayaient les Juifs, ils semblent lourds à beaucoup de chrétiens, ne sont-ils pas encore plus pénibles aux païens jusqu'au moment où, inondés de la pleine lumière de l'esprit divin, ils reconnaissent la glorieuse splendeur du titre de fils de Dieu et de l'Église.

V

Qu'est-ce qui amène donc l'infidèle à embrasser la foi catholique, quel homme ou quelle circonstance produit ce changement? Au sens absolu, aucun homme et aucune circonstance? Toute conversion est un miracle dans l'ordre moral, elle est l'œuvre même de Dieu, la grâce seule convertit; mais de même que nous avons analysé quelques-unes des causes qui empêchent la conversion, de même pouvons-nous rechercher celles qui l'occasionnent.

A moins d'admettre que la grâce agisse directement et immédiatement sur les païens, il faut bien croire en effet que la Providence se sert d'intermédiaires.

Ces intermédiaires sont le missionnaire, le catéchiste, la religieuse, le simple chrétien, qui, par leurs vertus, leurs qualités, les services qu'ils rendent, rapprochent d'eux le païen, et le disposent à accepter une religion dont les adeptes lui sont sympathiques; ce sont encore les beautés du culte catholique, les pompes que l'on déploie dans ses grandes fêtes, car les infidèles, jugent volontiers de la vérité d'une religion par sa magnificence.

Les plus petites circonstances et les choses les plus humaines ont souvent une influence considérable. Saint Cyrille de Jérusalem disait à ses néophytes : « Pourquoi donc vous faites-vous chrétiens? Je le sais bien. Vous, parce que vous voulez épouser une femme riche ; vous, parce que vous savez que j'ai à la cour un ami puissant qui vous aidera à gagner un procès; vous, parce que vous désirez une dignité dans l'Église. Eh bien, venez, venez tous; qu'importe l'appât, c'est Jésus qui le jette, afin de vous saisir dans ses filets, pour que vous entriez dans sa barque. »

Les événements publics ont également une grande

importance, la guerre, la famine, la peste modifient notablement d'une année à l'autre le chiffre des conversions.

Dieu se sert de tous les moyens pour attirer les âmes à lui. Nous citerons quelques faits, de genre différent, rapportés par les missionnaires :

Le premier est extrait d'une lettre de Mgr de Saint-Martin (1778) [1] : « Un chrétien vint à mourir ; il était médecin de profession, habile dans son art, et estimé généralement des infidèles, dont il avait la confiance. Il la méritait à bien des égards. Ceux-ci, sachant parfaitement que les chrétiens n'observent dans les rites funéraires aucune de leurs cérémonies superstitieuses, voulant cependant témoigner leur reconnaissance pour le défunt, s'adressèrent aux chrétiens du lieu, et leur dirent qu'ils ne troubleraient point leurs cérémonies, mais qu'ils désiraient que les funérailles fussent célébrées en grand et avec toute la pompe possible ; et comme le médecin était pauvre, ils s'offraient d'y contribuer suivant toute l'étendue de leurs facultés. Les fidèles acceptèrent l'offre, se cotisèrent de leur côté, et donnèrent aux païens un spectacle aussi nouveau qu'édifiant, dont ils furent enchantés. Les chrétiens avaient rassemblé tout ce qu'ils avaient pu trouver en tapisseries, en sentences de religion écrites, et en autres ornements capables de frapper les yeux et d'instruire. Comme les fidèles sont accoutumés à chanter les prières, ce qu'ils font avec assez d'harmonie, on avait choisi les plus graves et les plus habiles dans le chant chinois pour réciter les prières des morts. Enfin le tout fut exécuté avec tant de modestie, de piété et d'ordre, que les païens disaient hautement que nos cérémonies étaient vraiment belles. Il y eut à ces funérailles un concours prodigieux de monde, tant des chrétiens,

---

1. *Nouv. Lettres. édif.*, vol. 1, p. 267.

qui y vinrent de toutes parts, que des gentils mêmes. Les chrétiens ne laissèrent pas échapper une si belle occasion de prêcher la foi. Plusieurs catéchistes en état de parler y furent envoyés et se signalèrent dans cette rencontre. Un grand nombre d'idolâtres adorèrent le vrai Dieu. »

Le second fait[1] est raconté par M. Leroy, du Tonkin :

« Une bonzesse était venue cette année, 1785, voir ses parents, qui demeurent dans un village où il y a quelques chrétiens; sa sœur cadette, qui avait elle-même embrassé tout récemment la religion chrétienne, et qui n'était pas encore baptisée, l'entretenait souvent de Dieu, mais sans succès; elle ne voulait pas entendre parler de la religion portugaise. Cependant un catéchiste étant arrivé sur les lieux, on le pria d'exhorter cette bonzesse, et on vint à bout de déterminer celle-ci à l'écouter et à conférer avec lui. La première instruction l'ébranla sans la gagner; mais le catéchiste lui ayant parlé plusieurs fois, la lumière de l'Évangile perça peu à peu à travers les ténèbres de son esprit. Quand on la vit s'amollir et s'acheminer à la foi, on l'invita à aller voir Mgr l'évêque de Céram qui était dans un village voisin. Monseigneur lui fit une courte exhortation, après laquelle elle parut disposée à embrasser la religion chrétienne; cependant, avant de s'y déterminer, elle voulut retourner dans son monastère, pour dissiper entièrement ses doutes, en proposant à son ancienne supérieure une ou deux questions. Elle lui demanda d'abord : « Qui est-ce qui a créé le ciel et la terre et tout ce qu'ils renferment? » La supérieure répondit que c'était le dieu Foé. Notre bonzesse demanda ensuite : « Qui est-ce qui avait mis au monde le dieu Foé? » Ici, la supérieure ne sut que répondre ; car tous les livres qui traitent de cette prétendue divinité, parlent fort au long de ses père et mère. A ce coup,

---

1. *Nouv. Lett. édif.*, vol. 6, p. 403.

notre bonzesse vit clairement qu'on ne l'avait nourrie jusqu'alors que de fables ; la grâce triompha dans son cœur, et lui fit comprendre qu'il n'y avait de vrai et solide bonheur à espérer qu'en pratiquant la religion du Seigneur et Créateur du ciel et de la terre, telle que nous l'a enseignée Jésus-Christ. Elle fut baptisée quelque temps après par un de nos prêtres tonkinois, et on la mit dans une de nos maisons de religieuses. »

Une autre conversion, opérée par M. Leblanc, est racontée par M. Lelabousse, missionnaire en Cochinchine[1] :

« Il y a quelque temps, je passai d'une chrétienté à une autre pour y faire la mission. Je partais, un peu affligé de l'égarement de quelques brebis. Le long de ma route, je pensais au mauvais état de plusieurs âmes peu dociles à la voix de Dieu. Après quelques heures de marche, à jeun, sous un soleil brûlant, je me sentis pressé d'une soif ardente qui m'accablait, je demandai au catéchiste qui me conduisait s'il n'y avait pas sur la route quelque maison de chrétiens ; il me répondit que non. Cependant, lorsque nous fûmes à un grand marché où il y avait beaucoup de maisons, il me dit qu'il y avait là une vieille femme qui, dans son enfance, avait été baptisée, mais qui n'avait jamais observé la religion ; elle avait eu des maris païens, et elle avait encore deux enfants aussi païens. Il me fit entrer chez cette femme ; je lui demandai un verre d'eau, et aussitôt sa fille et elle me l'apportèrent. Après l'avoir bue, je sentis une autre soif non moins dévorante, la soif de la conversion de ces deux pauvres âmes. Je me rappelai alors l'histoire de la Samaritaine, et je dis au fond de mon cœur : « S'il plaisait à Dieu de récompenser ce verre d'eau que ces deux femmes donnent à son indigne serviteur, comme

---

[1]. *Nouv. Lettres édif.*, vol. 7, p. 81.

il récompensa autrefois celui que lui donna la pécheresse de Samarie !... Je leur dis alors : « Un verre d'eau a étanché ma soif, et m'a rendu mes forces ; je ne sais comment vous en remercier. Si vous voulez venir me trouver à telle chrétienté, je vous donnerai une autre eau qui vous procurera la vie éternelle. » J'adressai ces paroles à la fille ; elle en fut étonnée : je les lui répétai, en lui en expliquant le sens, après lui avoir raconté l'histoire de la Samaritaine. J'exhortai aussi sa mère, et l'engageai à venir me voir. Je continuai ensuite ma route, toujours occupé de ces pauvres âmes ; je m'en entretenais le long du chemin avec mon disciple, et je lui disais, plus par le désir que par l'espérance de les voir se convertir à Dieu : « Si cependant cette femme revenait au Seigneur, et si la fille venait me demander le baptême ! » Tout ce jour et la nuit suivante, j'y pensai sans cesse. Le lendemain, je fus très agréablement surpris, lorsque je vis venir cette femme, qui me dit qu'elle voulait enfin se convertir à Dieu. Je lui demandai où était sa fille, elle me répondit qu'elle disposait tout à la maison pour venir me trouver en cet endroit pendant que j'y demeurerais, afin de se faire instruire, et de recevoir le saint baptême. En effet, elle vint le lendemain. Je l'ai fait instruire, et je l'ai baptisée. Le jour de son baptême, pendant que je faisais les différentes cérémonies, elle portait sur son visage les marques sensibles du repentir de ses fautes et de sa reconnaissance envers le Seigneur. Sa mère s'est aussi convertie sincèrement. Gloire en soit rendue à Dieu, qui se sert de tout, et qui profite des plus petites circonstances pour toucher le cœur de ses enfants. La vue d'un missionnaire, que ces personnes ne connaissaient pas, les instructions que font nos disciples et nos catéchistes, les exemples des chrétiens qui affluent de tous côtés pour venir se confesser, tout cela les frappe et leur ouvre les yeux. »

Les faits de possessions ou d'obsessions, fréquemment racontés dans les lettres des missionnaires, se terminent généralement par le baptême des malheureux que le démon a enfin quittés sous l'action des prières de l'Église, ou par la conversion des infidèles témoins de leur délivrance. Mgr Pottier rapporte dans un long mémoire daté du 14 septembre 1775, la possession d'une jeune fille et la résume en ces termes[1] :

« J'ai vu une fille au milieu de la prière ou des instructions, ce qui ne lui arrivait pas en d'autre temps, tomber souvent le visage contre terre ; dans cet état, je voyais son corps s'allonger avec violence, se raidir, ramper assez loin en sens contraire, sans se servir de ses pieds ni de ses mains. J'ai vu les chrétiens employer de grands efforts pour la retenir, moi-même j'y ai employé les miens. J'ai vu plusieurs fois, excité par les plaintes de cette fille qui se disait mordue en plein jour, dans l'assemblée des chrétiens où elle était depuis longtemps, l'impression toute récente de quatre dents comme d'animaux faite tantôt sur un bras, tantôt sur un autre, accompagnée d'une salive noire assez abondante. J'ai entendu plusieurs fois le sifflement d'un souffle qui la renversait sur-le-champ, ou qui l'étourdissait considérablement. Je l'ai vue assise sur un banc, seule, ayant son rosaire à côté d'elle, en un moment ce rosaire disparaissait, sans qu'on pût le trouver, quelques recherches exactes qu'on en fît, la fille accusait le démon de le lui avoir pris. J'ordonnai au démon par le nom de Jésus-Christ de le rendre sur-le-champ ; tous les yeux étaient tournés vers l'endroit où cette fille était assise, et le rosaire se trouvait dans l'instant placé sur le même banc, et cela dans le lieu le plus évident. Je le lui ai ordonné pour d'autres

---

1. *La mission du Su-tchuen. Vie de Mgr Pottier*, par M. Guiot, p. 248.

effets qui ne paraissaient plus et qui étaient rendus précisément au même moment que je finissais de parler. Quelquefois c'était le bruit que faisait dans ce moment l'effet demandé en tombant devant tout le monde qui avertissait où il était.

« Voilà ce que j'ai vu avec beaucoup d'autres choses de ce genre. J'ai ajouté encore un fait bien important ; cette fille, disais-je, a été enlevée à la hauteur de cinq à six pieds malgré les efforts de trois personnes qui tâchaient de la retenir, et ce n'est que lorsque les autres chrétiens présents ont eu recours à la prière et à l'usage de l'eau bénite que cette fille a été remise dans son état naturel. »

La délivrance de cette jeune fille fit un certain bruit et amena la conversion de deux familles.

M. Moÿe raconte des faits analogues.

« Ainsi, dit-il, j'ai vu souvent dans mon district, des maisons tourmentées par le démon, ou des personnes évidemment obsédées par l'esprit malin, que les fidèles délivraient par la prière et l'aspersion de l'eau bénite, et plusieurs conversions eurent lieu à cette occasion. A Tao-pa, j'envoyai mon disciple Tsiang, qui n'était pas encore prêtre, vers un jeune homme qui fut délivré de la possession par les prières des fidèles. Sa mère et ses frères se convertirent, et j'ai baptisé l'un de ses frères et sa sœur. A Tchong-kin, une femme païenne voulait se convertir; le démon disputait avec elle et lui disait distinctement : « Il faut que tu me suives, que tu sois comme moi. — Non, répondit cette femme, j'adore et je prie Dieu. » Elle avait, en effet, déchiré sa tablette pour y substituer celle des chrétiens. Le démon lui disait encore : « Tu as déchiré mes habits; il faut que tu me les restitues. » Le démon apparut encore à une autre jeune femme, et disputa avec elle pour l'empêcher d'embrasser la foi. Comme elle lui résistait, il lui dit :

« Il est bien difficile de changer de cœur. » Ces deux femmes persévérèrent néanmoins, et furent toujours des chrétiennes pieuses et ferventes.

Des faits semblables avaient lieu dans toutes les missions, et M. Lelabousse qui en raconte quelques-uns dans plusieurs lettres, termine par cette réflexion que nous faisons nôtre [1] :

« Tout ceci paraîtra peut-être peu digne de foi à quelques personnes. En France, on ne voit plus de ces événements extraordinaires ; quand on en raconte quelqu'un arrivé ailleurs, on est prévenu contre ; on n'y croit pas facilement aux visions et aux apparitions, et on ne doit pas dans le fait y ajouter foi trop facilement ; mais il faut se rappeler que, dans les premiers temps de l'Église naissante, ces sortes d'événements n'étaient pas rares, et que l'empire tyrannique du démon n'est tombé que lorsque celui de Jésus-Christ a commencé à s'étendre. Ici il est encore le maître ; ce royaume est le sien, presque tous les habitants sont ses sujets ; son culte est le culte dominant ; qu'y-a-t-il donc d'étonnant qu'il exerce son pouvoir sur ceux qui sont à lui ? Est-il plus surprenant que Dieu fasse quelques prodiges aux yeux des Cochinchinois, pour éclairer ceux qui sont ensevelis dans les ténèbres et les ombres de la mort, et pour soutenir la foi chancelante de ce peuple peu instruit des vérités de notre sainte religion ? Ces moyens furent employés au commencement de la loi évangélique, pour y soumettre les peuples : ils ne sont pas moins nécessaires ici qu'aux premiers chrétiens d'Europe. »

Certains événements que nous avons énumérés parmi les obstacles aux conversions doivent également être rangés au nombre des causes, car ils produisent un double effet, hostile ou favorable au catholicisme, selon

---

[1]. *Nouv. Lettres. édif.*, vol. 7, p. 79-80.

la manière dont les infidèles les envisagent : la conquête, les fléaux rendent la moisson et plus abondante et plus rapide ; des villages entiers entrevoient le vrai Dieu et sa Providence à travers les événements dont ils sont les témoins ou les victimes, et ils reconnaissent sa puissance. Le travail apostolique devient alors facile et joyeux, ce sont les beaux jours ; les missionnaires en profitent, mais que de fois ils regrettent amèrement de n'avoir ni assez de ressources ni assez de collaborateurs pour accueillir tous les hommes bien disposés qui s'offrent à eux.

Telles sont quelques-unes des causes diverses des conversions.

Il en existe beaucoup d'autres, on les pourrait dire variées comme l'action de la grâce sur l'esprit de l'homme, multiples comme les battements du cœur, il faudrait aussi, pour s'en rendre un compte exact et les préciser avec plus de netteté, bien connaître les mœurs, les habitudes et les idées des peuples évangélisés, faire la part des circonstances qui leur donnent une nuance spéciale, selon qu'il s'agit des Indes, de la Chine ou de l'Indo-Chine. Ces détails ressortent de l'histoire particulière des groupes de Missions et non de l'histoire générale de la Société. Nous n'avions ici qu'à tracer les grandes lignes et à indiquer les points principaux, les mêmes partout, parce que dans tous les milieux et sous tous les climats l'homme garde toujours sa nature composée de conscience, d'un même fonds de passions et de liberté, de vices et de vertus.

VI

Poursuivons notre étude par un aperçu sur la formation et l'instruction du néophyte. Après l'avoir bien reçu, l'avoir exhorté et encouragé, le prêtre l'adresse au catéchuménat où il apprendra ses devoirs de croyance et de conduite et s'exercera à les pratiquer. S'il est pauvre, la mission lui donne un secours, car il lui est difficile de travailler et d'étudier en même temps. La période du catéchuménat est plus ou moins longue selon les dispositions du converti ; elle peut varier d'un à six mois ; en Chine, elle est même précédée de ce qu'on nomme l'adoration, cérémonie qui consiste à faire inscrire son nom par le missionnaire sur la liste des adeptes du christianisme, à se prosterner devant l'autel et à prononcer la promesse d'adhésion à la religion catholique, pendant que d'anciens fidèles récitent plusieurs prières : le *Veni Sancte*, le *Credo*, les commandements de Dieu. Ceux qui ont pratiqué cette cérémonie sont désignés sous le nom d'adorateurs.

Pendant la durée du catéchuménat, le missionnaire éprouve de profondes et douces jouissances : il suit pas à pas le travail de la grâce, il écoute des réponses qui deviennent chaque jour plus claires, il voit l'idée chrétienne se faire place et refouler peu à peu l'idée païenne. Sans doute il n'exige pas du néophyte qu'il soit un docteur ou un saint, il contrôle surtout sa bonne volonté ; Dieu n'a-t-il pas appelé à lui tous les hommes de bonne volonté ; le disciple ne saurait être plus sévère et plus exigeant que le maître. D'ailleurs, cette première génération de convertis, imbue pendant si longtemps des pensées païennes, laissera après elle une seconde génération plus éclairée et plus solide ; et celle-ci, à son tour, donnera à Dieu des enfants dont le cœur, l'intelligence et en quelque sorte le sang seront complètement chrétiens.

Nous ne pouvons citer de nouveau sur ce sujet les admirables instructions de Mgr Pallu aux missionnaires qu'il dirigeait vers le Laos, rappelons au moins la modération que le grand évêque recommandait à l'égard des néophytes, comment il voulait qu'après les avoir instruits on n'eût pas scrupule de les baptiser tout en prévoyant d'inévitables manquements à la loi de Dieu; avec quelle largeur d'esprit et quelle bonté de cœur il comprenait que, vis-à-vis des néophytes et même de tous les chrétiens, l'indulgence est plus près de la justice que la sévérité.

Le temps du catéchuménat n'est pas sans charmes pour les néophytes eux-mêmes. Ils jouissent également des découvertes qu'ils font chaque jour dans le champ de la foi, ils n'avaient souvent été attirés que par les côtés extérieurs du catholicisme, ils sont maintenant touchés et retenus par des raisons intrinsèques, ils acceptent et comprennent toutes les vertus morales, ils aiment tous les dogmes, ils élèvent leurs âmes à la hauteur du surnaturel et deviennent vraiment chrétiens, non seulement chrétiens mais apôtres; bien rares, en effet, sont les néophytes qui, sous la main d'un missionnaire expérimenté, ne convertissent pas leurs parents ou leurs amis.

S'ils habitent une ancienne chrétienté, ils l'augmentent; s'ils sont les premiers fidèles de leur village païen, ils deviennent les fondateurs d'une nouvelle paroisse. Rien ne les arrête, ni les fatigues, ni les refus, ni les vexations; ils vont, ils viennent, reviennent, recommencent vingt fois les mêmes arguments, trouvent des arguments nouveaux auxquels un prêtre ou un catéchiste n'eût pas songé et qui sont décisifs. L'expérience des vieux missionnaires pourrait nous raconter sur ce sujet des choses bien extraordinaires, mais bien édifiantes, nous montrant comment les néophytes, sous l'impulsion de la grâce qu'ils ont reçue pleine et entière, ont su réchauffer un pays du feu qui les embrasait.

Ainsi se font et les conversions et l'éducation des néophytes, ainsi débutent les chrétientés.

Le catéchiste vient résider dans ces stations pendant plusieurs mois, il enseigne et règle toutes choses, puis arrive le missionnaire dont le travail personnel et direct commence. Une église s'élève, une école à côté de l'église; des villages environnants s'ébranlent et se rangent autour de la première chrétienté, et le district est fondé.

Ces conversions tiennent en deux pages quand on les raconte; quand on y travaille, elles demandent souvent une vie d'homme et quelquefois plus.

Nous avons fait la statistique des conversions opérées par la Société des Missions-Étrangères de 1744 à 1784; le chiffre total, durant ces quarante années, est de 136,000, ce qui donne une moyenne de 3,400 par année.

Le nombre n'est pas tout, dans l'Église de Dieu principalement; il est donc bon d'examiner la valeur morale de ces chrétiens? Sont-ils sincèrement croyants, fidèles aux pratiques religieuses, capables de vertus, de dévouement, même d'héroïsme?

Il faut, pour répondre à cette question, consulter beaucoup de lettres de missionnaires, et, des diverses appréciations qu'elles renferment, tirer une conclusion moyenne.

Bien des historiens ou des orateurs en appellent volontiers des chrétiens actuels aux chrétiens de la primitive Église. Ces jugements semblent à certains esprits empreints de quelque exagération; il y eut, au commencement de l'Église, d'excellents chrétiens, les temps actuels en possèdent également; il y eut des pécheurs, et nous n'en manquons pas.

Les premiers annalistes du catholicisme rapportent plutôt les actes de vertus que les scandales, il serait donc bon de ne pas conclure de leurs récits que tous les fidèles fussent Alors des saints. D'ailleurs, les actes des Apôtres et d'autres documents incontestables nous démontrent le contraire et, en dehors des textes plus ou moins nombreux qui peuvent être cités, n'est-on pas en droit de se dire que malgré le temps et l'espace, dans tous les milieux et sous toutes les latitudes l'homme garde toujours une nature faible, plutôt que forte, trop souvent facile à incliner vers le mal.

Il en est de même pour les chrétiens d'Extrême-Orient, ils ont la foi, ils pratiquent la vertu, ils ont leurs défaillances. Ce jugement trop court pourrait ne pas satisfaire.

Voici celui de M. Lelabousse, missionnaire en Cochinchine :

« En deux mots, nos chrétiens ont une foi simple et forte, surtout quand ils sont éloignés des villes et des marchés... J'interrogeais des personnes qui ne s'étaient pas confessées depuis quatre à cinq ans, sans rien découvrir. « Vous êtes-vous mise en colère? — Non; quand mon mari s'est fâché, j'ai pensé qu'il fallait me taire, et sa colère s'est passée. — Avez-vous fait tel ou tel autre péché? — Non; je suis chrétienne et j'ai horreur de ces choses-là. — Avez-vous trompé de telle ou telle autre manière dans votre commerce? — Non; j'ai toujours agi de bonne foi, et si quelqu'un s'est trompé en me payant, j'ai rendu le surplus. — Mais vous êtes sans cesse en bateau pour votre commerce: comment pouvez-vous prier, aller à l'église? — Le matin et le soir, je me mets à genoux dans mon bateau, et je fais ma prière, avec mon mari et mes enfants, nous avons un calendrier pour connaître les fêtes et les dimanches, et le samedi si nous nous trouvons près de quelque chrétienté, nous allons à terre, pour prier en commun avec nos frères. »

Un mandarin de la cour de Gia-long caractérisait cette différence des chrétiens et des païens par ces mots : « Les chrétiens ne sont ni libertins, ni joueurs, ni voleurs. Ils se contentent chacun d'une femme et n'osent toucher à celle des autres. »

L'appréciation de Mgr Pottier, Vicaire apostolique du Su-tchuen, est marquée au coin de plus de sévérité, sans doute parce qu'il regarde de plus près :

« Nos chrétiens sont loin d'être fervents. Leurs confessions sont très incomplètes, les pénitences qu'on impose produisent peu d'effet.

« Quand il y a beaucoup de communions, ils désirent tous approcher de la Sainte Table ; quand il y en a peu, ils n'y pensent pas.

« Nous ne pouvons pas dire que nos chrétiens soient des saints, écrivait M. Lamothe de la mission du Tonkin, mais ils sont très attachés à leur religion, et quand ils commettent des fautes, ils s'en confessent le plus tôt qu'ils peuvent. Je souhaiterais que beaucoup de paroisses d'Europe ressemblent à la plupart de celles que nous avons ici, mais d'après ce que j'ai pu voir avant mon départ, elles en sont bien loin. »

Dans nos jugements sur les chrétiens d'Extrême-Orient, n'oublions pas non plus que le surnaturel est enté sur la nature, il peut l'élever, la grandir, mais il ne la change pas au point de lui enlever entièrement sa grossièreté native. Or, entre la nature des peuples d'Extrême-Orient et celle des hommes d'Occident, que de différences dans la générosité du cœur, dans la vigueur du caractère et la grandeur de l'esprit!

Cette dépression dans les qualités naturelles se retrouve dans certaines vertus. Mais lorsque l'Extrême-Orient aura dix-neuf siècles de christianisme, que la foi lui aura été transmise de génération en génération, imprégnant ses mœurs, ses idées, sa langue, ne pourra-t-il pas nous être comparé ? Il a la foi solide et assez éclairée, la force des confesseurs, l'héroïsme des martyrs. Pour obtenir la grâce des sacrements, pour assister à la messe et, demander la bénédiction du prêtre, les chrétiens, femmes, enfants, vieillards ou hommes dans la force de l'âge ne craignent pas de faire plusieurs journées de chemin. Depuis plus de deux siècles, pour conserver leurs croyances, les fidèles de Chine et d'Indo-Chine ont abandonné leurs biens, supporté l'exil, enduré les supplices, accepté courageusement la mort. Ce n'est point le fait de catholiques médiocres, et nous ne savons si en Europe beaucoup tiendraient une conduite plus vaillante. On cite les noms de ceux qui apostasient dans les tortures, et cette apostasie passagère n'est ordinairement qu'un acte de faiblesse arrachée par la douleur. Ceux qui abandonnent le catholicisme pour retourner au paganisme sont extrêmement rares, la plupart recourent immédiatement au prêtre, implorant la réconciliation, les autres ne pratiquent plus aucun culte, jusqu'au jour où la maladie les amène à résipiscence. Autrefois on croyait volontiers à la véracité et à la fidélité des témoins qui se faisaient égorger, qu'aujourd'hui encore on veuille donc bien y croire. Rarement témoins furent plus nombreux et plus héroïques, et les Églises d'Extrême-Orient s'en glorifient avec une légitime fierté.

Les conversions sont le salut des particuliers, elles sont également utiles au bien général, elles vivifient et fortifient les paroisses. Jeter de nouveaux convertis au milieu d'anciens chrétiens, c'est rallumer le feu sacré, enlever la routine et l'engourdissement pour y substituer l'activité et la vie. Secoués de l'apathie qui s'insinuait en eux, inspirés par le missionnaire qui sait leur montrer la véritable grandeur du rôle qu'ils ont à jouer vis-à-vis de leurs nouveaux coreligionnaires, les fidèles relèvent leur courage, retrempent leur énergie, afin de guider dans la voie du salut ceux dont ils sont heureux d'être les pères. Semblables à ces terrains qui deviennent plus féconds à mesure qu'on y ajoute des couches de terre étrangère, les paroisses deviennent meilleures par l'adjonction des néophytes.

VII

Les conversions des païens adultes, c'est-à-dire en âge de réfléchir et d'étudier, n'étaient pas et ne sont pas les seuls moyens dont se servent les missionnaires pour peupler le ciel d'élus.

Dès les origines de l'apostolat, le zèle comprit qu'une moisson abondante et sûre lui était réservée par le baptême des enfants de païens à l'article de la mort. L'œuvre si chère de la Sainte-Enfance a donné un prodigieux élan à ce beau dessein de sauver ces pauvres petits êtres tués par la maladie ou par le crime, mais elle ne l'a pas fait naître. Le baptême des enfants païens a commencé avec la prédication de l'Évangile.

Dès que les prêtres de la Société des Missions-Étrangères furent arrivés en Extrême-Orient, ils portèrent leur attention vers ce moyen admirable et relativement facile de sauver les âmes.

Les premiers Vicaires apostoliques le recommandèrent à leurs missionnaires. Les *Monita* en firent mention, Mgr de la Motte Lambert en parle dans ses instructions aux Amantes de la Croix, nombre de correspondances attestent la pratique et les fruits de cette œuvre, tels nous les avons signalés de temps à autre en parlant des missions. A Macao, le procureur lui-même ne resta pas étranger à ce travail de salut.

En 1767, M. Romain [1] écrivait que dans cette ville on achetait aux Chinois de nombreux enfants, et qu'on les faisait élever par des chrétiennes payées à raison d'une piastre par mois et par enfant.

1. De Honfleur, parti en 1765.

« J'en ai acheté quelques-uns, disait-il, autant que mes ressources me le permettent, et je les ai envoyés à Manille au couvent des Dominicains qui veulent bien s'en charger. » On vit les officiers des vaisseaux français faisant escale à Macao acheter des enfants païens et les confier aux missionnaires. A l'époque où nous sommes, il y a une recrudescence de zèle pour cette œuvre, et c'est au Su-tchuen que tout d'abord elle est la plus vive. Cette mission avait pris la première place ; jusqu'à ce jour, elle l'a gardée.

Dans les comptes rendus de ses travaux à la Propagande et au Séminaire, Mgr Pottier commence en 1770, à donner la statistique des baptêmes des enfants de païens ; à cette date, ils sont de 68 ; l'année suivante de 77 ; en 1775, ils s'élèvent à 454 ; en 1778 à 1015, en 1779 à 30,000, en 1780 à 14,939, en 1781 à 21,000. Qui avait donc produit cette élévation subite et si considérable ? Il en faut faire honneur aux hommes et aux événements.

Les missionnaires avaient déployé beaucoup de zèle, les circonstances étaient venues en quelque sorte à leur aide, en leur faisant voir plus clairement le bien que Dieu attendait d'eux, par le spectacle de maux pressants et faciles à secourir.

Il est à remarquer d'ailleurs que beaucoup d'œuvres se fondent ainsi. Le besoin auquel elles répondent existait, mais ne se faisait sentir que faiblement et ne sollicitait qu'imparfaitement l'attention. Un jour, il éclate plus vivement, il frappe les intelligences, il émeut les cœurs, une œuvre est créée pour y donner satisfaction, mais le moment de l'épreuve passé, on s'aperçoit que le besoin reste, qu'il est beaucoup plus grand qu'on ne l'avait supposé et que l'œuvre conserve son utilité ; elle continue alors d'exister, de s'affermir, de porter des fruits.

En 1777, une famine épouvantable, bientôt aggravée

par la peste, ravagea le Su-tchuen. La malpropreté des villes, la nullité des secours de l'art, l'absence d'une police régulière, tout contribua à multiplier la mortalité. La maladie frappa plus encore les enfants que les grandes personnes, les missionnaires ne pouvaient rester insensibles à de pareilles misères.

Mgr Pottier engagea ses prêtres à envoyer partout des chrétiennes fidèles ayant quelque notion de médecine, afin de rechercher les enfants malades et de les baptiser.

L'évêque donnait aux femmes principalement chargées de ce ministère les instructions suivantes : Baptiser indifféremment tous les enfants des pauvres dans les lieux où la maladie est plus violente et sévit plus particulièrement sur les indigents; mais dans les endroits où la mortalité est moins grande, ne conférer le sacrement qu'à des enfants déjà atteints par la contagion, ou d'une mauvaise constitution ou enfin privés d'une nourriture convenable. M. Moye s'était déjà mis à l'œuvre avec l'ardeur qui le caractérisait, il redoubla d'activité, il exhorta toutes les femmes chrétiennes libres de leur temps à se faire baptiseuses. N'en trouvant pas autant qu'il le désirait, il ne craignit pas d'employer à cet office de charité plusieurs des Vierges chrétiennes qu'il dirigeait avec le succès dont nous avons parlé plus haut.

C'était une innovation très hardie, car, en Chine, les jeunes filles ne peuvent voyager seules ni même aller en visite. Cet exemple ne fut pas suivi, et il ne pouvait l'être, mais il montre combien M. Moye était désireux du salut des âmes d'enfants. Ce fut dans son district et particulièrement dans la grande ville de Tchong-kin que la moisson fut la plus abondante. Les habitants des campagnes, pressés par la faim, y accoururent de toutes parts, et les mandarins furent bientôt dans l'obligation de nourrir toute une population d'affamés. Ils établirent une sorte de camp à une demi-lieue de la ville, et firent des distributions de riz à la multitude. Lorsque les femmes chrétiennes se présentèrent et demandèrent l'entrée du camp, les satellites les repoussèrent. « Vous ne venez pas sans doute manger le riz des pauvres, » leur dirent-ils; et sur leur réponse qu'elles ne voulaient que distribuer des remèdes aux malades, ils les laissèrent circuler librement au milieu de la foule des affamés et des pestiférés. Bientôt, touchés de cette charité, les mandarins les prirent sous leur protection et leur facilitèrent sans le savoir l'accomplissement de leur pieuse mission.

A deux journées de marche de Tchong-kin vers l'ouest, une vierge chrétienne, Catherine Lô, donna l'exemple d'un admirable courage; après avoir ranimé la ferveur dans l'âme de ses parents très nombreux et presque tous chrétiens, elle se dévoua à l'œuvre du baptême des enfants. Accompagnée de sa mère qui voulait la préserver de tout blâme, elle fit un catalogue exact des deux mille enfants qu'elle baptisa, afin de savoir ce qu'ils étaient devenus. Quelques mois après, elle parcourut la même contrée, désireuse de pourvoir à leur éducation s'ils survivaient, et elle constata qu'ils étaient tous morts; elle avait donc procuré le bonheur éternel à deux mille créatures qui, sans l'activité de sa foi, en eussent été à tout jamais privés.

Une autre intrépide chrétienne avait baptisé quinze cents enfants, quand elle eut occasion d'administrer le sacrement de la régénération au fils malade d'un prétorien; l'état du petit néophyte ayant empiré, on fit remarquer au père que tous les enfants baptisés par cette femme étaient morts. Aussitôt, escorté d'une multitude furieuse, cet homme se précipite chez la chrétienne, l'accable d'injures, la menace de mort; « qu'on apporte des chaînes et qu'on la conduise au tribunal, » s'écriait la populace. « Ils n'ont pas besoin de chaînes, répond la chrétienne, je marcherai la première. » Mais comme en Chine les plus effrayantes menaces sont loin d'être suivies d'effet, tout se borna à exiger que, par un écrit signé de sa main, elle déclarât répondre sur sa tête de la vie du malade. Elle signa, et au bout de quinze jours, l'enfant n'étant pas mort, elle fut laissée libre.

Pendant deux ou trois ans, les missionnaires firent les plus grands sacrifices en faveur de cette œuvre.

« Plusieurs ont vendu leurs habits, disait Mgr Pottier, nous avons emprunté des sommes considérables, on nous a fait des aumônes, afin de pouvoir continuer dans les mêmes proportions. »

M. Moye rédigea un *Avis aux âmes charitables d'Europe*, afin de provoquer, s'il était possible, un mouvement général en faveur des enfants chinois moribonds ou abandonnés. Après avoir raconté les travaux déjà faits et les résultats obtenus, il concluait en exposant la facilité de cette œuvre, ses avantages, et les mérites qu'acquerraient les bienfaiteurs. « J'espère que si l'on m'envoie d'Europe tous les ans mille livres pour cette bonne action, je ferai baptiser chaque année, au moins mille enfants, peut-être deux mille ou trois mille, ou quatre mille. Mais quand ce ne serait que mille, acheter et sauver une âme au prix de vingt sols, c'est l'acheter à bon marché. Par ce moyen, les âmes d'Europe auront part à cette œuvre et multiplieront tous les jours le nombre de leurs intercesseurs dans le ciel. Si on ne nous envoie point d'argent, au moins qu'on nous aide par de ferventes prières, et la Providence suppléera à tout. »

C'est le premier appel général, du moins à notre connaissance, qui ait été adressé aux fidèles d'Europe en faveur de l'œuvre du baptême des enfants de païens. Il n'eut qu'une publicité restreinte. Les amis de M. Moye furent à peu près les seuls à le connaître et par conséquent à y répondre. L'apôtre devançait son siècle, et dans les choses divines comme dans les choses humaines, il est bien des initiatives qui se heurtent à l'indifférence, au préjugé, et surtout au manque de préparation des esprits. En 1780, les esprits n'étaient pas prêts, l'idée d'une œuvre générale pour le baptême des enfants n'était venue à personne, or, les idées, avant de passer dans le domaine des faits, doivent subir une germination lente, parfois difficile, jusqu'au jour où elles éclatent par une impulsion qui semble spontanée et instinctive, mais n'est en réalité que la résultante d'une longue préparation. En ce qui concerne deux belles œuvres, la Propagation de la Foi et la Sainte-Enfance, qui ont donné à l'apostolat un grand élan, et des secours considérables, notre temps a assisté à leur éclosion et à leur organisation, mais les éléments en avaient été disposés par les siècles précédents.

Dès ses débuts, l'œuvre des baptêmes d'enfants se régularisa; dans l'ardeur de son zèle, M. Moÿe avait quelque peu dépassé la mesure. « Il n'est point regardant, écrivait Mgr Pottier, il fait faire les baptêmes par des femmes chrétiennes qui baptisent à peu près tous les enfants qu'elles peuvent trouver. » Ce mot de désapprobation ou de crainte signalait dans l'œuvre angélique un défaut pratique, provenant du désir très vif de sauver le plus grand nombre d'âmes, c'était comme un trop plein de sève qui débordait et faisait pousser des branches folles; quelques liens suffisaient à arrêter cette exubérance de vie.

Mgr Pottier était éminemment propre à ce travail de modération et de réglementation, il n'avait pas l'initiative hardie et la logique absolue de M. Moÿe, la piété tendre de M. Gleyo, mais il avait, à un très haut degré, la sagesse dans les décisions, la mesure dans les commandements qu'il enjoignait toujours avec une très grande douceur.

Parmi les missionnaires, les uns voulaient avec M. Moÿe qu'il fût permis de baptiser tout enfant de parents païens qui, eu égard aux tristes conditions faites aux familles pauvres en Chine, pouvait être considéré comme voué à la mort avant l'âge de raison; les autres, s'appuyant sur le texte précis des instructions du Saint-Siège, soutenaient qu'un enfant d'infidèles ne peut être baptisé qu'autant qu'il est actuellement et personnellement en danger de mort, comme lorsqu'il est atteint d'une maladie ordinairement mortelle.

Mgr Pottier décida qu'il appartenait à la Propagande de trancher cette question dont les conséquences s'étendaient bien au delà des limites de son Vicariat. Il adressa un mémoire à Rome, exposant les deux opinions. M. Moÿe en écrivit un également, et le 15 février 1781, la Sacrée Congrégation répondit par une instruction vraiment digne de cette science, de cette prudence qui caractérisent les décisions du Saint-Siège, et président par une tradition constante à l'action des Congrégations romaines dans l'Église.

La réponse rappelait d'abord que le Saint-Siège, malgré le désir de faire participer un plus grand nombre d'âmes à la grâce de la régénération, a toujours respecté le droit naturel des parents sur leurs enfants, et veillé avec sollicitude à ne point exposer le sacrement de baptême à une profanation toujours inévitable, quand les enfants qui l'ont reçu doivent être élevés par des païens ou rester parmi eux. Elle ajoutait ensuite : 1° Que les enfants des infidèles ne peuvent êtres baptisés, sans le consentement de leurs parents, si ce n'est lorsqu'ils sont en danger moralement certain de mort prochaine, *in articulo mortis*, et qu'on peut le faire sans causer de scandale, sans exciter la haine des païens ; 2° que ce danger prochain de mort n'existe, même en temps de famine ou de peste et parmi les pauvres, que pour les enfants atteints individuellement par la contagion, ou par une maladie qui les expose actuellement a perdre la vie [1].

Cette instruction dissipa tous les doutes, elle fut exactement observée non seulement au Su-tchuen, mais dans toutes les missions de la Société, au Tonkin, en Cochinchine, à Siam ; elle contribua au bon fonctionnement de l'œuvre et à son développement d'autant plus que les malheurs qui, à cette époque, accablaient l'Indo-Chine permettaient de baptiser beaucoup d'enfants d'infidèles. Du Tonkin, en effet, Mgr Davoust écrivait en 1786 [2] :

« Nos soins ne se sont pas bornés, dans ces malheureuses circonstances, à soulager les corps ; car dès que je prévis les maux dont on était prochainement menacé, j'adressai aussitôt deux mandements ou lettres circulaires à tous nos prêtres chargés de districts, les exhortant ainsi que toutes les maisons de religieuses Amantes de la Croix, et même les fidèles à profiter de l'occasion pour baptiser tout ce qu'ils pourraient rencontrer d'enfants des infidèles qui n'auraient pas encore atteint l'âge de raison et qu'ils jugeraient ne pouvoir échapper à la mort. En outre, comme l'exemple a plus de force que les paroles, incontinent après les occupations de la Semaine-Sainte et la solennité de Pâques, ayant assemblé ceux de nos gens que j'avais actuellement à mon service, je leur parlai avec toute la force dont j'étais capable et leur représentai le bien immense qu'ils pourraient faire dans la circonstance, en allant chercher les enfants moribonds des païens et leur conférant le

---

1. *Vie de M. Moÿe*, p. 372.
2. Arch. M.-É., vol. 691, p. 669.

saint baptême. Tous s'empressèrent de seconder mes désirs, et, s'étant munis d'une certaine quantité de deniers et de quelques pilules, ils se répandirent successivement dans tous les villages, bourgs et bourgades affligés de la famine, et dont plusieurs n'étaient habités que par des infidèles. Bientôt le succès de leurs courses et de leurs travaux surpassa de beaucoup leurs espérances et les miennes ; et ce fut pour eux un nouveau motif qui redoubla leur zèle. Les païens, pour la plupart, également charmés et étonnés de voir des gens qui, sans aucun motif humain, venaient les visiter, les assister de deniers et de remèdes, et ne leur porter que des paroles de consolation et de salut pour eux et leurs enfants dans une pareille extrémité et dans l'abandon général de tout le monde, leur ouvraient les portes de leurs maisons, leur permettaient de baptiser leurs enfants moribonds et demandaient souvent eux-mêmes à être instruits d'une Religion si compatissante, promettant de l'embrasser s'ils échappaient à la mort.

« J'ai fait en dernier lieu le total des différentes listes particulières qui m'ont été récemment envoyées par nos prêtres, il est déjà au moins de 5,713, aujourd'hui 29 juin. Il est à observer que parmi ces petits innocents, il y en a eu quelques-uns à qui nos gens ont administré le baptême, même dans des temples d'idoles où ils avaient été exposés. »

Les années n'amenèrent à peu près aucun changement dans les misères du peuple, et l'œuvre se continua avec les mêmes succès, ainsi que le raconte M. Leroy [1] en parlant du zèle ingénieux de M. Blandin [2] :

« Nos catéchistes [3] ont d'abord parcouru les marchés et baptisé les petits orphelins qu'ils y trouvaient étendus

---

1. De Vesoul, parti en 1780, mort le 20 août 1805.
2. Du diocèse d'Amiens, parti en 1778, mort le 22 juin 1801.
3. *Nouvelles Lettres édifiantes*, vol. 7, p. 46.

par terre, n'attendant souvent que quelques gouttes de l'eau vivifiante pour rendre l'âme. Mais cette méthode n'en sauvait pas un grand nombre. Le Seigneur, qui a ses moments marqués pour assurer le salut de ses élus, a inspiré au cher M. Lamothe une autre méthode, qui a sauvé plus d'enfants en deux semaines que nous n'aurions pu faire en plusieurs mois, en nous bornant à la première. Il a donné même par écrit à nos catéchistes un plan de conduite, suivant lequel, au lieu d'aller dans les marchés, ils sont allés dans les villages mêmes, distribuant à ceux qui avaient des enfants malades un peu d'argent et quelques remèdes. On leur permettait de baptiser autant d'enfants qu'ils voulaient. C'est alors que la porte du ciel s'est ouverte, et que les petits enfants y sont entrés en foule. J'estime que dans notre Vicariat apostolique près de quinze mille ont eu ce bonheur. »

Il est plus difficile de connaître exactement le chiffre des baptêmes des enfants de païens dans les Vicariats de l'Indo-Chine que dans ceux de Chine ; les missionnaires l'inscrivent rarement sur les catalogues qu'ils adressent à la Propagande, ou bien ils l'additionnent avec les baptêmes d'enfants de chrétiens sous ce seul titre : baptêmes d'enfants. Il faut recourir aux lettres particulières, principalement à celles qui sont envoyées au Séminaire de Paris ; c'est ainsi que nous trouvons, de 1750 à 1809, environ 195,000 baptêmes dans les trois missions d'Indo-Chine, résultats splendides quoique inférieurs à ceux d'aujourd'hui, mais qui excitent l'étonnement et l'admiration, quand on réfléchit au petit nombre des missionnaires et à l'insuffisance de leurs ressources.

Telle était, en 1780, cent vingt-deux ans après sa fondation, la Société des Missions-Étrangères, elle marchait lentement, car la persécution l'obligeait à recommencer souvent les mêmes travaux, elle marchait solitairement, car les peuples catholiques d'Europe abandonnaient les Missions; mais du moins n'avait-elle pas dévié de la route que lui avaient tracée les Souverains Pontifes et établissait-elle sur des assises solides les Vicariats qui lui étaient confiés.

Viennent la paix, des secours, des prêtres et ces missions encore peu développées, ces séminaires rares mais fervents, ces œuvres humbles et précieuses, prendront le plus rapide et le plus brillant accroissement, comme ces arbres dont les branches sont d'autant plus étendues, les fleurs plus parfumées, les fruits plus savoureux, que la semence a plus longtemps puisé, silencieuse et ignorée, les sucs d'une terre forte et d'un sol vigoureux.

CHAPITRE V

1780-1789

I. Bons effets de l'organisation des missions. — Persécution au Su-tchuen, ses causes. — Arrestation de Mgr de Saint-Martin, de MM. Devaut Delpon, Dufresse. — Leur emprisonnement à Pékin. — Mort de MM. Devaut et Delpon. — Libération des captifs. — II. Mgr de Saint-Martin et M. Dufresse à Manille. — Ils rentrent au Su-tchuen. — Bref du Pape. — III. Difficultés à Macao. — M. Descourvières, M. Letondal. — Démarches des ministres français. — Lettre de d'Entrecasteaux. — Lettre du Pape. — La Société des Missions-Étrangères et la France. — IV. Mgr Pigneau de Behaine. Il offre le secours de la France au Chua de Cochinchine, Nguyên-anh. — Il part pour Pondichéry, son séjour dans cette ville. — D'Entrecasteaux et de Cossigny. — V. Arrivée de l'évêque en France, ses négociations. — Accueil de la cour et de la ville. — État politique de la France et de l'Europe. — Conclusion du traité entre la France et la Cochinchine. — Portrait de Mgr Pigneau. — Envoi de missionnaires en Cochinchine — VI. Difficultés à Pondichéry. — Instructions du gouvernement français à de Conway pour empêcher l'expédition de Cochinchine. — Départ de Mgr Pigneau pour la Cochinchine. Français qui l'accompagnent. — VII. État politique de la Cochinchine et du Tonkin en 1789. — Fin de la dynastie des Lê — Nguyên-anh, maître de la Basse-Cochinchine. — Persécution en Haute-Cochinchine. — Troubles au Tonkin.

I

L'organisation des Missions de la Société était adaptée aux besoins des chrétientés, des paroisses anciennes et nouvelles, aux phases diverses, calmes ou orageuses, qui se succédaient.

Si l'étude des éléments qui la composent, de leur état et de leur fonctionnement, ne suffisait pas à le prouver, les événements le manifesteraient avec évidence.

En 1785, la mission du Su-tchuen fut le théâtre d'une

persécution qui l'eût désorganisée, sans la solidité des bases sur lesquelles elle reposait.

Cette persécution eut des causes diverses : la révolte des musulmans, une première fois noyée dans le sang de ses auteurs en 1781, se renouvela en 1784 et surexcita les esprits. L'arrestation des courriers envoyés annuellement à Macao tourna les soupçons des mandarins du côté des chrétiens; l'entrée de M. Delpon [1] dans l'empire, au printemps de 1784, fut signalée aux autorités chinoises. Celles-ci s'en montrèrent fort irritées et commencèrent des perquisitions qui amenèrent la découverte de quatre missionnaires italiens. A la suite de ce grave incident, les mandarins reçurent de l'empereur l'ordre de se livrer à des investigations générales et très sévères. Au Su-tchuen, ils employèrent un moyen qui devait presque infailliblement réussir; ils arrêtèrent des chrétiens, les frappèrent, et, sous peine de mort, leur ordonnèrent de dénoncer les prêtres européens et leur résidence.

Le premier missionnaire dénoncé fut Mgr de Saint-Martin, coadjuteur de Mgr Pottier, récemment sacré évêque de Caradre le 13 juin 1784; d'autres révélations aggravèrent celle-ci. La présence de MM. Delpon, Devaut [2], Dufresse [3] fut également signalée, et les mandarins se décidèrent à agir. Mgr de Saint-Martin fut pris d'abord. Epuisé par une maladie qui datait de plusieurs mois, il avait essayé de se réfugier au Yun-nan, on était au mois de janvier, et une neige assez épaisse rendait presque impraticables les sentiers des montagnes bordés de précipices : « Je me traînais comme je pus jusqu'à la nuit, dit-il dans le récit de sa fuite, et pendant une journée entière, je fis environ une lieue; je

1. Du diocèse de Cahors, parti en 1782, mort le 8 juillet 1785.
2. De Loches, parti en 1773, mort le 3 juillet 1785.
3. De Lezoux, parti en 1775, mort le 14 septembre 1815.

n'en pus faire qu'un quart le jour suivant. » A bout de forces, il s'arrêta et remit son sort entre les mains de la Providence.

Une troupe de sept cents soldats, commandée par douze mandarins, était à sa poursuite; guidée par d'habiles espions, elle arriva bientôt près de la maison où s'était caché le fugitif. Lorsque l'évêque entendit le pas et les cris des soldats, il s'avança vers eux : « C'est moi que vous cherchez, leur dit-il, vous n'avez qu'à me prendre. » Le disciple empruntait les paroles du Maître; aussitôt entouré et garrotté, il fut chargé de chaînes.

C'était le 8 février 1785, la veille du mercredi des Cendres. La France fêtait joyeusement les folies du carnaval; dans quelques églises, d'humbles femmes entraient seules prier et gémir; là-bas, au fond de la Chine, des centaines de catholiques subissaient les tortures, un évêque français était traité comme un criminel. Plus humain que ses subordonnés, le mandarin voulut faire enlever la chaîne que portait Mgr de Saint-Martin. Celui-ci refusa, puisque ses chrétiens la portaient, il la voulait porter aussi; il fut conduit à Ya-tcheou, pendant que les soldats poursuivaient leurs recherches pour découvrir les autres prêtres dénoncés. Afin d'obliger les chrétiens à révéler les asiles des Européens, les persécuteurs redoublèrent de violence. Mgr de Saint-Martin se souvint que le bon Pasteur donne sa vie pour son troupeau, et fort de cette parole écrite à Mgr Pottier par M. Devaut : « Je ne puis vous dissimuler que je désire d'être pris, quoique je ne veuille pas m'exposer imprudemment, » il écrivit aux trois missionnaires de venir se livrer. Devaut arriva le premier après avoir fait douze journées de marche. Si jamais prédication de la religion chrétienne dut être éloquente, assurément ce fut celle où des actes semblables attestaient la vérité des enseignements. Delpon imita cet exemple dès qu'il eut en main la lettre du coadjuteur.

Dufresse, qui n'avait encore reçu aucun avis, continuait à se cacher; il serait trop long de raconter toutes les péripéties de sa fuite. Pris une première fois, il profita d'un moment de distraction de la sentinelle pour s'évader; poursuivi à outrance, il se réfugia dans une grotte à l'entrée de laquelle s'arrêtèrent les soldats. Le fugitif les observait à travers les broussailles, il voyait leurs gestes, entendait leurs paroles, attendant anxieusement ce qui allait advenir. Les soldats s'éloignèrent, et Dufresse reprit sa course; aperçu en traversant une petite vallée, il fut serré de très près; il allait être saisi, lorsque par mégarde il tomba dans une citerne desséchée et disparut aux yeux des poursuivants, mais en évitant un danger, il était exposé à un autre, car il lui était presque impossible de sortir de cette citerne; craignit-il cette mort lente ou crut-il qu'il n'avait pas le droit de s'y exposer, toujours est-il qu'il appela les soldats à son aide. Ceux-ci criaient et juraient contre le diable d'étranger, le sorcier qui leur échappait d'une si étonnante façon, ils n'entendirent pas et s'arrêtèrent pour prendre quelque repos. Alors Dufresse tenta l'escalade, il s'accrocha aux lianes, aux anfractuosités de la roche et parvint à se glisser dehors ; il se dissimula derrière les arbres, si près de ses persécuteurs qu'il entendait le pétillement du feu de leur bivouac. Il passa sans être aperçu, et courut à travers champs pendant plusieurs heures; quand il espéra être assez loin pour que cette fois sa trace fût perdue, il se dirigea vers une maison chrétienne et n'eut pas besoin de supplier, pour qu'on lui accordât l'hospitalité. Il s'y reposait depuis quelques jours lorsqu'il reçut la lettre de Mgr de Saint-Martin, qui le priait de se livrer, il revint immédiatement sur ses pas, et s'adressa au mandarin de la première sous-préfecture qu'il trouva sur sa route : « Je suis l'Européen que vous cherchez, lui dit-il, conduisez-moi au prétoire. »

Les autorités, le gouverneur de la province en tête, n'auraient pas été fâchées de saisir des Européens, mais elles en avaient assez arrêté pour montrer leur zèle et leur fidélité à obéir aux ordres impériaux. En découvrir un plus grand nombre eût été dangereux, elles auraient semblé manquer de surveillance, et auraient vu leur zèle tourner contre elles-mêmes ; elles firent donc cesser les poursuites ; il était temps, il ne restait plus dans la mission que Mgr Pottier, MM. Gleyo et Hamel.

Les captifs furent conduits à Tchen-tou et interrogés, tantôt ensemble, tantôt séparément. Voici plusieurs des questions qu'on leur posa et des réponses qu'ils firent.

— Quel roi, quel empereur vous a ordonné de venir en Chine? répétaient à l'envi les juges. Nous l'avons déjà dit, l'idée de l'apostolat, de la propagande purement religieuse est à peu près incompréhensible pour les païens ; quitter sa famille, sa patrie, pour obéir à la voix de Dieu, se dévouer sans désir de gain à une œuvre spirituelle, dépasse l'entendement de beaucoup d'entre eux.

Les missionnaires donnaient à cette question des réponses brèves ou longues, selon les dispositions de leurs auditeurs. — Est-ce ton Dieu qui t'a dit de venir en Chine? L'as-tu vu? As-tu entendu ses paroles? demandait un mandarin à Mgr de Saint-Martin. — Dieu, répondit l'évêque, me l'a dit par sa loi, qui commande de l'aimer par-dessus toutes choses et d'aimer les hommes comme nous-mêmes ; or, c'est ce que j'ai fait en venant publier ici ses grandeurs et ses miséricordes et vous ouvrir le vrai chemin du bonheur, que je connais et que vous ne connaissez pas. — Mais n'est-ce pas plutôt le roi de ton pays qui t'envoie ici? — Non, assurément non. Le roi de mon pays gouverne ses États sans prétendre commander aux autres souverains. — Ne sait-il pas du moins que tu es ici? — Il ne me connaît point. — Tu es donc sorti sans sa permission, tu es coupable? — Ce n'est pas une conséquence; j'ai obtenu du mandarin chargé de ces sortes d'affaires la permission de sortir du royaume. — Mais pourquoi venir en Chine plutôt qu'ailleurs? — Par toute la terre, il y a des missionnaires qui prêchent la Religion; ayant vu la langue chinoise, je sentis plus de goût et de facilité pour l'apprendre que d'autres; en conséquence, je me déterminai à entrer en Chine. — Eh! pourquoi plutôt au Su-tchuen que dans les autres provinces? — Pour deux raisons, les vivres y sont moins chers, et les histoires m'ayant appris que cette province, il y a plus de cent ans, fut dévastée par les Patay-Ouang et le peuple renouvelé depuis, je jugeai qu'il y avait moins d'abus et de malice et par conséquent moins d'obstacles à la vérité.

De nombreux fidèles partagèrent le sort des missionnaires; plusieurs d'entre eux montrèrent un admirable courage. Mgr Pottier parle d'un chef de famille se livrant au mandarin; ce sont des faits qui sans doute n'appartiennent pas directement à l'histoire de la Société des Missions-Étrangères, mais ils contribuent à jeter un vif éclat sur la formation qu'elle imprime à ses néophytes, et comme d'autre part nous en avons très peu cité jusqu'à présent, on nous pardonnera d'en raconter deux.

Lorsque le chef de la famille Lieou Benoît, apprit la nouvelle de la persécution, il résolut de donner à Dieu la preuve suprême de l'amour, le sacrifice de soi, et se livra aux mandarins. — Femme, dit-il à son épouse en la quittant, tu m'enverras quelques habits, je vais visiter les chrétiens et je resterai en prison avec eux.

Puis, prenant avec lui son frère Linus, il partit pour le prétoire. « Que venez-vous faire ici? demandèrent les soldats. — Consoler et encourager nos frères. — Nous allons vous enchaîner comme eux. — C'est ce que nous voulons. » On les chargea de chaînes, on les conduisit au mandarin. — Vous êtes chrétiens? leur demanda-t-il. — Nos ancêtres étaient chrétiens, nous le sommes aussi. — C'est un mal, il faut vous amender. — Nous n'avons pas lieu de nous amender, répondit Benoît. — Donne-lui quinze soufflets, fit le mandarin au satellite. — Et toi, dit-il à Linus. — Moi, je suis comme mon aîné, répondit simplement celui-ci. — Quinze soufflets et en prison tous les deux. « Les deux vaillants fidèles entendirent l'ordre avec joie, leur vœu se réalisait.

Un autre jour, un catéchiste venait de subir le supplice des entraves : — Renonce à ta religion ou je te fais encore donner trente coups sur les chevilles, commanda le mandarin. — Non, répondit le catéchiste. — Frappe, fit le chef au satellite. Après chaque coup, le soldat s'arrêtait, et la voix du mandarin s'élevait vibrante de colère : — Renonce à ta religion. — Non. — Frappe. — Dix-neuf fois, le bâton du soldat s'abattit sur le malheureux que ses pieds meurtris et saignants refusèrent de porter. A la vingtième sommation, le chrétien dit : — Si je renonce à la religion chrétienne, je me ferai assassin. — Et qui tueras-tu? demanda le mandarin. — Mon accusateur et mon juge, répondit-il, car c'est un principe de Confucius de rendre le bien pour le bien et le mal pour le mal. » Le lendemain, le magistrat faisait appeler le captif et lui disait : — Donne-moi un papier par lequel tu me promets de ne tuer personne, reste chrétien et va-t'en.

Quelquefois, les juges étaient plus humains, et s'ils montraient une profonde ignorance de la religion, ils faisaient au moins preuve de quelque bienveillance. Assimilant la religion catholique au culte de leurs dieux et les convictions des chrétiens aux opinions des sectateurs d'une religion quelconque, ils les engageaient à l'apostasie extérieure : « Que cette apostasie ne vous effraye pas, leur disait l'un d'eux, votre Dieu connaît les circonstances où vous vous trouvez. De retour chez vous, vous allumerez des cierges, vous brûlerez des parfums, vous lui offrirez une supplique écrite, et sans doute il vous accordera son pardon. » Les fidèles sourirent et le remercièrent de sa bonne volonté ; lui expliquer comment et pourquoi cette supercherie était un crime eût été inutile, il serait parti en hochant la tête et en murmurant comme un de ses collègues : « Gens singuliers et incompréhensibles que ces chrétiens. »

Après plusieurs semaines de détention, les missionnaires furent emmenés à Pékin.

Avant de partir, Mgr de Saint-Martin adressa un billet à Mgr Pottier, le priant de songer à l'ordination des prêtres indigènes plus nécessaires que jamais : il terminait par ces paroles de vaillant espoir : « Si je puis rentrer au Su-tchuen, il est certain que j'y rentrerai, fallût-il y mourir. MM. Dufresse et Delpon pensent comme moi. » M. Devaut eut une pensée de grande affection pour son évêque. « Le bon Dieu, lui disait-il, vous conservera sans doute, j'ai fait pour votre Grandeur un vœu spécial et formel. » Nous ne savons que fut ce vœu, mais il est bien à présumer que ce fut le sacrifice de sa vie ; il devait être agréé.

Les confesseurs de la foi furent convenablement traités pendant le voyage de Tchen-tou à Pékin : « On nous conduisit trop honorablement, a dit Mgr de Saint-Martin, toujours amoureux de souffrances, nous avions chacun une chaise à quatre porteurs et deux mandarins qui nous faisaient manger à leur table aux frais du public ou de l'empereur. »

Assurément, pareil traitement pouvait surprendre des

prisonniers, mais il était la preuve que les magistrats chinois estimaient les prêtres étrangers, même en les condamnant aux tortures ou à la prison. Cependant, à peine arrivés à Pékin, ils se départirent de cette tolérance capable de les compromettre ; tous les missionnaires furent remis à la cangue et à la chaîne, de Saint-Martin et Dufresse furent placés dans les prisons réservées aux mandarins, Delpon et Devaut dans les cachots des criminels ordinaires.

Vingt-neuf prêtres des diverses Sociétés religieuses ou apostoliques qui évangélisaient l'empire, dix-neuf Européens et dix Chinois, étaient alors réunis dans les prisons de la capitale. Le régime qu'ils eurent à y subir fut si pénible, que sept d'entre eux moururent. Devaut expira le 3 juillet 1785 à 4 heures du matin, en prononçant ce doux et saint adieu : « Qu'il fait bon mourir ici. » Delpon le suivit dans la tombe cinq jours après : « Leur trépas, ont écrit leurs compagnons de captivité, nous a inspiré de l'envie, non de la tristesse. » On ne crut pas devoir séparer ceux que Dieu avait unis dans les travaux, dans les souffrances et dans la mort, et le même tombeau reçut la dépouille des deux confesseurs de la foi.

Le supérieur des missionnaires lazaristes à Pékin, M. Raux, qui, avec ses prêtres, avait été excepté des décrets impériaux, à cause des services scientifiques que l'empereur espérait d'eux, leur fit élever un modeste monument funéraire, sur lequel on grava en caractères latins et chinois quelques mots rappelant leur dévouement et la date de leur mort.

En ces douloureuses circonstances, les fils de saint Vincent de Paul, récemment arrivés en Chine pour remplacer les Jésuites, se montrèrent, par leur charité, dignes de leur fondateur. Ils sollicitèrent, et, à force d'instances, finirent par obtenir l'autorisation de visiter les prisonniers et de leur apporter des vêtements et de la nourriture : « Nous ne vous laisserons manquer de rien, leur écrivait M. Raux, fallût-il vendre les vases sacrés ; » sainte fraternité qui toucha profondément le cœur des captifs et dont la Société des Missions-Étrangères ne saurait perdre le reconnaissant souvenir. Il continua en même temps d'intercéder pour la liberté des prisonniers, sans se laisser décourager par les mauvaises dispositions de l'empereur. Celui-ci répondait à toutes ses sollicitations qu'en condamnant les prêtres à une prison perpétuelle, il leur faisait une grande grâce, attendu qu'ils méritaient la mort. Une proclamation fut même répandue dans le Su-tchuen pour annoncer la condamnation à mort de tous les missionnaires; c'était un moyen d'effrayer les survivants ainsi que les chrétiens, du moins on le croyait.

La constance des solliciteurs toucha-t-elle ou lassa-t-elle Khien-long, comprit-il, lui qui visait parfois à la philanthropie, qu'il ne pouvait laisser les Européens perpétuellement en prison? toujours est-il que le 10 novembre 1785, les captifs reçurent communication d'un édit impérial annonçant leur libération. Il leur était permis de rester attachés aux églises de Pékin, mais s'ils refusaient, ils étaient obligés de partir pour Macao avec ordre de gagner l'Europe. Mgr de Saint-Martin et M. Dufresse se rangèrent à ce dernier parti, espérant qu'une fois arrivés dans la petite colonie portugaise, ils pourraient secrètement retourner au Su-tchuen.

En sortant de leurs cachots, les confesseurs se dirigèrent vers la cathédrale. Debout sur le seuil de l'église, Mgr de Govea, l'évêque de Pékin, les attendait, il remit à Mgr de Saint-Martin une croix pastorale et un anneau, lui offrit l'eau bénite, puis tous, libérateurs et libérés, s'avancèrent processionnellement vers l'autel en chantant le *Te Deum*.

II

Mgr de Saint-Martin et M. Dufresse prolongèrent à dessein leur séjour à Pékin, car en arrivant à Macao, après le départ des vaisseaux pour l'Europe, ils devaient plus facilement justifier leur longue station dans cette ville et trouver une occasion pour rentrer dans l'empire du Milieu. Ils ne quittèrent la capitale que le 11 décembre 1785, escortés de deux mandarins et de dix soldats, traversèrent la Chine du nord au sud et arrivèrent à Canton le 2 février suivant.

Dans cette ville, un navire espagnol était en partance pour Manille, ils y montèrent, espérant, en s'éloignant davantage, enlever aux Chinois tout soupçon. La catholique colonie espagnole reçut comme des héros ou des saints les confesseurs de la foi : le canon tonna, les cloches sonnèrent à toutes volées, un salut d'actions de grâces réunit dans la cathédrale toutes les autorités religieuses, civiles et militaires. Ce fut un touchant et beau spectacle, et cependant n'y a-t-il pas quelque chose de plus touchant et de plus beau dans ces lignes admirables d'ardeur apostolique que Mgr de Saint-Martin écrivait aux directeurs du Séminaire :

« Je pense, Messieurs et très chers Confrères, qu'il est inutile de vous faire part de nos résolutions au sujet de la mission à laquelle vous nous avez attachés. *Non facio animam meam pretiosiorem quam me, dummodo consummem cursum meum et ministerium verbi.* Ma vie n'est pas plus précieuse que moi-même, il me suffit que j'achève ma course dans le ministère de la parole qui m'a été confié. » Il nous faut mourir en braves, l'Europe n'est pas un champ d'honneur pour un missionnaire dans les circonstances où nous nous trouvons, aussi sommes-nous décidés, M. Dufresse et moi, à tenter toutes les voies pour rentrer et nous le ferons s'il plaît à Dieu, quoiqu'il en coûte. » Les actes répondirent à ces fières paroles.

Après avoir été ramenés de Manille à Macao par une frégate française « *le Marquis de Castries* », commandée par Richery, les deux apôtres rentrèrent en Chine, et le 14 janvier 1789, ils se glissaient furtivement dans la ville de Tchen-tou.

Leur exil était fini, mais leur captivité n'avait pas passé inaperçue aux yeux du chef de la catholicité. Le Souverain Pontife, Pie VI, ne voulut pas laisser sans une parole d'estime, d'affection et d'encouragement les anciens prisonniers de Pékin, il leur adressa le bref suivant qui est l'honneur de la Société des Missions-Étrangères.

Réunissant dans un même souvenir les épreuves subies jadis par l'évêque d'Agathopolis, Mgr Pottier, et celles que son coadjuteur venait de supporter, le Saint-Père écrivait [1] :

« A nos vénérables frères, François, évêque d'Agathopolis, Vicaire apostolique du Su-tchuen, et Didier, évêque de Caradre, son coadjuteur,

« PIE VI, PAPE.

« Vénérables frères, salut,

« Nous avons été pénétrés de la plus vive douleur, lorsque nous avons reçu la nouvelle de la triste situation de vos affaires, et appris quelle violente persécution a éclaté contre les fidèles confiés à vos soins, pendant les années 1784 et 1785, ce que vous avez souffert vous-mêmes, nos Vénérables Frères, et comment l'un de vous, touché des maux extrêmes auxquels les fidèles étaient exposés à son occasion, s'est présenté lui-même au juge, qui l'a fait jeter dans les fers.

---

[1]. Le 24 mars 1787.

« Si nous avons gémi de voir renaître les anciennes persécutions, en vous voyant redonner à l'Église des exemples si éclatants de la force et de la constance des premiers confesseurs, nous avons été remplis de la consolation et de la joie la plus douce, et nous avons rendu de vives actions de grâces au Dieu dont la puissance vous a soutenus dans une si rude tempête, en inspirant aux autres le courage de vous imiter.

« C'est ce qui nous a engagés à vous adresser ces lettres, pour vous faire connaître par nous-mêmes le jugement honorable que le Siège apostolique et nous en particulier, nous avons porté de votre conduite et l'estime singulière que nous croyons due à vos mérites.

« La confession du nom de Jésus-Christ vous a exposés aux outrages et aux mauvais traitements ; vous avez été chargés de chaînes, jetés dans les prisons, et quoique votre martyre n'ait pas été consommé, nous vous dirons avec la même confiance, en nous servant des paroles de saint Cyprien, dans sa lettre à saint Luce, pape et martyr :

« Vous n'en avez pas moins acquis toute la gloire du martyre, semblables aux trois enfants qui échappèrent à la mort et sortirent pleins de vie de la fournaise ardente. Nous trouvons en vous la même constance à confesser votre foi, et des marques non moins sensibles de la protection du ciel. Vous étiez prêts à subir tous les supplices, mais le Seigneur vous a soustraits aux tourments, dans le dessein de vous réserver pour les besoins de son Église.

« Vous avez préparé les soldats au combat, non seulement par la force de vos exhortations, mais encore par l'exemple de votre foi et de votre courage. »

« Les éloges que nous vous adressons, nos Vénérables Frères, nous désirons que vous les rendiez aux autres missionnaires européens ou chinois, qui, réduits aux mêmes extrémités, ont fait éclater les mêmes vertus et acquis les mêmes mérites. Nous vous félicitons donc tous, avec toute la bienveillance dont nous sommes capables, de la victoire que vous venez de remporter. Nous vous embrassons dans le Seigneur, nous vous portons dans notre sein, nous donnons à vos actions les justes louanges qu'elles méritent aux yeux de Dieu. Nous demandons instamment à ce Dieu tout-puissant et à Notre-Seigneur Jésus-Christ, pour qui vous avez souffert, que les outrages, les emprisonnements, les exils auxquels vous avez été condamnés pour lui, semblables à une bonne semence qui produit d'excellents fruits, deviennent la cause de l'accroissement de son Église et de sa gloire. »

III

La sollicitude du Souverain Pontife s'était étendue sur un autre coin de terre où la Société des Missions-Étrangères avait toujours des vexations à subir. Macao, le siège de la procure générale des missions, jouissait rarement de la tranquillité désirée. Les événements religieux qui se passaient en Chine ne manquaient pas de s'y faire sentir. Les Chinois savaient pertinemment que les missionnaires qui pénétraient dans l'empire débarquaient à Macao, qu'ils possédaient dans cette ville des correspondants et des amis, c'était là un grand sujet de plainte du gouvernement impérial et principalement du vice-roi de Canton.

Les Portugais faisaient généralement bonne contenance et opposaient une fin de non-recevoir aux réclamations chinoises, mais ils se vengeaient de leurs services et de leurs craintes par des tracasseries mesquines envers les missionnaires et envers le procureur de la Société.

Le Séminaire était plus d'une fois intervenu dans le débat, essayant d'y intéresser le gouvernement français et s'adressant même au cabinet de Lisbonne.

En 1755, il remit plusieurs mémoires à l'ambassadeur portugais en France et les fit appuyer par le ministre des affaires étrangères. La cour de Portugal, à cette époque grandement occupée à réparer les désastres causés par le tremblement de terre de Lisbonne, ne répondit pas.

En 1760, le Séminaire renouvela ses démarches et n'eut guère plus de succès. Enfin, au mois de janvier 1779, il reprit les négociations, espérant que sa persévérance obtiendrait quelque résultat. Il ne se trompa pas : la reine de Portugal, à la demande de notre ministre des affaires étrangères, accorda aux missionnaires l'autorisation de résider à Macao et les plaça sous la protection spéciale du gouverneur.

Ce gouverneur était alors Don Mendoza, très hostile aux Français, il eut l'outrecuidance de tenir secrète la lettre de la reine et continua d'être malveillant envers les deux procureurs Steiner et Descourvières.

Cependant aucun gouverneur de la colonie, Don Mendoza lui-même, n'eût osé chasser les procureurs, encore moins les livrer aux Chinois, ce que ceux-ci ne se faisaient pas faute d'exiger dans leurs jours de colère.

Lorsque la persécution s'éleva en Chine en 1785, le vice-roi de Canton sut que M. Delpon était parti de Macao pour le Su-tchuen ; il envoya à son subordonné le mandarin de Casa-Branca, village situé près de la ville de Macao, l'ordre de s'assurer si le procureur des missions recevait des courriers du Su-tchuen. Le subordonné s'empressa d'obéir à son chef, il aposta des espions, pour s'informer combien on dépensait par jour de pain, de viande et d'autres provisions dans la maison du prêtre français.

Les espions furent-ils maladroits ou leurs ruses éventées ? Probablement, car leurs recherches ne fournirent aucun éclaircissement. Furieux de sa déconvenue, le mandarin fit arrêter le maître d'hôtel chinois du gouverneur et celui du consul de France, il retint même ce dernier en prison et menaça la ville de Macao tout entière, mais la bonne contenance des Portugais mit un terme à ses démonstrations belliqueuses.

Informé de l'inutilité de ces démarches, le vice-roi de Canton lui ordonna d'aller à Macao et de faire comparaître devant lui Pierre Tching, interprète du sénat, et Descourvières, Européen, procureur, demeurant à l'Hôtel brûlé, nom par lequel les Chinois désignaient la procure des Missions-Étrangères. Il devait s'assurer si Paul Tching, ancien domestique de cette maison, était véritablement mort de maladie; si M. Jean Steiner, prédécesseur de M. Descourvières, était retourné en Europe et enfin si Etienne Tang et Louis Lieou, les courriers de la mission du Su-tchuen, n'étaient pas cachés dans la ville. Le mandarin de Casa-Branca donna avis de ces ordres au commissaire de la ville de Macao, ajoutant qu'il se rendrait près de lui, le lendemain 27 juin.

Aussitôt prévenu, M. Descourvières prit connaissance de la lettre du mandarin. En la lisant, il fit une remarque qui dut amener un sourire sur ses lèvres. Dans ce factum, il n'était pas question de Descourvières, mais d'un certain Les-cou-vi. Quel était ce Les-cou-vi ? pour ceux qui connaissaient la langue chinoise et les amputations qu'elle fait subir aux noms européens, il n'était guère possible de douter que Les-cou-vi et Descourvières ne fussent un seul et même personnage. Le missionnaire le devina sans peine, mais il trouva bon de battre les Chinois avec leurs propres armes. Il répondit au gouverneur qu'il s'appelait Descourvières et non Les-cou-vi et que cette lettre ne le concernait pas. Le gouverneur transmit la réponse au mandarin qui, ne trouvant rien à répliquer, éclata en fureur et se répandit en menaces contre la colonie portugaise.

Le gouverneur crut-il au danger ou trouva-t-il l'occasion favorable pour répéter les déclamations de ses prédécesseurs contre les procureurs français et molester M. Descourvières, il serait assez difficile de le dire, toujours est-il qu'il lui enjoignit de ne plus sortir de sa maison, de ne recevoir aucun nouveau missionnaire et de n'avoir avec les Chinois chrétiens aucune relation. Cet ordre rendit la position extrêmement difficile, un incident pouvait l'aggraver encore ; afin d'éviter toute conséquence fâcheuse, M. Descourvières, sur le conseil de Mgr de Saint-Martin, quitta Macao à la fin de janvier 1786, et ayant été choisi pour député par la mission de Siam, il se rendit au Séminaire des Missions-Étrangères où il arriva en 1788, après avoir laissé la gérance de l'Hôtel brûlé à M. Letondal[1] qui devait y rester jusqu'en 1813.

Le jeune prêtre qui prenait cette difficile succession était à la hauteur de la situation : actif, industrieux, prévoyant, habile à se faire des amis et à se servir d'eux, sachant parler avec fermeté sans blesser personne malgré le ton quelquefois brusque de sa franchise, ne redoutant ni les responsabilités, ni les entreprises nouvelles, enthousiaste dans ses idées et froid dans ses calculs, M. Letondal jouera un rôle important pendant les périls que la Révolution française fera courir à la Société des Missions-Étrangères. Les circonstances lui viendront en aide, comme il arrive souvent aux hommes heureux qui ne doivent jamais toute leur fortune à eux-mêmes.

Grâce aux instances réitérées du Séminaire, M. de Vergennes et le maréchal de Castries avaient fait de

---

1. Du diocèse de Besançon, parti en 1785, mort le 17 novembre 1813.

nouvelles représentations au cabinet de Lisbonne, Pie VI avait adressé à la reine du Portugal une longue lettre pour recommander à sa haute protection le procureur de la Propagande et celui de la Société des Missions-Étrangères et la prier de donner des ordres formels à ses officiers[1] :

« Nous vous demandons, notre très chère fille en Jésus-Christ, de bien vouloir protéger de votre royale bonté les missionnaires que la Propagande envoie en Chine. Nous désirons vivement que vous donniez au gouverneur de Macao l'ordre pressant auquel il devra se soumettre, de permettre aux missionnaires de rester dans cette ville jusqu'à ce qu'ils aient trouvé le moyen de passer à Canton ou sur un autre point du littoral chinois. C'est pourquoi Nous vous prions de donner au gouverneur et au sénat de Macao des ordres pour que le procureur de la Propagande et le procureur du Séminaire des Missions-Étrangères puissent avoir dans cette ville un établissement stable, qu'ils puissent acheter ou bâtir une maison. Nous désirons qu'un exemplaire de vos ordres soit remis à l'un et à l'autre procureur ; ils le conserveront dans leurs archives et le présenteront aux gouverneurs de Macao, si par hasard ceux-ci manifestaient quelque hostilité. »

Ces démarches ne furent pas complètement inutiles, sans empêcher néanmoins les gouverneurs de faire sentir le poids de leur autorité.

En 1789, ils voulurent obliger M. Letondal à jurer qu'il n'aiderait pas à l'embarquement des missionnaires destinés à la Chine. Fort de son droit, le procureur fit cette réponse toute apostolique[2] :

« Il y a une excommunication portée contre ceux qui

---

1. Arch. M.-É., vol. 273, p. 430. — Juillet 1786.
2. Arch. M.-É., vol. 258, p. 547.

empêchent les missionnaires de parvenir à leurs missions, je suis chargé de leur procurer les moyens d'y entrer. J'eus agi contre les ordres tant de mes supérieurs ecclésiastiques que civils en promettant une pareille chose ans restriction. Je ne pourrais les empêcher ainsi qu'autant qu'il s'agirait d'une plus grande utilité pour notre œuvre, ou qu'il y aurait des dangers réels et non imaginaires de compromettre les intérêts des Missions elles-mêmes, du commerce national, d'attirer des affaires à la ville de Macao ou autres inconvénients. Mais il faudrait que ces dangers fussent examinés et jugés tels par des personnes prudentes et qui connussent parfaitement l'affaire. »

Les Portugais n'insistèrent pas, comprenant sans doute l'énormité de leurs prétentions, mais quelques mois plus tard, M. Grillet étant arrivé à Macao, l'aide de camp du gouverneur se présenta à la procure et signifia à M. Letondal cette décision [1] :

— Le missionnaire peut rester chez vous, vous pouvez le recevoir ; mais à condition que vous en répondrez et que vous serez dans le cas de le présenter lorsqu'on vous le demandera. S'il s'évade, souvenez-vous que vous serez envoyé où il devrait l'être lui-même.

Et comme M. Letondal écoutait sans répondre, l'aide de camp crut qu'il ne le comprenait pas et lui répéta la même chose jusqu'à sept fois. Impatienté, le procureur finit par lui dire : « C'est bon, c'est bon, je comprends bien ce que vous dites. »

Voyant ces menaces sans effet, le gouverneur accusa les procureurs et les missionnaires français d'être un obstacle au commerce européen avec la Chine.

La calomnie trouva une telle créance, qu'à l'île de France, les employés de la Compagnie voulurent empê-

---

1. Arch. M.-É., vol. 296, p. 555.

cher quatre missionnaires, de Retz [1], Rectinwald [2], Lepavec [3] et Ozanon [4], de continuer leur voyage. Plus au courant de la vérité des faits, le gouverneur, chevalier d'Entrecasteaux, ordonna aux capitaines de les prendre à leur bord.

On ne pouvait cependant rester sous le coup de ces calomnies : afin de les réfuter victorieusement, Letondal pria M. de Guignes, agent du roi à Canton, de rédiger son opinion sous forme de procès-verbal.

Cette pièce, datée du 6 novembre 1789, rend pleine justice aux missionnaires, en voici le texte [5] :

« Arrivé en Chine en 1784, j'ai été témoin de la persécution. Le commerce n'en a point souffert, et s'il devient de plus en plus difficile, il ne faut l'attribuer qu'à l'avidité des mandarins. L'entrée des missionnaires ne peut nuire au négoce européen, puisqu'elle se fait furtivement et qu'en outre les missionnaires ne partent point de Canton, mais de Macao, et avec toutes les précautions imaginables. Les procureurs sont intéressés les premiers à en prendre, puisqu'ils s'exposeraient s'ils étaient reconnus par les Chinois, pour introducteurs d'étrangers dans l'empire. Le commerce portugais n'ayant pas été gêné davantage, malgré la connaissance que les mandarins avaient que M. Tsaï, prêtre chinois, était à Macao et qu'il s'était sauvé de ce port, on ne peut attribuer à aucune crainte, pour les affaires mercantiles, les difficultés qu'a faites l'ancien gouverneur de Mendoza. Etait-il possible qu'un Portugais pût s'opposer à l'entrée de missionnaires dans un pays vaste, où il manquait des prêtres de sa nation ? J'attribue les mauvaises volontés

---

1. Du diocèse de Mende, parti en 1788, mort le 13 mars 1793.
2. Du diocèse de Metz, parti en 1788, mort le 7 novembre 1822.
3. Du diocèse de Vannes, parti en 1788, mort le 22 juin 1814.
4. De l'ancien diocèse de Châlons-s.-Saône, parti en 1788.
5. Arch. M.-É., vol. 296, p. 539.

qu'on a eues pour M. Letondal à la même cause que celles qu'on a toujours témoignées aux Français à Macao, même envers les vaisseaux de Sa Majesté, et depuis envers des navires marchands, même cette année, tel le vaisseau le *Moyse* de l'Ile de France. »

M. de Montigny et M. Desmoulins, agents généraux de la Compagnie à Canton, firent des déclarations analogues.

Ces lettres vengeaient le passé, elles ne garantissaient pas l'avenir ; envoyées à Paris, quel effet produiraient-elles ? et si même elles donnaient lieu à des ordres sévères du gouvernement portugais, ces ordres seraient-ils exécutés ? Letondal montra dans cette affaire un coup d'œil juste et une grande connaissance des hommes. Les métropoles, le Portugal et la France, étaient loin, mais les colonies étaient proches. Or, à la tête de quelques-unes d'entre elles, il y avait des officiers français, à qui le procureur avait déjà eu l'occasion de rendre service et qui ne redoutaient pas trop d'engager le drapeau de notre pays.

Il exposa la situation à d'Entrecasteaux et reçut de lui une lettre pleine de fermeté dont il pouvait faire usage comme d'une arme défensive.

« S'il était possible, y était-il dit [1], que le gouverneur portugais fût capable de refuser de recevoir à Macao des missionnaires munis d'ordres du roi pour s'y rendre, il serait important que ce refus incroyable fût constaté de la manière la plus authentique, afin que la cour de France pût dénoncer un fait aussi extraordinaire à la cour de Portugal, et demander la punition de ce gouverneur. » Je me garderai bien, ajoute M. Letondal, de produire cette pièce en temps de paix ; mais si j'avais à soutenir des assauts pareils à ceux de l'année dernière, je la montrerais, et il est à croire qu'elle serait le

---

1. Arch. M.-É., vol. 298, p. 557.

sujet d'une profonde méditation pour le gouverneur de Macao. »

La Société des Missions-Étrangères avait assez souvent essayé de rendre service à la France, pour qu'elle eût le droit de demander cet acte de bienveillance.

Toujours en effet, et en s'occupant principalement des choses du ciel, elle n'oubliait pas celles de la terre, gardait une vive reconnaissance à la France qui renforçait ses rangs et soutenait ses œuvres, et elle s'empressait de prouver ses sentiments dès que les circonstances étaient favorables, mais encore voulait-elle que l'intérêt supérieur des âmes fût uni à celui de la patrie. Mgr Pallu, Mgr Laneau, Mgr Bennetat et bien d'autres avaient donné ces exemples de patriotisme et de zèle religieux. Un grand évêque se préparait à les imiter.

IV

Nous avons raconté plus haut les troubles de la Cochinchine, nés de la révolte et des victoires des Tay-son, les relations de Mgr Pigneau de Behaine avec le Chua légitime, Nguyên-anh. Rien n'était changé; car la persévérance du prince à combattre et les secours qu'il avait obtenus des Siamois avaient laissé intacte la fortune des Tay-son.

Ces longues et sanglantes guerres avaient eu du retentissement en dehors des frontières d'Annam. Les Portugais de Macao, les Hollandais de Batavia, les Anglais de l'Inde avaient fait des offres de services au vaincu, puisque les vaincus sont les seuls qui achètent très cher les services. La France n'avait rien proposé, et sans doute elle ne voulait rien en Indo-Chine, abandonnant même ce qu'elle possédait ailleurs.

Mgr Pigneau de Behaine, obligé de quitter la Cochinchine, avait rencontré Nguyên-anh, fugitif comme lui, dans un îlot du golfe de Siam et avait été instruit des intentions des puissances étrangères ; il offrit au prince le secours de la France. Cette grave démarche de Mgr Pigneau était-elle raisonnable? était-elle apostolique? était-elle conforme aux instructions de Rome? L'amour de la patrie n'aveuglait-il pas l'évêque missionnaire, et ne compromettait-il pas son rôle d'évangélisateur? Cette question s'est posée bien des fois, et il n'est pas sans intérêt d'examiner les motifs qui déterminèrent Mgr d'Adran. Jetons donc un regard sur la situation religieuse et politique telle qu'il la vit et telle qu'elle était.

Les Tay-son, maîtres de la Haute-Cochinchine, étaient hostiles au catholicisme, et avaient publié plusieurs édits de persécution.

« Nous voulons, disaient-ils, que toutes les maisons consacrées au culte de Da-to (Jésus) soient détruites et employées à l'édification des grandes pagodes. »

Les mandarins avaient jeté en prison et fait battre de verges plusieurs missionnaires, ils avaient mis à mort le P. Odemilla.

« La religion des Tay-son est de n'en pas avoir, écrivait Mgr Labartette, coadjuteur de Mgr de Behaine : si leur règne dure longtemps, nous aurons bien de la peine à échapper de leurs mains. »

Le prince détrôné n'était pas chrétien, mais il traitait les catholiques avec bienveillance, il se montrait respectueux de leurs pratiques, il se faisait expliquer nos dogmes et semblait les admirer avec sincérité.

Le Vicaire apostolique devait évidemment sentir plus de sympathie pour le prince favorable au christianisme que pour les persécuteurs. D'autre part, il devait se ranger du côté de la France et contre les autres nations, non seulement parce qu'il était Français, mais parce qu'une intervention des autres puissances eut excité des complications religieuses de plus d'un genre.

Que les Anglais protestants ou les Hollandais calvinistes vinssent s'implanter en Cochinchine, et l'hérésie y pénétrait avec eux; que les Portugais y prissent pied, et toutes les difficultés d'autrefois, à peine aplanies, renaissaient plus inextricables et plus désastreuses.

Ces considérations, que nous résumons, fixèrent la volonté de l'évêque, son cœur était d'accord avec sa raison; c'était à la France qu'il devait s'adresser.

En termes chaleureux, il le dit à Nguyên-anh, il lui parla de la générosité française qu'il compara au mercantilisme anglais, à la dureté hollandaise ou à l'orgueil portugais, il mit dans ses paroles cette éloquence persuasive qui était une des qualités de sa riche nature.

Nguyên-anh fut convaincu, il confia à l'évêque d'Adran son jeune fils, le prince Canh, alors âgé de cinq ans et demi, avec le grand sceau du royaume de Cochinchine, pour l'accréditer auprès des ministres de Louis XVI, et le chargea de conclure en son nom un traité d'alliance avec le roi, et d'en obtenir des secours.

Le prélat partit aussitôt pour Malacca, où il arriva le 19 décembre 1784, et de là se rendit à Pondichéry; il y débarqua à la fin du mois de février 1785.

Le gouvernement de nos établissements dans les Indes était alors entre les mains d'un honorable et vieux militaire usé par de longs services coloniaux, Coutenceau des Algrains, brigadier des armées du roi, esprit sans élévation, sans initiative, et de plus irrésolu par caractère et timoré jusqu'à la pusillanimité dans les affaires d'ordre civil. Ainsi, du moins, le dépeint M. Alexis Faure qui a récemment étudié à fond le rôle politique de Mgr Pigneau [1].

---

1. Pigneau de Behaine, p. 55.

Précisément à ce moment-là, se trouvait à Pondichéry où il faisait sa tournée annuelle, le capitaine de vaisseau vicomte de Souillac, assez médiocre officier.

Mgr Pigneau entretint les deux commandants de ses projets. Ceux-ci lui déclarèrent qu'ils étaient irréalisables, et écrivirent en ce sens à Paris. A une époque où le ministère abandonnait notre colonie des Indes, se disait heureux d'être débarrassé du Canada, s'inclinait devant la supériorité maritime de l'Angleterre, il y avait bien des chances pour que les deux détracteurs du dessein de Mgr Pigneau fussent écoutés.

L'évêque le sentit et hésita à poursuivre lui-même l'affaire, il songea, comme nous l'apprend une lettre qu'il adressa au Séminaire des Missions-Étrangères, à envoyer le prince Canh et quelques mandarins avec un missionnaire pour leur servir d'interprète. Son hésitation avait encore pour cause des motifs d'ordre différent : nous avons dit un mot des accusations élevées contre sa prétendue ingérence dans les choses militaires, ces accusations s'étaient répétées plus fortement contre son intervention politique ; car dans cette question que Mgr d'Adran envisageait surtout au point de vue religieux, certains voulaient voir uniquement de la politique.

Leurs réflexions avaient été transmises à Rome, mais n'y avaient trouvé aucun écho, grâce principalement à une lettre du procureur de la Propagande à Macao.

Ce document fait trop d'honneur à celui qui l'a écrit, il justifie trop bien l'illustre accusé, pour que nous le passions sous silence[1].

« Vous avez sans doute été surpris d'apprendre la fuite des missionnaires européens de la Basse-Cochinchine, et l'on ne voit pas tout d'abord les raisons de cette fuite, les ennemis du roi n'étant pas nécessaire-

---

1. La Cochinchine. Rel., t. Ier, p. 412.

ment les ennemis de la religion. Pourquoi donc ont-ils uni leur sort à celui d'un pur païen? Il est vrai que ce prince est encore païen, mais il connaît la religion, il ne lui est pas opposé, il en reconnaît la vérité, il l'a toujours favorisée de tout son pouvoir, il a témoigné l'estime qu'il en fait par plusieurs marques d'honneur et d'amitié données aux ministres de cette sainte religion, particulièrement au Vicaire apostolique en sa qualité de chef des fidèles, et aussi à cause de sa parfaite connaissance de la langue annamite.

« Ces marques d'estime et d'amitié ont été si publiques, que les missionnaires européens qui habitent en ces contrées, sont regardés, en tous lieux et par tout le monde, comme les amis du roi, ce qui fait que les rebelles les poursuivent de la même haine que le roi de Cochinchine, comme on l'a bien vu dans ce qui est arrivé récemment au R. P. Ferdinand Odemilla. Les missionnaires ne pouvaient donc autrement se mettre en sûreté qu'en prenant la fuite à leur approche.

« Cette amitié du prince envers les missionnaires a produit encore un autre effet fâcheux. Beaucoup de personnes, ignorant les lois de la religion chrétienne et les vertus qu'elle fait observer, en voyant les missionnaires européens, dont ils connaissent la supériorité, honorés de la faveur royale, se sont imaginés et ont facilement fait croire à d'autres qu'ils sont les conseillers du prince. Il n'est pas rare, en effet, de voir dans les Indes des Européens ministres et conseillers des souverains du pays.

« Dans cette fausse persuasion, les ennemis du roi ont attribué aux missionnaires, et spécialement à l'évêque, qui tient le premier rang parmi eux, tout ce que ce prince a fait. Mais on peut opposer à cette persuasion du vulgaire non seulement les lettres que ledit Vicaire apostolique m'a écrites à ce sujet, et aussi celles qu'il a adressées à d'autres personnes, mais encore le témoignage de tous les missionnaires qui vivaient alors avec lui, ou non loin de lui.

« Il n'a pourtant pas manqué d'hommes pour noircir l'évêque par les calomnies les plus atroces, et cela avec de telles apparences de vérité, qu'ils ont trompé les plus sages et les plus saints personnages...

« Il se peut très bien que l'illustrissime évêque d'Adran, dans ses lettres à la Sacrée Congrégation, n'ait pas dit un mot de ces odieuses calomnies, sa conscience lui rendait le témoignage qu'il n'y a donné par sa faute aucun sujet; peut-être même ne se doute-t-il pas que ces bruits désavantageux contre lui sont allés au delà de quelques propos de table ou de salon; mais moi, qui ai fondement de croire que ces faussetés ont été portées, directement ou indirectement, à la Sacrée Congrégation, par devoir de charité et pour l'amour de la vérité, j'ai cru qu'il convenait d'exposer toute la vérité dans cette lettre. »

Les directeurs prirent également la défense de l'évêque incriminé. M. Boiret, procureur de la mission de Cochinchine, s'adressa au cardinal Antonelli pour lui exposer que Mgr d'Adran, ayant écrit plusieurs fois à la Propagande et n'en ayant reçu aucune réponse, s'était vu forcé de prendre lui-même une décision. Il ajoutait que le retour du Vicaire apostolique était motivé par de graves circonstances, et nullement contraire au règlement de la Société.

Cette double défense était bien faite pour rassurer Mgr Pigneau, d'autre part sa situation à Pondichéry s'était améliorée. De Souillac et Coutenceau avaient été relevés de leurs fonctions, le premier avait été remplacé par le capitaine de vaisseau d'Entrecasteaux et le second par Charpentier de Cossigny.

D'Entrecasteaux n'était pas seulement un ami des

missionnaires et un marin de premier ordre, c'était de plus un officier remarquable par la justesse de son esprit, par son intégrité et par l'étendue de ses vues en matière de politique coloniale ; il comprit qu'en l'état des affaires de l'Europe, il était urgent que la France prît, sans plus tarder, quelque forte position dans l'Extrême-Orient, afin de compenser les pertes qu'elle avait subies dans les Indes ; et la Cochinchine lui paraissait admirablement propre par sa situation et par ses ressources à atteindre le but qu'il était nécessaire de se proposer désormais.

Il fit partager ses vues à Cossigny ; seulement, il estima qu'on ne pouvait raisonnablement s'engager à fond, à Pondichéry, sans avoir le consentement et les ordres formels de la cour de Versailles. Il insista donc près de l'évêque, pour qu'il passât en France sans délai, pendant que lui-même continuerait sa campagne dans les mers d'Asie. Il résolut aussi d'expédier un bâtiment de la station, avec mission d'aller observer la partie des côtes de la Cochinchine que l'on avait spécialement en vue. Il désigna pour cette entreprise la flûte *le Marquis de Castries*, et il en donna le commandement à l'enseigne de vaisseau Richery en qui il avait une entière confiance. C'est ce même enseigne de vaisseau que nous avons vu conduire de Manille à Macao Mgr de Saint-Martin et M. Dufresse.

Après dix-huit mois de séjour à Pondichéry, Mgr d'Adran partit donc pour la France où il arriva au mois de février 1787, avec son royal élève et les mandarins que Nguyên-anh avait attachés à la suite de son fils.

De Lorient, il écrivit au ministre ses intentions et reçut du maréchal de Castries la réponse suivante, qu'il ne put certainement pas prendre pour un très chaud encouragement[1] :

---

1. Arch. M.-É., vol. 34, p. 291. Lettre datée du 14 février 1787.

« J'ai reçu, Monsieur, les lettres que vous m'avez fait l'honneur de m'écrire de Pondichéry, le 8 juillet 1785, de l'Ile de France, le 8 septembre 1786 et le 5 de ce mois de Lorient où vous êtes arrivé, avec le fils du roi de la Cochinchine, un de ses parents et trois gens de leur suite. Il eût été à désirer que vous n'eussiez pas pris le parti de les amener, avant d'être informé des intentions du roi, mais dans l'état où en sont les choses, vous pouvez vous rendre avec eux à Paris. J'en préviens le supérieur du Séminaire des Missions-Étrangères avec lesquels il est nécessaire que vous vous entendiez pour les logements. J'écris à M. Thévenard de vous procurer les secours dont vous pourrez avoir besoin.

« J'ai l'honneur d'être avec parfait attachement, Monsieur, votre très humble et très obéissant serviteur.

« DE CASTRIES. »

Les directeurs du Séminaire manifestèrent plus de sympathie pour son dessein : « Nous sommes heureux, lui dirent-ils, de savoir votre voyage, nous souhaitons qu'il ait tout le bon résultat que vous en espérez, nous prions pour qu'il en soit ainsi. »

V

L'arrivée à Paris de l'évêque d'Adran (février 1787) permit au gouvernement d'examiner en pleine connaissance de cause l'affaire de Cochinchine. Mgr Pigneau de Behaine avait trois illustres protecteurs à la cour : l'abbé Vermont, ancien précepteur de la reine ; Dillon, archevêque primat de Narbonne, et de Loménie de Brienne, archevêque de Toulouse, qui venait d'être promu contrôleur général des finances. Ces trois personnages obtinrent aisément une audience du roi pour le négociateur.

Cette audience, d'après des notes conservées aux affaires étrangères et au ministère de la marine, dut lui être donnée le 5 ou le 6 mai, en présence du comte de Montmorin, du maréchal de Castries et de quelques intimes du château.

Le discours que l'évêque tint au conseil a pu être reconstitué au moyen des notes prises personnellement par les deux ministres qui assistaient à l'audience. En voici le résumé[1] : « La position géographique de la Cochinchine est excellente au double point de vue commercial et militaire, à portée des colonies hollandaises, espagnoles et portugaises, sur la route de Chine ; la situation politique actuelle et les dispositions de Nguyên-anh facilitent beaucoup l'établissement de la France en ce pays. Les troupes devraient être envoyées de l'île de France, elles ne rencontreraient pas d'adversaires très redoutables. »

Les avantages commerciaux et militaires étaient décrits en ces termes :

« En résumé, un établissement français à la Cochinchine donnerait le moyen certain de contre-balancer la grande influence de la nation anglaise dans tous les gouvernements de l'Inde, en y paraissant avec des ressources plus assurées et des secours moins éloignés que ceux qu'on est obligé d'attendre d'Europe; de dominer dans toutes les mers de Chine et dans tous ses archipels; de se rendre maître, enfin, de tout le commerce dans cette partie du monde. Nous y aurions un endroit sûr pour retirer nos vaisseaux en cas de guerre, pour les radouber à peu de frais et même en construire de nouveaux.

« Cette position nous procurerait aussi des moyens faciles de ravitailler nos escadres et de fournir à nos colo-

---

1. *Pign. de Beh.*, p. 84, Faure.

nies de l'Océan indien et africain les objets de première nécessité.

« Et, alors nous aurions véritablement en mains les moyens efficaces, non seulement d'arrêter les Anglais dans les projets qu'ils ont de nous chasser de l'Inde, afin de s'étendre et de pousser leurs établissements dans toute la côte de l'est, mais encore de les faire trembler plus tard jusque dans le Bengale, qui est le siège principal de leur puissance, pourvu, toutefois, que cet établissement de Cochinchine fût compris et fait de la manière qu'il mérite d'être. »

« Ce discours, ajoute M. Faure, peut être livré sans commentaire à la méditation des hommes d'État et des militaires de notre temps qui se sont occupés, les uns de politique coloniale, les autres d'opérations de guerre dans l'Extrême-Orient. Ils y trouveront, à n'en pas douter, un esprit de sagesse qui leur a parfois manqué et que la nation, non sans justice, a eu raison de réclamer et d'exiger d'eux. L'historien qui compare et qui juge en dernier ressort constate que l'évêque d'Adran fut, en même temps qu'un patriote éclairé, un profond politique, et que, d'autre part, nos hommes d'État et nos militaires contemporains n'avaient qu'à s'éclairer du passé qu'ils ont eu le tort de trop négliger. »

L'éloquence simple et singulièrement précise de l'évêque d'Adran gagna la cour à la politique coloniale qu'il défendait. D'ailleurs, il ne négligea rien pour éclairer les ministres et les bureaux, leur remit plusieurs notes sur la composition des troupes, les approvisionnements, les moyens et les ports de débarquement.

Un rapport pour régler les mesures de détail fut immédiatement soumis au roi par le maréchal de Castries.

Les salons s'immiscèrent à leur façon dans la question coloniale. Tout était sujet de spectacle à la société légère de la fin du XVIIIe siècle, l'infortune, le bonheur, les petites et les grandes causes. Le prince Canh, enfant et proscrit, encore païen et arrivant des extrémités du monde, avait tout ce qu'il fallait pour toucher les âmes sensibles de l'époque, bientôt on se le disputa dans tous les salons de Versailles et de Paris. La mode souveraine s'en mêla ; le fameux Léonard, coiffeur de la reine, inventa pour les hommes la coiffure au prince royal de Cochinchine, et pour les élégantes de la cour, les chignons à la chinoise, qui firent fureur pendant toute la saison.

Aujourd'hui, on institue des fêtes de charité, et l'on danse avec d'autant plus d'entrain que les malheurs sont plus irrémédiables ; l'esprit français d'alors se prodiguait en petits vers, en couplets, en épithalames, en impromptus ; du salon à l'arrière-boutique, tout le monde rimait et chantait à propos de tout et à propos de rien ; voici quelques paroles d'une de ces compositions qui égayèrent pendant quelques jours :

> Commençons par l'illustre enfant,
> Que son sort est intéressant,
> Fait pour porter le diadème,
> On le voit assis parmi nous,
> Royal enfant, consolez-vous,
> Vous régnerez : Adran vous aime.
> Tôt, tôt, tôt,
> Il bat chaud,
> Tôt, tôt, tôt,
> Son courage
> Double, quand pour vous est l'ouvrage.

Nous connaissons cinq couplets de cette chevaleresque chanson, et nous ne demandons point pardon à nos lecteurs de ne pas les citer tous.

Des complications politiques, survenues en Europe, arrêtèrent les négociations de Mgr Pigneau.

La France et la Hollande s'étaient liées en 1785 par un traité qui pouvait en grande partie relever nos affaires coloniales compromises par la guerre d'Amérique. L'Angleterre, seule visée par ce traité, eut l'habileté de faire appel à la Prusse, et de la lancer contre la Hollande, qui, sur un prétexte futile, fut envahie en 1787. Notre gouvernement ne fit rien pour soutenir son allié, et le traité fut rompu. La ruine de notre alliance avec la Hollande eut pour première conséquence d'humilier la France devant l'Angleterre, qui dès lors exigea l'exécution pure et simple des conventions de 1783. Il est clair que dans de telles circonstances l'affaire de la Cochinchine devait sembler intempestive au ministère. De Montmorin n'y renonça pourtant pas ostensiblement, seulement tout en signant le traité, il paraît bien qu'il se promit de ne pas l'exécuter.

Par cette convention, la France s'engageait à envoyer des secours en Cochinchine, afin d'aider Nguyên-anh à reconquérir son trône. Ces secours devaient se composer du régiment alors en garnison aux îles de France et Bourbon, de 200 hommes d'artillerie, de 250 Cafres, de 2 pièces de 8, de 4 obusiers, 2 mortiers, d'une frégate, de 2 flûtes et de plusieurs transports. En échange, la France acquérait la propriété absolue du port de Tourane et de l'île de Poulo-Condor et le privilège de faire, à l'exclusion des autres nations européennes, le commerce avec la Cochinchine; la convention fut signée le 28 novembre 1787 par de Montmorin et par l'évêque d'Adran; le même jour, elle fut revêtue de la sanction royale.

A cette occasion, Mgr Pigneau ne reçut pas, comme on l'a dit, le titre de comte, mais seulement quelques cadeaux parmi lesquels une tabatière en or enrichie de brillants. Aimant à préciser toutes choses, il demanda qu'on déterminât les avantages que la France réclamerait au roi de Cochinchine, et l'indemnité à laquelle lui-même avait droit. Il fit passer au ministre des affaires étrangères le billet suivant[1] :

---

1. *Pign. de Beh.*, p. 127, Faure.

« L'évêque d'Adran a l'honneur de représenter au comte de Montmorin que, quoique l'expédition doive dépendre des circonstances et de la situation de nos affaires dans l'Inde, il paraîtrait cependant indispensable de statuer, provisoirement et dans le cas où il n'y aurait aucun obstacle, sur ce que la Cour demanderait alors du roi de Cochinchine, quels établissements elle voudrait faire dans son pays et combien de troupes et de vaisseaux on pourrait y employer, quel pourrait en être le commandant ? L'évêque d'Adran représente aussi à M. le comte de Montmorin qu'ayant dépensé beaucoup de son argent pour l'entretien du prince et de sa suite de quarante-trois personnes pendant son séjour de dix-huit mois à Pondichéry, pour les préparatifs de leur retour dans leur pays et pour le voyage du prince en France, il n'a plus aucune ressource pour les préparatifs d'un deuxième voyage, pour les relâches et autres besoins. Il prie M. le comte de Montmorin de vouloir bien lui obtenir du roi les secours nécessaires, ou pour le compte du roi de Cochinchine, ou à titre de gratification, de dédommagement.

« Pour les dépenses du prince à Paris, M. le maréchal de Castries a fait, en attendant, remettre au soussigné une somme de 4,000 écus. Le soussigné déclare aussi avoir dépensé, de ses fonds, au delà de 40,000 livres, en sus des sommes que lui avait remises le roi de Cochinchine, qui n'avait pas pu prévoir que son fils serait absent pendant si longtemps. »

La question financière fut réglée d'un commun accord, moyennant un versement de 30,000 livres fait à l'évêque avant son départ de Paris, par la caisse du ministère de la marine et des colonies. En ce qui concernait les troupes, les vaisseaux, les munitions, on jugea le traité du 28 novembre suffisamment explicite. Quant au commandement de l'expédition, il fut décidé qu'il serait dévolu, à défaut du général de Conway soit au colonel Custin, du régiment de l'Ile de France, soit au colonel de Fresnes, du régiment de Bourbon.

Pigneau de Behaine pouvait croire qu'il avait complètement réussi dans ses négociations et espérer qu'il avait bien servi la France et l'Église.

Avant de quitter Paris, il fit faire son portrait que nous avons sous les yeux, la peinture est médiocre, mais fort bien conservée, la figure du prélat est large et un peu longue, le front découvert, l'œil gris, clair et vif attire et domine, les lèvres assez minces semblent laisser passer une ironie entre deux sourires; ce qui frappe dans cette physionomie, c'est la dignité et la finesse.

Le séjour de l'évêque en France n'avait pas été inutile au recrutement des missionnaires de Cochinchine. Dès son arrivée, huit prêtres du Séminaire des Missions-Étrangères avaient été dirigés vers ce pays : Pocard[1], Lelaboussse[2], Le Blanc[3], Boisserand[4], Lavoué[5], Pillon[6], Tarin[7] et Grillet[8]. C'était, surtout en ce temps-là, un renfort considérable dont Mgr Pigneau espérait tirer le meilleur profit.

Puisque Nguyên-anh allait être replacé sur son trône par l'influence des missionnaires et par les forces de la France catholique, il affirmerait certainement ses sympathies pour la foi de ses protecteurs, tout au moins ne contrarierait-il pas leur action. Ces nouveaux ouvriers prêts aux travaux d'évangélisation, quand l'évêque arri-

---

1. Du diocèse de Vannes, parti en 1787, mort le 14 février 1790.
2. Du diocèse de Vannes, parti en 1787, mort en 1801.
3. De l'Ile-Bourbon, parti en 1787, mort le 4 mars 1791.
4. De Chalon-sur-Saône, parti en 1787, mort le 13 novembre 1797.
5. Du diocèse du Mans, parti en 1787, mort le 26 avril 1796.
6. Du diocèse de Coutances, parti en 1787, mort le 21 janvier 1791.
7. De Paris, parti en 1787, mort le 4 avril 1791.
8. Du diocèse de Besançon, parti en 1788, mort le 27 avril 1812.

verait, pourraient donc être lancés sur tous les points et recueillir la moisson blanchissante. Les calculs du Vicaire apostolique semblaient avoir toutes les garanties humaines d'exactitude; ils furent cependant en défaut.

VI

Lors de son voyage de Cochinchine en France, Mgr Pigneau avait été longtemps attardé à Pondichéry par la mauvaise volonté de Souillac et de Coutenceau, cette fois, il fut encore retenu dans cette même ville, non plus seulement par un gouverneur parlant en son nom et s'inspirant d'une injuste défiance, mais par le gouvernement français lui-même. On a bien des fois accusé de Conway[1] d'être le seul auteur responsable de l'échec définitif des démarches de Mgr Pigneau, il appert des documents nouvellement publiés que la responsabilité remonte plus haut et que de Conway comprit très bien les instructions de son ministre.

Ces instructions consistent en un mémoire du roi dont il n'y a rien à dire, hormis la confiance témoignée à de Conway, et en un autre document intitulé : « Instruction secrète et confidentielle pour le sieur de Conway seul », par le comte de Montmorin.

Dans cette pièce, le ministre affirme que Sa Majesté daigne abandonner au gouverneur de Pondichéry le pouvoir de procéder à l'expédition ou de surseoir à l'exécution de ses ordres, alors qu'il le jugerait plus convenable. ». Dans une seconde instruction, le ministre répète la même pensée en termes plus clairs, puis il ajoute une longue dissertation expliquant que l'état de l'Europe n'était nullement favorable à une semblable campagne.

1. Gouverneur de Pondichéry.

Une lettre, adressée sur le même sujet par de Montmorin à d'Entrecasteaux, se terminait ainsi : « Je vous prie de ne pas parler à l'évêque d'Adran de la liberté que le roi laisse à M. de Conway de suspendre ou de retarder l'expédition. » Il n'est pas besoin d'être très habitué à lire entre les lignes, pour deviner que le gouvernement français ne voulait pas aller en Cochinchine. Mgr Pigneau qui ignorait cette duplicité diplomatique fit, dès le lendemain de son arrivée à Pondichéry (mai 1788), visite au gouverneur et fut tout surpris de sa froideur et de ses objections lorsqu'il fut question de la Cochinchine. L'évêque était pressant, car il désirait au plus tôt quitter les Indes et atteindre les résultats qu'il se promettait de l'exécution du traité. De Conway tergiversait et ne cherchait qu'à gagner du temps. Pour y réussir, il considéra le traité de Versailles comme non avenu, remit tout en question, et ouvrit une nouvelle enquête qu'il dirigea de manière à la prolonger à son gré.

Tout d'abord, il s'érigea, lui et de Saint-Riveul, en conseil de guerre, et commanda à l'évêque d'Adran de comparaître.

En une seule séance qui eut lieu le 12 juin, l'affaire de Cochinchine fut examinée, débattue, sommairement jugée, et condamnée sans appel. Procès-verbal en fut dressé et envoyé au ministre. Ensuite, dans une lettre particulière, de Conway n'hésita pas à déclarer, sachant qu'il serait compris en haut lieu, qu'il n'y avait rien à gagner en ce pays-là, non plus du reste que dans toute l'Inde, « contrées malsaines, inhabitables, où il n'y a que de la misère, et qu'il n'est pas trop tôt d'abandonner aux Anglais qui s'en tireront comme ils pourront. Trinquemalé même n'offre aucune utilité dans le présent, ni dans l'avenir. Les Hollandais le possèdent, il est vrai, mais qu'ils le gardent et grand bien leur fasse. »

Cependant, l'évêque d'Adran, ayant en mains un traité en règle, persistait à en réclamer la prompte exécution ; et comme le temps se consumait en des conférences qui lui semblaient oiseuses, comme d'autre part, la saison favorable pour se rendre en Cochinchine pouvait se passer sans qu'on eût rien décidé, il prit le parti de mettre le général de Conway en demeure d'agir ou de s'expliquer catégoriquement. Il lui adressa dans ce but une longue lettre dont voici la conclusion[1] :

« En deux mots, Monsieur le comte, et pour donner à cette lettre toute la clarté qu'elle demande, l'expédition est possible cette année, si on peut partir d'ici avant le 15 juillet. Quoi qu'il arrive, elle ne peut manquer que par des accidents communs à tous les temps. D'un autre côté, on ne peut nier que, s'il y a des inconvénients à la remettre à l'année prochaine, il y aurait aussi l'avantage de pouvoir, avec de la bonne volonté, y mettre plus de sûreté dans les moyens, et surtout procurer plus de motifs de confiance à ceux qui doivent en être chargés.

« J'ai l'honneur de vous déclarer que, pour ce qui me regarde, je suis également disposé à l'un ou à l'autre parti. Mais si, de votre côté, vous croyiez avoir des raisons assez fortes pour rejeter également les deux partis, il ne me reste alors qu'à vous en proposer un troisième, qui serait de me donner deux bâtiments, dont l'un serait destiné à reconduire le prince et sa suite où ils doivent être, et l'autre de me reporter en France.

« Pour votre gloire, Monsieur le comte, reprenez l'énergie dont vous avez donné partout tant de preuves, et décidez-vous. Rappelez-vous surtout ce que vous disiez à Paris de ce projet, et faites attention que depuis, rien de solide n'a pu changer vos résolutions. Méprisez des

1. *Pign. de Beh.*, p. 155, Faure.

conseils qui, sous le voile de la prudence, cachent la plus grande faiblesse. Enfin, montrez à la cour, qui l'attend de vous, qu'à la maturité des réflexions vous avez su réunir la noblesse, la force et le courage dans l'exécution. »

Le général de Conway riposta qu'il se conformerait à « ses instructions ou obligations qui lui étaient imposées ».

« Pour nous qui connaissons les instructions secrètes du comte de Montmorin[1], dit M. Faure, la polémique entre l'évêque d'Adran et le général de Conway roule sur une équivoque. L'évêque croit que les ordres du roi prescrivent à de Conway de procéder à l'expédition, hors le cas seul où une puissance étrangère nous aurait devancés en Cochinchine, et il s'attache à démontrer que ce cas-là n'existe pas, que l'état de choses n'a pas changé depuis la signature du traité. Il ne s'explique donc pas, il ne peut pas s'expliquer les tergiversations, les faux-fuyants du général de Conway, butté à des instructions qu'il invoque sans cesse.

« En sorte que l'un et l'autre, pour sortir de l'impasse où ils se trouvaient engagés, prirent la résolution d'en déférer, chacun de son côté, et bien entendu à l'insu l'un de l'autre, au ministre qui avait embrouillé à dessein les choses.

« C'était, dans la pensée du Vicaire apostolique, l'ajournement de l'expédition à un an, tandis que pour le général de Conway, c'en était virtuellement l'abandon. »

Pendant que les lettres de l'évêque et du gouverneur partaient pour la France, une autre intervention entra en ligne : celle de l'Angleterre. Les Anglais avaient offert des secours à Nguyên-anh qui les avait refusés, ils ne

---

1. *Pig. de Beh.*, p. 159.

réitérèrent pas leurs propositions, mais ils suivirent attentivement les négociations de l'évêque d'Adran en France et à Pondichéry.

Connurent-ils ou devinèrent-ils les instructions du gouvernement à de Conway? Spéculèrent-ils sur la fatigue, le découragement, l'indignation que la conduite de Conway et ses tergiversations devaient produire sur Mgr Pigneau; en tous cas, ils lui firent porter des propositions dont l'évêque parlait en ces termes au Séminaire des Missions-Étrangères, dans une lettre en date de Pondichéry, 8 juin 1789 :

« Si j'avais été assez peu patriote pour me laisser guider par l'humeur, il n'y a pas encore quinze jours que j'aurais pu profiter des offres que les Anglais me faisaient. Je suis bien éloigné de tenir une pareille conduite. »

Les propositions, dont il n'est ici question qu'en général, sont spécifiées dans une lettre de M. Tarin, missionnaire de Cochinchine :

« Les Anglais firent offrir secrètement leurs services à Mgr d'Adran, avec tous les avantages qu'il voudrait. Ils lui offrirent pour lui-même 100,000 pièces d'or, qui valent chacune 9 livres de notre monnaie... Il répondit qu'il ne pouvait, au préjudice de sa nation, accepter de tels services. »

Le patriotisme de l'évêque était de bonne marque, il est tout à son honneur et à celui de la Société, mais en dehors de ce très légitime sentiment qui était à lui seul une raison, Pigneau de Behaine ne pouvait en conscience introduire des protestants sur la terre de Cochinchine, qu'il voulait conquérir à Jésus-Christ et à l'Église catholique; les ouvertures des Anglais étaient donc condamnées à échouer devant un double et infranchissable obstacle.

Que se passait-il à Versailles, pendant que Mgr d'Adran

et le général de Conway étaient aux prises à Pondichéry ?

Comme on avait reçu leurs lettres respectives, fort pressantes, une résolution s'imposait, on la prit, mais sans vouloir la divulguer.

Le 4 octobre 1788, dans une séance du conseil d'État présidée par le roi, de la Luzerne donna lecture de la correspondance du général et dans une note écrite en marge, il indiqua les résolutions prises [1].

Voici textuellement cette note :

« Le roi a trouvé la conduite de Conway très conforme aux ordres qu'il a reçus, et à ceux qui lui ont été envoyés. »

Ce laconisme suffit, il prouve bien que la responsabilité de l'insuccès de l'expédition de Cochinchine remonte au gouvernement dont le général de Conway fut le très obéissant serviteur.

Un mémoire du général de la Luzerne approuvé par le roi le 16 novembre 1788, accentua et expliqua cette note.

L'évêque d'Adran n'avait plus rien à faire à Pondichéry, il était abandonné par la France. Il ne faiblit pas sous ce coup qui dut cependant lui être rude ; s'il n'avait poursuivi qu'un but purement humain, peut-être aurait-il reculé, mais il avait en vue le salut des âmes, la grandeur et l'extension de l'Église de Cochinchine, il marcha de l'avant et c'est là assurément un des plus beaux moments de sa carrière, illuminée de persévérance, de foi et de patriotisme.

Il avait eu pendant son voyage de longs entretiens avec les officiers de son navire, avec les négociants des îles de France et Bourbon ; à Pondichéry, il s'abou-

---

[1]. *Pign. de Béh.*, p. 183., Faure. Nous avons également lu cette note dans les archives de la marine, sur la pièce dont parle M. Faure.

cha avec les principaux commerçants de cette ville, il fit partager à tous ses convictions généreuses et trouva ainsi des hommes et des ressources.

Il s'embarqua sur la frégate la *Méduse*, commandée par le capitaine de vaisseau de Rosilly.

Il n'emmenait pas avec lui tous les officiers et tous les soldats qui se dévouèrent à dégager la parole de la France; beaucoup d'entre eux furent recrutés en route, à Manille, à Malacca, à Macao, mais tous étaient Français. Les principaux furent : Chaigneau, Vannier, de Forçant, Ollivier, Lebrun, Barisy, Girard de l'Isle Sellé, Guillon, Guillous, Magon, de Medine, Tardivet, Despiaux, Malespine.

Au mois de mars 1789, ils arrivèrent en Cochinchine.

Quatre ans s'étaient écoulés depuis que Pigneau de Behaine avait quitté son protégé Nguyên-anh. Qu'avait fait ce dernier, et en quel état se trouvaient ses affaires?

VII

Des événements importants étaient survenus, nous les résumons pour donner une idée plus claire de la situation des prêtres des Missions-Étrangères et de leurs chrétiens dans l'Indo-Chine orientale.

Les Tay-son, maîtres de la Cochinchine, avaient conquis le Tonkin, puis ils s'étaient mis en règle avec la Chine, qui, à l'appel du roi Lê-chiêu-thông, avait argué d'un droit fort hypothétique de suzeraineté pour arrêter les conquêtes du chef Tay-son, Long-nhuong.

Mais ce dernier avait donné de grosses sommes au viceroi du Yun-nan, qui avait protesté des bonnes intentions des rebelles, il avait envoyé de riches présents à la cour de Pékin, et ses droits avaient été reconnus. L'or avait tout arrangé, c'est un agent bien supérieur aux diplomates de carrière.

L'empereur avait déclaré que, dans le fait même de l'échec de Lê-chiêu-thong, dans la perte du sceau royal et des lettres d'investiture, il y avait une preuve certaine que le ciel s'était prononcé contre la famille Lê, qui désormais ne pourrait plus régner.

L'arrêt impérial a été confirmé par les événements; la dynastie des Lê s'est éteinte sans reconquérir le trône, elle avait duré 361 ans et donné 27 rois à l'Annam.

C'est sous l'un de ses rois, Lê-thân, que le christianisme s'implanta définitivement dans l'Indo-Chine orientale, il y fut tantôt assez favorablement traité, tantôt proscrit, jamais franchement accueilli, moins encore ouvertement protégé, mais il serait injuste de faire porter la responsabilité directe de cet état de choses aux Lê dont la puissance était déjà, à cette époque, complètement absorbée par celle des Nguyên en Cochinchine et des Trinh au Tonkin.

Vigoureuse à ses origines, cette race s'affaiblit peu à peu et se laissa dominer; enfin, après avoir perdu tout pouvoir et tout prestige, l'exil seul lui resta. C'est trop souvent le sort des dynasties qui tombent; la terre, qui a vu leur grandeur, ne semble pouvoir supporter leur infortune; on dirait que pour s'endormir du grand sommeil de la mort, et disparaître de la scène du monde, où elles ont joué le premier rôle, elles ont besoin d'être loin du théâtre de leur gloire, au milieu des solitudes d'une contrée étrangère. Pour seule consolation, la Providence, qui semble les rejeter, leur permet de mourir en s'enveloppant dans les plis de leur drapeau, tenu par quelques partisans toujours rares de l'infortune et du malheur.

Le nom des Lê est néanmoins resté sympathique en

Annam, parmi les chrétiens aussi bien que parmi les païens, et pendant longtemps, on a eu des raisons graves de croire qu'une restauration de cette vieille dynastie serait acceptée avec faveur par le peuple. Nous verrons en des années très proches de nous, de 1858 à 1862, un Annamite chrétien, se disant descendant des Lê, revendiquer le trône, grouper autour de lui de nombreux partisans et mettre le roi Tu-duc à deux doigts de sa perte. Mais n'anticipons pas sur les événements.

Pendant que les Tay-son étaient victorieux dans le nord, ils étaient battus dans le sud. Nguyên-anh, avec l'obstination qui le distingua toute sa vie, était revenu à la charge après le départ de Mgr Pigneau, il avait fini par être vainqueur, et lors du débarquement des Français, il possédait Saïgon et presque toute la Basse-Cochinchine.

Aussitôt arrivé, l'évêque profita de ces succès qui lui assuraient la liberté dans une grande partie de son Vicariat, pour distribuer à ses jeunes collaborateurs leurs postes de combat : Boisserand, licencié en théologie et homme d'étude, fut placé au séminaire à la demande même du roi, Leblanc fut envoyé avec Grillet chez les sauvages dont la mission était abandonnée depuis la mort de M. Faulet en 1782. Ce second essai ne réussit pas mieux que le premier ; les sauvages montrèrent la plus grande indifférence pour la religion ; de plus, au bout de deux mois, les deux missionnaires tombèrent malades ; Leblanc fut emporté par la fièvre des bois, Grillet faillit le suivre dans la tombe, et Tarin qui s'était dévoué pour les assister, fut atteint par la même maladie et mourut quelques semaines plus tard. La mission des sauvages demeura ainsi interrompue jusqu'en 1842, époque où Mgr Cuenot fit une tentative qui coûta bien cher, mais fut plus heureuse que les précédentes.

Pocard et Pillon, restés en Cochinchine, tombèrent malades et moururent en 1791; les deux derniers, Lavoué et Lelabousse, tentèrent inutilement d'aller rejoindre Mgr Labartette en Haute-Cochinchine, ils trouvèrent le chemin barré par les rebelles et revinrent aux environs de Saïgon où le travail ne leur manqua pas. A ce moment, les missionnaires fondaient de grandes espérances sur le prince annamite qui, d'ailleurs, par plusieurs de ses actes et de ses paroles, semblait les encourager. Volontiers, en effet, Nguyên-anh parlait du catholicisme et en faisait l'apologie; un jour qu'il s'entretenait familièrement avec les principaux de sa cour, il leur dit : « Voici un raisonnement qui me paraît bien plausible : Les Européens sont infiniment au-dessus de nous, sous tous les rapports; ils nous surpassent dans l'art de la guerre, dans la navigation, l'astronomie, la physique, le gouvernement, la politique et tous les arts. Nous ne sommes en différend avec eux que sur l'article de la religion; serait-il donc possible que ce point fût le seul sur lequel des gens éclairés se laissassent aveugler? C'est un sujet d'un si grand intérêt! Il n'est pas possible qu'ils ne l'aient examiné mieux que nous, car après tout, ils connaissent notre religion à fond, et nous ne connaissons pas la leur. »

Jetées ainsi dans le public, intentionnellement ou non, ces paroles étaient commentées avec aigreur par les uns, avec espérance par les autres. Les mandarins accusaient le prince de « se faire étranger »; quelques missionnaires rêvaient d'un nouveau Constantin, envisageaient l'avenir sous les plus brillantes couleurs, et voyaient déjà Nguyên-anh, vainqueur des Tayson, roi de tout l'Annam prosterné avec ses sujets aux pieds de la Croix conquérante et suzeraine; leur rêve emporté par le zèle montant plus haut, croyait que, grâce à ce puissant exemple, l'influence du christianisme s'étendrait rapidement non seulement en Cochinchine, au Tonkin, mais encore dans tout l'Extrême-Orient.

Dans la Haute-Cochinchine, gouvernée par le Tay-son Nhac, les missionnaires étaient loin de jouir de la même tranquillité.

« Ici, disait M. Doussain [1], nos maux sont des plus grands, et, à ce que je vois, nous ne touchons pas encore à la fin. Depuis deux mois, les choses sont dans la plus grande fermentation. Le rebelle du Phu-xuan [2] fait les plus grands préparatifs. Il fait venir du Tonkin un nombre considérable de troupes, et à Phu-xuan, tout le monde est en exercice. Dans le courant de 1789, on a mis nos chrétiens à une contribution de dix mille livres de cuivre, pour fondre des canons qui sont énormes. »

De son côté, le coadjuteur de Mgr Pigneau, Mgr Labartette, donnait sur la situation religieuse, cette note attristante.

« Quoiqu'il n'y ait point encore eu d'édit contre la religion, l'état des chrétiens est pire que durant une persécution. »

Les choses n'étaient pas en meilleur état dans le Dinh-cat où travaillait M. Longer, qui écrivait, en date du 14 avril 1790 : « Depuis la destruction de tous nos oratoires, et les guerres presque continuelles que les rebelles de Cochinchine ont portées de tous côtés, nos pauvres chrétiens ont beaucoup souffert, et sont réduits à un petit nombre. Il a péri plus de la moitié des hommes, et le reste a été vexé de la manière la plus horrible. Ajoutez que la peste a fait aussi de grands ravages. Il y a des chrétientés où ce fléau a fait périr plus de cent personnes, depuis l'année dernière. »

---

1. Du diocèse d'Angers, parti en 1781, mort le 14 décembre 1809.
2. Hué.

Quelques mois encore, et M. Longer, nommé Vicaire apostolique du Tonkin occidental, allait trouver une situation moins intolérable. Le Tay-son qui régnait à Ha-noi fut, en effet, mieux inspiré que ses compagnons d'armes; comprenant bien que toute querelle religieuse lui créerait des embarras et diminuerait le nombre de ses partisans, il refusa de persécuter les chrétiens.

« Parmi tant de sujets d'affliction et d'amertume, nous n'avons pas été sans consolation, écrira alors l'évêque.

« 1° La divine Providence a préservé notre collège général de Ke-vinh, les résidences ordinaires des missionnaires européens, et la plupart des maisons des prêtres du pays.

« 2° Beaucoup de chrétiens, engagés dans les superstitions de leurs villages, sont venus à bout de s'en débarrasser; ils observent la religion avec joie, et édifient leurs frères.

« 3° Quantité de gentils, voyant le mépris où sont tombés les dieux et les génies tutélaires, paraissent ébranlés, et moins éloignés du christianisme; de sorte que, ces deux dernières années, si le nombre des adultes baptisés n'a été que d'environ neuf cents dans ce Vicariat, on ne doit l'attribuer qu'à l'impossibilité morale où l'on était d'aller les exhorter et de les instruire. »

Cependant, les idées de sagesse et de modération du Tay-son de Ha-noi ne suffisaient pas à arrêter les brigandages inséparables de toute révolution et dont les chrétiens étaient souvent victimes; les églises étaien pillées, les missionnaires arrêtés et dépouillés pouvaient à peine se hasarder la nuit à aller administrer leurs vastes districts; les païens n'étaient pas beaucoup plus épargnés; afin de pouvoir préserver eux et leurs villages, ils firent avec les chrétiens une alliance défensive contre les pirates. Leur bonne volonté n'empêcha pas M. Lamothe de tomber entre les mains des maraudeurs qui lui enlevèrent ses vêtements et tout ce qu'il emportait avec lui. Plus heureux, Sérard et Lepavec réussirent à leur échapper.

Le Tonkin, moins troublé que la Haute-Cochinchine, était donc loin de jouir de la paix. Lebreton[1] succomba aux fatigues de cette existence agitée, Roux[2] et Thiébaud[3] le suivirent dans la tombe.

Malgré ces pertes multipliées, malgré les obstacles que lui opposaient les gouvernements, représentés par des souverains légitimes ou par des usurpateurs, la Société des Missions-Étrangères non seulement soutenait son œuvre, mais encore elle la faisait prospérer.

La période de son histoire qui va de 1773 à 1790, est caractérisée par des progrès importants : accroissements des missions par l'adjonction de Pondichéry, augmentation du nombre des ouvriers apostoliques, explication plus précise et plus nette du règlement que confirment de nouvelles Lettres patentes, redoublement d'activité et de succès dans l'organisation de la mission du Su-tchuen en particulier, dans la fondation des œuvres de charité et d'enseignement, dans la publication de livres de doctrine et de controverse, persévérance dans la vocation et dans l'amour des missions prouvée par la conduite intrépide de Garnault et de Coudé à Siam, de de Saint-Martin et de Dufresse en Chine; ténacité et ardeur dans les tentatives d'évangélisation des sauvages et du Laos que multiplient les missionnaires du Tonkin et de la Cochinchine, hauteur de vues religieuses et patriotiques dont Mgr Pigneau de Behaine est un frappant exemple, et enfin courage éminent des confesseurs de la foi avec Delpon et Devaut mourant dans les prisons de Pékin.

1. Du diocèse d'Avranches, parti en 1774, mort le 27 août 1789.
2. Du diocèse de Viviers, parti en 1785, mort le 30 octobre 1790.
3. Du diocèse de Besançon, parti en 1765, mort le 11 février 1790.

Telle se présente la Société tout entière livrée à ses travaux et à l'élan renouvelé qui l'emporte à la conquête des âmes. Hélas! de sombres nuages s'amoncelaient, et bientôt allait éclater sur sa tête un terrible orage, dont elle devait être avec beaucoup d'autres l'innocente victime.

CHAPITRE VI

1789-1795

I. La Société des Missions-Étrangères pendant la Révolution. — Les directeurs du Séminaire. — Secours aux Lazaristes. — Perte de la dîme. — Correspondance avec le cardinal Antonelli. — II. Inventaire des biens du Séminaire. — Mémoires du Séminaire à l'Assemblée nationale. — Les directeurs refusent le serment à la Constitution civile. — III. Départ pour Rome de Boiret et de Descourvières. — Les émeutiers au Séminaire. — Dispersion des directeurs. — Continuation de leurs travaux. — IV. Précautions des directeurs, leurs lettres. — La municipalité prend possession du Séminaire et le loue. — V. La Révolution française dans les Indes. — Mgr Champenois quitte Pondichéry. — VI. Prise de Pondichéry par les Anglais. — Tristesses et inquiétudes des missionnaires. — Mort de missionnaires et d'évêques. — Mgr Brigot. — Mgr Pottier. — VII. Difficultés d'envoyer de nouveaux missionnaires. — Démarches de M. Chaumont. — Appel de M. Barreau aux prêtres exilés de France.

I

« Dans la nuit du 14 au 15 juillet 1789, le duc de la Rochefoucauld-Liancourt fit réveiller Louis XVI, pour lui annoncer la prise de la Bastille. — C'est donc une révolte, dit le roi. — Sire, répondit le duc, c'est une révolution [1]. » C'était, en effet, le début de cette grande et terrible phase de l'histoire de France. La Révolution était dans les esprits depuis longtemps avant de passer dans les faits. Bien des causes l'avaient préparée. Le philosophisme avait fait entrer dans le cœur d'une grande partie de la noblesse l'incrédulité et le mépris

---

1. Taine, la *Révolution*, p. 1.

de l'Église, ouvert les digues au torrent des convoitises brutales de la bourgeoisie, fait briller aux yeux de la foule le mirage de la participation aux richesses et aux jouissances des privilégiés. Le Jansénisme n'avait pas été sans détacher de Rome une partie du clergé. La domination des commendataires opulents ou des évêques plus occupés des affaires de la cour que de leur diocèse avait suscité bien des abus et aigri bien des cœurs. D'autres causes prochaines amenèrent les premiers excès, qui ne furent que de légers troubles en comparaison de ceux que réservait l'avenir.

La Société des Missions-Étrangères, comme toutes les Sociétés religieuses, subit la tempête, elle eut les directeurs de son Séminaire chassés, plusieurs de ses missionnaires emprisonnés, ses biens spoliés. Sans doute elle n'avait pas plus de droits que les autres Sociétés à la protection ou à la préservation; par certains côtés, cependant, elle en avait de particuliers. Elle était composée de Français, elle avait son administration centrale en France, elle avait rendu à la France commerciale et coloniale de précieux services. Mais les hommes de la Révolution faisaient taire leur patriotisme, quand ils en avaient, pour n'écouter que la voix de la haine antireligieuse, et ils frappèrent la Société sans s'occuper de son organisation ni de ses services. Il faut dire néanmoins que, au début, ils comprirent en plusieurs cas qu'elle ne pouvait être assimilée aux Congrégations religieuses ou ecclésiastiques ordinaires, et qu'ils l'exceptèrent des premiers décrets de proscription et de spoliation. Cette justice relative ne fut que passagère, et la Société fut dépouillée et frappée sans merci.

Ces malheurs firent éclater sa vitalité et la protection divine qui s'étendait sur elle; malgré cette terrible secousse qui dispersa les membres de son conseil d'administration, elle demeura toujours unie et toujours travaillant à l'évangélisation des infidèles. Les coups qu'elle eut à supporter furent dirigés principalement contre le Séminaire, et c'est aux directeurs que revient l'honneur d'avoir guéri les blessures par leur persévérance et leur habileté.

A cette époque, ils étaient au nombre de neuf : cinq directeurs perpétuels : M. Hody[1], ancien supérieur du séminaire d'Arles, reçu directeur le 18 août 1751, élu quatre fois supérieur du Séminaire des Missions-Étrangères. Il fut le seizième supérieur et le dernier avant la Révolution.

M. Bramany[2], nommé directeur le 14 mai 1752. Ni les menaces, ni les persécutions ne pourront vaincre son attachement pour le Séminaire, où il demeurera jusqu'à sa mort en 1793.

M. de Beyries[3], reçu directeur le 5 août 1761, élu supérieur le 13 janvier 1783, réélu le 17 juillet 1786.

M. Alary, le premier missionnaire revenu en France en qualité de directeur perpétuel ; il enseignait la théologie aux aspirants des Missions.

M. Bilhère[4], supérieur pendant 26 ans d'une petite Congrégation de prêtres établis au Mont-Valérien, élu directeur le 9 janvier 1789, s'occupait de l'économat. C'est lui qui, pendant la Révolution, veillera sur le Séminaire, le rachètera et plus tard sollicitera son rétablissement.

Les directeurs procureurs étaient au nombre de quatre : M. Boiret, né à la Flèche, parti pour l'Extrême-Orient en 1760, député par la mission de Cochinchine en 1773 ; en 1789, il était chargé de la recette du Séminaire.

1. Du diocèse de Bayonne, mort le 12 octobre 1796.
2. Du diocèse d'Embrun, mort le 23 février 1793.
3. Du diocèse d'Aire, mort le 28 janvier 1793.
4. Du diocèse d'Aire, mort le 9 mars 1809.

M. Chaumont[1], missionnaire au Fokien pendant onze ans, revenu en 1787 comme procureur des missions de Chine.

M. Blandin, missionnaire de 1778 à 1787 au Tonkin, dont il était le procureur au Séminaire.

M. Descourvières, ancien missionnaire au Congo, ancien procureur à Macao, député de la mission de Siam en 1788.

Le fait qui ouvre l'histoire du Séminaire pendant la période révolutionnaire est l'élection que les directeurs font d'un représentant, pour prendre part aux travaux de l'assemblée ecclésiastique, chargée de nommer des députés aux États généraux. Ils choisirent M. de Beyries, « lui donnant les pouvoirs requis et nécessaires à l'effet de les représenter, comme aussi les pouvoirs généraux et suffisants de proposer, remontrer, aviser et consentir à tout ce qui peut concerner les besoins de l'État. »

Pendant les journées de Juillet signalées par les meurtres de Delaunay et de Flesselles, quelques couvents eurent à souffrir des dommages plus ou moins graves. Placé entre cour et jardin, caché par plusieurs maisons, le Séminaire eut la bonne fortune de passer inaperçu ; cette situation privilégiée lui permit d'être généreux envers ceux qui avaient été éprouvés ; et le procès-verbal du conseil des directeurs, tenu le lundi 3 août 1789, contient cette déclaration[2] :

« M. le supérieur a dit que Messieurs de Saint-Lazare ont souffert des dommages très considérables par les dégâts qui ont été faits, dans leur maison, pendant ces derniers jours de trouble et qu'il paraîtrait très à propos et convenable de leur accorder quelques se-

---

1. Du diocèse de Rouen, parti en 1776, mort le 25 août 1819.
2. Arch. M.-É., vol. 81, p. 47.

cours, en témoignage de notre sensibilité aux maux qu'ils ont essuyés et aussi de notre reconnaissance pour la bonté avec laquelle ils accueillent et traitent, en toute occasion, nos missionnaires ; sur quoi la communauté, pénétrée de ces sentiments, a arrêté que M. Hody remettra douze cents livres à M. de Beyries, supérieur qui voudra bien se charger de faire parvenir ladite somme à M. le supérieur ou procureur de Saint-Lazare. »

Le Séminaire eut bientôt à supporter de plus rudes blessures que celles qu'il aidait à guérir.

L'Assemblée constituante le frappa en même temps qu'elle frappa tout le clergé de France. A la suite des discussions des 10 et 11 août 1789, un décret régularisa les articles arrêtés dans la nuit du 4 août, et ordonna la suppression de la dîme, sans rachat, ce qui faisait perdre au Séminaire 12 à 13,000 livres de revenu.

Cette mesure odieuse n'était que le prélude et l'annonce de persécutions plus violentes. Les directeurs le comprirent, et loin de partager les illusions d'hommes qui, inconscients du danger et confiants dans l'avenir, continuaient à vivre sans voir l'abîme ouvert sous leurs pas, ils songèrent aux moyens de préserver leur œuvre.

Quelques semaines après la rentrée de Louis XVI à Paris, au lendemain du jour où Talleyrand avait lu, à l'Assemblée, un long rapport concluant à la spoliation complète du clergé, Boiret écrivit au cardinal Antonelli, préfet de la Propagande, pour lui exposer en termes généraux la situation politique, les craintes que l'on en pouvait concevoir, et pressentir son avis sur l'établissement du Séminaire en pays étranger.

« L'état actuel de la France, lui disait-il[1], nous fait

---

1. Arch. M.-É., vol. 35, p. 314. — 11 octobre 1789.

tout craindre pour l'extinction de notre œuvre, les États généraux veulent s'emparer de tous les biens ecclésiastiques et détruire toutes les communautés séculières et régulières; nous ne devons pas nous attendre à être plus favorisés que les autres. Si les dangers augmentent, j'aurai l'honneur de m'adresser à votre Éminence; afin de pourvoir à la conservation de notre maison dans un autre royaume, dès maintenant je suis prêt a aller à Rome, pour en conférer avec votre Éminence et obéir à ses ordres. »

Les difficultés de la situation n'avaient pas échappé au cardinal, qui, comme les ministres de tous les gouvernements d'Europe, suivait avec inquiétude le progrès des idées révolutionnaires françaises; cependant il trouva prématuré de donner l'ordre d'émigration.

Rester à Paris, attendre les événements et ne céder que devant l'impossibilité bien démontrée de toute résistance, lui parut le moyen le plus prudent et ayant les plus grandes chances de succès.

« J'ai reçu votre lettre qui m'entretient des dangers de votre Séminaire, répondit-il le 29 novembre suivant[1], je les connaissais déjà et par les journaux et par le public, car tout le monde aujourd'hui s'occupe de ce qui se passe en France. Je comprends à quels périls vous êtes exposé, aussi mon inquiétude est grande et ma douleur amère. Je ne crains pas de le dire, c'en est fait du catholicisme en Chine et aux Indes, si votre Séminaire n'a plus d'élèves, que vous puissiez envoyer enseigner l'Évangile et succéder aux hommes illustres, qui travaillent aujourd'hui dans ces pays lointains. Mais hélas, quels peuvent être les remèdes à tant de maux? La raison, ni l'expérience ne m'en font découvrir aucun. Des larmes, des prières peuvent seules

---

1. Arch. M.-É., vol. 237.

fléchir la colère de Dieu, toucher sa miséricorde, obtenir que le sang de vos frères n'ait pas été inutilement répandu, et que les millions d'infidèles ne restent pas plongés dans les ténèbres du paganisme.

« Veuillez m'écrire très exactement tout ce qui, de près ou de loin, intéressera votre Séminaire. Vous me parlez de venir à Rome, je vous félicite de cette pensée qui me montre votre foi et votre bonne volonté, mais attendez encore, suivez la marche des événements et réfléchissez à ce que vous en pouvez espérer ou craindre. »

II

La lettre n'était pas encore écrite, qu'un décret, voté le 2 novembre, mettait à la disposition de la nation toutes les propriétés et tous les revenus ecclésiastiques. Le vol était autorisé par la loi; avant de l'accomplir, Treilhard ajouta l'insulte à la spoliation et voulut traiter les membres du clergé comme des banqueroutiers, selon l'énergique expression de l'évêque de Clermont, en proposant de mettre les scellés sur les titres, les bibliothèques et les mobiliers des établissements ecclésiastiques. Cette fois, l'Assemblée n'osa pas autoriser cette mesure à laquelle l'opinion n'était pas suffisamment préparée; elle se contenta d'imposer aux titulaires des bénéfices et aux supérieurs des maisons religieuses, une déclaration de tous leurs biens et l'obligation d'affirmer que rien n'avait été soustrait. Louis XVI sanctionna ce décret le 18 décembre, et le 5 mars suivant, « Barthelémy-Jean-Louis Le Couteulx de la Noraye, lieutenant de maire au département du domaine de la ville de Paris », fit comparaître M. Hody, supérieur du Séminaire et reçut « la déclaration générale des biens de la maison et des charges dont lesdits biens peuvent être grevés. »

Déduction faite des charges, les revenus du Séminaire s'élevaient alors à la somme de 64,069 livres 5 sols 7 deniers[1], sur lesquels, pour avoir le total exact, il faut défalquer le chiffre des dîmes, qui étaient, nous l'avons dit plus haut, de 12 à 13,000 livres.

Le 26 mars suivant, M. Hody se présenta de nouveau à la municipalité, portant l'inventaire détaillé des biens et des charges de la communauté.

Une note, accompagnant l'inventaire, indiquait l'usage que le Séminaire faisait de ces biens.

« Tous les revenus des Missions-Étrangères, était-il dit[2], sont employés annuellement à l'entretien des supérieurs, des directeurs, des jeunes élèves qui sont gratuitement nourris au Séminaire, à la subsistance des missionnaires français qui sont répandus dans les royaumes de la Chine, du Tonkin, de la Cochinchine, Ciampa, Cambodge, Laos, Siam, à celle des six évêques et des six collèges à qui on envoie, tous les ans, leurs pensions alimentaires; de plus, sur les mêmes revenus, on paye les voyages des missionnaires qui partent de Paris pour leurs missions. Ces voyages sont très dispendieux. »

Assurément les directeurs avaient eu raison d'ajouter cette explication du judicieux emploi des biens dont il avaient la gestion, mais il était évident qu'elle ne servirait à rien. Les hommes, qui ne respectaient nulle justice et violaient ouvertement tous les droits de la propriété, ne s'arrêteraient pas devant une nouvelle iniquité et s'inquiéteraient peu des intérêts des missionnaires et des chrétiens de la Chine ou des In-

---

1. Arch. M.-É., vol. 35, p. 201.
2. Arch. M.-É., vol. 35, p. 219.

des. Bientôt, en effet, le Séminaire ne posséda plus rien.

Le 13 et le 14 avril 1790, l'Assemblée nationale statua que tous les biens ecclésiastiques appartiendraient désormais à la nation, et seraient, en attendant la vente, administrés par les assemblées des districts et des départements.

Transmise au cardinal Antonelli, qui désirait être tenu au courant de tous les événements, cette nouvelle provoqua l'ordre, auquel obéit aussitôt M. Boiret, d'envoyer à Rome un compte des fonds et des revenus possédés par la Société, et des dépenses annuellement faites pour l'entretien de chaque mission. En voyant le présent si gros de menaces, le cardinal terminait sa lettre par cette ouverture : « Nous verrons s'il est possible de trouver quelque compensation, et nous chercherons où le Séminaire pourra s'établir. »

Avant d'en venir à ce moyen extrême, les directeurs essayèrent de parer le coup, qu'ils sentaient approcher et ils composèrent un mémoire intitulé : « *Observations sur l'établissement des Missions-Étrangères adressées à l'Assemblée nationale* », le firent imprimer, le remirent d'abord aux membres du comité ecclésiastique, et ensuite à tous les membres de l'Assemblée.

Dans ces observations écrites d'un ton modéré, sans flatterie ni récriminations, ne s'appuyant que sur des faits précis et indéniables, ils exposaient la constitution du Séminaire, les différences qui existaient entre la Société des Missions-Étrangères et les Congrégations religieuses proprement dites, et terminaient en rappelant les services rendus à la France par les missionnaires et l'estime qu'avaient pour eux les peuples étrangers.

« La maison des Missions-Étrangères, disaient-ils[1], est

---

1. Arch. M.-É., vol. 35, p. 363 et suiv.

l'unique établissement d'une Société de prêtres séculiers et toujours Français qui, sans aucune espèce de vœux, sans autres liens que ceux du zèle et de la charité, se destinent à porter les lumières de la foi et à publier la gloire du nom français dans les pays orientaux. Cette association ne peut être comparée à aucun Corps ecclésiastique, ni réputée Congrégation. Il n'y a point de supérieur général qui ait autorité sur tous les associés. Le seul point qui les réunit, c'est la possession des biens en commun. Il est vrai que pour autoriser cette possession de biens en commun et pour en fixer l'administration, ils ont eu besoin de Lettres patentes du roi, mais ils ont cela de commun avec des compagnies de négociants réunis pour des manufactures et autres objets, qui sont également autorisés par des Lettres patentes. »

Passant au Séminaire, à sa nature, à ses fonctions particulières dans la Société, ils s'exprimaient ainsi :

« La maison des Missions-Étrangères établie à Paris n'est autre chose que l'hospice ou la maison de correspondance de toute l'association, le siège de l'administration et la retraite des individus ou associés que des infirmités ou autres raisons légitimes obligent de passer en France.

« C'est très improprement qu'on l'appelle Séminaire. Elle n'est ni pour disposer aux saints ordres, ni pour l'éducation publique, on n'y reçoit que des prêtres ou des ecclésiastiques qui, ayant fini leurs cours d'études, y restent un ou deux ans pour éprouver leur vocation... ensuite on les envoie dans quelqu'une des missions de Chine, Cochinchine, Tonkin, de Siam, la côte de Coromandel où ils travaillent sous la juridiction spirituelle d'un de leurs associés qui est ordinairement évêque. Ils sont libres de quitter les missions dès qu'ils le jugent à propos. »

Ensuite ils énuméraient les services des missionnaires :

« Sans parler des bienfaits qui résultent de leurs travaux apostoliques à la côte de Coromandel, en Chine, en Indo-Chine où ils comptent près de 300,000 chrétiens, ils ne perdent pas de vue les intérêts de leur nation. Les services qu'ils lui ont rendus jusqu'ici et qu'ils peuvent lui rendre dans la suite seraient une raison suffisante pour former cet établissement s'il n'existait pas.

« Ils se sont toujours fait et ils se feront toujours un devoir de communiquer toutes les découvertes et connaissances utiles qu'ils acquièrent soit par les sciences, soit par la littérature, soit par le commerce. Ils ont donné lieu au négoce que la France a entrepris dans les pays orientaux et à la formation de la première compagnie des Indes.

« Ce sont eux qui ont obtenu du roi de Siam, vers 1670, que les Français qui allaient fréquemment commercer ou hiverner dans le port de Mergui ne fussent point assujettis aux vexations des officiers siamois. »

Et pour prouver la vérité de ces affirmations, le mémoire citait M. Gouges[1], le sauveteur du vaisseau *la Galathée*, M. Letondal, l'ami dévoué des équipages des navires, le *Marquis de Castries*, la *Calypso*, l'*Adriade*, le *Pandour*; l'évêque d'Adran qui, s'il n'avait pu donner une colonie à la France, avait au moins empêché les Anglais de s'établir en Cochinchine.

« Les Anglais, les Suédois, les Danois, etc., continuait le rapport, paraissent eux-mêmes reconnaître l'utilité de semblables établissements par l'affection qu'ils portent aux missionnaires et les services essentiels qu'ils leur rendent dans l'occasion. »

Les directeurs n'oubliaient pas que la raison alléguée pour spolier l'Église avait été le mauvais état des finances, et ils faisaient remarquer que les richesses en-

---

1. Du diocèse de Reims, parti en 1693, mort le 9 novembre 1733.

levées au Séminaire ne grossiraient guère le trésor public.

« Nous n'avons que 65,000 livres de revenu net, y compris les dîmes qui rendaient de 12 à 13,000 livres, une gratification du roi de 15,000 livres, une du clergé de 13,000 livres et quelques rentes sur des communautés religieuses et quelques maisons à Paris.

« La nation française, concluaient-ils enfin, si grande dans ses vues, si féconde dans ses ressources, pourrait-elle être forcée pour une somme aussi modique, de détruire un établissement aussi utile et aussi honorable à la religion que glorieux et avantageux. Les prêtres de la Société des Missions-Étrangères ont une ferme confiance que la nation prendra sous sa protection spéciale leur établissement et en conservera la maison et les biens. Ce sera pour tous les membres de cette association un nouveau motif de rendre à la nation et à tous leurs compatriotes, avec plus de zèle que jamais, tous les services dont ils seront capables. »

Ce mémoire dont le cardinal Antonelli écrivit[1] à ses auteurs, qu'il lui avait paru composé avec beaucoup de force, une égale prudence et sagesse eut tout le succès qu'on pouvait espérer.

Au bout de sept mois, Lanjuinais, secrétaire du comité ecclésiastique répondit au supérieur du Séminaire[2] :

« Le comité ecclésiastique, sur l'exposé des prêtres des Missions-Étrangères établis à Paris, a pensé que leur maison devait être considérée comme appartenant à une Congrégation séculière et conséquemment comprise dans l'ajournement; il ne faut donc pas mettre leurs biens en vente jusqu'à ce que l'Assemblée nationale ait prononcé. »

---

1. Arch. M.-É., vol. 220, p. 297.
2. *Id.* vol. 25, p. 377.

Dans l'intervalle, un fait d'une gravité exceptionnelle avait eu lieu. « Il faut décatholiciser la France, » avait dit Mirabeau, et cette parole, écho fidèle des aspirations de la majorité de l'Assemblée, était devenue un ordre immédiatement obéi ; aux mesures odieuses et vexatoires avaient succédé des mesures sacrilèges ; après la suppression des vœux monastiques et la spoliation du clergé, la constitution civile avait été décrétée.

Deux articles de cette constitution pouvaient atteindre le Séminaire : l'article XI du 1er titre, des offices ecclésiastiques, qui était ainsi conçu :

« Il ne sera conservé qu'un seul séminaire dans chaque diocèse, tous les autres seront éteints et supprimés. »

Dans l'article XXIV du titre second : de la manière de pourvoir aux offices ecclésiastiques, il était dit :

« Le vicaire supérieur et les vicaires directeurs du séminaire seront nommés dans un synode par la voie du scrutin individuel, et à la pluralité absolue des suffrages. »

Les directeurs rédigèrent une note et la remirent aux évêques membres de l'Assemblée, afin de montrer la différence qui existait entre la maison mère des Missions-Étrangères et les séminaires diocésains, et expliquer que les règlements faits pour les directeurs des établissements ordinaires ne pouvaient leur être appliqués :

« Les directeurs de ce Séminaire, disaient-ils, doivent être des prêtres ayant l'expérience des missions, afin de former des missionnaires, de les instruire de ce qu'ils doivent savoir pour travailler avec fruit, de leur donner les connaissances qu'ils doivent avoir sur les pays païens. Or, le synode d'un diocèse quelconque de France ne peut connaître les sujets qui ont ces qualités : il ne peut donc être chargé de les nommer.

« D'ailleurs, la raison pour laquelle les directeurs et

supérieurs du Séminaire doivent être nommés par le synode diocésain auquel l'évêque préside, c'est qu'ils sont les vicaires de l'évêque, chargés de former avec lui et sous sa direction, des prêtres pour son diocèse ; mais les directeurs du Séminaire des Missions-Étrangères ne sont point les vicaires du diocèse où ce Séminaire est établi, ils seraient plutôt les vicaires des évêques français répandus dans les royaumes de Chine, Tonkin, Cochinchine, Siam, côte de Coromandel, pour qui ils sont chargés de former des sujets : il n'y a donc aucune raison d'attribuer au synode diocésain de Paris le choix des directeurs du Séminaire des Missions-Étrangères, mais il paraît nécessaire de déclarer que ce Séminaire n'est pas compris sous l'article XXIV du titre 2 et qu'il subsistera du moins provisoirement, tel qu'il est à présent, ou s'il plaît à Nos Seigneurs d'y faire quelques changements, de déclarer qu'on y conservera toujours autant de directeurs qu'il y a de missions et que ces directeurs seront toujours tirés du nombre des missionnaires[1]. »

Cette note ne reçut aucune réponse officielle, mais les directeurs furent laissés en repos jusqu'au mois de janvier 1791, époque à laquelle on leur demanda de prêter serment à la Constitution civile, qui faisait, sans l'assentiment de Rome, une nouvelle distribution des sièges épiscopaux, et ordonnait l'élection des évêques, des abbés et des curés.

Le président de la section du quartier s'adressa à M. Boiret « pour le tenter et savoir si quelque membre de la maison serait disposé à prêter cet infernal serment. » M. Boiret répondit négativement « avec une espèce d'indignation [2] ».

1. Arch. M.-É., vol. 35, p. 493.
2. *Id.* vol. 35, p. 473. Lettre du 18 avril 1791.

Ce refus aurait pu amener la fermeture du Séminaire, il n'en fut rien ; les directeurs obtinrent même le passage gratuit sur les navires de l'État de quatre missionnaires : MM. Lolivier[1], Trenchant[2], Barreau[3] et Lambert[4].

Cependant les idées révolutionnaires et anticatholiques gagnaient tous les jours du terrain et passaient de plus en plus dans le domaine des faits. Le 24 février, eut lieu à Paris le sacre des évêques constitutionnels. Le 27 mars, Gobel fut installé évêque métropolitain de la Seine.

Le soir de cette cérémonie, les directeurs du Séminaire furent « sommés[5] de vive voix et par écrit, et même avec de fortes menaces, de faire sonner la cloche de l'église, ils refusèrent constamment. A la fin de la semaine de la Passion, le 16 avril, la section fit fermer l'église haute et basse, de sorte que les prêtres de la maison en furent entièrement privés pendant six mois et obligés de célébrer la messe dans leurs chambres. »

Bientôt une lettre du ministre de la marine défendit au supérieur « d'envoyer et de recevoir dans les colonies françaises, au delà du cap de Bonne-Espérance, les ecclésiastiques qui n'auraient pas prêté le serment. » Un ordre semblable, si les directeurs s'y étaient soumis, ou si les autorités des colonies françaises l'avaient appliqué avec rigueur, aurait causé la ruine d'une partie de la mission de Pondichéry qui comprenait tout le territoire appartenant à la France, et peut-être de graves ennuis pour les missionnaires des autres Vicariats, obli-

---

1. Du diocèse du Mans, parti en 1791, mort le 18 décembre 1835.
2. Du diocèse de Bayeux, parti en 1791, mort le 10 avril 1806.
3. Du diocèse du Mans, parti en 1791, mort le 25 décembre 1817.
4. Du diocèse d'Autun, parti en 1791, mort le 6 janvier 1815.
5. Arch. M.-É., vol. 35, p. 473.

gés de se cacher chaque fois qu'ils relâcheraient dans un port français. Heureusement il ne fut pas exécuté. La fin de l'année 1791 et le commencement de 1792 se passèrent plus tranquillement qu'on n'eût pu l'espérer. L'église fut rouverte au mois de septembre, une ordination même put y être faite ; quelques jours plus tard, six nouveaux prêtres furent envoyés en mission : Langlois [1], Duval [2], de la Villegonan [3], Jarot [4], Hébert [5], et Dubois [6].

Il fallait se hâter d'augmenter le nombre des ouvriers apostoliques ; un temps approchait qui tarirait les vocations dans leur source.

Le 5 avril, un décret supprima les Congrégations régulières ou séculières d'hommes et de femmes, et prohiba le port du costume ecclésiastique.

Quoique ces décrets ne fussent pas sanctionnés, ils furent cependant mis à exécution. On commença par accomplir une partie de ce qu'avait autrefois proposé Treilhard, et on mit les scellés sur la bibliothèque du Séminaire.

III

Toutes ces vexations qui se multipliaient et s'aggravaient causaient aux directeurs de vives inquiétudes qu'ils laissaient percer dans leurs lettres à la Propagande.

Aussi reçurent-ils une lettre du cardinal Antonelli qui appelait M. Boiret à Rome, tout en lui laissant la liberté de rester à Paris, s'il le jugeait à propos.

---

1. Du diocèse de Rennes, parti en 1792, mort le 13 juillet 1851.
2. De Meaux, parti en 1792, mort le 2 octobre 1792.
3. Du diocèse de Vannes, parti en 1792, mort vers le mois de mai 1794.
4. Du diocèse de Besançon, parti en 1792, mort le 22 mai 1823.
5. Du diocèse de Séez, parti en 1792, mort le 3 octobre 1836.
6. De Viviers, parti en 1792, mort le 17 février 1848.

Le poste de procureur des Missions-Étrangères à Rome convenait à Boiret mieux qu'à aucun autre ; il avait habité cette ville pendant plusieurs années, il y avait de nombreux amis, il était connu des membres des Congrégations et estimé des cardinaux, mais à Paris, il était procureur du Séminaire, et en ce temps de perquisitions, de réquisitions, d'inventaires, il était bon d'avoir, toujours prêt à répondre aux commissaires du quartier ou de l'Assemblée, un homme complètement au courant de la comptabilité de la maison. Cependant, la situation en France devenait si périlleuse qu'on ne pouvait espérer longtemps le maintien du Séminaire : le meilleur était donc d'obtempérer immédiatement aux désirs du cardinal et d'envoyer à Rome le directeur le plus apte à travailler efficacement au bien des Missions. C'est le parti qui fut adopté.

La grande difficulté pour Boiret et pour Descourvières, qui l'accompagnait, était de sortir de France. Les passeports que l'on donnait encore rendaient suspects ceux qui en étaient porteurs, les exposaient aux insultes, ne leur évitaient pas d'être fouillés à la frontière et souvent dépouillés de leur argent.

Les deux voyageurs ne prirent un passeport que pour Besançon, d'où ils entrèrent furtivement en Suisse, et de là en Italie.

Les directeurs restés à Paris eurent naturellement à subir de nouveaux ennuis.

Le 14 juin, un des prêtres intrus nouvellement établis dans la paroisse de Saint-Sulpice[1] vint, accompagné de deux commissaires de la section de la Croix-Rouge, avertir M. Hody, que la procession entrerait dans l'église des Missions-Étrangères, et il l'invita à la recevoir. M. Hody

---

1. La paroisse de Saint-Sulpice n'était pas aux mains des membres de la Société de Saint-Sulpice, elle était desservie par des prêtres assermentés venus de divers diocèses.

refusa. « Nous nous opposons autant qu'il est en nous, répondit-il[1], à ce que la procession entre dans notre église, puisque la constitution a décrété la liberté des cultes, nous voulons en profiter ; nous ne sommes point de la même religion que ces messieurs de la paroisse de Saint-Sulpice, nous ne voulons point avoir de communications avec eux, nous n'allons point les troubler dans leur église, qu'ils nous laissent tranquilles chez nous. »

Et le vieux supérieur exhiba un arrêté du département et de la municipalité qui déclarait que personne ne pouvait être contraint à tendre les rues pour la procession du Saint-Sacrement, que les voitures rouleraient librement sans être obligées de s'arrêter... « A plus forte raison, concluait-il, nous ne pouvons être forcés de recevoir la procession dans notre église. »

En 1792, la liberté religieuse était encore assez mal comprise en France, de même qu'elle l'a été plusieurs fois depuis ; elle n'était guère accordée qu'aux amis du gouvernement, fidèles à la Constitution civile et rebelles à l'Église. Le supérieur du Séminaire, moins expérimenté que ne peuvent l'être ses successeurs, avait sans doute cru son argument excellent. Les commissaires le détrompèrent, et lui donnèrent l'ordre de tenir l'église ouverte et ornée. « Elle sera ouverte et ornée, répondit M. Hody, non à cause de la procession, mais à cause de la fête. » Les officiers municipaux s'inquiétaient peu de la raison, pourvu que l'effet demandé fut obtenu, ils se retirèrent en se déclarant satisfaits.

M. Hody l'était moins ; il ne pouvait, sans une peine profonde, songer que son église serait profanée par une cérémonie religieuse célébrée par des prêtres schismatiques. « Il agit auprès du département et de la

---

[1]. Arch. M.-É., vol. 219, p. 607. *Lettre commune du 17 nov. 1792.*

municipalité qui l'autorisèrent expressément à refuser l'entrée à la procession. »

Cette autorisation notifiée au curé suffit pour sauvegarder l'église, où entrèrent seuls quelques énergumènes, qui d'ailleurs n'y restèrent pas longtemps. Préservé d'un malheur, le Séminaire retombait dans un autre ; le soir de ce même jour, il fut envahi par plusieurs bandes d'ouvriers qui parcoururent la maison, frappèrent le vénérable M. Bramany, âgé de plus de quatre-vingts ans. Un détachement de soldats de la caserne de Babylone fut appelé et les chassa. Enfin, pour apaiser les esprits, les commissaires du quartier, à la tête de quinze à vingt gardes nationaux, firent une visite domiciliaire, et, en sortant, affirmèrent sous serment que l'établissement ne recélait aucune arme. Les ouvriers se dispersèrent, quoique en maugréant.

Lorsque le 10 août, on apprit la nouvelle de l'attaque des Tuileries, deux directeurs, Chaumont et Blandin, allèrent demander un asile à leurs amis de Paris.

Il ne resta plus dans la maison que MM. Hody, Bramany, de Beyries, Alary et Bilhère avec cinq séminaristes : Lestrade, Souviron, Miquel, Roussel, Alano et quelques pensionnaires. Dans la nuit du 14 au 15 août, ils eurent une alerte des plus vives. A onze heures du soir, une bande de fédérés, de gardes nationaux, de Marseillais heurtèrent à la porte donnant sur la rue du Bac. Tout le monde dormait dans la maison, le concierge, probablement très effrayé, ne répondait rien ; les émeutiers s'irritaient, quelques voisins les excitaient, un locataire, craignant leur colère, se leva et les fit entrer dans la première cour. La grille était fermée, elle fut forcée ; le portier, saisi à moitié vêtu, fut sommé, sous peine de mort, de déclarer si deux personnes qu'on lui nomma étaient dans la maison, et dans quel endroit elles étaient cachées : il répondit que les deux personnes en question lui étaient absolument inconnues et qu'elles n'étaient jamais venues au Séminaire.

« Alors, fit l'un des interrogateurs, conduis-nous au supérieur. » Celui-ci était couché, sa porte fermée à clef fut enfoncée, les pillards entrèrent et s'approchèrent du prêtre, le menaçant de leur sabre et demandant toujours les deux hommes en question. M. Hody leur répondit « fort tranquillement que les deux messieurs qu'ils cherchaient n'étaient pas dans la maison, et que même ils lui étaient inconnus. »

Ils insistèrent. M. Bilhère, qui avait toutes les clefs, les invita à le suivre, leur montra d'abord plusieurs chambres inoccupées, puis il les conduisit chez un pensionnaire, M. Bottex, curé du diocèse de Lyon, ancien député de l'Assemblée constituante. Averti quelques minutes avant, M. Bottex s'était, croyait-il, débarrassé de tous ses papiers compromettants, brochures et livres antirévolutionnaires, malheureusement, il avait oublié sur sa table une lettre d'un émigré. Cette lettre fut aperçue, lue à haute voix, et aussitôt le prêtre fut garrotté et emmené à la Force où il fut massacré.

Dans les autres chambres, les inquisiteurs ne trouvèrent rien de suspect ; mais ils reprochèrent vivement au supérieur d'avoir souffert dans la maison un homme aussi dangereux que celui qu'ils venaient de prendre.

« Après leur visite [1], et comme pour les récompenser de ce qu'ils avaient troublé le repos de la nuit, ou plutôt pour les calmer, on les régala de vin, et en s'en allant, ils dirent qu'il y avait d'honnêtes gens dans cette maison. »

1. Arch. M.-É., vol. 36, p. 72.

Après avoir tremblé, on ne peut s'empêcher de sourire de ce revirement soudain dû à de si petites causes, et qui sert à mesurer la trempe du caractère des inquisiteurs.

M. Chaumont était moins en sûreté encore dans l'asile qu'il s'était choisi; il avait été dénoncé, et, à plusieurs reprises recherché.

Une première fois, il n'avait eu que le temps de se cacher dans une mansarde, sous un tas de bois, pendant que son hôte pliait son lit de sangle.

La seconde fois, les soldats mieux informés montèrent jusqu'au grenier, passèrent leur sabre à travers les fagots, heureusement sans atteindre le prêtre, qui abandonna cet asile, et, le 25 août, rentra au Séminaire. Il n'y fut pas longtemps tranquille.

A la nouvelle du massacre des Carmes, qui épouvanta la France, les directeurs comprirent dans toute son étendue, le péril de leur situation, et l'impossibilité de pouvoir désormais, en restant à Paris, être de quelque utilité aux Missions; ils résolurent donc de s'éloigner. Après avoir caché chez leurs parents ou chez leurs amis les objets facilement transportables, ils se dispersèrent.

Trois d'entre eux, Hody, de Beyries, Bilhère, partirent pour Amiens.

Chaumont, Blandin et Alary se rendirent en Angleterre avec deux séminaristes.

Bramany demeura avec quelques domestiques fidèles au Séminaire, où la municipalité plaça un poste de 125 gardes nationaux.

Dans cette dispersion, chacun des directeurs avait son œuvre à faire, indiquée par les besoins des Vicariats apostoliques, et chacun occupait la place la plus propre à l'accomplir.

Deux étaient à Rome, où ils pouvaient recevoir du Souverain Pontife et de la Propagande des secours pour les missions, étudier les affaires, demander des dispenses ou des pouvoirs, transmettre aux Congrégations les questions de liturgie, de discipline et de dogme posées par les évêques, presser les solutions, envoyer les réponses; ils étaient près de leurs chefs et sous leur commandement immédiat.

Trois autres habitaient l'Angleterre, où ils s'occupaient de recruter des missionnaires, de les envoyer en Extrême-Orient, d'exécuter les commandes d'objets nécessaires au culte et d'expédier les correspondances. Aucun pays, en Europe, ne pouvait fournir, sous ce rapport, autant de ressources que l'Angleterre grâce au nombre de ses navires, à ses relations commerciales, à la situation et à la puissance de ses colonies. Les directeurs réfugiés en ce pays étaient les procureurs des missions pour le temporel, comme les directeurs réfugiés à Rome en étaient les procureurs pour le spirituel.

Les directeurs cachés à Amiens, à proximité de Paris, allaient veiller sur le Séminaire et essayer de le conserver à la Société.

Malgré leur séparation, ils maintinrent leur œuvre sans en changer notablement le fonctionnement, c'est-à-dire qu'ils conservèrent au Séminaire son existence comme institution, comme corps faisant partie intégrante de la Société des Missions-Étrangères, ils continuèrent d'observer ses règles, de garder ses traditions, de poursuivre son but; ils travaillèrent de concert, et étudièrent comme par le passé, selon les règlements établis, toutes les affaires qui concernaient les Missions. La Révolution, en les forçant à s'exiler et en prenant leur demeure, leur causa un grave préjudice; elle n'entama pas leur volonté, et ne changea pas l'organisation du Séminaire et de la Société. La séparation ne fut qu'une chose accidentelle et purement matérielle.

De nombreuses lettres remplacent les conversations, des rapports et des mémoires les discussions du conseil; malgré les obstacles qui naissent chaque jour plus nombreux, de la guerre civile, de la guerre étrangère, de l'espionnage, des changements de domicile, de la maladie, de la mort, la direction des affaires reste toujours une, et les résolutions ne sont exécutées qu'après avoir été prises d'un commun accord.

En ces circonstances grandement périlleuses et qui rappelaient les persécutions supportées par les missionnaires d'Extrême-Orient, les directeurs prennent des précautions de prudente habileté. Dans leurs lettres, ils emploient un langage de convention que nécessite la violation du secret des correspondances par la police révolutionnaire. Un billet de Boiret, daté du 5 septembre 1792, nous initiera à ce curieux style épistolaire[1] : « Cher associé, on a reçu vos deux lettres dans leur temps, nous vous remercions de nous donner les détails les plus longs possibles, ils nous sont nécessaires pour le bien du commerce que nous faisons ici; les deux premiers commis de notre comptoir nous les demandent, et nous devons les instruire pour l'avancement de nos affaires. Nous avons vu hier le chef de tous les comptoirs, c'est notre premier commis qui nous a procuré cet avantage. »

Pour les initiés, le mot commerce signifiait les affaires des Missions; le chef de tous les comptoirs désignait le Souverain Pontife; le premier commis, le cardinal Antonelli, préfet de la Propagande; le second commis, le secrétaire de la Propagande; le nouveau magasin, un nouveau séminaire.

Bilhère signait ses lettres, citoyenne Lucie ou citoyen Herebil, anagramme de son nom. Jamais il n'é-

---

[1]. Arch. M.-É., vol. 219, p. 547.

crivait à M. Chaumont sans l'appeler mon cher patriote, sans faire « l'éloge des braves Marseillais, des braves législateurs, des braves citoyens, des bons patriotes qui paieront bien des impôts triples et quadruples, » sans avoir quelques mots amers contre « ces aristocrates qui feront tout ce qu'ils pourront pour ne pas payer ».

Grâce à ces précautions et à ces déclamations, les lettres ne sont pas toujours claires ni faciles à comprendre et M. Chaumont s'en plaint parfois, mais au moins elles ne sont pas compromettantes, ce qui était de première nécessité; car les directeurs restés en France étaient dans une situation extrêmement dangereuse.

A peine arrivés à Amiens, où ils demeuraient rue du Cloître-Saint-Nicolas, n° 4618, ils reçurent une lettre de la municipalité de Paris, adressée au citoyen Hody, supérieur de la maison des Missions-Étrangères et contresignée Pétion, par laquelle l'ancien supérieur était invité à se rendre, le plus tôt possible, au bureau de liquidation, afin de rendre un compte exact de tous les biens et revenus de sa communauté et de son administration.

A cette lettre, M. Hody répondit en ces termes[1] :

« Citoyen, d'après les conseils réitérés et très pressants de plusieurs officiers de notre section, nous avons pris le parti de quitter Paris. — D'ailleurs, les menaces, les injures, la crainte d'être outragés, ou mis à mort nous a impérieusement déterminés à quitter notre maison : quatre fois de jour et de nuit, pendant huit ou neuf heures, nous avons été au moment de subir la plus extrême violence et d'être complètement pillés, ce qui, dans des circonstances aussi douloureuses, nous a forcés de retirer tous nos papiers; car il est bon

---

1. Arch. M.-É., vol. 35, p. 569.

d'observer qu'au 5 mars de l'année dernière, nous avons rendu tous nos comptes à M. Belmier, curé de Chaillot, et à M. Bavon, juge de paix, commissaires nommés par la commune, et apporté à l'hôtel de ville le détail le plus exact de nos fonds, maisons, rentes, etc. »

La municipalité ne répondit pas. Elle trouva plus simple de vendre tous les meubles du Séminaire, d'enlever les calices, les ornements, les chandeliers, les pilastres en marbre et les tableaux. Elle caserna ensuite dans la maison des gardes nationaux et un certain nombre d'ouvriers des trains d'artillerie, et déclara qu'elle louerait le reste des appartements. Le juge de paix de la section prévint M. Bilhère « qu'il ne voulait que d'honnêtes gens comme locataires et qu'il lui louerait de préférence les chambres à sa convenance ». « S'il n'eût fallu pour louer toute la maison que quatre mille francs, disait M. Bilhère, nous aurions pensé à la louer nous-mêmes, mais on dit que la location ira à dix mille, je balance beaucoup pour faire un voyage à Paris et pour voir, par moi-même, ce qui en est. »

La prudence était en effet plus que jamais indispensable. La guillotine était en permanence sur la place de la Révolution. Les plus grandes et les plus saintes victimes y montaient chaque jour. La loi des suspects offrait à tous les scélérats le moyen de se venger et de faire parade d'un faux patriotisme.

Bilhère resta donc à Amiens, et le Séminaire fut loué à des étrangers pour la somme de 5,050 francs.

La Société n'avait plus de noviciat, plus d'établissement central. Ce Séminaire des Missions-Étrangères, dont le nom était connu de tout le monde chrétien, le souvenir gravé dans le cœur de ses prêtres, prédicateurs de l'Évangile depuis les Indes jusqu'au fond de la Chine, était devenu bien national. C'était la perte de la maison de famille, demeure sainte, sorte de temple, qui réunit les fils, les réchauffe, les ranime, leur donne plus vive et plus présente l'impression d'une union de foi et de charité.

V

La Société, frappée en France, l'était également aux Indes dans ses prêtres et leurs chrétiens. La Révolution avait rapidement passé les mers. Dès la fin de 1789, les idées nouvelles mettaient en ébullition les esprits des habitants de Pondichéry ; des clubs se formaient où les projets les plus violents étaient proposés et discutés ; les troupes européennes faisaient cause commune avec la population.

Le 28 février 1790, une affiche posée sur les murs de l'église appela tous les citoyens à la révolte. Les auteurs inconnus de ce factum réclamaient la suppression du conseil supérieur de Pondichéry, la création d'une municipalité, l'établissement d'un impôt sur la population indigène, afin de lever deux bataillons de cipayes et la formation d'une milice.

Le gouverneur, chevalier du Fresne, n'avait pas assez d'autorité morale pour réprimer les troubles avec sévérité. Au lieu d'arrêter le torrent, il essaya de modérer son cours. Quelques historiens ont voulu voir dans cette prudence l'effet d'une grande mollesse de caractère ou d'une ignorance de l'état de choses. Les missionnaires de Pondichéry qui ont connu M. du Fresne ont loué sa prudence et sa sagesse.

Il permit à une assemblée de se constituer sous la présidence de M. Moracin et poussa même la condescendance jusqu'à l'autoriser à siéger à l'hôtel du gouvernement.

Le mouvement s'était fait sentir dans tous nos établissements de l'Inde.

A Karikal, les colons avaient voulu former une municipalité et deux partis s'étaient trouvés en présence. L'un voulait se séparer de Pondichéry et relever directement de la métropole, et l'autre n'était pas d'avis de rompre le lien administratif, qui les rattachait à la capitale de nos possessions. Des rixes violentes avaient eu lieu, et les indigènes y avaient pris part.

A Yanaon, des troubles sérieux avaient éclaté à l'instigation de l'agent de la Compagnie, nommé de Mars, qui avait excité la population à se soulever. Neuf colons s'emparèrent du pouvoir et formèrent un comité représentatif, un conseil de justice, une chambre administrative et une municipalité. En 1791, Yanaon leur appartenait, et le gouverneur, M. de Sommerat, se voyait sans autorité.

Il semblait que l'éloignement de Chandernagor, situé dans le Bengale, au milieu des possessions anglaises, dût mettre cet établissement à l'abri des troubles qui agitaient la plupart de nos colonies. Ce fut, au contraire, à Chandernagor que le mouvement révolutionnaire se produisit avec le plus d'intensité.

Les habitants chassèrent leur gouverneur, proscrivirent trente-neuf Européens, promulguèrent une constitution particulière (1791) et élurent un pouvoir exécutif; mais à Pondichéry, à Karikal, à Yanaon, à Chandernagor, cette fermentation des esprits ne provoquait pas de manifestation antireligieuse. Eloignés de France depuis de longues années, et par là même du mouvement philosophique et de la surexcitation causée par les journaux, les livres, les réunions publiques, toujours aussi plus près des dangers, vivant au milieu du paganisme dont les horreurs faisaient resplendir avec plus d'éclat les beautés de la religion catholique, les colons français conservaient le respect du prêtre et l'amour de leur foi.

Lorsque les habitants de Pondichéry apprirent le décret de 1790, qui chassait les religieux, ils se réunirent en assemblée générale sous la présidence du maire, ils signèrent une protestation contre le décret, et demandèrent avec insistance que la métropole voulût bien envoyer des prêtres, afin de n'être pas privés des secours de la religion. Les députés Beylié et Monneron furent chargés d'être les interprètes de la colonie près de l'Assemblée nationale.

Le 10 décembre 1791, ils déposèrent devant elle la pétition, qui resta naturellement sans réponse. « il n'y avait de souveraine que la partie du peuple demandant qu'on chassât les prêtres ; et la Révolution avait pour but d'assurer l'état dont se plaignaient les colons, l'état d'un peuple privé des secours de la religion. »

Si les colons gardaient leur foi intacte, ils n'admettaient pas que les ecclésiastiques se montrassent mal disposés pour les actes inspirés par la politique. Les municipalités animées de ces sentiments, se réunissaient dans les églises, où, par leur ordre, le clergé devait chanter le *Te Deum*, le *Domine salvam fac gentem* et le *Domine salvam fac legem*.

Tant que la municipalité de Pondichéry ne s'adressa qu'aux religieux qui desservaient la ville Blanche, tout alla bien pour les missionnaires. Mais elle ne tarda pas à demander à ceux-ci de célébrer les mêmes cérémonies dans leurs églises ; plusieurs le firent d'assez mauvaise grâce et furent accusés d'opposition aux idées nouvelles.

Ils avaient beau répondre, et le gouverneur du Fresne avec eux, qu'ils n'étaient dans les Indes que pour les Malabars, et n'avaient à s'occuper ni des Français, ni de leur politique, on leur répliquait qu'ils étaient

Français, et qu'en cette qualité, ils devaient prendre part à la joie commune.

Il y aurait eu bien des exceptions à faire à cette joie commune ; mieux valait garder le silence, ce qui d'ailleurs satisfaisait peu les meneurs du parti révolutionnaire.

M. Lambert, qui était à Karikal, refusa de chanter le *Te Deum* le 14 juillet 1792, à l'occasion de la prestation du serment de fidélité par les troupes. Il fut chassé de la ville avec menace de mort s'il y reparaissait.

La présence des commissaires civils envoyés dans nos possessions d'outre-mer ne calma pas les esprits. Les deux commissaires des Indes se nommaient Dumorier et Lescallier. Le premier, homme sans valeur ou à peu près, ne devait sa notoriété qu'à sa proposition d'élever un monument sur la place de la Bastille. Il appelait alors Louis XVI le roi patriote. Quant à Lescallier, il avait été, avant la Révolution, ordonnateur à Saint-Domingue et à la Guyane, il affichait les opinions les plus exaltées, ce qui ne l'empêchera pas de devenir plus tard baron de l'empire et préfet maritime de Gênes. Ils furent reçus sur le quai de débarquement par une délégation de l'assemblée coloniale, dont un membre leur adressa ces superbes paroles : « Citoyens commissaires, soyez les bienvenus. Sous ce climat brûlant, vous ne trouverez que des hommes dévorés de la soif ardente de la liberté. »

Il faut avouer que l'antithèse n'était pas mal trouvée, et que sous un climat brûlant, la soif était assez naturelle.

L'arrivée de ces représentants n'était pas sans inquiéter les missionnaires qui devaient prêter entre leurs mains le serment à la constitution civile.

« Il est certain, écrivait Mgr Champenois, successeur de Mgr Brigot depuis 1791, qu'aucun missionnaire ne fera le serment. S'il faut quitter Pondichéry et Karikal, nous nous en irons tous dans les terres.

Aucun prêtre des Missions-Étrangères, en effet, ne prêta le serment schismatique. Les commissaires se montrèrent d'ailleurs assez coulants sur cet article, et peut-être les missionnaires eussent-ils pu se maintenir à Pondichéry, lorsqu'un incident imprévu les força de s'éloigner.

Le 3 avril 1793, on planta sur la place d'Armes un arbre de la liberté avec cette inscription : « Notre union est notre force. » Les spectateurs étaient peu nombreux. Le commissaire Dumorier se crut néanmoins obligé de leur adresser un discours, dans lequel il parla longuement des droits de l'homme, des devoirs du citoyen, de l'égalité, de la liberté et de la fraternité.

Enflammés sans doute par les paroles trompeuses du citoyen commissaire, les soldats se rendirent à l'église malabare, et demandèrent que Mgr Champenois vînt célébrer la messe devant l'arbre de la liberté. L'évêque était au pied de l'autel, agenouillé sur son prie-Dieu. Il refusa poliment et simplement d'accéder à cette demande, et entendant le tumulte s'agrandir, il se tourna vers la foule et dit d'une voix ferme : « Je n'irai pas; mon âme est à Dieu, mon corps est aux hommes ; je n'irai pas. » A ces mots, un ancien jésuite, le P. Garet, voyant les soldats prêts à frapper le vieillard, se proposa pour le remplacer, il se rendit sur la place d'Armes et célébra la messe. Cédant aux sollicitations des missionnaires et des chrétiens, Mgr Champenois profita de cette diversion et prit la route de Madras. Le soir, les soldats vinrent le chercher et visitèrent inutilement toute la maison. Le prélat était hors de leurs atteintes. M. Magny quitta également Pondichéry et se réfugia avec les élèves du collège dans la colonie danoise à Tranquebar où M. Hébert et le P. Fabri le rejoignirent bientôt. Ils y restèrent jusqu'à la prise de Pondichéry par les Anglais.

VI

Les discours des commissaires, les plantations d'arbres de liberté, les discussions qui se succédaient chaque jour à l'assemblée coloniale, n'avaient amélioré ni la situation intérieure, ni la situation extérieure de la colonie. Tippou-Sahib, notre allié, avait subi en 1792 les conditions des Anglais, qui avaient su entraîner les Mahrattes contre lui. Le nouveau gouverneur de Pondichéry, le colonel de Chermont, affirmait que le mauvais état des fortifications de la ville ne permettrait pas de résister à une attaque sérieuse et voulait se retirer. Les vaisseaux de France apportaient la nouvelle que la lutte se préparait contre l'Angleterre. Il fallait donc s'attendre à une catastrophe. Le 3 juin 1793, on fut officiellement informé de la déclaration de guerre avec la Grande-Bretagne et on se disposa à la résistance. Mais les forces étaient trop inégales, et malgré l'habileté du commandant de la place et la valeur de ses troupes, Pondichéry fut obligée de se rendre. Une capitulation fut signée.

Les officiers gardaient leur épée, les soldats demeuraient prisonniers. Les habitants étaient assurés du maintien de leurs lois et de la garantie de leurs propriétés. La municipalité était dissoute, et remplacée par un lieutenant de police.

Le 23 août 1793, à neuf heures du matin, les Anglais entrèrent dans la ville dont le général Floyd fut nommé gouverneur.

La chute de Pondichéry amena celle de nos autres établissements, et le drapeau de la France cessa de flotter sur le sol de l'Inde, où sa renommée avait été si glorieuse et son prestige si éclatant.

Le zèle apostolique de la Société des Missions-Étrangères, sans parler de son patriotisme, ne pouvait que s'attrister de ces défaites. L'Angleterre victorieuse, c'était l'hérésie libre et respectée, c'était la religion catholique abaissée, et, on le craignait, peut-être proscrite.

Cependant, même en regrettant la victoire de l'Angleterre, Mgr Champenois et ses missionnaires se demandaient avec anxiété ce que serait devenu le catholicisme sous l'autorité de la France. Déjà ils étaient exilés, les nouvelles qui arrivaient de Paris étaient très mauvaises : partout régnaient le désordre et l'irréligion, les exécutions sanglantes se multipliaient. On eût dit que la barbarie et le paganisme avaient repris possession du vieux sol de la Gaule.

Les prêtres des Missions-Étrangères étaient accablés sous le poids de ces affreux malheurs.

Du Su-tchuen, de l'Annam, de Siam, s'élevaient des plaintes et des sanglots plus touchants chez ces hommes fortement trempés, privés de la patrie depuis de longues années, habitués à la considérer comme le rempart du catholicisme, et subitement la voyant tomber dans le gouffre de toutes les hontes et de toutes les cruautés.

« Depuis notre séparation de l'Europe, quel déluge de maux a inondé le troupeau de Jésus-Christ? écrivait M. Dubois[1], j'ai vu dans mon éloignement, en lisant les papiers anglais de Madras, la suite des événements affreux qui ont successivement désolé toute l'Europe. J'ai vu surtout avec les sentiments de la plus vive douleur les calamités sans nombre, les profanations de toute espèce qui ont affligé la cité sainte, la capitale du monde chrétien. A quels temps avons-nous été réservés, grand Dieu! Faut-il être condamné à vivre au milieu

---

1. Daté du 15 septembre 1798.

d'une nation si pervertie et être témoin de ses crimes et de toutes ses horribles actions. »

Du Tonkin, où il s'était rendu en 1789, M. Guérard, le futur évêque de Castorie, s'écriait [1] : « Nous avons reçu, cette année, quelque récit abrégé des malheurs de notre infortunée patrie. Quel coup ! La France républicaine hérétique, plus barbare que nos barbares païens, et plus altérée du sang des membres de Jésus-Christ que les anciens tyrans ! Pourrais-je le croire, si je n'avais été témoin des signes sinistres qui ne présageaient que trop certainement cette affreuse persécution ? »

Du fond du Su-tchuen, M. Dufresse énumérait avec une remarquable sûreté de jugement les causes de tant de maux : « Les misères de notre malheureuse patrie n'ont rien qui me surprenne. Depuis longtemps, la Providence nous avait avertis de cette Révolution, par la fermentation générale qui régnait presque dans tous les esprits.

« La France, comblée de faveurs divines, n'y répondait depuis nombre d'années que par des blasphèmes qu'on proférait et écrivait de tous côtés. Le mal avait pénétré de toutes parts; les grands, les petits, la noblesse, le peuple, tous, au moins en bonne partie, étaient atteints du mal de l'irréligion et de l'abominable esprit de philosophie, qui ne cessait de vomir des injures et des outrages contre Dieu et Jésus-Christ. Après cela, doit-on s'étonner des troubles qui affligent la France? ne devrait-on pas plutôt être surpris que Dieu ne fit pas éclater sa juste colère? Plaise à ce Dieu de bonté que les coups qui frappent ce royaume lui fassent ouvrir les yeux et détester cet esprit de philosophie et d'irréligion qui ont infecté presque toutes les conditions. Ainsi vit-on autrefois le

---

[1]. *Nouv. Lett. édif.*, vol. 7, p. 237.

peuple hébreu revenir à son Dieu qui appesantissait son bras sur lui. Mais l'endurcissement des cœurs étant porté à son comble, il est beaucoup à craindre que les calamités que la France a vu tomber sur elle, ne soient un pronostic de beaucoup d'autres qui lui sont préparées. La famine, la guerre, la peste sont les trois fléaux dont Dieu se sert ordinairement pour punir les Etats. La France a déjà éprouvé les deux premiers, et les éprouve encore en ce temps, peut-être plus que jamais ; qui sait si le troisième ne s'en suivra bientôt. »

L'inquiétude sur le sort de leurs parents et de leurs amis se mêlait aux patriotiques et chrétiennes angoisses des apôtres et leur inspirait des pages admirables d'affection, de générosité et de foi.

« Mon tendre frère, s'écriait un missionnaire du Tonkin[1], où êtes-vous? Où êtes-vous, mon cher ami? Où sont tous mes pauvres enfants que je chérissais si tendrement en Notre-Seigneur?... J'aime à me persuader qu'ils sont prêts à se laisser égorger mille fois plutôt que d'être infidèles en la moindre chose. J'envie votre bonheur, j'appelle votre bonheur ce qui est un malheur pour bien d'autres. Mon cœur est trop serré pour en dire plus long. J'embrasse les chaînes de tous nos illustres confesseurs ; je baise les pieds de tous les glorieux martyrs ; je m'unis à tous vos maux et à toutes vos bonnes œuvres. Soyez toujours généreux envers notre bon Maître, il n'a rien épargné pour nous témoigner son amour, n'épargnons rien pour lui témoigner le nôtre. »

Mais aucune douleur n'était comparable à celle qu'ils éprouvaient en songeant à leur œuvre, à l'œuvre de la Société des Missions-Étrangères en Extrême-Orient, au salut de tant d'âmes qui lui étaient confiées, au

---

1. *Nouv. Lett. édif.*, vol. 7, p. 238.

soin des églises qu'elle avait formées, et le cœur plein d'indicibles amertumes, ils faisaient entendre des cris de détresse.

« Nous n'espérons qu'en la bonté et la miséricorde de Dieu, écrivait Mgr Garnault; nous pleurons et nous gémissons de ce que notre pays est accablé de maux, qui nous privent d'en recevoir des secours. Si Dieu ne vient pas à notre aide, nous ne savons comment nous pourrons faire; d'ici à quelques années, nous n'aurons plus personne, et vous savez bien que les indigènes ne suffisent pas ici, du moins, pour conduire la mission. »

De Pondichéry, M. Magny disait [1] :

« Les anciens sont fort âgés; ils quittent peu à peu ce monde. Que deviendra la mission?

« Si le Seigneur n'envoie des ouvriers, c'en est fait de nous et de notre œuvre.

« Plus nous allons, plus nous sentons le besoin d'avoir des successeurs; au reste, ce besoin ne nous est point particulier, toutes les missions l'éprouvent comme nous. »

Les vétérans du Su-tchuen, ces vaillants qui avaient tant travaillé, et si souvent triomphé depuis vingt ans, tremblaient également pour l'avenir. Mgr de Saint-Martin, « l'homme pour qui l'ordre et la mesure étaient la pierre de touche de toutes choses », épanchait ainsi ses craintes dans le cœur d'un ami [2] :

« Il nous est impossible de prévoir ce qu'il adviendra de nous, de notre chère mission; nous ne comprenons pas davantage par quels moyens Dieu nous préservera d'une perte entière. Prions et sanctifions-nous, afin que par nos mérites et nos prières nous attirions sur notre malheureuse patrie, sur notre chère mission, sur nous,

---

1. Arch. M.-É., vol. 966, p. 431.
2. Arch. M.-É., vol. 381.

les regards miséricordieux de la divine Providence. »
Pendant ce temps, la mort frappait sans merci, faisant chaque année des vides qui n'étaient pas comblés. Les jeunes missionnaires du Tonkin et de la Cochinchine avaient été, nous l'avons dit, moissonnés avant l'heure.

Aux Indes, il en était de même pour Petitjean, Grandmottet, Bourgeois, Seveno; leur supérieur, Mgr Brigot, les avait suivis dans la tombe en 1791. Son existence tourmentée à Siam par la guerre des Birmans, à Pondichéry par les rivalités des Français et des Anglais, s'était achevée dans une résignation toute céleste. Sur son lit de mort, entouré de quelques Indiens, assisté d'un missionnaire, il prononça ces paroles :

« Mon Dieu, je vous offre ma vie pour le salut des infidèles que j'aurais voulu convertir; je vous prie de leur être miséricordieux, d'éclairer leurs cœurs des rayons de votre grâce; je vous prie et je vous supplie, malgré mon indignité, de me recevoir dans votre éternité. J'ai aspiré toute ma vie à vous servir et à vous aimer; ayez mes vœux pour agréables, et quoique j'aie commis beaucoup de fautes, ayez pitié de moi. »

Le Vicaire apostolique du Su-tchuen mourait à son tour le 28 septembre 1792. Ses vertus et ses travaux ont été racontés dans un volume récemment publié et intitulé : *La Mission du Su-tchuen, Vie de Mgr Pottier, son fondateur*. Il était bon que cette existence fût étudiée à fond, car elle dépasse en grandeur bien des carrières d'apôtres.

Les prêtres éminents qui travaillaient sous la direction de Mgr Pottier ont loué son humilité, sa simplicité, son affabilité, son amour de la pauvreté, son zèle pour la gloire de Dieu et pour le salut des âmes.

« C'est un véritable évêque d'or, écrivait M. Moÿe; il mène une vie toute apostolique; il essuie des travaux immenses. C'est un homme unique. Je n'en ai jamais vu qui lui soit comparable. »

« Pour le coup, s'écriait M. de Saint-Martin, j'ai vu un évêque ; je n'ai jamais rencontré tant de simplicité et tant de grandeur ; il partage avec ses missionnaires tout ce qu'il possède ; il est vêtu comme le commun du peuple ; il est toujours en course pour les missions ; il fera quelquefois trois journées de chemin pour un seul malade.

« Cet homme admirable en tout est d'une simplicité et d'une humilité qui me couvrent de confusion, toutes les fois que je le vois ; il laisse la liberté de tout dire, et il croit être le plus ignorant de tous les missionnaires. Certainement, je changerais bien quatre têtes comme la mienne contre la moitié de la sienne, toute fatiguée qu'elle est. »

Ces éloges s'adressent au missionnaire et à l'évêque, au soldat et au chef. Mgr Pottier en était digne. Arrivé dans sa mission en 1754, il y reste seul prêtre européen pendant dix années, donne ses soins à 4,000 chrétiens, la plupart ignorants, éloignés depuis longtemps des sacrements ; pour l'aider, il n'a que deux ou trois prêtres indigènes ; il ne s'attriste ni ne se décourage. La situation lui paraît dure, il ne s'en plaint pas, il met en pratique le mot qu'il a coutume de répéter : « Plus la barque périclite, plus on doit ramer. » Il parcourt la province du Su-tchuen sans hâte comme sans lenteur, baptisant, prêchant, redressant les abus, prenant sur les fidèles, sur les catéchistes, sur les prêtres indigènes un empire absolu, par l'admirable beauté de sa vie, et par l'indiscutable sûreté de son jugement.

Confesseur de la foi, jeté en prison et condamné à l'exil, il supporte courageusement des tortures que son humilité se refuse à révéler ; et, comme en lui, l'homme pratique ne le cède en rien au héros, il rachète l'ordre d'exil qui l'a frappé, afin de continuer ses travaux. Nommé évêque après quinze ans de cet infatigable ministère, entouré de missionnaires d'une haute intelligence et d'un zèle brûlant, il leur laisse toute liberté d'action, se contentant de les conseiller et de les modérer, si besoin en est, car il montre en toutes choses un bon sens supérieur et un esprit éminemment pondéré, remarquablement propres au gouvernement; ce n'est pas un chef qui jette son épée dans la mêlée pour électriser ses soldats, c'est un chef qui sait mettre chacun à sa place, et combiner les mouvements nécessaires pour envelopper et vaincre l'ennemi.

D'un calme inaltérable dans la tempête aussi bien que dans les beaux jours, il ne se départ jamais d'une prudence consommée; malgré la malveillance des mandarins, malgré l'infériorité sociale des chrétiens, malgré l'emprisonnement de ses prêtres, il ne cesse de faire progresser sa mission. Sous son administration, tout marche de pair : instruction des fidèles, conversions d'adultes, baptêmes d'enfants, fondations d'écoles et de séminaire, règlements généraux du Vicariat. Quand il meurt, la mission du Su-tchuen, qui compte 25,000 catholiques est solidement établie, elle grandira, se développera, mais dans la direction que l'évêque lui a imprimée.

Assurément, sans les prêtres éminents qu'il reçut pour collaborateurs, Mgr Pottier n'eût accompli qu'un bien restreint; mais sans ce chef prudent, habile, saint, les prêtres n'auraient pas su employer avec le même art les éléments de leurs diverses créations, ils n'auraient pas obtenu cette justesse de proportions et cette symétrique harmonie qui en ont fait la force et assuré la durée. La fondation de la mission du Su-tchuen est son œuvre plus que la leur; il est de toute justice que son nom y reste attaché, comme le nom des architectes aux monuments qu'ils ont construits, c'est là seulement qu'il reluit dans son véritable éclat, dans la pleine lumière de la gloire que, vivant, Mgr Pottier reportait toute à Dieu.

VII

Les directeurs du Séminaire essayaient de combler les vides qui se faisaient dans les rangs des ouvriers apostoliques. Mais que pouvaient-ils?

Dispersés en France, en Angleterre, en Italie, à la merci d'événements terribles, ils priaient, suppliaient Dieu et les hommes. Les hommes étaient trop souvent sourds à leurs supplications, et Dieu ne faisait pas de miracles pour les aider. Ceux qui s'étaient réfugiés en Angleterre, avaient emmené quelques séminaristes avec eux. Après les avoir instruits, ils voulurent les diriger vers l'Extrême-Orient, mais ils se heurtèrent à des difficultés multiples.

Jusqu'alors, les nations de l'Europe, catholiques ou protestantes, avaient presque toujours accordé le passage, sur leurs vaisseaux, aux prédicateurs de l'Évangile, mais à cette époque, coalisées contre la France, redoutant ses idées révolutionnaires et plus encore son esprit de conquête, craignant que la présence de nombreux missionnaires n'attirât les Français dans leurs colonies ou dans leurs comptoirs, elles ne montraient plus la même bonne volonté. Quelques-unes même, comme le Portugal, jugeaient assez mal tous les Français pour obliger les prêtres, si par hasard il leur accordait le passage, à signer une formule condamnant les horreurs de la Révolution.

Elle est instructive et singulièrement captivante la lecture des lettres que les directeurs écrivent, des réponses qu'ils reçoivent, ainsi que le récit des démarches qu'ils font et des moyens qu'ils emploient pour obtenir soit l'autorisation d'embarquement, soit des secours pour payer la traversée. Ils rencontrent devant eux les obstacles politiques qui s'ajoutent aux difficultés religieuses et aux embarras d'argent, mais, battus sur un point, ils font une tentative sur un autre. Si l'Angleterre refuse, ils s'adressent au Danemark; si le Danemark allègue quelque raison, il reste l'Espagne, l'Autriche, le Portugal; si les évêques ne consentent pas à laisser partir leurs prêtres, ils font intervenir la Propagande, qui écrit au nonce de Madrid, à celui de Lisbonne, au chargé d'affaires du pape à Londres.

Les efforts de M. Chaumont à Londres s'unissent à ceux de M. Boiret en Italie.

M. Chaumont s'adressa à la Compagnie des Indes, et se fit aider par M. Baillie, un banquier, et par M. Edgeworth de Firmont, « notre célèbre commensal », comme il l'appelle en souvenir de son séjour au Séminaire des Missions-Étrangères. M. de Firmont le recommanda à un de ses amis, M. Hussey, « homme d'un grand crédit, d'un grand esprit et qui joint à cela un grand zèle pour la religion ».

Cette démarche n'étant pas suffisante, Chaumont écrivit au ministre de l'intérieur d'Angleterre, et lui envoya la copie d'un mémoire adressé quelques semaines auparavant à la Compagnie des Indes, en le priant de vouloir bien l'appuyer. Il remit copie de ce mémoire à l'évêque de Saint-Pol, Mgr de La Marche, à Mgr Douglas, évêque de Centuries, vicaire apostolique de Londres, qui essayèrent d'intéresser Burke à cette affaire. Le grand orateur en parla au ministre qui lui répondit ne voir aucun inconvénient à ce que les vaisseaux anglais prissent à leur bord des prêtres français. La Compagnie fit les plus belles promesses, mais quand vint le moment de les exécuter, elle déclara « que cette année on ne pouvait accepter de missionnaires à cause de l'ambassade envoyée à l'empereur de Chine, qu'elle craignait qu'on ne sût, en Chine, qu'on a porté des missionnaires, et que ce ne fût un obstacle au succès de l'ambassade. » A cette objection, Chaumont répondit que, « si la Compagnie voulait accorder le passage, il promettait qu'aucun des missionnaires n'entrerait en Chine, qu'en conséquence, la Compagnie ne pourrait être compromise. » « Mais cette observation et cette promesse n'ont produit aucun effet. Que faire? Adorer les desseins de Dieu qui ne permet peut-être cette contrariété que pour le plus grand bien des missionnaires [1]. »

Une autre lettre de M. Chaumont prouve clairement, d'ailleurs, que les raisons alléguées par la Compagnie étaient de simples prétextes. « Si on eût fait, dit-il [2], pour l'Angleterre ce qu'on a fait pour la France, nous serions assurés d'avoir le passage gratis. La Compagnie des Indes semblerait désirer que quelqu'un de nous pût servir d'interprète et rendre service aux vaisseaux anglais qui vont en Chine ; à ce prix, le passage est non seulement gratis, mais accompagné de quelques gratifications. Nous ne pouvons entrer dans ces vues, nous pouvons seulement promettre que si un vaisseau abordait sur les côtes où nous avons des missionnaires, et qu'il fût exposé à des dommages de la part des habitants, nos missionnaires se feraient un plaisir sensible de leur rendre tous les services possibles. »

La Compagnie, en effet, voulait que les missionnaires acceptassent de servir l'influence anglaise ; ceux-ci ne le pouvaient ; Rome, en effet, leur a toujours interdit de se mêler aux questions politiques ; si parfois, ils s'écartent de cette règle générale, c'est qu'ils sont for-

---

1. Arch. M.-É., vol. 37, p. 107.
2.   Id.   vol. 37, p. 27.

cés par de graves motifs ou par une impérieuse nécessité, et surtout c'est qu'ils y voient la possibilité d'aider au salut des âmes ; dans la circonstance présente, il n'en était pas ainsi. Le pays dont on leur demandait de seconder les efforts était l'Angleterre ; or, travailler à développer l'influence anglaise, c'était aider le protestantisme et nuire à la France ; aider le protestantisme, les missionnaires, prêtres catholiques, ne le devaient pas ; nuire à la France, ils ne le voulaient pas ; même en ces heures de proscriptions, d'exils et de massacres, la France restait toujours leur patrie, ils lui gardaient un inviolable amour.

M. Chaumont s'adressa alors à un capitaine de vaisseau marchand, en partance pour Chandernagor. Celui-ci demanda cent guinées par personne, « mais la Propagande[1] ne veut et ne peut donner cent guinées, ainsi pas plus de possibilité d'envoyer à Pondichéry qu'en Chine. »

Il tenta d'envoyer des missionnaires par l'Espagne. L'ambassadeur de ce pays à Londres lui répondit qu'il avait ordre de refuser tous les passeports. De son côté, le préfet de la Propagande, averti par M. Boiret, envoya une lettre au nonce du Pape à Madrid, le priant [2] « d'obtenir de sa Majesté Catholique l'ordre d'embarquement et de faire son possible pour avoir, sur ses vaisseaux, le passage d'un prêtre des Missions-Étrangères de Paris envoyé par ses supérieurs. » Le missionnaire dont il est ici question était M. Montalant, docteur en théologie, ancien professeur de philosophie au petit Séminaire d'Angers. Il était alors à Orense, à 200 lieues de Cadix où il devait s'embarquer. Quand il voulut quitter Orense, on lui déclara qu'il était défendu à tout prêtre

---

1. Arch. M.-É., vol. 37, p. 107.
2. *Id.* vol. 36, p. 193.

français de voyager en Espagne sans avoir un passeport. Montalant en demanda un au capitaine général de la Corogne, qui lui répondit n'avoir pas le pouvoir de lui en donner. Il écrivit au Ferrol, puis à Madrid, et finalement il apprit qu'aucun vaisseau ne partirait pour la Chine pendant l'année. Il fut alors question de l'embarquer sur les vaisseaux danois ou suédois, une autre difficulté se présenta. « Pour ce qui est du Danemark et de la Suède, disaient MM. Boiret et Descourvières [1], ces pays se comportent de manière à empêcher tout à fait de penser à profiter de leurs vaisseaux; comme ils sont connus pour favoriser ouvertement les Français, ils courent les plus grands risques d'être arrêtés par les Anglais, de sorte qu'après de grandes dépenses et de longs voyages, les missionnaires qui auraient obtenu passage sur leurs vaisseaux n'en seraient pas plus avancés. » D'ailleurs, à cette demande, la Compagnie suédoise répondit par une raillerie protestante « qu'après avoir échappé au martyre en France, les prêtres ne devaient point aller le chercher en Chine [2]. »

Douloureusement affligé de ces insuccès multipliés, M. Chaumont s'écriait [3] : « Tout a été complètement inutile, en vérité si Dieu n'a pas pitié de la France, nous aurons bien de la peine à perpétuer les missions. La Compagnie n'avait pas de religion, soit, mais c'était une vieille routine de passer les missionnaires et le roi pouvait ordonner. Que dire à tout cela? Que le saint nom de Dieu soit béni, prendre patience et attendre des dispositions plus favorables de la Providence. »

Cependant soutenus par l'importance du but qu'ils poursuivaient, par la grandeur de leur ministère, par

1. Arch. M.-É., vol. 220, p. 214.
2.   Id.   vol. 221, p. 250.
3.   Id.   vol. 36, p. 189.

leur zèle pour le salut des infidèles, les directeurs ne se découragèrent pas.

Un instant ils eurent l'espoir de réussir du côté de l'Autriche. On disait que l'empereur avait promis sa protection aux Missions-Étrangères, qu'il ne leur donnerait pas de maison et ne les établirait pas dans ses États, mais qu'il se chargerait de faire passer tous les missionnaires aux Indes. C'étaient, assurait-on, les propres paroles du nonce du Pape à Vienne. Interrogé à ce sujet par M. Boiret, le Préfet de la Propagande répondit[1] « que l'empereur avait l'intention de faire ce que faisait le roi de France pour les missions établies dans le Levant, en Turquie et en Égypte, mais que pour les autres il ne les aiderait pas ». L'empereur raisonnait et agissait comme beaucoup de souverains et comme beaucoup de gouvernements : il avait un intérêt politique à protéger les prédicateurs de l'Évangile dans des pays voisins de ses États et peuplés d'un grand nombre de ses sujets, il les protégeait; il n'en avait pas à aider ceux qui allaient en Chine, il ne s'en occupait pas.

Enfin, en 1795, les directeurs réussirent à faire partir trois missionnaires : Le Germain[2], Lestrade[3] et Souviron[4].

L'année suivante, Gaillard, Barrault, Montalant et Coessain s'embarquèrent sur un navire marchand, mais en traversant le golfe de Gascogne, le vaisseau fut capturé par un corsaire français et conduit à Bordeaux. Les missionnaires, bien traités par le commandant, furent volés par les matelots; à peine descendus à terre, ils furent enfermés dans une maison de réclusion où se trouvaient déjà douze prêtres âgés et infirmes.

---

1. Arch. M.-É., vol. 220, p. 129.
2. Du diocèse de Vannes, parti en 1795, mort le 11 janvier 1800.
3. Du diocèse de Blois, parti en 1795, mort le 9 juillet 1798.
4. Du diocèse d'Oloron, parti en 1795, mort le 13 mai 1797.

Malheureusement ce contretemps les fit revenir sur leur décision de se consacrer aux missions. Déjà, à cette époque, les prêtres jouissaient en France d'une certaine liberté, le bien à faire était immense, les fidèles s'empressaient autour d'eux et les conjuraient de ne pas s'éloigner. Les missionnaires se laissèrent toucher et résolurent de rester.

Des obstacles d'un autre genre s'ajoutaient à ceux que suscitait la question politique. Les évêques, réfugiés à Londres, espéraient sans cesse que des jours meilleurs allaient se lever sur la France, que les exilés auraient bientôt le droit de rentrer dans leurs diocèses, ou dans leurs paroisses, et désireux de conserver leurs prêtres pour travailler à la reconstitution de leur Église, ils n'accordaient à aucun l'autorisation de partir.

En vain leur répétait-on que la Chine était plus pauvre de prêtres que la France, que les besoins y étaient plus considérables, que les âmes rachetées par le sang de Jésus-Christ s'y perdaient en plus grand nombre; en vain, suivant le conseil de M. Chaumont, faisait-on appuyer les demandes par quelques cardinaux amis de M. Boiret; ils refusaient opiniâtrement. Ils acceptaient difficilement, d'ailleurs, l'ingérence de la Propagande et même du Souverain Pontife en semblable matière : « Nous sommes fort étonnés, écrivaient Boiret et Descourvières [1], de la réponse de l'évêque de Saint-Pol-de-Léon à M. Rabeau [2], et le est une preuve de plus que les plus grands hommes et les plus saints se trompent quelquefois dans les choses où les hommes ordinaires ne se tromperaient pas. N'est-il pas évident que le pape ayant juridiction sur toute l'Église et étant chargé spécialement de pourvoir aux missions, il a le droit de

---

[1]. Arch. M.-É., vol. 220, p. 404.
[2]. D'Angers, parti en 1799, mort en 1811.

prendre ceux que le Bon Dieu y appelle, où qu'ils soient, et leur évêque n'a pas sur eux un droit qui exclut celui du Pape. » Pareille lettre ne s'écrirait plus aujourd'hui, et ce sera l'éternel honneur de l'épiscopat français du dix-neuvième siècle d'avoir reconnu, en droit et en fait, dans les grandes choses et dans les petites, la souveraine puissance du Chef de l'Église.

Sans doute, la Propagande avait déclaré qu'il était hors de doute « que[1] la permission des évêques n'était nullement nécessaire, et pour lever tout scrupule à ce sujet, elle avait fait expédier des lettres de missionnaires pour ceux qui étaient prêts à partir. » Mais, outre que la Société n'avait pas coutume d'accepter des sujets sans l'autorisation des évêques, cette façon de procéder soulevait la question des passeports. Aucun prêtre français ne pouvait quitter l'Angleterre sans avoir un passeport; or, pour l'obtenir, il fallait l'autorisation de Mgr de La Marche qui, ne voulant pas contrarier ses collègues, la refusait aux missionnaires.

Et ces missionnaires dont on avait tant de peine à procurer la traversée, ou à arracher l'autorisation de départ, combien étaient-ils? Très peu nombreux, hélas! De 1793 à 1798, il en partit sept. Sur ce nombre, quatre pris par les vaisseaux français, comme nous l'avons dit, ne poursuivirent pas leur dessein. Cette pénurie de vocations était un sujet d'étonnement pour les hommes apostoliques déjà en mission. Ils se demandaient sans pouvoir trouver d'explication, pourquoi les prêtres français si nombreux, qui menaient une vie souvent inoccupée sur tous les chemins de l'Europe, ne prenaient pas la route d'Extrême-Orient. On les disait fidèles, pieux, édifiants. Mais pourquoi leur piété n'allait-elle pas s'exercer sur un champ plus fertile?

---

1. Arch. M.-É., vol. 220, p. 125.

Pourquoi, les regards sans cesse attachés sur la France, attendaient-ils dans l'inaction la fin de la tourmente ?

... « Ah ! cher confrère, écrivait M. Guérard[1] à M. Blandin, si quelqu'un de ces pauvres exilés de France avait le courage de venir à notre secours ; que sa joie serait grande de voir ce que j'ai vu chez ce pauvre peuple ! Que sa couronne serait brillante dans le ciel, s'il avait le bonheur de leur ouvrir la voie du salut. »

Un missionnaire de Pondichéry, Abel Barreau[2], dont un frère et un oncle avaient été massacrés aux Carmes, adressait aux prêtres réfugiés en Angleterre un chaleureux appel[3] :

« Messieurs et respectables confrères en Jésus-Christ notre Père commun, le souverain Prêtre et le Sauveur des âmes.

« C'est le dernier des missionnaires et un prêtre échappé comme vous de la persécution de France qui veut vous faire entendre sa faiblesse, pour vous engager à venir partager nos travaux et nous seconder dans la glorieuse et consolante entreprise de gagner des âmes à Jésus-Christ, dans ces pays éloignés, où la moisson autrefois si abondante est devenue petite faute d'ouvriers, et depuis la perte que nous avons faite de tant de dignes et respectables confrères qui nous servent d'intercesseurs au Ciel, mais que nous aurions bien désiré posséder plus longtemps pour coopérateurs ici-bas. La même couronne nous attend, mais nous prions le Seigneur de nous la différer encore quelque temps, à cause des âmes confiées à nos soins qui se trouveraient aussitôt abandonnées et destituées de tout secours, puisque depuis de longues années, nous ne voyons presque personne qui se présente pour nous aider et pour nous

1. *Nouv. Lett. édif.*, vol. 7, p. 365. Daté du 17 juillet 1797.
2. Du diocèse du Mans, parti en 1791, mort le 25 décembre 1817.
3. Arch. M.-É., vol. 996, p. 225.

remplacer. Saint François Xavier, du pays où nous sommes, écrivait aux jeunes gens de l'université de Paris pour les engager à venir au secours des Indiens, les assurant des plus grandes consolations spirituelles, et les invitant, en conséquence d'un si heureux dédommagement, à préférer le salut de tant d'âmes à leur repos et à leur tranquillité particulière. »

A ceux qui répondaient que des motifs pressants les engageaient à rester en France, M. Barreau disait :

« ... Bien loin de m'opposer à un si beau zèle, je prie Dieu de le seconder, je baise en esprit tous vos pas, je vous loue, je vous admire et vous conjure de ne rien épargner pour retirer nos concitoyens de l'abîme dans lequel ils sont plongés, pour leur faire connaître les douceurs de la paix, pour leur annoncer le royaume de Dieu dont ils sont si éloignés.

« Mais n'oubliez pas les contrées où le besoin est encore plus pressant et où votre zèle trouvera encore plus de matière à l'exercer, où Dieu opérerait par votre ministère des prodiges de grâce et de conversion. »

Et il terminait par cette touchante péroraison :

« Courage, courage, généreux confrères, une glorieuse récompense nous attend, venez la partager avec nous ; formés dans les mêmes écoles de piété que nous, avec vous nous apprendrons à mieux connaître ce que nous devons être, et tous ensemble, animés du plus beau zèle, ne faisant qu'un cœur et qu'une âme, nous n'aurons d'ambition, de mouvement et de vie qu'à procurer par tous les moyens possibles non seulement la gloire, mais la plus grande gloire de notre adorable Sauveur, et celle de son auguste Mère, la glorieuse Marie. *Ad majorem Dei gloriam Beatæque Virginis Mariæ.* »

CHAPITRE VII
1795-1799

I. Arrestation de M. Souviron. — Les Chinois cherchent à s'emparer de M. Letondal. — Bonne contenance des Portugais. — Mort de M. Souviron. — II. Les Portugais attaquent Mgr Champenois et ses missionnaires; conduite des Anglais. — Persécution de Tippou-Sahib. — Courage du commandant Michael et de son bataillon. — Mort de Tippou. — Travaux de M. Dubois dans le Maïssour. — Conversion des apostats. — Mgr Champenois nommé visiteur de la mission du Thibet. — III. La mission du Tonkin. — Du Tonkin au Yun-nan. — Au Laos. — Les Tay-son persécuteurs. — Projets des missionnaires pour arrêter la persécution. — Martyre de deux prêtres indigènes : Emmanuel Trieu et Jean Dat. — Proscription des missionnaires. — Arrestation et délivrance de Mgr Lamothe. — M. de la Bissachère est poursuivi. — IV. Mgr Pigneau de Behaine. — Son influence en Cochinchine. — Conduite de Nguyên-anh et des mandarins envers les missionnaires et envers les Français. — Mort de Mgr Pigneau. — Ses funérailles. — V. Ses vertus. — Son rôle politique et religieux.

I

Les appels des missionnaires tombaient au milieu d'une effervescence générale, qui se portait d'un tout autre côté que vers l'apostolat.

Robespierre avait payé de sa tête l'effrayante série de ses crimes monstrueux; la Convention avait disparu; le Directoire inaugurait une politique plus humaine; les émigrés faisaient déjà des projets de retour.

Quelques personnes pieuses seules s'intéressaient aux Missions, soupiraient en pensant aux malheurs des temps, et conjuraient le Seigneur d'étendre sa miséricorde sur les pays infidèles; mais aucun dévouement personnel et actif ne s'élançait pour aller soutenir les ouvriers apostoliques, décimés par les labeurs et éprouvés par la persécution, car la persécution sévissait toujours en Extrême-Orient.

En Chine, un missionnaire, parti en 1795, mourait dans les prisons de Canton. Aux Indes, Tippou-Sahib, digne émule de ses amis, les sans-culottes de France, obligeait les chrétiens à l'apostasie. Au Tonkin, les Tay-son, encore au pouvoir, poursuivaient les Européens qu'ils détestaient davantage, depuis que ceux-ci étaient les soutiens de leur ennemi Nguyên-anh.

En Cochinchine, Mgr de Behaine était parfois impuissant à couvrir de sa protection les fidèles haïs des mandarins. La mission de Siam avançait péniblement, soutenue par deux prêtres âgés et infirmes. Il importe d'entrer dans le détail des faits.

Le prêtre de la Société des Missions-Étrangères, mort à Canton, est Paul Souviron.

Destiné d'abord au Tonkin, il fut ensuite dirigé sur le Su-tchuen, pour éviter de tomber entre les mains des troupes que le vice-roi de Canton envoyait contre les pirates qui infestaient alors le Kouang-si et les provinces orientales du Tonkin. Il partit de Macao le 2 mars 1797, accompagné de cinq chrétiens chargés de le conduire à Tchen-tou et habitués à cette contrebande apostolique.

Neuf jours après son départ, par la trahison des bateliers sur lesquels les courriers avaient cru pouvoir compter, il fut pris à Chao-tcheou, et presque aussitôt conduit à la capitale de la province.

Cette arrestation émut vivement le vice-roi, qui donna des ordres pour se saisir des catholiques. A Chun-te, à Fou-chan, dans plusieurs autres paroisses, les fidèles furent mis en prison; ceux des paroisses de l'est se réfugièrent à Macao, dont l'évêque Marcellin de Sylva leur offrit l'hospitalité. Cet évêque portugais était un homme d'élite, au cœur large, à l'intelligence grande et hardie, un saint prêtre qui montra toute sa vie des exemples de haute vertu. C'est en ces termes qu'en parle M. Letondal qui eut bien souvent l'occasion de l'apprécier à sa juste valeur.

Toutes les lettres et les papiers saisis sur Souviron et adressés aux missionnaires du Su-tchuen étaient, pour la plupart, signés du procureur des Missions-Étrangères, ce qui suffisait pour le désigner à la haine des Chinois. Le vice-roi voulut donc le frapper et essaya de s'emparer de lui par la force ou par la ruse ; il envoya trois négociants, qui faisaient le commerce avec les Européens, prier M. Letondal de se rendre à Canton, où, affirmait-il, l'affaire du captif serait rapidement arrangée à l'amiable. La politesse chinoise cachait une fourberie, dont les chrétiens avertirent le procureur. Celui-ci reçut cependant les députés, mais il refusa de les suivre, et chercha à leur expliquer que l'arrestation du missionnaire n'avait aucune raison d'être.

« M. Souviron n'était pas envoyé dans l'empire, leur dit-il, mais au Tonkin, dans un pays qui porte le nom de Fu-chuan, qu'il ne faut pas confondre avec la province de Su-chuan ; par conséquent, il n'est pas coupable d'avoir violé vos lois et vous n'avez qu'à le laisser en liberté. » — Je tâchais de leur persuader, ajoute-t-il dans le récit qu'il a laissé de cette conversation[1], combien il est facile de confondre Fu-chuan avec Su-chuan, soit pour le nom, soit pour l'écriture. — Venez donc dire cela au vice-roi, dit le Pankékoua ou chef des négociants, et vous reviendrez bientôt à Macao avec le missionnaire arrêté. — Vous pouvez vous-même faire part de ma réponse, riposta le procureur, le gouverneur vous croira tout autant que moi. Car, s'il

---

[1]. Arch. M.-É., vol. 448, p. 1103.

ne veut pas vous croire, vous, en qui il a assez de confiance pour vous envoyer me parler de cette affaire, il est à présumer qu'il ne me croira pas non plus, et dès lors, mon voyage à Canton est plus qu'inutile. »

La diplomatie ayant échoué, les négociateurs eurent recours à la violence. Ils prièrent le procureur de réfléchir à leur proposition et de venir leur apporter sa réponse dans la maison des agents suédois, chez qui ils avaient dîné. M. Letondal y consentit et s'y rendit.

A peine est-il arrivé que les coups précipités du tam-tam résonnent, et que trois cents soldats envahissent la maison. En même temps, les Chinois saisissent le prêtre par les bras et veulent l'entraîner. Aussitôt, M. Morvis, le second subrécargue suédois, passe dans sa chambre, prend un pistolet et déclare, d'un ton résolu et animé qui fait pâlir les Chinois, qu'on ne touchera pas impunément à son hôte. M. Palm, le chef de la maison, partage l'indignation du subrécargue.

« Je vous ai fait la politesse, leur dit-il[1], de vous donner aujourd'hui à dîner, et vous ai traités comme des amis, et vous consommeriez chez moi une trahison à l'égard d'un autre ami qui s'y trouve ; il n'en sera pas ainsi, j'ai assez d'armes pour vous chasser tous d'ici, fussiez-vous trois cents. » Intimidés, les marchands s'arrêtent et font entendre au mandarin qu'il n'y avait rien à faire et que le coup était manqué.

Informé de la présence de la troupe chinoise en armes, le commissaire de Macao, Antonio Vincenti Rosa se présente et reproche vivement aux négociateurs leur conduite. A la demande du mandarin et sur les conseils de Rosa, Letondal consigne dans un écrit de quelques lignes les explications données de vive voix et les remet

---

[1]. Arch. M.-É., vol. 448, p. 1119.

aux envoyés. Ceux-ci ne se tiennent pas pour satisfaits, ils osent réclamer au sénat de la ville une attestation que M. Letondal n'est pas à Macao, le menaçant, s'il refuse, de la colère du vice-roi de Canton.

La cité portugaise avait alors pour chefs militaires deux hommes d'une énergie et d'une prudence égales à celles de l'évêque : le colonel Emmanuel de Pinto, gouverneur, et de Lazaro, administrateur.

Ils se rendent au sénat, prennent hautement la défense du missionnaire, dévoilent la trahison des Chinois et la violation des traités, dont ces derniers, se sont rendus coupables en entrant en armes dans Macao. Ils libellent une réponse en ce sens et exposent leurs griefs contre les Chinois, et leurs raisons de ne pas accepter les ordres du gouverneur de Canton; à la fin, ils ajoutent cette réflexion très forte pour le traditionalisme des mandarins de l'empire : « Consultez vos archives, et vous trouverez beaucoup d'exemples d'Européens renvoyés par vous à Macao, mais pas un seul d'Européen renvoyé de Macao aux tribunaux de Canton. »

Cette réponse ne satisfit pas le mandarin et les négociants, mais elle les rendit plus doux : au lieu de menaces, ils supplièrent, et employèrent le reste du jour et les deux jours suivants à solliciter une autre lettre, qui leur fut inflexiblement refusée. Ils durent repartir, humiliés de leur complet insuccès.

Letondal, profondément touché de la fermeté et de la générosité des Portugais en cette occasion, exprima sa gratitude en un langage ému[1] :

« Si j'étais un de ces hommes dont le rang élevé fait du bruit dans le monde, le zèle qu'on a mis à me tirer des mains des Chinois ferait beaucoup d'honneur aux premières têtes de cette ville; mais les personnes sages

---

1. Arch. M.-É., vol. 448, p. 1109.

et réfléchies qui liront ce récit, estimeront davantage mes libérateurs lorsqu'ils feront attention que je ne suis qu'un simple prêtre, un étranger, un homme incapable de leur être d'aucune utilité.

« Cette généreuse vigueur, avec laquelle on a volé de toutes parts à mon secours, m'a vivement affecté; j'ai été, bien des fois, touché jusqu'aux larmes à la vue de l'intérêt qu'on avait pris à ma cause, alors mon esprit et ma sensibilité se transportaient tantôt dans la prison de mon cher confrère, M. Souviron, ou dans celles des pauvres chrétiens persécutés, et tantôt au sein de ma patrie, où le spectacle du clergé français égorgé, incarcéré, dépouillé, dispersé par ses propres frères et compatriotes, faisait un contraste bien frappant avec ma position, me trouvant si courageusement défendu chez une nation étrangère. »

La reconnaissance de M. Letondal est justifiée; elle ne doit pas, cependant, nous faire oublier qu'en le défendant, les Portugais se défendaient eux-mêmes; ils maintenaient des privilèges très difficilement obtenus et souvent attaqués. En laissant prendre le procureur des Missions-Étrangères au milieu de leur ville, ils eussent bientôt été forcés de laisser arrêter des Suédois, des Espagnols et même leurs propres compatriotes.

Le principe de non-intervention des Chinois à Macao ne devait pas souffrir d'exception, sous peine d'être tôt ou tard complètement anéanti.

N'ayant pas réussi dans son projet, le vice-roi de Canton poursuivit l'interrogatoire du missionnaire et de ses compagnons. « Suivant le procès-verbal, Souviron déclara que les Européens, qui sont plus instruits des vérités de la religion et les enseignent aux autres, sont appelés Pères; que leur emploi est d'exhorter les peuples à faire le bien, et à rejeter toute mauvaise intention. « J'ai fait, dit-il, librement et de mon propre

« choix, le vœu de propager cette même religion, pour
« acquérir des mérites devant Dieu ; et c'est pour ce
« motif que j'ai changé d'habillement et me suis intro-
« duit dans l'empire. »

Le juge fit donner dix soufflets à deux des captifs, enfermer le prêtre et deux de ses compagnons dans une prison ; et placer les trois autres dans un cachot éloigné.

Au commencement du mois de mai, Paul Souviron et les chrétiens comparurent de nouveau devant le tribunal du juge criminel, et y firent les mêmes réponses que dans les interrogatoires précédents.

Les mandarins étaient embarrassés. Celui qui avait arrêté le missionnaire voulait que le procès fût porté à Pékin, pour se faire à la cour un mérite de son zèle. Les autres s'y opposaient, parce qu'ils craignaient des reproches pour eux-mêmes. L'un d'eux pressait le vice-roi de Canton de finir l'affaire sur place ; et celui-ci, pour ménager les intérêts des uns et des autres, adressa un faux rapport à la cour de Pékin. Mais, afin de réussir, il fallait que les dépositions des courriers fussent conformes à son rapport : il cita donc et tourmenta trois d'entre eux pour les obliger à se rétracter. Louis Lieou eut les jambes tellement abîmées par les tortures précédentes, qu'il fallût le porter à l'audience, il répondit cependant avec la plus grande fermeté[1] : « Vous m'avez forcé de vous dire des vérités dont l'aveu m'a coûté si cher, et maintenant vous voulez que je les nie ! Il y a longtemps que je désire souffrir le martyre pour une aussi belle cause que celle de ma religion. Je ne veux pas, par une indigne rétractation, perdre le fruit de mes souffrances. Oui, il y a bien des années que mon emploi est d'introduire des missionnaires

---

1. *Nouv. Lettres édif.*, p. 280-281.

j'en ai fait entrer plusieurs, l'un est mort, et c'est pour le remplacer que j'introduisais celui-ci. Si vous me rendez la liberté, je reprendrai mon emploi, loin d'en rougir et de m'en repentir. »

Pendant ces interrogatoires qui se succédaient à des intervalles plus ou moins rapprochés, M. Souviron fut attaqué d'une fièvre maligne contractée en servant un de ses compagnons de captivité. Il expira le huitième jour de sa maladie, le 13 mai 1797 à l'âge de 28 ans. Le mandarin, gardien de la prison, examina le cadavre pour se rendre compte de la cause de la mort, qu'il déclara naturelle, il fit ensuite faire le portrait du missionnaire et l'offrit aux autorités supérieures. Deux mois plus tard, M. Letondal chargea un chrétien de demander le corps du prêtre français, il l'obtint, et le « trouva encore flexible, nullement défiguré et n'ayant aucune mauvaise odeur, quoiqu'il eût été près de deux mois sous terre dans une fosse qui n'était pas profonde et par un temps de chaleur excessive. »

- Ces restes, si admirablement conservés, furent d'abord enterrés dans le cimetière des missionnaires de Canton, aujourd'hui ils reposent dans la chapelle du Sanatorium de Hong-Kong ; et c'est une consolation pour les missionnaires, qui sentent leur vie brisée dans sa fleur, d'aller s'agenouiller sur la tombe d'un de leurs frères, dont la mort glorifia Dieu autant qu'une longue existence.

II

A Macao, les Portugais défendaient le procureur des Missions-Étrangères ; aux Indes, ils attaquaient Mgr Champenois et ses prêtres et ne rougissaient pas de s'appuyer sur les protestants anglais pour attirer à eux les catholiques indiens et s'emparer des églises et des presbytères.

Le Portugal, nous l'avons vu maintes fois, avait combattu les Vicaires apostoliques dès le début de leur institution; il voyait en eux des ennemis de sa puissance, des destructeurs de son influence et des agents de la France. L'inutilité de ses réclamations, et le fait accompli depuis un grand nombre d'années en Chine, au Tonkin, à Siam, ne l'avaient pas arrêté; pendant le XVIIIe siècle, il avait saisi presque toutes les occasions qui s'étaient offertes pour manifester ses sentiments d'hostilité contre eux. Aussitôt qu'il les retrouva dans les Indes, il leur fit la guerre, guerre tantôt ouverte, tantôt cachée, recourant à la ruse et à la violence, employant tous les moyens, même la trahison, même la révolte contre Rome. Les évêques portugais, obstinément attachés aux privilèges qu'ils avaient autrefois reçus, tenaient à les recouvrer tout entiers, et ils voulaient que l'évêque, supérieur de la mission de Pondichéry, reçût d'eux ses pouvoirs. Celui-ci, fort de l'assentiment de Saint-Siège, refusait. L'administrateur de Cranganor commença la lutte ouverte en envoyant, dans le Vicariat apostolique de Pondichéry et principalement dans le Maduré et le Coïmbatour, des prêtres catanars ou prêtres noirs de Cochin du rit syriaque, faire acte de juridiction, et rallier aux évêchés dépendant du Portugal les chrétiens soumis aux missionnaires français.

Dans une lettre du 20 juillet 1796, Mgr Champenois exposait en ces termes les difficultés qui lui étaient suscitées par les prêtres catanars [1] :

« Ils font tous leurs efforts pour nous expulser de ces missions-ci. Comme leur morale est plus aisée que la

---

[1]. Arch. M.-É., vol. 995, p. 603. Lettre du 20 juillet 1796.

nôtre, et qu'ils donnent les sacrements à ceux que nous en croyons indignes, ils attirent les mauvais sujets dans leur parti. Les censures de la bulle ne les épouvantent pas, ils déclament contre nous, disent que nous sommes des hérétiques venus de France pour répandre notre venin et pervertir les âmes.

« Quand ils ne peuvent s'introduire dans nos églises, ils envoient des émissaires et des billets séditieux. Leurs chrétiens sont voisins des nôtres et vantent leurs prêtres indulgents qui passent sur tout et permettent ce que nous défendons.

« Toutes les personnes qui ont un peu de bon sens nous prient de ne pas les abandonner. Je balançais à cause du scandale, mais tous mes coopérateurs m'ont encouragé à tenir ferme.

« J'ai rendu compte de tout à Rome, et j'attends son avis. Je m'y conformerai; si j'ai ordre de rester, nous resterons. »

La réponse de Rome fut ce qu'elle avait été précédemment pendant l'épiscopat de Mgr Brigot. Elle affirma les droits de Mgr Champenois, enjoignit aux administrateurs des diocèses de Cochin et de Cranganor et à l'évêque de San-Thomé de respecter le supérieur de Pondichéry et de n'apporter ni troubles ni entraves dans l'exercice de son ministère. Ces instructions fortifièrent le courage de l'évêque, mais, il faut bien le dire, elles furent peu écoutées des prélats portugais et de leurs prêtres qui continuèrent leurs menées.

Plusieurs parmi ces derniers vinrent à Trichenopoly, entrèrent de force dans la maison du missionnaire, s'y logèrent en affirmant qu'ils étaient chez eux. Ils célébrèrent la messe dans l'église, y prêchèrent, proférant des menaces contre Mgr Champenois et ses collaborateurs. Le scandale était à son comble; l'évêque n'eut d'autre ressource pour le faire cesser, que de s'adresser au chef de la justice indigène. Païen, mais soucieux de l'équité, le juge ordonna aux prêtres catanars de quitter Trichenopoly, et ceux-ci refusant d'obéir, il les fit enfermer dans la petite chapelle de la forteresse. Excités par cette détention, les prêtres catanars portèrent la question au gouverneur anglais de passage dans la ville : « Nous en appelons à la justice anglaise en dernier ressort, disaient-ils, et nous demandons qu'on chasse les propagandistes. » De retour à Madras, le gouverneur soumit la question au conseil supérieur qui jugea en faveur des catanars, et prescrivit à Mgr Champenois de quitter Trichenopoly et de retourner à Pondichéry, d'où il lui défendit de sortir.

Lorsque cet ordre arriva, l'évêque s'était déjà éloigné, il échappa ainsi au douloureux honneur d'être chassé, et épargna aux chrétiens le spectacle d'un plus grand scandale. Quant aux missionnaires dispersés dans le Maduré, le gouverneur anglais de Trichenopoly, M. Floïde, qui les protégeait, leur fit dire qu'ils pouvaient rester, que l'arrêt concernait uniquement l'évêque et les ecclésiastiques de la ville. Mais quelques jours après, survint un nouvel ordre d'expulser tous les missionnaires et de remettre les églises aux catanars : « C'est, ajoutait la lettre qui raconte ce fait, l'évêque de San-Thomé qui est le principal auteur de ce bel ouvrage. »

Celui-ci, en effet, ne s'était pas préoccupé de la faute de faire chasser, à main armée, des prêtres des églises dont ils étaient les légitimes possesseurs, ni de confier une mission du rit latin à des prêtres du rit grec ; il n'avait vu que le triomphe de son autorité et la revanche des humiliations que, prétendait-il, Rome lui avait infligées, à la requête des Vicaires apostoliques. Il s'était rendu à Madras, près du gouverneur général, lui avait présenté l'affaire sous le plus mauvais jour, avait passé ensuite chez les conseillers, déjà instinctivement ennemis des missionnaires catholiques, et il avait eu gain de cause. Il avait même obtenu cette promesse dont il s'empressa de publier très haut la teneur : « Tout évêque ou tout missionnaire français qui exercera les fonctions du saint ministère dans les Indes, sans l'agrément formellement exprimé de l'évêque de San-Thomé, sera frappé d'une amende ou d'un emprisonnement de plusieurs semaines. »

Ces faits étaient trop graves et pouvaient amener des complications ultérieures trop fâcheuses pour ne pas motiver des démarches et des observations. Les directeurs du Séminaire, réfugiés à Londres, les racontèrent à M. Erskine, le chargé d'affaires du Souverain Pontife, et le prièrent de parler au président du contrôle pour l'Inde, Dundas, vicomte de Melville, en faveur de Mgr Champenois et de ses collaborateurs. Erskine plaida la cause avec chaleur ; « il montra, dit M. Chaumont[1], que l'intérêt de l'Angleterre était de soutenir les missionnaires qui entretiennent dans les peuples des sentiments de religion et leur inculquent les principes de soumission. Il insinua que les calomnies répandues contre les prêtres français pouvaient venir de certaines gens, probablement des Portugais, désireux d'étendre leur influence ; en un mot, il a mis en anglais le mémoire que je lui avais donné en français. Il a ajouté que, puisque l'on avait maintenant la correspondance de Tippou-Sahib, il était aisé de vérifier si les missionnaires français étaient compromis, que s'il s'en trouvait quelqu'un qui eût trahi l'Angleterre, on pouvait le pendre, mais que s'ils étaient tous innocents, il n'était pas juste de les traiter comme des coupables. »

L'intervention de M. Erskine coïncida avec le change-

---

1. Arch. M.-E., vol. 83, p. 37.

ment du gouverneur général des Indes, elle n'en fut que mieux accueillie, préserva les ouvriers apostoliques de l'expulsion et amena la restitution de la procure et du collège de Virampatnam, dont les Anglais s'étaient emparés en 1793. D'autres malheurs plus graves avaient frappé les missions des Indes confiées à la Société.

Tippou-Sahib, l'allié des Français, le grand adversaire des Anglais, était l'ennemi acharné des chrétiens, qu'il persécuta cruellement, surtout dans le Maïssour, le centre de sa puissance ; il brûla à peu près toutes les églises, il amena de force à Seringapatam, sa capitale, près de 40,000 catholiques, les força de subir la circoncision et d'embrasser le mahométisme. Précédemment, 30,000 chrétiens du Canara avaient déjà été livrés en esclavage aux musulmans. Une seule église resta debout : celle de Seringapatam, moins par la bienveillance du tyran que par le courage de quelques fidèles.

Tippou avait dans ses troupes un bataillon exclusivement composé de soldats chrétiens commandé par un chef valeureux nommé Michaël. Ce bataillon s'était formé sous Hyder-Ali, qui laissait à tous la pleine et entière liberté de culte et de conscience.

Un jour, Tippou appelle le commandant et lui ordonne brusquement de se faire musulman avec tout son bataillon : — Sire, répond l'officier, je demande trois jours pour délibérer sur l'ordre que Votre Majesté vient de m'enjoindre.

Le lendemain, Michaël convoque à l'église ses soldats avec leurs femmes et enfants et leur communique les paroles du sultan, en ajoutant :

« Vous ferez ce qu'il vous plaira, quant à moi, je suis et resterai chrétien jusqu'à mon dernier soupir, malgré les ordres de tous les Tippou du monde. » Tous acclament leur chef et jurent de lui rester fidèles.

Le lendemain, il y eut une autre convocation à l'église ; cette fois Michaël prescrivit aux soldats seuls d'y venir mais en uniforme, avec armes et munitions.

Quand ils furent arrivés, l'officier fit dire au souverain que son bataillon était au rendez-vous, prêt à recevoir ses ordres. Tippou savait Michaël et ses hommes déterminés à résister et à vendre chèrement leur vie, il ne parut pas et ne renouvela pas ses injonctions. Peu à peu il profita des occasions qui se présentèrent pour diminuer l'effectif du bataillon et finit par le licencier.

Aucun prêtre de la Société des Missions-Étrangères ne fut atteint par la persécution de Tippou. M. Dubois, qui évangélisait le Maïssour, était l'ami de tous les Français enrôlés dans les troupes du sultan, il fut respecté. Après la mort de Tippou (4 mai 1799) et la prise de Seringapatam par les Anglais, M. Dubois se fixa dans cette ville que commandait le colonel Wellesley.

Le futur duc de Wellington accueillit le missionnaire avec distinction, il lui donna carte blanche pour exercer son ministère et construire des églises partout où il le jugerait à propos. Dubois s'occupa d'abord de ramener à Dieu les apostats, dont on comptait dans la seule ville de Seringapatam jusqu'à 1,800 tombés par ignorance plus que par faiblesse ; il interrogea son évêque sur la conduite à tenir envers eux ; il penchait pour l'indulgence et plaidait en ces termes la cause des malheureux :

« Tous témoignent le plus grand désir de revenir à la foi, qu'ils ont trahie au moins à l'extérieur ; mais ils paraissent ne pas comprendre que d'avoir subi en silence le joug de la circoncision et avoir assisté jusqu'à présent à la mosquée est un péché et un très grand péché. »

Mgr Champenois partagea l'avis du missionnaire. Les mesures qu'il indiqua furent empreintes de cet esprit de modération qui faisait le fond de son caractère. Bientôt la plupart des coupables consolèrent par leur ferveur l'Église que leur chute avait désolée.

Les qualités de douceur dont Mgr Champenois faisait preuve en toute circonstance avaient frappé la Propagande et l'avaient déterminée à lui confier la délicate mission d'apaiser les difficultés qui s'étaient élevées entre les Capucins de Patna. L'évêque fut nommé Visiteur apostolique de la mission du Thibet, nom donné à la mission de Patna, parce qu'elle avait juridiction sur le Thibet, sans cependant qu'aucun de ses prêtres y fût fixé ou même y eût pénétré depuis de très longues années; mais il ne put quitter Pondichéry par suite de la mauvaise volonté des Anglais qui lui refusèrent un passeport. Il fut réduit à adresser aux Religieux un mandement [1] pour les exhorter à la concorde, et nommer le P. Jean-Marie de Camajore, préfet apostolique du Thibet au lieu et place du P. Charles Marie d'Alatri. Cette mesure n'ayant pas suffi, il transmit tous ses pouvoirs au second procureur des Missions-Étrangères à Macao, M. Foulon [2], qui se rendit à Patna et rétablit la tranquillité en nommant d'abord le P. Bonaventure et ensuite le P. Ange, préfet apostolique.

Cette nomination fut approuvée par la Propagande, qui s'exprima en termes flatteurs sur cette visite « très bien faite, avec beaucoup de sagesse et de prudence [3] ». Une autre affaire du même genre à Madras se termina également à la satisfaction de tous.

III

Ces missions particulières dont étaient chargés les évêques ou les prêtres de la Société des Missions-Étran-

---

1. Daté du 17 avril 1799.
2. D'Avranches, parti en 1799, mort en février 1805.
3. Arch. M.-É., vol. 39, p. 583.

gères sont la meilleure preuve de l'estime que Rome avait pour eux et de la confiance qu'ils lui inspiraient.

Cette estime et cette confiance s'étaient encore accrues depuis la présence en Italie des deux directeurs, Boiret et Descourvières, qui tenaient la Propagande au courant de tous les événements des missions, en lui transmettant les lettres écrites des Indes, de la Chine et de l'Indo-Chine, et en lui expliquant de vive voix, avec la précision des hommes qui ont vécu eux-mêmes de cette vie, les dangers auxquels les missionnaires étaient exposés, les obstacles qu'ils rencontraient, l'énergie qu'ils déployaient dans leurs travaux, la fidélité absolue dont ils faisaient preuve dans l'exécution des ordres du Saint-Siège.

Les persécutions sans cesse renouvelées frappaient vivement le secrétaire de la Propagande, Mgr Borgia, intime ami de M. Boiret ; mais il était encore plus profondément ému de la persévérance des apôtres que rien ne rebutait.

« L'illustre évêque de Gortyne, Vicaire apostolique du Tonkin, écrivait-il en 1796, nous a envoyé un mémoire pour nous raconter ce qui se passe dans sa mission. J'en ai lu une partie au Saint-Père, qui en a été bien touché ; nous allons lui envoyer des secours pour réparer les ruines et les maux dont les méchants ne cessent de l'accabler. »

Les missionnaires du Tonkin, en effet, déployaient une grande activité à prêcher l'Évangile, et une constante énergie à se défendre contre les Tay-Son, persécuteurs. Non seulement ils administraient leurs paroisses déjà formées, mais ils essayaient de porter la foi dans les provinces païennes. En 1794, Lepavec remonta une partie du fleuve Rouge ; arrêté par les rapides, il prit la route de terre et pénétra jusqu'au Yun-nan. A son retour, suivi d'un seul catéchiste, il s'enfonça dans le Laos, y trouva quelques chrétiens fugitifs et des sauvages qui lui parurent disposés à accepter les vérités de la foi. Il est le premier missionnaire du Tonkin qui soit remonté au Yun-nan et ait suivi cette route, que des événements récents ont fait connaître à tous.

En 1795, M. Guérard[1] fit une expédition dans les montagnes de l'ouest; il remonta pendant dix jours un fleuve qu'il ne nomme pas, probablement le Song-ma, et se mit en relation avec les tribus du Laos, qui insistèrent vivement, pour qu'il se fixât parmi elles. Il était malheureusement impossible d'accepter ces offres faites par les populations du nord et de l'ouest, car de nouveau la persécution sévissait violemment au Tonkin, et la place des prêtres était au milieu de leurs néophytes; avant de conquérir, il fallait conserver. Les Tay-son n'avaient pas tardé à connaître le retour de l'évêque d'Adran en Cochinchine et le secours que les Français apportaient à leur ennemi Nguyên-anh, ils résolurent de se venger sur les missionnaires européens, qui habitaient dans leurs Etats et donnèrent l'ordre de les arrêter tous. Ils destituèrent le vice-roi de Ha-noi, accusé d'être opposé à cette politique de persécution et mirent à sa place un mandarin dévoué à leurs idées. A peine arrivé dans son gouvernement, ce dernier fit afficher un édit déjà publié en Haute-Cochinchine depuis plusieurs semaines. L'édit était fait avec habileté, la cruauté s'y glissait sous la ruse et un semblant de piété dans un repli de superstition; le roi affirmait ne se proposer qu'une réforme utile au culte public; il confondait à dessein la foi catholique et l'idolatrie, prescrivant en même temps de diminuer le nombre des pagodes, et de détruire toutes les églises. Tels étaient les ordres publics; les ordres secrets étaient plus explicites et ne laissaient aucun doute sur la volonté royale[2]:

---

1. Du diocèse de Bayeux, parti en 1789, mort évêque de Castorie et coadjuteur de Mgr Longer le 18 juin 1823.
2. *Nouv. Lett. édif.*, vol. 7, p. 263.

« La religion des chrétiens répand l'erreur depuis plusieurs siècles, et abuse les peuples de ce royaume; les personnes même lettrées et de bon sens s'y laissent prendre.

« Nous proscrivons cette religion et ordonnons à tous les officiers de rechercher, de poursuivre et de prendre en tous lieux ceux qui la professent, pour nous être livrés; quant à leurs temples, ils serviront de casernes aux troupes. »

Par politique ou par bonté d'âme, les mandarins hésitèrent à exécuter ces ordres; plusieurs mêmes avertirent les fidèles de ne pas se préoccuper outre mesure. « Cachez tous les objets de religion, leur conseillèrent-ils, abandonnez les églises et les résidences de vos prêtres, changez-les de place et de forme, et vous ne serez pas inquiétés. »

Les mandarins étaient-ils sincères? Peut-être, mais leur modération fut vite dénoncée aux Tay-son et taxée de lâcheté, et pour éviter d'être condamnés eux-mêmes, ils condamnèrent.

Plusieurs païens s'émurent de cet état de choses. Voulant sauver les chrétiens, parmi lesquels ils comptaient des parents et des amis, ils cherchèrent le moyen de calmer la persécution et conclurent à un projet assez extraordinaire. Ils furent d'avis qu'un missionnaire européen se présentât devant le vice-roi, répondît à ses questions et réfutât les calomnies contre la religion catholique. Ils chargèrent un catéchiste, procureur de la mission, d'exposer ce dessein à M. Lamothe.

Celui-ci le communiqua à quelques missionnaires et à des prêtres indigènes. La plupart d'entre eux crurent qu'il avait chance de succès, et après délibération, ils décidèrent que M. de la Bissachère[1] se dévouerait. Mais

---

1. Du diocèse d'Angers, parti en 1789, député au Séminaire de Paris en 1807, mort le 1ᵉʳ mars 1830.

avant d'agir, ils en référèrent à l'évêque. Mgr Longer était un homme très courageux, mais très calme et connaissant à fond les Annamites; il porta sur le projet un jugement différent de celui de ses prêtres; il lui parut que le vice-roi « renard cruel et fourbe » ne serait point ébranlé dans ses résolutions par les explications et le courage d'un missionnaire, et que mieux valait garder le silence. La persécution continua comme par le passé. Le district de M. de la Bissachère, deux résidences et dix-sept églises furent détruits. Ailleurs, les mandarins moins haineux ou plus avides se contentèrent de faire racheter les églises par les chrétiens. C'était une manière assez commode d'augmenter leurs revenus.

Le Roy, supérieur du collège, licencia ses élèves et se réfugia avec Langlois dans une petite station des montagnes; Lamothe, évêque élu de Castorie, se cacha dans une paroisse près de Ha-noi; Lepavec et Eyot quittèrent leurs paroisses, mais sans s'éloigner beaucoup.

Un événement imprévu ramena la paix religieuse. Un complot contre le roi, tramé par le régent et par le vice-roi du Tonkin, fut découvert et dénoncé par l'ancien vice-roi, qui avait refusé de persécuter les chrétiens, et le jour même de la Pentecôte, pendant que les missionnaires, dans leurs retraites, récitaient ce verset : « *Hostem repellas longius, pacemque dones protinus* », « Repoussez loin de nous notre ennemi, et donnez-nous au plus tôt la paix », le régent fut jeté en prison, le vice-roi arrêté, enfermé dans une cage après avoir eu les bras brisés, puis conduit à la cour pour y subir le dernier supplice.

Ces arrestations mirent fin à la persécution. Toutes les ordonnances précédemment rendues furent enlevées; l'édit de persécution resta néanmoins affiché, parce qu'il était au nom du souverain; mais les grands mandarins, généralement peu hostiles à la religion, et plus préoccupés des événements politiques, défendirent à leurs subordonnés d'inquiéter les chrétiens jusqu'à ce que l'on connût clairement la volonté royale.

Ils prescrivirent même aux chefs des villages de restituer l'argent qu'ils avaient reçu pour le rachat des églises. Sur la proposition de M. Lamothe, une centaine des principaux catholiques de toutes les provinces allèrent offrir des présents au prince royal et au grand conseil, et les remercier d'avoir fait cesser la persécution. Cette démarche flatta l'amour-propre des mandarins, heureux de la reconnaissance qu'on leur témoignait. Sans doute, leur humanité envers les fidèles n'était que justice; mais il est bien des circonstances dans la vie où il faut savoir remercier d'un acte de justice comme d'une faveur, d'un droit comme d'un privilège; en outre, elle montrait les chrétiens soumis aux pouvoirs temporels, elle aidait à détruire la calomnie trop fréquemment répétée qu'ils voulaient relever uniquement de l'autorité d'étrangers.

La bienveillance des mandarins pour les missionnaires s'affirma davantage; le gouverneur de la province du midi invita M. de la Bissachère à venir le voir et lui permit de célébrer un service solennel dans l'intérieur de la citadelle pour le frère d'un mandarin mort récemment.

Ce n'était qu'un court répit, à peine le temps de prendre haleine.

L'année 1798 n'était pas encore à moitié écoulée que la tempête se souleva de nouveau. Les Tay-son se vengèrent de leurs défaites dans les provinces du sud par la persécution en Haute-Cochinchine et au Tonkin. Les martyrs les plus célèbres de cette époque sont deux prêtres indigènes : Emmanuel Trieu et Jean Dat. Emmanuel Trieu eut la tête tranchée le 17 septembre 1798, dans une paroisse voisine de Hué. Quelques minutes avant l'exécution, il salua ses juges par ces paroles : « Je rends grâce au mandarin de me procurer un aussi grand bonheur. »

Jean Dat subit le même supplice au Tonkin avec le même courage le 28 août 1798. Tous les deux ont été déclarés Vénérables par Grégoire XVI, le 9 juillet 1843 [1].

La tête des missionnaires et des prêtres indigènes fut mise à prix à cent ligatures. Le P. Vinh se sauva dans les forêts du côté de Ké-bang; quelques païens, l'y ayant vu seul, eurent pitié de lui, l'accueillirent dans leur maison, jusqu'à ce que les chrétiens fussent en état de lui offrir un asile. Le P. Tan s'échappa dans les forêts à plus d'une demi-journée de Huong-phuong. Le P. Chieu, le plus ancien des prêtres indigènes, s'enfuit en Cochinchine, se faisant passer pour médecin, et le P. Hanh se déguisa en marchand d'arec, mais il joua mal son rôle, fut découvert et obligé de prendre la fuite.

M. Guérard creusa avec les mains dans les falaises de Xom-che une petite grotte d'environ quatre pieds de long sur deux de large, il fit le toit avec ses vêtements suspendus à trois petits arbrisseaux. Un jeune homme, le seul qui connut son asile, lui apportait chaque jour le riz nécessaire à sa nourriture. Cette situation ne désespérait pas les missionnaires; elle arrêtait même beaucoup moins leurs travaux qu'on ne l'eût pu supposer.

Le 22 décembre de cette même année, Mgr Lamothe sortit de sa cachette pour faire une ordination qui fut l'occasion d'un péril gaiement évité. Malgré toutes les précautions, le secret avait été mal gardé. Les satellites, avertis de la présence de l'évêque, réussirent à le prendre. Ils lui lièrent les mains, puis le chef de la

---

1. *Les 52 Vén. Serviteurs de Dieu*, vol. 1, p. 283, et vol. 2, p. 45.

bande, tout en menaçant de le livrer aux mandarins, ne négligea pas d'insinuer que ses sentiments d'humanité pourraient le porter à le mettre en liberté moyennant trois cents onces d'argent. Les chrétiens du village n'avaient pas pareille somme à leur disposition; ils demandèrent la permission d'aller faire une collecte dans les paroisses voisines. Les soldats y consentirent et promirent d'attendre; mais bientôt, craignant une surprise, ils changèrent d'avis et partirent avec leur prisonnier pour le prétoire.

« Sur la route, raconte le coadjuteur, les satellites ne laissaient approcher aucun homme; mais, cédant aux instances des femmes chrétiennes, ils me permirent de me reposer dans une maison isolée sur le bord du fleuve. Cette maison appartenait à des néophytes qui proposèrent de nous donner à dîner, pendant que le chef des satellites était allé chercher le bac. Le passeur, un bon chrétien, eut la prudence de le couler à fond.

« Bientôt arrivèrent un grand nombre de femmes, qui embarrassaient fort les trois satellites, et presque en même temps plusieurs hommes armés firent jouer de gros bâtons sur le dos de mes gardiens. Ceux-ci, ne pensant plus qu'à chercher leur salut dans la fuite, me laissèrent libre; je sortis de la maison comme en triomphe; un palanquin m'attendait, et je fus transporté sur les montagnes aux acclamations d'un grand nombre de néophytes accourus à mon secours par des routes détournées. Ils arrêtèrent cinq satellites qu'ils forcèrent de rendre mes effets. »

Les battus paient quelquefois l'amende, au Tonkin comme ailleurs. Les chrétiens ne se tirèrent pas de cette affaire sans débourser un peu d'argent; mais les satellites portèrent la cangue plus de trois mois et dépensèrent quinze cents piastres pour sauver leur vie.

Ils ne furent pas les seuls à se repentir d'avoir essayé d'arrêter des missionnaires.

Des pirates s'emparèrent de Mgr Longer et exigèrent, pour le relâcher, une forte somme d'argent, sinon, disaient-ils, ils le livreraient aux mandarins. Instruit de l'arrestation de l'évêque qu'il aimait et estimait, le gouverneur de la province forma une escouade de soldats chrétiens et leur donna ordre de le délivrer. Ceux-ci s'empressèrent d'obéir; ils tombèrent à l'improviste sur les brigands, les battirent, les firent prisonniers et les conduisirent enchaînés au tribunal. Le mandarin accabla les captifs de reproches sur leur piraterie, il les dénonça au vice-roi comme perturbateurs du repos public, et après les avoir retenus quelques semaines, leur fit donner une forte bastonnade, qui, à l'avenir, les rendit plus prudents même envers les proscrits étrangers.

Tous les mandarins n'avaient pas les sentiments de ce gouverneur. M. de la Bissachère s'était retiré sur un îlot montagneux, éloigné de quatre heures de barque de la côte et, disait-on, habité par le diable. Il y faisait, selon son expression, « société avec les oiseaux de mer et les oiseaux de proie », et était nourri par des pêcheurs qui tous les dix ou douze jours lui apportaient du riz; il resta sept mois dans cet asile. Lorsque les mandarins le surent, ils envoyèrent 17 barques et 300 soldats faire le blocus de l'île et interdirent, sous peine de mort, au chef du port de mer le plus proche, de laisser sortir aucune barque de commerce ou de pêche. Au milieu d'une nuit sombre, plusieurs compagnies descendirent à terre le fusil à la main et la mèche allumée; elles firent le tour de l'île, essayèrent de gravir la montagne hérissée de rochers et de buissons d'épines, pendant que d'autres cherchaient un second point de débarquement. A ce moment même, sur le sommet de l'îlot, de la Bissachère célébrait la messe, offrant à Dieu sa vie pour la persévérance des chrétiens et la conversion des païens. Le saint sacrifice achevé, il fit ses recommandations à ses catéchistes : « Allez voir de quel côté viennent les soldats, leur dit-il, et lorsque vous vous en serez assurés, fuyez du côté opposé. Quand je serai arrêté, on ne vous cherchera plus, vous reviendrez prendre les objets du culte et tout ce que j'ai caché ici. Vous retournerez ensuite sur le continent, et vous avertirez un prêtre indigène, qu'il vienne déguisé en mendiant me donner l'absolution au sortir d'un de mes interrogatoires. »

Ces précautions furent inutiles. Les soldats débarqués renoncèrent bientôt à leur pénible ascension, déclarant le lieu inhabitable; ceux qui étaient restés sur leurs jonques, secoués par la tempête et éprouvés par le mal de mer, partagèrent leur avis. Furieux de leurs peines et de leur déconvenue, les mandarins s'en prirent à l'accusateur, qui, menacé d'être jeté en prison, se cacha pendant un mois. A son retour, les pêcheurs et les commerçants, sous l'impression de la perte que leur avait causée la défense de sortir du port, l'obligèrent à leur donner un dédommagement considérable.

IV

Telle était la situation des missionnaires au Tonkin. Elle n'avait jamais été bonne depuis le triomphe des Tay-son ; elle était évidemment plus mauvaise depuis l'arrivée des Français en Basse-Cochinchine et les premiers succès de Nguyên-anh. Mais, au moins, leurs voisins, les apôtres de Cochinchine, l'évêque d'Adran en particulier, étaient-ils dédommagés de la haine des Tay-son par l'affection de Nguyên-anh et par la reconnaissance de ses partisans. Il serait inexact de le nier et à peu près faux de l'affirmer d'une manière absolue.

Les missionnaires avaient grandement espéré que Nguyên-anh se convertirait. Plusieurs avaient prononcé le nom de Constantin, et puis, peu à peu, ils avaient vu la réalité moins brillante que le rêve ; ils avaient compris que le prince annamite ne serait jamais chrétien, mais que probablement il ne se ferait jamais persécuteur, et que les catholiques jouiraient de la paix sous son règne. Envers Mgr de Behaine, Nguyên-anh se montrait respectueux et reconnaissant, il écoutait ses avis et les suivait souvent.

Condamnait-il à mort un de ses officiers dans un de ces moments d'emportement qui lui étaient si familiers, il différait l'exécution jusqu'à ce que l'évêque eût examiné la cause ; faisait-il peser sur le peuple de trop lourds impôts, l'évêque obtenait le changement du décret.

Avec son tact et sa finesse dignes d'un diplomate, Mgr de Behaine disait tout, parce qu'il savait tout dire. Sur ses lèvres, une comparaison devenait un conseil ; un sourire ou un regard, un reproche sans aigreur ; une allusion était un avis délicatement donné : « J'ai bien des défauts, dira Nguyên-anh, après la mort du Vicaire apostolique, mais si j'avais quelqu'un qui sût me les faire apercevoir avec la prudence et l'adresse du Grand Maître, je le regarderais comme mon meilleur ami. »

Aussi chrétiens et païens ne prononçaient-ils qu'avec respect le nom de cet évêque français auquel ils devaient un gouvernement juste et humain. Dans l'entourage du prince, il n'en était pas de même ; les mandarins trouvaient néfaste cette influence qui s'exerçait en faveur des faibles et des opprimés, empêchait leurs concussions, mettait un frein à leurs violences, et arrêtait leurs vengeances.

Un jour, dix-neuf d'entre eux présentèrent au roi contre Mgr Pigneau un libelle diffamatoire, plein des plus atroces calomnies. Depuis, tous ces officiers, à l'exception de deux ou trois, ayant été successivement condamnés à mort, pour fautes dans le service, indiscipline ou trahison, le prélat se vengea noblement, il demanda et obtint leur grâce. Le plus acharné de ses adversaires, celui qui était à la tête de la cabale, lui dut ainsi deux fois la vie, et devint le meilleur de ses amis.

A ceux qui s'étonnaient de voir Mgr Pigneau de Behaine continuer d'avoir des relations à la cour, après de tels actes d'ingratitude, Lelabousse répondait ces sages paroles [1] :

« Vous serez peut-être étonnés que Mgr l'évêque d'Adran se donne encore tant de peine pour un prince si peu favorable aux chrétiens. Il est certain que, si ce qu'il a fait, et ce qu'il fait encore tous les jours pour lui, n'avait pour but que de donner à la Cochinchine un Clovis ou un Constantin, ses démarches seraient bien inutiles; mais il n'a jamais cherché qu'à procurer aux ouvriers évangéliques la liberté d'exercer leur ministère; et aujourd'hui il ne demeure auprès du roi que pour le retenir par son crédit, et empêcher des maux que sa retraite rendrait inévitables. D'ailleurs, le roi vaut encore mieux que les rebelles, et certainement il n'en viendra jamais jusqu'à nous persécuter, tant que notre bon prélat sera ici. »

Non contents d'attaquer le Vicaire apostolique, les mandarins s'en prenaient aussi aux missionnaires et aux chrétiens. Leur hostilité se manifestait de la façon enfantine, cruelle et niaise des hommes incomplètement civilisés. M. Boisserand, qui était habile physicien,

---

1. *Nouv. Lett. édif.*, vol. 7, p. 399. — 25 avril 1797.

venait souvent à la cour pour faire des expériences devant le roi. Aux fêtes du premier jour de l'an (1791), il lança un petit ballon, ce qui intrigua fort les Annamites; il fit ensuite plusieurs expériences, imitant le tonnerre et déchargeant un petit canon au moyen de l'étincelle électrique. Les mandarins profitèrent de ces faits fort simples pour essayer d'assouvir leur haine : évidemment un homme, qui disposait de la foudre, et pouvait sans feu décharger un canon, était dangereux, animé des plus mauvais desseins, et roulant dans son esprit les plus noirs complots contre la vie du roi. Lorsque le prince fut rentré dans son palais, après avoir exprimé ses remerciments au missionnaire, les officiers se saisirent de M. Boisserand, malgré ses protestations et ses cris, et parlèrent de le mettre en jugement, comme coupable de lèse-majesté.

Aussitôt prévenu, Nguyên-anh fut obligé d'employer toute son autorité pour lui sauver la vie. C'était là un indice, et un indice grave, d'une haine profonde et vivace; d'ailleurs, ce ne fut pas le seul.

Depuis des années, et même depuis des siècles, on racontait sur les missionnaires les calomnies les plus absurdes et partant les plus accréditées; la plus répandue était celle des prêtres arrachant les yeux des malades, afin de préparer des remèdes efficaces contre toutes les infirmités : un mandarin affirmait avoir vu dans l'église d'un petit village un bénitier plein d'yeux. A la cour, on s'empressa d'accepter le fait comme très véridique.

Lorsque Mgr Pigneau vit que ce bruit prenait trop de consistance, il pria Nyuyên-anh de procéder à une enquête.

Le prince fit venir le grand mandarin en question, et lui promit de punir sévèrement les chrétiens, si l'accusation était prouvée; mais si elle était fausse, le calomniateur serait mis à mort. Aveuglé par la haine, le mandarin accepte la condition. Aussitôt on nomme des commissaires pour faire l'enquête, et l'on somme l'accusateur de les mener au lieu indiqué. Celui-ci, se voyant pris à son propre piège, commence alors à tergiverser : « Je n'ai pas vu moi-même, j'ai entendu dire à un de mes amis... — Quels sont vos témoins? » Le misérable eut bien de la peine à les nommer. On le conduisit de force au lieu désigné par lui, et comme naturellement on ne trouva rien, le roi le condamna à mort, selon la condition posée et acceptée; mais il accorda sa grâce, à la prière de l'évêque d'Adran.

La calomnie eut-elle moins de crédit? Nous la retrouverons dans les accusations portées contre les chrétiens pendant les règnes de Minh-mang, de Thieu-tri et de Tu-duc; aujourd'hui encore elle a cours en Chine, et il ne serait pas impossible de l'entendre même en Basse-Cochinchine où la France est établie depuis plus de trente ans.

Les Français qui avaient accompagné Mgr d'Adran n'étaient pas, eux aussi, sans souffrir de la haine et de la jalousie annamite. Les mandarins discutaient leur mérite, quand ils ne niaient pas leurs services; ils les traitaient parfois avec une impertinence irritante, difficile à préciser, mais facile à sentir et dure à supporter. Nguyên-anh laissait faire et dire ses officiers, trop faible pour les blâmer, trop intelligent pour imiter leur conduite, mais trop orgueilleux pour ne point s'en réjouir secrètement. Et cependant les étrangers lui rendaient tous les jours de nouveaux et signalés services, ils organisaient l'armée, construisaient la flotte, fortifiaient les citadelles; ils commandaient des navires et entretenaient des relations commerciales avec les Indes, la Chine, les colonies espagnoles ou portugaises et faisaient flotter le pavillon d'Annam à Calcutta, à Manille, à Macao, à Canton.

Surtout, ils l'aidaient à combattre ses ennemis les Tay-son. Pendant plusieurs années consécutives, Nguyên-anh avait pu, grâce à eux, entreprendre des expéditions assez heureuses en Moyenne-Cochinchine.

En 1799, eut lieu la cinquième expédition, qui fut dirigée contre Qui-nhon, le boulevard de la puissance ennemie; le prince Canh en faisait partie, accompagné par Mgr Pigneau de Behaine. Pendant le siège, l'évêque missionnaire fut saisi par la maladie, qui le conduisit rapidement aux portes du tombeau.

Inquiet de son état, le roi lui envoya ses meilleurs médecins, et lui donna les soins les plus attentifs, s'arrachant aux préoccupations militaires, pour lui faire visite. Tout fut inutile. Mgr d'Adran était à cette heure, où le chrétien dépose son fardeau entre les mains de Dieu.

Il vit arriver la mort avec calme et même avec joie. « Me voilà donc enfin, disait-il à M. Lelabousse qui l'assistait, rendu au bout de cette carrière tumultueuse que, malgré ma répugnance, je parcours depuis si longtemps. Voilà que mes peines vont enfin finir, et mon bonheur commencer. Je quitte volontiers ce monde, où l'on me croyait heureux. J'y ai été admiré des peuples, respecté des grands, estimé des rois; mais je ne regrette pas tous ces honneurs; ce n'est là que vanité et affliction. La mort va me procurer le repos et la paix, l'unique objet de mes désirs; je l'attends avec impatience; si je suis encore utile sur la terre, je ne refuse pas le travail; je me soumets à toutes les croix que j'ai trouvées au milieu des grandeurs; mais si Dieu veut bien m'appeler à lui, je suis au comble de mes vœux. Quoique je craigne ses jugements terribles, j'ai la plus grande confiance en ses miséricordes. » Le médecin du roi, ayant en vain épuisé tous ses remèdes, vint prendre congé du prélat mourant. « Mon ami, dit celui-ci en souriant, ne soyez pas affligé si vous n'avez pu me guérir. Vous avez fait tout ce qui dépendait de vous; je vous en remercie. Retournez auprès du roi, et racontez à Sa Majesté ce que vous avez vu; dites-lui bien que je n'ai ni inquiétude, ni frayeur, afin qu'il connaisse comment les Européens savent vivre et mourir. »

Lorsqu'il eut reçu les derniers sacrements, il demanda son crucifix, et l'ayant pris entre ses mains défaillantes avec l'accent de cette foi vive qui avait été l'âme de toutes ses actions, il prononça ces touchantes paroles : « Croix précieuse, qui, toute ma vie, fûtes mon partage, et qui, en ce moment, êtes ma consolation et mon espoir, permettez-moi de vous embrasser, pour la dernière fois. Vous avez été outragée en Europe; les Français vous ont renversée et rejetée de leurs temples, depuis qu'ils ne vous respectent plus; venez en Cochinchine. J'ai voulu vous faire connaître à ce peuple plus grossier que méchant, et vous planter en ce royaume jusque sur le trône des rois; mais mes péchés m'ont rendu indigne d'être l'instrument d'un si grand ouvrage. Plantez l'y vous-même, ô mon Sauveur, et érigez vos temples sur les débris de ceux du démon. Régnez sur les Cochinchinois. Vous m'avez établi pour leur annoncer votre Évangile; aujourd'hui que je les quitte pour aller à vous, je les remets entre vos mains. Je vous demande pardon de toutes les fautes que j'ai commises, depuis trente-trois ans que j'en suis chargé, avec la grâce de mourir dans votre saint amour. »

Pigneau de Behaine mourut le 9 octobre 1799, à l'âge de 57 ans et 10 mois, après 29 ans d'épiscopat. Ses restes furent transportés à Saïgon, où ses funérailles furent célébrées le 16 décembre suivant, avec une magnificence royale. Quarante mille personnes suivaient le convoi. Nguyên-anh y assistait ainsi que sa mère, sa sœur, sa femme, ses épouses de second rang, ses enfants et toutes les dames de la cour, « qui crurent que pour un homme si au-dessus du commun, il fallait passer par-dessus les lois communes. »

Le roi prononça l'éloge de l'illustre défunt; il rappela ses services et ses qualités avec une vigueur concentrée, un accent ému, qui révélaient une conviction profonde.

« Je possédais un sage, l'intime confident de tous mes secrets, qui, malgré la distance de mille et mille lieues, était venu dans mes États, et ne me quitta jamais, lors même que la fortune m'abandonnait. Pourquoi faut-il qu'aujourd'hui qu'elle est revenue sous mes drapeaux, au moment où nous sommes le plus unis, une mort prématurée vienne nous séparer tout à coup? Je parle de Pierre Pigneau, décoré de la dignité épiscopale, et du glorieux titre de plénipotentiaire du roi de France. Ayant toujours présent à l'esprit le souvenir de ses antiques vertus, je veux lui en donner un nouveau témoignage. Je le dois à ses rares mérites. Si en Europe, il passait pour un homme supérieur, ici on le regardait comme le plus illustre étranger qui ait paru à la cour de Cochinchine.

« Dès ma plus tendre jeunesse, j'eus le bonheur de rencontrer ce précieux ami, dont le caractère s'accordait si bien avec le mien. Quand je fis les premières démarches pour monter sur le trône de mes ancêtres, je l'avais à mes côtés. C'était pour moi un riche trésor, où je pouvais puiser tous les conseils dont j'avais besoin pour me diriger. Mais tout à coup, mille malheurs vinrent fondre sur le royaume, et mes pieds devinrent aussi chancelants que ceux de Thiên-khan de la dynastie des Han [1]. Alors il nous fallut prendre un parti

---

[1]. Empereur de Chine, qui vivait l'an 2057 avant l'ère chrétienne. Il est célèbre dans les annales du pays par ses malheurs.

qui nous sépara comme le ciel et la terre. Je lui remis entre les mains le prince héritier, et véritablement il était digne qu'on lui confiât un si cher dépôt, pour aller intéresser en ma faveur le grand monarque qui régnait dans sa patrie. Il réussit à m'obtenir des secours ; ils étaient déjà rendus à moitié chemin, lorsque ses projets trouvèrent des obstacles et n'allèrent pas au gré de ses désirs. Mais à l'exemple d'un ancien, regardant mes ennemis comme les siens, il vint, par attachement pour ma personne, se réunir à moi, pour chercher l'occasion et les moyens de les combattre. L'année que je rentrai dans mes anciens États, j'attendais avec impatience quelque heureux bruit, qui m'annonçât aussi son retour. L'année suivante, il arriva au temps qu'il avait promis.

« A la manière insinuante et pleine de douceur avec laquelle il formait le prince, mon fils, qu'il avait ramené, on voyait qu'il avait un talent unique pour élever la jeunesse. Mon estime et mon affection pour lui croissaient de jour en jour. Dans les jours de détresse, il nous fournissait des moyens que lui seul savait trouver. La sagesse de ses conseils, et la vertu qui brillait jusque dans l'enjouement de sa conversation, nous rapprochaient de plus en plus. Nous étions si amis et si familiers ensemble que, lorsque mes affaires m'appelaient hors de mon palais, nos chevaux marchaient de front. Nous n'avons eu jamais qu'un même cœur.

» Depuis le jour que, par le plus heureux des hasards, nous nous sommes rencontrés, rien n'a pu refroidir notre amitié, ni nous causer un instant de déplaisir. Je comptais que sa santé florissante me ferait goûter encore longtemps les doux fruits d'une si étroite union ; mais voilà que la terre vient de couvrir ce bel arbre. Que j'en ai de regrets ! Pour manifester à tout le monde les grands mérites de cet illustre étranger, et répandre au dehors la bonne odeur de ses vertus, qu'il cacha toujours, je lui donne ce brevet d'instituteur du prince héritier, avec la première dignité après la royauté, et le surnom d'Accompli : Hélas ! quand le corps est tombé, et que l'âme s'envole au ciel, qui pourrait la retenir ? Je finis ce petit éloge, mais les regrets de la cour ne finiront jamais. O belle âme du maître, recevez cet hommage. »

Les prières de la liturgie catholique récitées, le clergé et les chrétiens se retirèrent ; le roi, demeuré seul avec les mandarins païens, offrit les sacrifices qu'on a coutume de faire aux mânes des défunts. Quelques jours plus tard, il dicta une inscription en caractères chinois qui fut gravée en lettres d'or sur le tombeau de l'évêque. En voici la traduction : « L'illustre docteur Pigneau Pierre, chrétien dès son enfance, fut versé dans toutes les connaissances des savants. Il était jeune quand il vint dans notre royaume alors rempli de troubles. Le docteur fut pour nous un auxiliaire dévoué ; il se montra non moins distingué par son instruction que par la prudence de ses conseils à cette époque difficile. Il voulut bien se charger de la mission importante de demander l'appui d'une flotte alliée dans un pays lointain, et il ne put nous l'amener qu'après avoir franchi les montagnes et affronté les périls des mers. Pendant plus de vingt ans, il travailla avec une ardeur constante, soit en recherchant les moyens de gouverner, soit en combinant les mesures à prendre pour reconquérir nos provinces et les pacifier. Toutes ses actions méritent d'être transmises comme des exemples à la postérité. Si notre royaume est parvenu au plus haut degré de splendeur, il le doit surtout au génie et aux soins du noble évêque… »

Le tombeau de Mgr de Behaine fut entouré d'une

garde d'honneur ; et même aux plus mauvais jours de la persécution, quand le sang des martyrs, missionnaires ou simples chrétiens coulera sur la terre d'Annam, il demeurera l'objet du respect universel. Lors de la conquête de la Basse-Cochinchine, Napoléon III essaya de payer la dette que la France devait depuis si longtemps à l'évêque d'Adran, il déclara sa tombe propriété nationale. Aujourd'hui, c'est auprès de ces restes précieux, rangés comme des soldats autour de leur chef, que reposent les prêtres de la Société des Missions-Étrangères, qui meurent à Saïgon, après avoir consacré leur vie à l'œuvre rêvée par leur grand prédécesseur.

V

Avant d'apprécier le rôle politique de Mgr d'Adran, il n'est ni sans intérêt, ni sans utilité de dire quelques mots de ses vertus sacerdotales et apostoliques. Les vertus resplendissent plus brillantes et plus attirantes sous le rayonnement de la gloire humaine, et le parfum d'édification qu'elles exhalent paraît à certains hommes plus fortifiant. Nous citerons deux lettres sur ce sujet.

La première est de M. Magny, missionnaire à Pondichéry ; il dit en parlant de Mgr Pigneau, alors supérieur du collège de Virampatnam : « Notre ermite est toujours plongé dans le travail, je ne comprends pas comment sa santé peut se soutenir avec les mortifications qu'il ne cesse de faire. Il jeûne trois fois par semaine, et il fait abstinence plus souvent encore. Je lui ai dit qu'il avait tort, mais il m'a répondu que, ne pouvant sauver autant d'âmes qu'il le désirait, il voulait au moins sauver la sienne, et depuis lors il continue. »

Dans une lettre du 1er mai 1800, M. Lelabousse

résumait en ces termes l'existence intime de l'évêque [1] :

« Sa vie était laborieuse. Il était très avare de son temps et n'en perdait pas la plus légère partie. Toute la journée était partagée entre ses devoirs de piété, l'étude et le soin de la mission ou du bien du royaume. Il n'en retranchait que ce qu'il donnait à un repas frugal, à une récréation honnête, à un repos modéré. On peut dire de lui que tous ses jours ont été pleins.

« Sa vie était réglée. Toutes ses différentes actions, l'office divin comme le travail, le sommeil comme le repos, avaient chacune leur temps marqué dont il ne s'écartait jamais, même dans ses voyages avec le roi et le jeune prince. Il tenait à cette maxime : *Serva ordinem et ordo servabit te :* Gardez une règle et cette règle sera votre sauvegarde.

« S'il avait de l'ordre dans toute sa conduite, il le faisait aussi observer dans toute sa maison. Elle était composée de plus de 200 hommes que le roi lui avait donnés, tant pour la garde de sa personne que pour l'honneur de sa place : tout y était si bien disposé, si bien discipliné que vous l'eussiez prise pour une de ces saintes demeures où la fragile vertu vient chercher un asile contre les dangers du monde. La nuit, dont les ténèbres couvrent tant de désordres, lui donnait une sollicitude continuelle pour veiller sur ses domestiques. Sachant qu'il avait plus à répondre de leurs âmes qu'eux n'avaient à répondre de sa personne, il allait à différentes heures faire sa ronde, de peur que l'ennemi ne vînt, pendant que tous dormaient, semer du mauvais grain dans le champ du père de famille.

« Voilà, en abrégé, la vie de Mgr d'Adran : je finis par deux mots sur sa vie souffrante. Qui pourrait raconter

---

1. *Nouv. Lett. édif.*, vol. 8, p. 177.

toutes les épreuves par lesquelles il a plu à Dieu de faire passer son fidèle serviteur? Sa vie a été une vie de croix continuelles. Sans parler de celles qu'il a eu à supporter avant mon arrivée en ce pays, le ciel lui en a tant envoyé depuis que j'y suis, qu'il fallait une âme aussi forte et une foi aussi vive pour ne pas succomber sous le poids... Il ne dormait que très peu d'heures, quoiqu'il se retirât toujours à neuf heures du soir dans sa chambre. Il se jetait sur son lit, mais comme les soucis, les inquiétudes, les peines chassaient le sommeil, il allait dans son jardin où il se promenait, portant sa croix, d'un bout à l'autre pendant des deux et trois heures entières et souvent davantage... Malgré cet état crucifiant, son caractère était toujours le même, gai, affable, poli, honnête, prévenant et cherchant à faire plaisir : quelle douceur envers ses missionnaires! Quelle attention à veiller sur leur santé! Quelle charité ingénieuse à leur adoucir le poids du ministère apostolique! Plus occupé de leurs petites peines que de celles qui déchiraient son cœur, il les consolait, les encourageait et les soutenait par toutes sortes de moyens. Il était difficile de ne pas aimer un si bon chef, ou plutôt un si bon père. Pour lui, il ne cherchait de consolations que dans sa foi. C'est elle qui le dirigeait en tout et le faisait triompher de tout. Je n'ai jamais vu d'homme en qui elle fût plus forte : jamais aussi je n'ai vu d'homme qui eût tant de courage au milieu de tant de peines de tout genre. »

Tel était le prêtre qui avait conçu la grande œuvre dont le triple but était : le développement du christianisme en Indo-Chine, l'extension de la France en Extrême-Orient et le rétablissement de Nguyên-anh sur le trône. Le dernier but et le moins important fut seul complètement atteint; les deux autres ne le furent que partiellement.

Le protégé de Mgr de Behaine devint, sous le nom de Gia-long, souverain de tout l'Annam.

La France fut crainte et respectée sur ces lointains rivages, et sans le vouloir, elle fit, par le traité de 1787, le premier pas vers l'Indo-Chine.

Le rôle politique de Mgr de Behaine a été noblement apprécié par tous ceux qui ont étudié la question de l'expansion coloniale de notre pays; nos rivaux même lui ont rendu une éclatante justice.

« Adran fut un homme extraordinaire, écrit un Anglais, en 1813[1], il s'en manqua de peu qu'il ne fondât en Asie un empire supérieur au nôtre... Cet esprit d'entreprise, cette audacieuse activité que nous admirons chez les Anson, les Clive, les Cook, les Nelson, pourquoi les flétrissons-nous du nom d'ambition et d'intrigue dans les Poivre, les Labourdonnaye, les Adran! Est-ce parce que ceux-ci sont Français ou parce que la fortune les a trompés?... Parmi ces hommes demi-barbares (les Annamites), le titre de compatriote de ce grand Français est, aujourd'hui même, le meilleur sauf-conduit. Il y a quatorze ans qu'il est mort, et ils en parlent encore les larmes aux yeux. C'est un fait... J'en ai été le témoin oculaire. »

Mais la fin principale que se proposait l'évêque catholique, la conversion du prince, qui aurait incliné l'Indo-Chine orientale aux pieds de la croix, ne fut pas obtenue; l'Eglise annamite ne vit pas un nouveau Constantin s'asseoir sur le trône; seulement des frontières de la Chine à celles du Cambodge, elle eut trente années de paix et de liberté pour panser ses blessures et se préparer à de nouveaux combats.

Enfin, en considérant le rôle de Mgr Pigneau sous un point de vue plus restreint, mais encore très important,

1. Macartney.

une autre conclusion ressort, qui nous semble justice et non apologie : l'impartialité des missionnaires et leur sagesse dans des questions où l'impartialité est difficile et la sagesse bien rare.

L'évêque d'Adran conserva une exacte mesure dans la sauvegarde des intérêts de la France et de l'Annam, il n'eut en vue que le bien général des deux nations, il ne poussa pas la France à la conquête de l'Annam. Lui Français, qui connaît les forces de son pays et la faiblesse du royaume annamite, il négocie une convention où les deux États traitent d'égal à égal, il aide la France en lui assurant des avantages commerciaux et territoriaux, il secourt l'Annam en lui faisant obtenir des soldats et des armes et conclure une alliance offensive et défensive. A coup sûr, si jamais il y eut une politique vraiment civilisatrice, c'est bien celle qui respecte ainsi tous les droits, spécifie tous les devoirs, fait payer les services d'un prix égal à leur valeur et ouvre à deux royaumes des perspectives nouvelles de prospérité et de grandeur.

Que l'on rapproche la conduite de Mgr Pigneau de Behaine de celle de Mgr Pallu, de Mgr de la Motte Lambert et de Mgr Laneau, et l'on verra que les mêmes principes ont inspiré les mêmes actes et que les évêques de la Société des Missions-Étrangères, lorsqu'ils ont eu à s'occuper d'intérêts humains, ont su unir dans un même amour, entourer d'un même respect et servir avec une égale ardeur l'Église, la France et le pays de leur apostolat.

CHAPITRE VIII
1799-1805

I. Les directeurs réfugiés en Angleterre et en Italie. Leurs démarches pour établir un séminaire. M. Ducrey et le collège de Mélan. — II. Rachat du Séminaire des Missions-Étrangères par M. Bilhère. — Démarches de M. Bilhère pour obtenir la reconnaissance légale du Séminaire. — III. Rapport de Portalis sur les Missions. — Sentiments des directeurs en Angleterre et en Italie. — IV. Bonaparte veut réunir en une seule Congrégation les Missions-Étrangères et les Lazaristes. Observations du Légat Cardinal Caprara sur ce projet. — V. Mort du cardinal Borgia, sa générosité envers les Missions-Étrangères. — Le Pape à Paris. — Rétablissement du Séminaire. — Résumé de la conduite des directeurs. — VI. Les Missions-Étrangères dans les Indes. — Le traité d'Amiens. — Retour de la France à Pondichéry. — Nouvel abandon. — Travaux de M. Dubois. — VII. Conduite de Gia-long envers les missionnaires de Cochinchine et du Tonkin. — Édit injurieux contre le christianisme. — VIII. Le Su-tchuen. — Succès. — Administration de Mgr de Saint-Martin et de Mgr Dufresse. — Synode du Su-tchuen, 1803. — Recueils des constitutions et des décrets sur les Missions.

I

Une Société religieuse ou ecclésiastique peut vivre, travailler et prospérer lorsqu'elle n'est atteinte que dans quelques-uns de ses membres, souvent même le retentissement de ses malheurs particuliers aide à ses progrès ; mais quand elle est frappée au cœur, son état est bien plus grave. Le cœur de la Société des Missions-Étrangères est le Séminaire, c'est du Séminaire que partent tous les prêtres pour aller vivifier l'œuvre de la Société, les missions, comme le sang part du cœur pour porter la vie dans l'organisme entier. Or, le Séminaire était détruit depuis sept ans, ses directeurs dispersés en Angleterre, en Italie, en France, ne pouvaient ni recruter d'aspirants à l'apostolat, ni fonder d'établissement pour les recevoir et les former. En vain Chaumont, Alary, Blandin publiaient-ils des nouvelles des missions : faits édifiants, travaux, conversions, persécutions; ces nouvelles ne trouvaient d'écho nulle part. La tristesse de leur vie s'augmentait de ces insuccès, et cependant elle était déjà grande! Ils vivaient presque dans la misère, dépensant trente sous par jour, prenant une place d'aumônier ou de chapelain, afin d'avoir quelques ressources à envoyer aux apôtres d'Extrême-Orient, fréquentant quelques familles anglaises ou des émigrés malheureux. M. Blandin mourut sans voir des jours meilleurs, Alary et Chaumont restèrent seuls.

En Italie, Boiret et Descourvières avaient rencontré beaucoup de sympathie chez les cardinaux, chez les réfugiés et en particulier chez Mesdames Adélaïde et Victoire. Ils avaient obtenu pour les missions des ressources du secrétaire de la Propagande, Mgr Borgia. Les victoires des Français en Italie les ayant obligés à quitter Rome où ils n'étaient plus en sûreté, ils s'étaient rendus à Venise, avec la plupart des cardinaux, pendant que Pie VI était conduit à Valence.

Après l'élection de Pie VII, ils revinrent à Rome, et y vécurent dans une extrême pauvreté, car ils n'avaient d'autres ressources que leurs honoraires de messes, qui étaient des plus minimes.

« Pour cent messes, disait Descourvières, on donne dix écus en cédules qui ne produisent que cinq ou six piastres. »

La maison de procure n'avait pas été déclarée propriété nationale, grâce à la précaution qu'avait eue M. Boiret de la faire mettre en son nom, mais les locataires payaient fort mal; une rente que M. Boiret possédait sur la chambre de l'Annona n'était pas payée. Ils exposèrent leur situation au cardinal Borgia qui leur donna un logement au collège de la Propagande.

Comprenant que le plus important de leurs devoirs était de rétablir le Séminaire, absolument nécessaire au recrutement et à la formation des missionnaires, et par conséquent à la conservation de la Société, ils recommencèrent à cet effet les nombreuses démarches qu'ils avaient faites autrefois.

Nous avons dit précédemment que, dès les premiers jours de la révolution, M. Boiret avait parlé au cardinal Antonelli de fonder une maison soit en Savoie, soit en Flandre ou en Italie, mais l'espoir que l'on gardait encore de voir bientôt la tranquillité renaître en France paralysa les négociations[1]. Le premier, le cardinal Antonelli avait demandé au gouvernement espagnol s'il permettrait aux directeurs des Missions-Étrangères d'avoir un établissement sur son territoire, le cabinet de Madrid ayant répondu par un refus formel et absolu, le cardinal n'avait fait aucune autre démarche. Lorsque le cardinal Gerdil devint préfet de la Propagande, M. Boiret lui soumit son projet d'installer le Séminaire en Savoie ou en Italie ; cette proposition fut bien accueillie.

Dans le mémoire écrit à cette occasion, Boiret et Descourvières exposaient ainsi les moyens d'exécution [1]:

« Comme il n'y a aucune espérance de le rétablir en France, il faudrait le placer en Italie, dans quelque campagne où les vivres ne fussent pas trop chers ; il ne conviendrait pas qu'il fût à Rome et dans le voisinage, soit parce que les vivres y sont plus chers, et qu'on y est plus exposé à la dissipation, soit pour d'autres raisons.

« Il ne serait pas difficile de trouver à la campagne,

---

1. Arch. M.-É., vol. 222, p. 179-182.

quelque petit couvent que les religieux seraient obligés d'abandonner, n'étant pas en nombre suffisant pour y observer leurs règles. S'il y avait des revenus attachés, on pourrait les appliquer à l'entretien du Séminaire qu'on y établirait.

« A défaut d'un couvent renté, il y en a un de Mineurs observantins à 4 milles de Terni, que les religieux, qui en ont un autre dans le voisinage, céderaient volontiers, mais il faudrait y joindre des revenus suffisants, ou du moins des pensions pour les ecclésiastiques qu'on y éleverait, en attendant qu'il se trouve quelque personne zélée pour en faire la fondation. On pourrait aussi pourvoir à une partie de leur subsistance en leur procurant des messes à acquitter. Un des directeurs[1] du Séminaire de Paris veut bien employer mille écus annuels de son propre bien à cette bonne œuvre en faveur de ses confrères.

« Ces directeurs ont déjà fait plusieurs démarches et feront tout leur possible, pour se procurer des élèves français, par le moyen des prêtres zélés qu'ils connaissent dans les différentes provinces : ils espèrent qu'il se trouvera plusieurs bons sujets appelés aux fonctions apostoliques, et qui, ne pouvant être ordonnés en France, parce qu'ils n'ont pas les conditions requises par les lois organiques, se détermineront volontiers à se consacrer aux Missions. »

Le préfet de la Propagande était grandement partisan de ce projet, il s'en occupait avec ardeur et cherchait partout une demeure convenable; il offrit d'abord une maison à Albano. Mais M. Boiret déclara que cette maison « n'avait pas de revenus, pas de jardin, de cour, de dépendances, qu'elle était toute dévastée, qu'Albano était une ville débordée, trop près de Rome, que les

---

[1]. M. Boiret.

vivres y étaient trop chers[1]. » Il en offrit une autre à une journée de Rome, dans la Sabine, « avec un jardin, une grande étendue de vignes et l'espérance fondée de plusieurs autres ressources[2]. » Renseignements pris, cette maison était située dans un pays malsain, et les religieux la quittaient, parce qu'ils étaient tous malades. Il leur en offrit une troisième à Stroncone, un « ancien couvent de récollets, nommé Saint-Siméon, situé dans un endroit très solitaire, entouré de plusieurs jardins où il y a de grandes treilles, des arbres fruitiers, des oliviers, un bois, une jolie église et de quoi loger passablement une douzaine de personnes avec quelques domestiques, il y a un four pour y cuire le pain, l'air y est excellent, tout le clergé, la bourgeoisie et le peuple du voisinage nous y désirent[3]. » Tout semblait parfait, lorsque la mort du cardinal Gerdil vint placer le cardinal Borgia à la tête de la Propagande.

Le cardinal Borgia était l'ami de M. Boiret, mais il ne partageait pas complètement ses idées sur l'établissement d'un Séminaire en Italie ; il basait cette opinion sur le manque de fonds et sur l'opposition des Français.

M. Boiret se rendit à ces raisons, mais il chercha ailleurs s'il ne pourrait pas trouver une maison possédant les avantages qu'il désirait, sans les inconvénients que redoutait le cardinal. Il trouva quelque chose d'approchant en Savoie. Les relations qu'il avait eues avec le cardinal Gerdil, né en ce pays, lui avaient fait connaître un saint prêtre dont la Savoie catholique garde encore le souvenir, M. Ducrey.

Né à Sallanches en 1766, M. Ducrey avait été élevé au sacerdoce pendant la Terreur ; arrêté par les pourvoyeurs de la guillotine, il fut conduit au district ; pendant que

1. Arch. M.-É., vol. 222, p. 51-56.
2. *Id.* 222, p. 59.
3. *Id.* 222, p. 121.

le commissaire écrivait son nom, son âge, sa profession, sa résidence, le prêtre se précipita vers la porte restée ouverte, la ferma sur lui, fit un tour de clé et s'enfuit à travers champs, laissant prisonniers les gendarmes et le commissaire de police. Quelques mois plus tard, repris et écroué dans la maison de Chambéry, il s'évada avec le même bonheur. Quand la paix fut rendue à l'Église, il parcourut les villages du Faucigny pour y exercer le saint ministère, puis il conçut le projet de fonder, à Sallanches, un collège où l'on admettrait quelques élèves se destinant aux Missions. M. Boiret vit dans ce projet la réalisation d'une partie de ses désirs et promit son concours. Aussitôt M. Ducrey envoya à Rome un prêtre de ses amis, M. Jacquemod, afin de traiter directement cette affaire. M. Boiret donna 600 louis qui devaient rapporter 5 % et former un capital pour trois bourses [1]. Il annonça ensuite cette fondation à ses confrères. « C'est une pépinière de missionnaires, » disait-il. De son côté, M. Chaumont lui écrivit qu'il « était charmé ». Avec l'argent qui lui avait été prêté, M. Ducrey acheta une maison à Mélan [2], et y transporta son collège de Sallanches.

Dieu attendit vingt ans, avant de rendre à la Société l'obole dont M. Boiret espérait un si grand profit, mais il la rendit comme le maître de toutes les richesses et le dispensateur de toutes les gloires. C'est de ce collège de Mélan, fondé à l'aide des secours offerts par un ancien missionnaire de Cochinchine, que sortit le martyr de Cochinchine le plus illustre par ses souffrances, le vénérable Jaccard.

---

1. Arch. M.-É., vol. 223, p. 9.
2. L'ancienne Chartreuse.

II

De son côté, M. Bilhère, le seul survivant des directeurs restés en France, cherchait à racheter le Séminaire de Paris.

Il n'avait été absent de cette ville que peu de temps, et, après y être revenu, s'était caché chez une noble et pieuse femme : Mlle d'Escars, ancienne religieuse de Panthémont.

Il surveillait tous les agissements des bureaux du domaine national. Ayant su que le Séminaire était mis en vente, il pria un nommé Antoine Salmon de le racheter, sous condition de le lui remettre au même prix. Celui-ci le fit et l'obtint le 18 prairial an IV, moyennant 190,000 livres [1]. Mais le marché terminé le 25 vendémiaire an V, Salmon trompa M. Bilhère pour le compte duquel il agissait, comme il ressort d'une lettre de ce dernier, en date du 3 juin 1807 [2] :

« M. Salmon est l'homme dont je me suis servi pour le rachat du Séminaire, vous savez par quels moyens il me força à faire le rachat aux conditions qu'il voulut m'imposer; outre l'hôtel de Jaucourt et le jardin, je fus obligé de lui accorder aussi à vie les quatre chambres du Séminaire qui donnent sur la cour de cet hôtel et qui sont au deuxième et au troisième étage dont je lui donnais le loyer, 418 francs par an. »

Malgré la perfidie de son représentant [3], M. Bilhère

---

1. Arch. M.-É. Titres de Propriété non catalogués.
2. Arch. M.-É., vol. 37, p. 497.
3. En quoi et comment M. Salmon trompa-t-il M. Bilhère? Commit-il un vol véritable ou une simple indélicatesse? en d'autres termes, reçut-il l'argent de M. Bilhère pour acheter le Séminaire? et le lui vendit-il en le faisant payer une seconde fois? ou bien reçut-il simplement mission d'agir, et l'achat conclu, céda-t-il à la tentation d'obtenir un gain plus ou moins considérable. Aucune lettre de M. Bilhère ne nous l'apprend, excepté celle que nous avons citée, mais M. Langlois

n'abandonna pas son projet; à tout prix, il voulut conserver cette maison si chère aux Missions-Étrangères.

Une Société religieuse aime à posséder son berceau, elle y trouve ses traditions avec ses souvenirs et ses espérances, il semble que de ces vieux murs, témoins de tant d'événements, s'échappent le parfum vivifiant du passé et la grande voix des aïeux qui redit l'histoire des premiers jours ; enseignement plein d'un indicible charme et d'une incomparable force, il apprend à travailler, à souffrir, à lutter et aussi à vaincre; il montre la route à suivre et les écueils à éviter; par ce que furent les devanciers, il indique ce que doivent être les successeurs; c'est un lien qui rattache le passé au présent, le présent à l'avenir, on dirait qu'il engendre l'unité dans la vie de la Société, aussi bien que l'union dans l'âme de ses enfants.

Dans l'impossibilité d'acheter le Séminaire au nom de la Société, privée d'existence légale, et dans la crainte que sa qualité de prêtre et d'ancien directeur ne lui suscitât des difficultés, M. Bilhère pria Mlle d'Escars de se mettre en rapport avec l'acquéreur.

Malgré les conditions onéreuses que proposait Salmon, Mademoiselle d'Escars conclut le marché par acte sous signatures privées, en date du 3 prairial an VI (21 mai 1798) et acheta le Séminaire pour la somme de 69,000 francs en numéraire. Le lendemain 4 prairial, afin de parer à toute éventualité, elle fit une déclaration de command au profit de Mademoiselle Bochard de Saron [2].

qui vint au Séminaire de Paris peu de temps après la mort de M. Bilhère, dit que ce dernier fut obligé de racheter le Séminaire une seconde fois, peut-être faut-il penser que ce second achat fut celui du 21 mai, au prix de 69,000 francs bien supérieur aux 190,000 livres payées en grande partie en assignats, et n'acquérant qu'une partie de la propriété achetée par Salmon.

2. Arch. M.-É. non catalogués. — Titres de propriété.

M. Bilhère était redevenu maître du Séminaire.

Ce fut un beau jour pour le vieillard que celui où il rentra dans cette demeure que six années auparavant il avait quittée en fugitif; il dut laisser son cœur se livrer aux plus douces espérances et goûter la joie très vive d'avoir rendu aux Missions-Étrangères leur berceau, leur noviciat, le centre de leur action.

C'était la ruine de l'œuvre révolutionnaire qui commençait, la réédification de l'œuvre de Dieu qui s'annonçait. Il restait à obtenir le rétablissement légal de la Société.

Le but pouvait paraître difficile et éloigné, mais ni les obstacles ni le temps n'arrêtaient et ne décourageaient M. Bilhère. Il avait obtenu un premier succès, il tenta d'en avoir un second plus important.

Les circonstances vont lui permettre de réaliser son projet. La situation politique et religieuse de la France est changée; le Consulat remplace le Directoire, le Concordat inaugure une ère de réparation, les temples fermés se rouvrent, les Congrégations dissoutes se reforment, les proscrits reparaissent, les exilés reviennent, l'ordre social si profondément troublé reprend sa stabilité.

Dès l'arrivée à Paris du cardinal Consalvi, le négociateur du Concordat, M. Bilhère commença à travailler pour conquérir la reconnaissance légale. Il composa sur la Société des Missions-Étrangères, un mémoire qui résumait les faits et les raisons allégués dans la requête présentée à l'Assemblée nationale, en 1790; il commençait par ces mots d'où la phraséologie de l'époque n'est pas absente[1] :

« Quel que soit le rapport sous lequel on considère le rétablissement de la maison des Missions-Étrangères,

---

1. Arch. M.-É., vol. 39, p. 427.

soit sous des vues religieuses, soit sous des intérêts politiques, les motifs les plus pressants se réunissent à l'envi pour y déterminer le gouvernement.

« Quelle gloire pour la nation française d'aller éclairer et sanctifier ces vastes empires, ces vastes régions de l'Inde et de la Chine, d'y porter le salut avec la lumière ! Quelle grande idée tous ces peuples ne conçoivent-ils pas de l'élévation, de la générosité, de la magnificence du génie français, à qui ils doivent ces précieux avantages ? Ils ne peuvent revenir de leur admiration, lorsqu'ils pensent qu'il y a des hommes assez grands, assez généreux pour quitter leurs biens et leur patrie, pour traverser tant de pays et tant de mers, pour affronter tant de périls et tant de morts, par le seul intérêt de venir à grands frais leur faire connaître le Dieu qu'ils adorent et la Religion qu'ils professent ; ils ne savent comment assez admirer, assez célébrer le pays qui engendre de tels hommes.

« Mais perdons de vue tous ces beaux, tous ces ravissants rapports, si honorables, si glorieux pour la France qu'offre le rétablissement de la maison des Missions-Étrangères, dans les vues de la Religion, si cependant, il est possible de n'y pas prendre le plus grand intérêt, et de n'y pas trouver les plus puissants motifs pour lui assurer la protection du gouvernement. »

Il énumérait ensuite les obligations que la France devait à Mgr Pallu, à Mgr de la Motte Lambert, à M. Gouges, à Mgr Pigneau de Behaine, les services rendus aux lettres et aux sciences par les écrits des missionnaires, par l'envoi des livres chinois, annamites et siamois aux bibliothèques de Paris et terminait en expliquant la différence qui existait entre le Séminaire des Missions-Étrangères et un séminaire diocésain. Il pria M. Alary de venir d'Angleterre pour l'aider dans ses démarches ;

celui-ci s'empressa d'obéir à cet appel. A cette époque, une année presque entière s'était écoulée depuis la conclusion du Concordat, Napoléon entrait dans les détails de la réorganisation de l'Église de France et étudiait le rétablissement des congrégations religieuses ; il écrivit à l'archevêque de Paris, Mgr du Belloy, qui avait attiré son attention sur les Missions, pour lui demander un mémoire plus étendu [1] :

10 fructidor an X (28 août 1802)

A l'Archevêque de Paris.

« J'ai lu avec la plus grande attention la note que vous m'avez envoyée relative à la mission de Chine, j'en sens l'importance. Je désire que vous me fassiez un rapport plus détaillé qui me fasse connaître où en sont nos missionnaires et ce qu'il y aurait à faire pour rendre leur zèle utile à la Religion et à l'État. — Vous pouvez assurer tous ceux qui s'adresseront à vous que mon intention est d'agir aux Indes et en Chine, comme je viens de le faire dans la Syrie et dans le Levant où j'ai remis sous notre protection spéciale le Saint-Sépulcre et tous les chrétiens de l'Orient. »

Transmise à M. Bilhère, cette lettre provoqua de sa part les réflexions suivantes qu'il adressait à MM. Boiret et Descourvières [2].

« Le premier Consul a écrit à Mgr l'Archevêque de Paris, pour qu'il lui donnât les moyens qu'il croirait les plus efficaces, afin d'assurer cette œuvre et d'en augmenter le succès : nous sommes bien convaincus que ce n'est pas par amour de la religion que le gouvernement voudra nous rétablir, mais par des vues politiques ; aussi

---

1. *Correspondance de Napoléon Ier*, vol. 8, p. 10.
2. Arch. M.-É., vol. 38, p. 520.

les avons-nous détaillées au long dans notre premier mémoire; mais s'ils ont leurs motifs, nous avons les nôtres, et l'impureté des leurs ne nuira pas à la pureté des nôtres : j'ai oublié de vous dire qu'à la vue de la lettre du Consul à Mgr l'Archevêque, que le prélat m'envoya, je lui observai que le vrai moyen de bien relever notre œuvre et d'en faciliter le succès, c'était de nous rétablir tels que nous étions avant la Révolution, et que le gouvernement continuât à transporter nos missionnaires gratis, à nous accorder les quinze mille livres par an, et le recouvrement de tous nos biens, qui ne seraient pas vendus : si on nous rétablit ainsi, nous n'aurons pas lieu de nous plaindre. »

Bilhère remit ensuite à l'Archevêque de Paris un mémoire dans ce sens[1].

En même temps, il recommença ses démarches en vue de la reconnaissance légale; ses principaux soutiens étaient avec le cardinal Caprara, Portalis et l'abbé Bernier, son ancien condisciple, récemment nommé à l'évêché d'Orléans.

Le premier Consul exprimait des désirs conformes à ceux de M. Bilhère, il voulait suivre en Asie la politique des anciens rois de France, et il le disait dans une lettre au Souverain Pontife :

« Très-Saint Père,

« J'ai fait remettre sous la protection de la France le saint Sépulcre, tous les chrétiens de Syrie ainsi que toutes les églises qui existaient à Constantinople.

« Je désirerais donner une nouvelle activité aux missions de la Chine, et je ne cacherai pas à Votre Sainteté, qu'indépendamment du bien général de la religion, j'y suis porté par le désir d'ôter aux Anglais la

---

[1]. Lettre de M. Alary, 14 janvier 1803, vol. 34, p. 1.

direction de ces missions, qu'ils commencent à s'attribuer.

« Je suis avec un respect filial,
« De Votre Sainteté
« Le très dévoué fils.

« Bonaparte,
« *premier consul.* »

Il ne se contenta pas des renseignements fournis par l'archevêque de Paris et par le directeur des cultes, il s'adressa à Rome. Le 30 décembre, Portalis fit avertir M. Bilhère d'aller lui parler, et il lui présenta un mémoire qu'il venait de recevoir de la Propagande « en lui disant d'y faire séance tenante les observations qu'il croirait nécessaires. Ce mémoire prouvait « que les Missions-Étrangères ne pouvaient être mises sous la protection d'aucune puissance, sans que les missionnaires encourussent aussitôt le danger d'être regardés comme des espions, ce qui serait destructif des missions, » mais en même temps, il exposait les services que les missionnaires avaient rendus aux Français et qu'ils pouvaient leur rendre dans les questions politiques et commerciales. M. Bilhère, ayant lu rapidement cet exposé, laissa par écrit son avis conçu en ces termes : « Il n'y a rien dans ce mémoire qui ne soit conforme à la vérité, et je n'ai aucune réflexion à y ajouter. »

III

Après s'être entouré des documents propres à lui donner une connaissance complète de la question, Portalis présenta son rapport au premier Consul, le 16 brumaire an XI (7 novembre 1802). Le début de cette pièce répond à des objections, dont auraient pu s'abstenir plusieurs de nos contemporains, s'ils avaient étudié cette partie de l'histoire avec plus d'attention; il est tout à l'honneur des missions en général et de la Société des Missions-Étrangères en particulier.

L'homme politique, sans doute, s'y montre plus que le chrétien, mais il s'y montre si clairvoyant, si soucieux des intérêts de sa patrie, si juste envers les missionnaires, il y parle un langage si élevé, si ferme, si plein de bon sens, les circonstances semblent si peu propices à exposer une thèse basée sur des raisons de foi, que nous nous sentons plus portés à approuver qu'à blâmer, à admirer qu'à récriminer[1] :

« Citoyen Premier Consul,

« Vous m'avez chargé de vous rendre compte des Missions étrangères. Elles méritent de fixer l'attention du gouvernement.

« Les Missions étrangères doivent leur origine à l'esprit de prosélytisme, qui a fait tant de biens et tant de maux.

« Elles sont propres à la religion catholique, dont les ministres ont été plus particulièrement occupés que tout autre du soin de la propagation de leur doctrine et de leur foi. Chaque nation doit incontestablement veiller à son bien particulier; mais elle est encore appelée à contribuer au bien général de l'humanité. Il est donc permis, en présentant l'utilité des Missions étrangères, de les envisager, non seulement dans leur rapport avec l'intérêt du gouvernement, mais avec l'intérêt commun de toutes les nations et de tous les hommes.

« Dans nos temps modernes, ce sont les missionnaires qui ont civilisé d'immenses contrées et qui ont, pour ainsi dire, ajouté de nouveaux peuples au genre hu-

1. Arch. nationales. A-F. 4, 1024.

main. Ils ont retiré des bois des sauvages errants et dispersés, et leur ont donné une subsistance assurée. Ils leur ont donné nos arts sans notre luxe, et nos besoins sans nos désirs. Quand ils n'auraient fait par là qu'augmenter l'industrie parmi les hommes, ils auraient beaucoup fait.

« Je sais que l'on a reproché aux prêtres de ne s'être consacrés aux missions que par l'attrait de la domination et du plaisir de commander; mais il sera toujours beau de gouverner les hommes en les rendant plus heureux.

« Il est glorieux pour les ministres catholiques d'avoir été les premiers à montrer dans des pays éloignés et presque inconnus, l'idée de la religion jointe à celle de l'humanité. Ce sont des missionnaires qui, en réparant par leur instruction et par leur exemple, les dévastations des Espagnols, ont commencé à guérir une des plus grandes plaies qu'ait encore reçues le genre humain.

« Il n'y a que le sentiment de la religion, qui ait pu engager des prêtres chrétiens à braver tous les périls, à vaincre tous les obstacles, à mépriser toutes les commodités de la vie, à s'arracher à toutes les affections humaines, pour porter au loin la morale et la vertu. Au milieu de la corruption de nos temps, on les a vus entreprendre les plus grandes choses et échanger leur repos et leur bonheur contre les hasards les plus périlleux, pour chercher et obtenir à quelques mille lieues de leur patrie, l'ascendant qu'ils ont eu sur des hommes libres dont ils ont réformé les manières, détruit les préjugés et soumis les passions.

« Les Missions étrangères, ne fussent-elles envisagées que comme moyen de civilisation, mériteraient donc une protection spéciale.

« Mais quels avantages encore n'ont-elles pas procurés aux gouvernements qui ont su les encourager?

« Les facilités qu'ont eues les missionnaires de former des établissements dans les contrées les plus lointaines, les ont mis à portée d'agrandir le commerce de leur pays, d'ouvrir de nouvelles communications et de préparer la source de nouvelles richesses. Ce sont des missionnaires qui ont porté, jusqu'aux extrémités du globe, la gloire du nom français, qui ont étendu l'influence de la France et qui lui ont donné de nouveaux rapports avec des peuples dont on ignorait l'existence ; ce sont des missionnaires qui nous ont rapporté, en retournant dans leurs foyers, des connaissances précieuses pour les arts et pour les sciences ; ce sont des missionnaires qui ont accru nos moyens de subsistance, en naturalisant parmi nous des productions nées sur un autre sol et sous un autre climat. Enfin ce sont des missionnaires à qui nous sommes redevables de l'art autrefois si peu connu des voyages, et de l'art si important encore de faire et et de recueillir de bonnes observations.

« La France a des missions établies à Pékin et dans le reste de la Chine, dans la Cochinchine et dans les royaumes de Tonkin et de Siam, elle en a au Malabar, dans les îles de Madagascar et de la Réunion, elle en a à Constantinople, dans les Échelles du Levant, dans les États d'Alger et de Tunis.

« Ce furent les missionnaires français qui, en 1660, firent connaître à la France les grands avantages qu'elle pouvait tirer de ses rapports avec les différents peuples de l'Asie, et qui, en 1669, donnèrent lieu à l'établissement de la première compagnie des Indes[1].

« Ils obtinrent du roi de Siam, que les vaisseaux français ne payeraient point d'ancrage ; et ils engagèrent même ce prince à donner un port et une île, près de

---

1. La compagnie des Indes dont parle Portalis a été établie en 1664.

Mergui dans le golfe de Bengale, où ils pussent aller hiverner et se radouber.

« Il importe donc à la politique de ne pas négliger des institutions qui peuvent être si utiles à la prospérité publique.

« Dans ce moment, nous sommes avertis, par la conduite des Anglais, nos éternels ennemis, de ne pas oublier les biens dont nous sommes redevables aux Missions. Ces insulaires, avant la Révolution française, ne connaissaient pas ces sortes d'établissements. Depuis quelques années, ils se sont ravisés. Ils envoient des missionnaires dans les îles nouvellement découvertes ; ils en envoient partout où ils peuvent étendre leur domination et leur commerce. Ces missionnaires sont abondamment salariés par le Trésor public ou par des compagnies de négociants. On a compris à Londres qu'il faut une mission à ses ordres, partout où l'on ne peut avoir une armée à sa solde, et qu'il est un genre de conquête, que l'on ne peut devoir qu'à la force de la parole et de la religion. Après ces observations générales, j'entre dans les détails. »

Ces détails concernaient un certain nombre de missions confiées à plusieurs Congrégations religieuses, entre autres la Cochinchine évangélisée par la Société des Missions-Étrangères, et où Mgr Pigneau de Behaine avait appelé la France.

Sous ce titre « Résultat et Conclusions », le rapport se terminait en exposant les demandes faites par M. Dubois, membre de la congrégation de Saint-Vincent de Paul et par M. Bilhère.

« La conséquence de tout ce qui vient d'être dit est que les Missions étrangères doivent continuer à être soutenues et encouragées.

« Autrefois il existait à Paris deux établissements chargés de pourvoir aux besoins de ces missions.

« Ces établissements étaient : 1° La maison de la Congrégation des Lazaristes; 2° La maison des Missions-Étrangères qui était chargée d'une partie des missions de la Chine, de celles de la Cochinchine, du Tonkin, de Siam et de Malabar.

« Ces établissements ont disparu avec toutes les corporations ecclésiastiques séculières et régulières. Mais heureusement, quelques-uns des hommes qui en étaient membres et qui les dirigeaient ont échappé au naufrage. De ce nombre sont les citoyens Dubois et Billières (sic). Le premier était membre de la Congrégation des Lazaristes. Le second est l'ancien supérieur des Missions-Étrangères. J'ai consulté ces deux hommes, ils proposent chacun des plans particuliers de protection et d'encouragement.

« Le citoyen Billières, ancien supérieur des Missions-Étrangères, demande, ainsi que le citoyen Dubois, la franchise de sa correspondance avec les missionnaires et le passage gratuit sur les vaisseaux de l'État des personnes qui se vouent aux missions.

« La maison des Missions-Étrangères a été achetée dans un esprit de conservation. Le citoyen Billières l'occupe actuellement. Il demande de pouvoir la consacrer à son ancienne destination. Il demande en outre une somme annuelle de quinze mille livres pour les besoins des missionnaires. Si le gouvernement agrée leur plan, ils se feraient fort l'un et l'autre de soutenir, chacun pour ce qui le concerne, des établissements dont le maintien et l'influence important au bien de la religion, à celui de leur patrie et même au bien de l'humanité entière. Dans le moment présent, les missionnaires qui étaient de la dépendance de la maison dite des Missions-Étrangères sont seulement au nombre de vingt-sept[1] ;

---

1. Le chiffre exact était de 39.

dans ce nombre, on compte cinq évêques remplissant les fonctions de Vicaire apostolique. Il y en a six dans la Chine, six dans la Cochinchine, cinq au Tonkin, quatre à Siam et six à Pondichéry ou dans les terres voisines de la côte de Malabar. »

La demande de quinze mille francs ayant mécontenté Napoléon, M. Bilhère la retira aussitôt, en disant qu'il remplacerait cette somme par les secours de la charité publique; il ne sollicita plus que le passage gratuit des missionnaires sur les navires de l'État.

Tous ces pourparlers étaient approuvés par les directeurs réfugiés à l'étranger; cependant ils étaient inquiets de cette ingérence si directe de l'État dans les affaires des Missions, d'autant plus que la publication des articles organiques leur avait clairement révélé la tendance du gouvernement à réglementer les choses de l'Église sans l'Église, et « à mettre la main sur tout » selon l'expression du cardinal Antonelli.

« Je n'aime point du tout que le gouvernement français s'occupe d'un nouveau plan relativement aux missions, écrivait Chaumont. Que ne laisse-t-il subsister l'ancien? Avec ses nouveautés, il gâte tout. Il n'entendra pas mieux à établir la religion dans les pays infidèles, qu'à la rétablir en France. Je crains bien que ce nouveau plan ne dérange tout et ne mette obstacle au bien. »

Il développait ensuite les craintes que lui inspirait la protection du gouvernement, les malheurs que cette protection trop souvent inefficace attirerait sur les Missions, il redoutait qu'à la haine religieuse existante depuis le début de la prédication du christianisme ne se joignît la haine politique; les missionnaires seraient alors, croyait-il, considérés comme espions, et ne pourraient que très difficilement pénétrer en Extrême-Orient ou jouir de la tolérance qui leur était accordée, enfin les persécutions seraient plus facilement excitées contre les chrétiens, accusés de faire cause commune avec l'étranger.

En détaillant ainsi les conséquences fâcheuses de l'immixtion du gouvernement dans les affaires des missions, les directeurs voyaient assurément la vérité ; la voyaient-ils tout entière, et par suite, leurs arguments ne portaient-ils pas quelque trace d'exagération? leurs conclusions n'étaient-elles pas discutables? — Ils pouvaient, en étudiant le passé, affirmer que, si le gouvernement français avait aidé et secouru les missionnaires par sa parole et par son or, il ne les avait jamais protégés par ses armes, et il leur eût été loisible de citer Mgr Laneau ou ses compagnons au XVIIe siècle, au XVIIIe MM. Langlois, de Capponi, d'Estrechy, Féret et beaucoup d'autres, dont l'emprisonnement ou la mort n'avait jamais provoqué une réclamation ni amené un vaisseau de guerre sur les côtes de l'Extrême-Orient.

Mais pouvaient-ils avec la même assurance arguer de l'avenir?

Sans doute, l'ingérence des gouvernements européens dans les affaires des Missions, ou pour parler plus exactement, la présence de l'Europe, et particulièrement de la France en Extrême-Orient, a amené la recrudescence de persécutions annoncée par les directeurs ; mais aussi elle facilite les travaux, aide les conversions, brise les barrières qui séparaient le monde païen du monde chrétien.

Quels seront les résultats de ces changements ? Plusieurs craignent que les Orientaux ne prennent nos défauts plus que nos qualités, nos vices plus que nos vertus, que notre présence n'engendre en Extrême-Orient une civilisation bâtarde, plus contraire que favorable au catholicisme.

D'autres préfèrent croire que, malgré les hésitations, les lenteurs, les maladresses inhérentes à toutes les entreprises humaines, les résultats seront heureux : ils veulent espérer que Dieu tirera sa gloire de la haine, comme de l'amour, de la conduite de ses ennemis et de celle de ses amis. Au ve siècle, les barbares envahirent le monde romain, et on crut que le christianisme allait disparaître sous les ruines qu'ils amoncelaient; il se releva au contraire, plus vigoureux et plus florissant. L'Europe garde encore beaucoup de principes de foi, elle ne peut être comparée aux barbares. Comment son influence serait-elle plus funeste ?

De telles questions, cependant, ne sont tranchées qu'avec l'aide des siècles, peut-être même est-il téméraire de les poser. Cependant, qu'on laisse à ceux qui les veulent concevoir la pensée fortifiante et patriotique, l'espérance sérieuse et raisonnée, de voir la France devenir en Extrême-Orient, comme elle a été en Occident, le soldat de l'Église et de Dieu. Qu'on leur permette de croire que cette fois encore la Providence accomplira son œuvre, même par ceux qui ne songent pas à la faire.

IV

Les directeurs craignaient, non seulement pour les missions, mais pour la Société elle-même. Le cardinal préfet de la Propagande, très au courant de tout ce qui se passait dans les sphères gouvernementales, leur disait : « que Bonaparte voulait établir une Propagande présidée par l'archevêque de Paris. »

Il paraît qu'il fut en effet question de ce projet, mais on ne s'y arrêta pas; on se contenta de vouloir réunir en un seul corps les Missions-Étrangères et la congrégation de Saint-Vincent de Paul. Un jour, le neveu de

Portalis vint au Séminaire faire signer une pétition à M. Bilhère, et dans le cours de la conversation, il lui demanda s'il ne voulait pas se réunir aux Lazaristes. M. Bilhère expliqua l'impossibilité de cette fusion. « Depuis, dit-il, j'ai donné un mémoire où j'ai fait voir que ces deux Corps ne pouvaient aller ensemble, que les Lazaristes faisaient des vœux et que nous n'en faisions pas, qu'ils avaient un supérieur général et que nous n'en avions pas[1]. » Ce plan d'une seule société de missionnaires dont la Congrégation de Saint-Vincent de Paul, régie non plus d'après les enseignements de son illustre fondateur, mais d'après ceux du gouvernement, serait la base principale, souriait au premier Consul.

Le rapport que Portalis présenta sur ce sujet, reflétait la pensée du maître, qui voulait en tout et partout unité de pouvoirs, à condition que ces pouvoirs fussent dans sa main; mais il s'inspirait également des préjugés des jurisconsultes d'alors, Camus, Treilhard et autres, on y sentait une crainte extrême de Rome, une antipathie marquée contre les congrégations romaines, un désir très vif d'une autorité entière sur les missionnaires, afin d'en faire un instrument de gouvernement et surtout une inintelligence presque complète de l'administration des missions. A en croire ce rapport, il s'agissait d'une chose absolument politique, tandis que c'était surtout une question religieuse. Le ministre des cultes, dans son premier rapport, s'était montré le défenseur convaincu et éloquent des missions, dans celui-ci, il s'en faisait, sans le vouloir et sans le savoir, mais très certainement, le destructeur. Il commençait ainsi[2] :

---

[1]. Arch. M.-É., vol. 38, p. 526.
[2]. Arch. nationales, A-F. 4, 1044, pièce 34, dossier 3.

« Citoyen Premier Consul,

« En m'adressant la note de Rome relative aux Missions étrangères, vous me demandez ce que l'on peut faire pour ces Missions. J'aurai d'abord l'honneur de vous observer que, dans la note de Rome, on aperçoit évidemment le projet d'attirer à la Congrégation de la Propagande des objets que cette Congrégation aurait l'ambition de diriger et de gouverner exclusivement. »

Ensuite confondant la Congrégation de Saint-Vincent de Paul avec les missions qui lui étaient confiées, le pouvoir spirituel avec le pouvoir temporel, les secours que la France donnait aux missionnaires avec la juridiction qu'ils recevaient de Rome, il essayait d'établir que dans le Levant et en Chine, les prêtres, « étant protégés par le gouvernement français, devaient être envoyés par lui »; enfin il exposait son projet d'une seule Société :

« On pourrait aujourd'hui charger l'archevêque de Paris du soin des Missions, il en serait le supérieur, comme l'était autrefois le général de la Congrégation de Saint-Vincent de Paul.

« L'archevêque établirait pour cette partie un grand vicaire qui serait doté comme les autres grands vicaires du diocèse.

« On n'aurait recours à la Propagande que pour la nomination d'un ou de deux préfets apostoliques, à qui le Pape donnerait le pouvoir d'administrer le sacrement de Confirmation.

« Mais l'essentiel serait d'avoir, comme autrefois, un établissement à Paris, où l'on formât, et l'on préparât les jeunes ecclésiastiques qui se destinent aux missions. L'ancienne maison des Missions-Étrangères est aliénée. Celle de la Congrégation de Saint-Vincent de Paul a reçu une destination nouvelle et d'utilité publique.

« On pourrait remplacer ces deux établissements par

la maison dite de Saint-Louis des Jésuites, il y existe une chapelle qui a été érigée en succursale.

« En érigeant cette succursale en paroisse, les honoraires provenant du service suffiraient pour la subsistance et l'entretien des principaux membres de cet établissement.

« A mesure qu'il s'offrirait des ecclésiastiques, que le gouvernement jugerait capables d'être employés aux missions, on pourrait, d'après la demande motivée du supérieur, et en prenant tous les renseignements requis, donner quelques secours passagers pour perfectionner l'éducation de ces ecclésiastiques, afin de les mettre en état d'apprendre quelqu'un des arts qui font prospérer les missions de Pékin.

« Le même établissement pourrait servir à former des ecclésiastiques pour nos colonies; il pourrait servir encore d'une maison de retraite pour les prêtres, pareille à celle que saint Vincent de Paul avait établie. »

Ce plan pouvait être l'œuvre d'hommes animés de bonnes intentions, mais à coup sûr, ignorants des choses religieuses et aveuglés par les préjugés politiques; l'État y était tout, l'Église rien ou à peu près, le gouvernement nommerait le supérieur, il accepterait ou refuserait les prêtres qu'il jugerait ou non capables d'aller en mission : on avait recours au Pape uniquement pour le prier d'accorder aux préfets apostoliques le pouvoir d'administrer la Confirmation. Un décret, porté en ce sens le 7 prairial an XII [1], causa un vif mécontentement à la majorité des directeurs, qui y virent la ruine de la Société des Missions-Étrangères. M. Bilhère exprimait des sentiments moins hostiles; il ne niait pas que le décret ne fût

---

[1]. Le texte de ce décret a été publié dans la brochure : *Le Séminaire des Missions-Étrangères pendant la Révolution*.

défectueux, mais cherchant avant tout ce qui pouvait l'aider, il considérait principalement que les Missions étaient rétablies ; si le moyen employé par le gouvernement était mauvais, il ne désespérait pas de le faire changer, en se servant de cette première concession comme d'un point d'appui.

Les directeurs faisaient encore contre ce décret une autre objection, qui, pour sembler personnelle, n'en avait pas moins une valeur réelle : le gouvernement donnait à une nouvelle Société ce nom de Missions-Étrangères, qui était le nom propre, particulier, patronymique de la Société des missionnaires de la rue du Bac, dès l'origine choisi, approuvé par le roi Louis XIV et par le Souverain Pontife Alexandre VII, porté depuis un siècle et demi, et connu du monde entier.

Pour les Sociétés religieuses, comme pour les familles humaines en effet, le nom est une propriété ; les fondateurs le transmettent à leurs disciples, comme des pères à leurs enfants ; chaque génération lui apporte son accroissement de gloire et d'honneur, qui devient le patrimoine de la génération future. Usurper le nom d'une Société religieuse, c'est usurper la renommée que lui ont acquise les travaux, les vertus, les souffrances de ses fils, pour rendre illustres des étrangers et des nouveaux venus. « Cette Société, qui va être composée de gens du gouvernement, prend notre nom, écrivait M. Boiret, c'est là une chose qui ne s'est jamais vue et que personne ne voudrait tolérer. » Rome elle-même prit part au débat. Il était en dehors de toutes les règles qu'un gouvernement voulut, sans avoir consulté le Pape et reçu de lui l'autorisation, fonder une congrégation, ou tout au moins bouleverser de fond en comble son organisation.

Le préfet de la Propagande composa plusieurs mémoires, pour exposer et défendre les droits de l'Église, et les envoya au cardinal Caprara.

Après les avoir étudiés, le légat adressa à Portalis la lettre suivante, qui résumait toutes les observations et expliquait en un langage mesuré, mais ferme, la discipline catholique. C'est une leçon de droit canon et de bon sens, qu'il faudra hélas! donner plus d'une fois aux jurisconsultes de cette époque. Nous citons cette pièce tout entière, quoiqu'elle soit très longue, à cause de son extrême importance :

« Excellence[1].

« On a répandu dans le public et même adressé particulièrement à Rome, un décret impérial concernant le rétablissement des Missions étrangères en France. Ce décret est daté du 7 prairial an XII. Il paraît authentique, tout annonce qu'il existe réellement et qu'on se dispose à l'exécuter.

« Il est impossible que je m'abstienne de vous adresser et par vous à Sa Majesté Impériale de justes représentations sur la teneur et sur les dispositions de ce décret, je le dois à mes instructions et au caractère don je suis revêtu. Ce décret a vivement alarmé le Saint-Siège, non par le but qu'on s'y propose, mais par la manière dont on veut l'atteindre. Rien n'est plus désirable que le rétablissement des Missions étrangères en France, pour le bien de la religion ; mais il ne peut être indifférent pour le Saint-Siège que le rétablissement ait lieu de telle ou telle manière.

« Le Saint-Siège peut seul donner les pouvoirs nécessaires pour exercer les fonctions de missionnaires apostoliques, partout où il n'y a pas d'évêque titulaire canoniquement institué. La juridiction spirituelle ne peut

---

[1]. Arch. M.-É., vol. 223, p. 89.

émaner directement que du chef de l'Église, en vertu de la plénitude de son autorité. C'est ainsi que saint Boniface fut envoyé en Allemagne, saint Augustin dans l'Angleterre et saint François Xavier dans les Indes.

« La Congrégation de la Propagande, dépositaire des intentions et des pouvoirs du Saint-Siège, envoie encore aujourd'hui, de la même manière, tous les prêtres vertueux qu'un zèle vraiment apostolique dévoue à la conversion des nations hérétiques ou idolâtres. Cet usage est connu en France et a été constamment respecté jusqu'au moment où la religion avait cessé de l'être.

« Cependant le décret impérial du 7 prairial ne parle ni de la nécessité de cette mission spirituelle, ni des droits du Saint-Siège sur les missions, ni du concours de l'autorité apostolique pour le rétablissement. Tout paraît se faire au nom de l'autorité temporelle. On garde un silence absolu sur tout ce qui tient à l'autorité spirituelle. Sa Sainteté ne peut pas croire qu'on ait eu le projet d'exclure son intervention; mais il est indispensable qu'elle connaisse, sur cet objet, les vraies intentions du gouvernement. La validité des pouvoirs qu'exercent les missionnaires, et les succès de leurs travaux dépendent essentiellement de cette explication.

« Le premier article du décret n'établit qu'une seule Association de prêtres séculiers pour les Missions; cependant il en existait trois en France, savoir : les Missions-Étrangères proprement dites, celle de Saint-Lazare et celle du Saint-Esprit. Aucune de ces Congrégations n'a démérité. Toutes ont un territoire où elles peuvent exercer leur zèle. Toutes désirent et méritent de le conserver. Vouloir les confondre dans une seule et même association, ce serait violer leurs premiers engagements, et leur prescrire une chose moralement impossible. L'esprit de chacune de ces Congrégations, les inclinations et les obligations diffèrent essentiellement. Toutes tendent également au bien ; mais l'Église qui a su les différencier a prouvé par là même qu'il ne fallait jamais les confondre. Chaque homme a sa vocation et la reçoit de Dieu : il est donc essentiel de la respecter.

« J'observerai encore qu'aucune espèce de Congrégation, ayant essentiellement pour but un objet spirituel, ne peut être établie sans l'approbation du Saint-Siège ; et cependant ici rien de semblable n'est énoncé. La seule autorité temporelle confond et réunit trois congrégations dans l'ordre spirituel et n'en forme qu'une seule sans la participation du Chef de l'Église, et même sans exprimer la nécessité de son concours, qui, depuis la naissance du Christianisme, a toujours été nécessaire en pareil cas.

« L'article deuxième de ce même décret porte « que le Directeur des Missions sera nommé par l'empereur. » Cette nomination était avant ce jour absolument inusitée. Aucune des Congrégations de missionnaires ne recevait son supérieur des mains du roi. On change donc par cet article le principe et le mode de gouvernement établi, sans avoir aucune garantie qu'il puisse être adopté. Il ne s'agit point ici seulement de ce qu'on fera en France pour les Missions; mais de la manière dont le mode adopté en France sera reçu dans les pays des Missions. Ces pays, n'étant pas soumis à l'empereur, ne recevront que ce qu'il leur plaira. Les ennemis de la France ne manqueront pas de leur représenter que ce n'est pas par un supérieur librement élu et confirmé par le pape, que les Missions sont dirigées, mais par un supérieur que l'empereur seul désigne, et qu'ils affecteront de leur peindre comme un agent uniquement dévoué à ses intérêts. Rien ne serait plus capable d'inspirer des préventions contre les missionnaires et d'empêcher le succès de leurs efforts. Il est même plus que douteux que les missionnaires employés aujourd'hui hors de France veuillent se soumettre à un ordre de choses essentiellement différent de celui qu'ils avaient embrassé.

« Cet ordre n'avait aucun inconvénient. Aucun supérieur n'était nommé, qu'il ne fût agréable au souverain. Cette nomination ainsi que l'envoi des missionnaires était l'ouvrage de la Propagande, qui n'inspirait aucune crainte aux souverains idolâtres. Tout cela n'empêchait pas que les missionnaires ne fussent utiles au gouvernement français, au commerce, aux sciences et aux arts, comme une infinité de monuments l'attestent. Il eût donc été plus naturel et plus utile de laisser les choses dans l'état précédent. Une utilité que le temps a confirmée est toujours préférable aux essais souvent pernicieux de la nouveauté.

« Cette nomination du Directeur faite par Sa Majesté offre encore une autre difficulté : il est dit, article VII, que le Directeur pourra envoyer des missionnaires hors de France, dans tous les lieux où il le jugera convenable. Une pareille disposition est inouïe dans l'Église. Jamais on n'a vu un Directeur uniquement nommé par la puissance temporelle envoyer des missionnaires uniquement où bon lui semble. De qui tiendrait-il ce droit? Serait-ce du prince qui l'a nommé? Mais ce prince ne peut avoir aucune autorité spirituelle dans l'Église, et il s'agit du salut des âmes. Serait-ce des évêques diocésains? Mais il n'en existe pas dans les contrées où les missionnaires sont envoyés. Serait-ce du Saint-Siège ? Mais il n'y a pas un seul mot qui le concerne dans tout le décret. On y parle bien d'une autorisation nécessaire aux missionnaires envoyés, mais on la place comme à dessein, à côté de l'obligation d'avoir des passeports, ce qui suppose que ces deux choses appartiennent également à l'autorité temporelle.

« L'article VIII porte expressément « que le Directeur des missionnaires recevra de l'archevêque de Paris les lettres de vicaire général pour les îles de France et de la Réunion et le chef de la mission de ces îles n'aura dorénavant que le titre de provicaire général. » Cet article ne paraît pas moins extraordinaire que le précédent. Mgr l'archevêque de Paris n'a pas le droit de nommer le supérieur des nouvelles missions vicaire général des îles de France et de la Réunion. Ces îles ne font pas partie de son diocèse ; il ne peut y exercer la juridiction que par délégation spéciale du Saint-Siège. Le pape Benoît XIV avait accordé ce privilège aux prédécesseurs de Mgr l'archevêque, mais à la condition expresse qu'ils ne l'exerceraient qu'en faveur des missionnaires de Saint-Lazare.

« Aujourd'hui tout est changé, cette congrégation n'est plus reconnue en France par le gouvernement, le but du privilège accordé ne peut donc plus être rempli. Il n'était, d'ailleurs, concédé que pour un temps, que la volonté du Saint-Siège devait limiter *ad Sanctæ Sedis beneplacitum*, et la Congrégation de la Propagande m'a déclaré, par sa lettre du 4 juillet de la présente année, qu'elle le regardait comme expiré.

« Sa Sainteté ne se refusera nullement au renouvellement de ce privilège, pourvu que le rétablissement des Missions étrangères en France soit assis sur des bases qui assurent les droits du Saint-Siège, mais elle a vu, avec douleur, qu'on ait attribué, par un arrêté public, à Mgr l'archevêque de Paris des droits et une juridiction qu'il ne peut tenir que d'Elle.

« Je supplie votre Excellence de vouloir bien aplanir par une explication précise et officielle, les difficultés que je viens de lui exposer. Sa Majesté Impériale est trop grande, trop généreuse, trop attachée à la religion pour vouloir changer le régime salutaire des Missions. Ses prédécesseurs sur le trône qu'elle occupe ont recueilli les heureux fruits de la manière dont elles étaient organisées. Elles promettent les mêmes succès avec les mêmes éléments, les mêmes institutions et les mêmes règles. Si quelques changements étaient nécessaires, il serait indispensable de les concerter préalablement avec Sa Sainteté et le succès n'en serait par là même que plus assuré. »

Cette magistrale dissertation ne laissait debout aucune des prétentions du gouvernement français, elle mettait en pleine lumière les droits de l'Église, et exprimait bien la pensée du Souverain Pontife qui, intransigeant sur le fond des choses, était prêt à se rendre aux désirs de l'empereur, lorsqu'il ne s'agirait plus que d'une question de forme.

Nous ne savons si elle reçut d'autre réponse qu'un accusé de réception. Plusieurs mois après, M. Boiret écrivait « que le gouvernement n'avait rien répondu, et que, sans doute, il ne répondrait rien. »

V

Le voyage du Souverain Pontife en France pour le sacre de Napoléon hâta la solution de cette affaire. Aussitôt que cette nouvelle eût transpiré dans le public, les directeurs escomptèrent toutes les chances de succès qu'elle leur apportait, d'autant plus que le cardinal Borgia, préfet de la Propagande, accompagnait le Pape.

« Le cardinal Borgia que j'ai vu le premier novembre, pour lui souhaiter un heureux voyage, disait

Boiret [1], m'a bien assuré que nous serions rétablis, ou bien qu'il n'y aurait rien de fait, c'est-à-dire que le décret impérial serait sans exécution. Je sais qu'il va être très ferré, non seulement par mes observations, mais encore par les pièces qu'il a tirées des archives de la Propagande; de plus, quand il s'agit de la Propagande, il n'en cède pas les droits. »

Malheureusement, le cardinal mourut à Lyon. « Sa mort affligea profondément les directeurs qui perdaient en lui un ami puissant et regrettaient vivement sa promptitude dans les décisions et sa grande générosité envers les Missions.

En juillet 1799, en effet, le cardinal avait donné 500 écus romains pour le Tonkin occidental; en mai 1800, 500 écus à la Haute-Cochinchine, 400 écus à la mission du Su-tchuen, 200 écus à la mission de Siam, à la mission de Pondichéry 400 écus; à la procure de Macao, afin d'acheter du vin de messe pour les missionnaires, 400 écus. Les années suivantes, il offrit encore des secours considérables.

Pendant son passage à la Propagande, il donna aux seules missions de la Société la somme 42,840 écus romains [2]. « Cet argent sortait de sa caisse particulière et non de la caisse de la Propagande. Cette caisse était formée d'aumônes qui étaient données au cardinal pour les missions et dont il était le seul distributeur, il n'y avait que le Pape et lui à le savoir. »

Par cette perte, M. Bilhère était privé d'un appui sûr, il ne se laissa cependant pas abattre; aussitôt après l'arrivée du Souverain Pontife à Paris, il se mit en relation avec les cardinaux Antonelli et di Pietro, comme le témoigne une lettre de M. Alary [3] :

1. Arch. M.-É., vol. 223, p. 149.
2. Arch. M.-É., vol. 223, p. 175.
3. Arch. M.-É., vol. 30, p. 479.

« Nous avons vu le cardinal Antonelli auquel M. Bilhère a présenté l'ancien mémoire que vous avez vu, il y a mis seulement quelques additions. Son Éminence a eu la bonté de nous visiter aux Missions-Étrangères, il nous a engagés à aller parler au cardinal di Pietro que le Pape vient de nommer préfet de la Propagande. Sa Sainteté doit parler elle-même de notre œuvre à l'empereur et demander que les Lazaristes soient chargés de leurs anciennes missions, en nous laissant continuer d'administrer les nôtres sous le gouvernement de nos supérieurs ordinaires; on pourra aussi demander quelques secours pécuniaires, mais on n'a fait encore aucune proposition à ce sujet. Le cardinal di Pietro nous a demandé avec beaucoup d'instances des renseignements que nous lui avons fournis; il est plein de zèle et de désir de procurer le bien. »

Le cardinal Antonelli, plus apte que le cardinal di Pietro à traiter les questions des Missions, puisqu'il avait été longtemps préfet de la Propagande, sollicita le rétablissement des Missions-Étrangères, des Congrégations des Lazaristes et du Saint-Esprit.

Bilhère, de son côté, n'épargnait rien de ce qui pouvait le faire réussir; de chez les cardinaux romains, il passait chez le cardinal Fesch, ensuite il allait voir Mgr Bernier, Talleyrand, Portalis ou son secrétaire. Que disait-il dans ses entrevues, quels arguments nouveaux pouvait-il faire valoir? Probablement il rappelait l'importance des Missions et l'utilité du Séminaire, il répétait ce que contenaient ses mémoires ou ses lettres. Il avait aussi pour toucher, ce qui souvent est le meilleur moyen de convaincre, une raison à laquelle il ne songeait pas sans doute, mais qui se dégageait spontanément de sa personne et de ses actes. On ne devait pas voir, sans quelque émotion, ce vieillard de 81 ans, ardent comme un jeune homme, passionné pour son œuvre, poursuivant, depuis dix ans, le même but avec la même indomptable persévérance, combattant pied à pied, conquérant le terrain lentement, avec bien des peines, mendiant des secours pour racheter son Séminaire et des protections pour le rétablir, obtenant un décret qui restaurait les Missions et qui semblait détruire le Séminaire, s'attachant au premier point, recommençant pour faire changer le second, les mêmes visites, les mêmes lettres et les mêmes rapports. En étudiant les archives de cette époque, on admire, non sans la regretter un peu, la discrétion de M. Bilhère; ses lettres sont rares, courtes, sobres de faits, plus sobres encore de sentiments. Il n'est guère possible que dans ses longues luttes, il n'ait eu quelques moments de découragement, quelques impressions de tristesse, qu'il n'ait reçu çà et là des paroles dures, des promesses banales, des sourires de dédain que connaissent tous les solliciteurs; il ne le dit pas et ne s'en plaint pas; il agit et supporte tout en silence; un seul sentiment le domine, l'espérance; encore voudrait-on qu'il nous expliquât par quels moyens il compte réaliser ce qu'il espère; il ne le dit point : « Nos affaires vont bien. » « Je ne désespère pas de réussir. » « On s'occupe activement de notre affaire; » quelquefois il ajoute le nom d'un personnage qu'il a sollicité ou l'indication d'une visite qu'il a faite et c'est tout. Il fallait assurément qu'il fût doué d'un caractère fortement trempé et d'une expérience consommée, ce vieillard qui seul concevait ses plans, seul les exécutait, ne confiant au papier et à ses amis que le résultat de ses efforts.

    Au-dessus de tous les personnages importants que Bilhère essayait d'intéresser à son œuvre, il y avait à Paris, un homme qu'il n'était nul besoin de solliciter, et de lui-même s'occupait des Missions. C'était le Souverain Pontife Pie VII. Lors de sa visite à la Malmaison, il avait présenté à l'empereur un mémoire pour lui recommander divers instituts français et en particulier le Séminaire des Missions-Étrangères.

La réponse se fit longtemps attendre, enfin le 21 mars 1805, le gouvernement impérial écrivit au chef de l'Église.

Dans l'article qui concernait les Missions, il était dit : « Sa Majesté dotera volontiers le Séminaire des Missions-Étrangères et pourvoira abondamment à tout ce que la Propagande pourra décider. Pour un objet si important, les plus grands sacrifices lui paraîtront légers. »

Deux jours plus tard, Napoléon rétablissait le Séminaire des Missions-Étrangères et la Congrégation du Saint-Esprit par le décret suivant [1] :

« Au palais des Tuileries, le 2 germinal an XIII (23 mars 1805).

« Napoléon, empereur des Français, sur le rapport du ministre des cultes, décrète :

Article 1er.

« Les établissements des Missions, connus sous les dénominations des Missions-Étrangères et du Séminaire du Saint-Esprit, sont rétablis.

Article 2.

« M. de Bilières, *(sic)* supérieur du Séminaire, dit des Missions-Étrangères, rue du Bac, est autorisé à accepter des tiers acquéreurs, la donation de l'édifice, autrefois consacré à ce Séminaire, et les revenus et biens qui y étaient attachés. Il pourra, ainsi que ses successeurs,

---

1. Arch. M.É., vol. 40 p. 310.

accepter toutes fondations et donations qui seront faites à cet établissement.

Article 3.

« La maison de campagne, située près de la forêt d'Orléans et ses dépendances, provenant du Séminaire du Saint-Esprit, lui sont rendues, et sont mises à la disposition de M. Berthout, supérieur actuel dudit Séminaire et de ses successeurs; ils demeurent autorisés à recevoir les fondations et donations qui seraient faites pour l'œuvre des Missions.

Article 4.

« Les actes de fondations et de donations, acceptées par les Supérieurs des Missions-Étrangères et du Séminaire du Saint-Esprit, seront soumis à la sanction de Sa Majesté Impériale.

Article 5.

« Les ministres des finances et des cultes sont chargés, chacun en ce qui le concerne, de l'exécution du présent décret.

« *Signé :* Napoléon.

« Par l'empereur :
« *Le secrétaire d'Etat,*
« *Signé :* Hugues B. Maret. »

Aussitôt qu'ils eurent connaissance de ce décret, les directeurs s'empressèrent d'aller exprimer leur reconnaissance au cardinal Fesch qui les avait activement servis en cette circonstance.

Le lendemain, ils reçurent cette lettre honorable pour eux et pour lui :

« En m'intéressant à votre rétablissement, je n'aurai fait que solliciter un bienfait réel pour l'Église en général et pour celle de France en particulier. Je n'ignore pas, non plus, les services que votre Compagnie a rendus et est en état de rendre à nos Missions étrangères. Je compterai toujours au nombre de mes premiers devoirs, celui d'en être le protecteur et de mes plus grandes consolations, celle de pouvoir concourir au fruit de vos travaux, par les services que la Providence me procurera les moyens de vous offrir. »

On dit que l'histoire se répète, il est difficile de ne pas le croire lorsqu'après avoir étudié l'histoire de l'origine du Séminaire des Missions-Étrangères, on lit l'histoire de son rétablissement. Entre ces deux événements, en effet, il y a plus d'une analogie. Le dévouement de Mademoiselle d'Escars remplace celui de Madame d'Aiguillon; Mademoiselle Bochard de Saron prête son nom comme Messieurs de Garibal et d'Argenson avaient prêté le leur; le cardinal Antonelli qui visite le Séminaire ne rappelle-t-il pas le cardinal Chigi qui le bénit en 1663; l'Église et l'État s'unissent au dix-neuvième siècle de même qu'au dix-septième; Pie VII approuve la résurrection comme Alexandre VII avait approuvé la naissance; et Napoléon, donnant l'existence légale, continue l'œuvre de Louis XIV.

Les directeurs ont donc accompli la tâche qu'ils s'étaient imposée, ils ont soutenu les Missions et rétabli le Séminaire. Pendant toute cette période, leur vie offre un spectacle d'une édifiante grandeur et d'un fortifiant enseignement. Habileté pratique, intelligence des situations difficiles, connaissance des hommes, ces qualités apparaissent dans tous leurs actes; et au-dessus d'elles, les développant ou les faisant naître, un sentiment de foi et de dévouement donne à leur existence son caractère particulier et distinctif, l'attachement à leur œuvre.

Aux premières mesures vexatoires, ils répondent par

des lettres, des rapports, des mémoires ou des faits précis racontés en un langage modéré, corroborent d'indiscutables raisonnements ; vis-à-vis des officiers municipaux, des soldats, de la populace, ils se montrent courageux sans jactance et affables sans bassesse ; lorsque la situation rend leur présence plus nuisible qu'utile au Séminaire, ils partent pour l'exil ; et sur la terre étrangère, pendant plus de dix années, sans fortune, sans appui, presque sans nom, on les voit, toujours unis de cœur et d'action, toujours persévérants, toujours fidèles, s'adresser aux papes, aux cardinaux, aux évêques, aux rois, aux ministres, aux ambassadeurs, aux catholiques, aux protestants, et, par des démarches, des instances, des sollicitations nombreuses, obtenir des secours pour les Missions, envoyer des prêtres en Extrême-Orient, publier des relations qui conservent et ravivent l'idée de l'apostolat, racheter leur maison, revendiquer pour la Société son nom et sa liberté, enfin, après avoir dissipé les préjugés des hommes politiques, conquérir le rétablissement du Séminaire.

VI

Le décret de Napoléon fut transmis dans les Missions avec les nouvelles qui faisaient tressaillir tous les cœurs français et catholiques : concordat, réouverture des églises, paix à l'intérieur et gloire à l'extérieur : « Enfin, s'écriait M. Éyot du Tonkin occidental, nous pourrons ne pas mourir sans avoir vu le triomphe de Dieu et de son église, nous n'admirerons jamais assez les voies dont la Providence s'est servie pour rendre la tranquillité à notre pays : pensez-vous avoir bientôt des missionnaires à nous envoyer pour soutenir nos vieux jours ? »

De Siam, Mgr Garnault écrivait à M. Alary : « Je ne

saurais vous dire ma joie de savoir que vous êtes rentré dans notre Séminaire. Avez-vous déjà des séminaristes disposés à nous venir rejoindre?

De Cochinchine, Mgr Labartette adressait cette lettre à M. Chaumont encore en Angleterre : « Puisque la paix est maintenant rétablie et que nous possédons de nouveau notre Séminaire, pourquoi ne retournez-vous pas en France pour chercher des missionnaires qui nous font défaut ici et partout? Il me semble que maintenant, avec la maison que vous avez, vous trouverez plus facilement des sujets. »

L'allégresse était générale, le cri d'appel également : les évêques et les missionnaires réclamaient des coopérateurs, ils en avaient en effet le plus pressant besoin.

En 1789, la Société comptait en France et en Extrême-Orient 58 membres; en 1805, elle en avait seulement 42.

Heureusement la tranquillité religieuse régnait alors dans toutes les missions. Dieu avait pitié de ces églises privées d'un nombre suffisant de pasteurs : il enchaînait la persécution, de la même main qui enchaîne les flots de l'océan.

Il ne semblait nulle part que cette paix fût bien solide, mais telle qu'elle était, les missionnaires en profitaient pour fortifier leurs anciens chrétiens ou pour en conquérir de nouveaux.

Les événements politiques d'Europe n'avaient eu aucun contre-coup en Chine et en Indo-Chine, excepté pour la diminution des ouvriers apostoliques et des ressources; les Indes seules en avaient ressenti le choc.

Nous avons dit les troubles que la Révolution y avait causés, les changements de gouvernement intervenus par suite de la défaite des Français. La paix d'Amiens, signée en 1802, ramena la France dans l'Hindoustan. A Pondichéry, la nouvelle du traité fut reçue avec joie, célébrée par une fête solennelle et des réjouissances publiques, des prières d'actions de grâces furent récitées dans les églises catholiques. Les commerçants anglais, dont les navires étaient souvent enlevés par nos corsaires, se montrèrent aussi heureux que les Français.

Les missionnaires concevaient néanmoins quelques inquiétudes sur la situation qui allait leur être faite, et sur les nouveaux éléments d'irréligion qu'ils redoutaient de voir arriver de France.

« Nous craignons bien, écrivait M. Hébert, [1] qu'on ne veuille pas nous souffrir ici, ou que nous ne puissions pas nous prêter à tout ce que l'on voudra exiger de nous. Il est bien certain que l'on voudra en exiger ici de nous beaucoup plus que l'on ne fait des ecclésiastiques qui sont en France, car vous ne sauriez croire jusqu'à quel point l'irréligion est portée dans ce pays ; il n'est plus question pour presque tout le monde ni de jeûnes, ni d'abstinences, ni de confession, cela s'entend pour les hommes blancs. »

L'arrivée du préfet M. Léger dissipa les doutes. Le 25 juin 1803, il débarqua à Pondichéry avec 150 hommes d'infanterie. Il avait été, avant la Révolution, intendant aux Indes et s'était toujours montré l'ami du clergé, ses sentiments n'avaient pas changé ; sa conduite et celle de ses compagnons firent l'admiration des missionnaires qui écrivaient [2] : « Les Français nous ont montré toutes sortes de bontés et de politesses, nous recherchant, conversant amicalement avec ceux de nous qu'ils rencontraient, nous conduisant chez eux, parlant avec toutes les démonstrations d'amitié. Les soldats étaient si bien disciplinés que les Indiens les admettaient chez eux, pas un ivrogne, pas un débauché, tous venant à l'église très exactement. Je vous avoue que j'en étais tout ébahi. »

---

1. Arch. M.-É., vol. 996, p. 222.
2. Arch. M.-É., vol. 996, p. 390.

Mais aux Indes comme en France, Napoléon voulait tout unifier. On sait qu'à Pondichéry, les Capucins administraient la paroisse européenne et les missionnaires la paroisse malabare ; M. Léger avait ordre de réunir ces deux paroisses sous la direction unique des missionnaires. Il obligea les PP. Capucins à se retirer dans une maison particulière et leur défendit de faire aucun ministère. Cette situation dura quelques mois seulement. La reprise des hostilités entre la France et l'Angleterre eut pour effet immédiat le départ des Français. Abandonnés par le général Decaen qui n'arriva en vue de Pondichéry que pour repartir aussitôt, le nouveau préfet et les soldats qui composaient la faible garnison furent faits prisonniers le 6 septembre 1803, les PP. Capucins rentrèrent dans leur église, continuèrent d'administrer la paroisse européenne, et les choses demeurèrent en l'état où elles étaient auparavant.

L'apostolat n'avait à cette époque que de très médiocres succès dans les Indes. Chaque année les missionnaires baptisaient à peine cent ou deux cents païens ; obligés de se disperser sur un territoire immense, de parcourir plusieurs centaines de lieues pour administrer les sacrements aux fidèles, très âgés pour la plupart, il leur était bien difficile de conserver et en même temps de conquérir. Quelques-uns, parmi les plus jeunes, menaient cependant de front ce double travail. Au Maïssour, M. Dubois avait à lui seul la charge de tous les catholiques de ce royaume, ce qui ne l'empêchait ni de ramener les apostats, ni de convertir des païens, ni d'étudier avec sagacité et précision les coutumes, les mœurs et le caractère des Indiens.

Il consigna le fruit de ses études dans un ouvrage célèbre resté, jusqu'à ce jour, un des plus exacts et des plus complets sur la matière. Cet ouvrage forme deux volumes in-octavo, il est intitulé : « *Mœurs, institutions et cérémonies des peuples de l'Inde* ». Il est divisé en trois parties : la première offre une vue générale sur la société indienne et des remarques sur les castes ; la seconde expose les quatre conditions des brahmes, avec de nombreux détails sur chacune de ces conditions et sur les Indiens des autres castes ; la troisième traite des religions de l'Inde et de leur liturgie, elle se termine par deux chapitres sur la justice et sur la guerre. — Un appendice suit ces trois parties. Il contient, parmi plusieurs pièces intéressantes, une notice sur les Djeinas, habitants des provinces occidentales et de la côte de Malabar qui forment une classe entièrement distincte, et diffèrent des brahmes sur des points essentiels de pratique et de doctrine.

Informé de l'existence de ce travail, le conseil supérieur de la Compagnie des Indes exprima le désir de le connaître ; le major Wilks le lui envoya avec cette note élogieuse : « Autant que mes connaissances me permettent d'en juger, ce manuscrit renferme sur les coutumes et les mœurs des Indiens, les notions les plus exactes et les plus complètes, qui existent dans aucune langue de l'Europe ; d'où je conclus qu'on ne peut élever le moindre doute sur l'utilité d'un ouvrage de ce genre. »

Le gouverneur général ne donna pas moins de louanges à la personne et à la vie de M. Dubois que le major Wilks à ses travaux ; il écrivit aux directeurs de la Compagnie : « Ce prêtre catholique est homme de mœurs irréprochables, il se livre avec zèle aux pieuses fonctions de missionnaire et s'y est acquis, tant de la part des Européens que de celle des naturels du pays, un degré d'estime auquel, selon nous, sont parvenues peu de personnes de sa profession. »

Muni de ces références, l'ouvrage de M. Dubois fut acheté 2,000 pagodes (environ 20,000 francs) par la

Compagnie des Indes, traduit en anglais, et imprimé à Londres en 1816.

Par la publication de ces remarquables études, la Compagnie se rendait service à elle-même, puisque ses agents pouvaient y puiser beaucoup d'informations nécessaires à leur administration ; mais elle s'honorait aussi en offrant aux savants d'Europe le moyen de mieux connaître la civilisation indienne. Quelque utile que parût ce but, M. Dubois s'en était proposé un plus élevé et plus noble [1] : « En traçant un tableau fidèle des turpitudes et des extravagances du polythéisme et de l'idolâtrie, j'ai pensé que sa laideur ferait ressortir avec un immense avantage les beautés et les perfections du christianisme.

« Multiplions les vœux pour que le Tout-Puissant fasse luire le flambeau de vérité sur ces belles contrées qu'arrose le Gange! Sans doute le temps est bien éloigné encore où l'opiniâtre Indien, ouvrant enfin les yeux à la lumière, s'arrachera à ses ignobles superstitions : mais gardons-nous d'en désespérer, un jour viendra où l'étendard de la croix brillera sur les pagodes de l'Inde, comme il brille sur le Capitole. »

En dehors des questions scientifiques, et dans les choses purement religieuses, les Anglais traitaient généralement les missionnaires avec justice, et s'ils favorisaient davantage la propagande protestante, ils n'entravaient pas l'apostolat catholique.

Les missionnaires avaient donc une de ces situations moyennes qui ne laissent pas une extrême liberté au mal, mais qui sont assez peu favorables au bien, c'est une sorte de calme plat, le navire ne recule pas, mais il n'avance guère et le pilote se demande avec inquiétude si la tempête ou un vent propice le fera sortir de cette immobilité.

1. *Mœurs, Institutions, etc.*, préface, p. XXVII.

VII

Dans l'Indo-Chine orientale, l'état était à peu près le même, quoique dû à des causes différentes. Nguyên-anh ne montrait pas envers le catholicisme les dispositions bienveillantes qu'on était en droit d'espérer après les services que l'évêque d'Adran lui avait rendus, et qui cependant avaient porté des fruits : grâce aux Français, en effet, il avait vaincu les Tay-son, il s'était emparé de Hué, de Ha-noi et commandait en maître des frontières de la Chine au golfe de Siam. Il s'était fait couronner roi et avait pris le nom de Gia-long (souveraine extension) sous lequel nous le désignerons désormais. Sa race remplaçait celle des Lê. Ses victoires avaient été attristées par la mort de son fils[1], le prince Canh, l'ancien élève de Mgr de Behaine; les missionnaires avaient mêlé leurs larmes aux siennes, car ils voyaient s'évanouir toutes les espérances qu'ils avaient fondées sur le jeune homme. On ne peut savoir, d'une manière certaine, ce qu'il eût été sur le trône; mais il paraît difficile de supposer qu'il fût jamais devenu persécuteur. Au fond, malgré les entraînements d'une jeunesse abandonnée à elle-même, ce prince était resté chrétien dans le cœur. La foi se réveillant en lui, aux approches de la mort, il profita d'un moment de solitude avec un de ses domestiques chrétiens, pour demander et recevoir le baptême. Du haut du ciel, le pieux évêque d'Adran veillait sans doute sur l'enfant qu'il avait élevé avec tant d'amour, et il dut l'accueillir avec joie, le jour qu'il échangea une couronne terrestre contre celle de l'éternité bienheureuse.

Gia-long témoignait néanmoins quelque bonté aux

---

1. Gia-long perdit également à la même époque un autre de ses fils.

missionnaires, mais il se gardait bien de les entourer d'une protection toujours efficace.

Il laissa au provicaire de Cochinchine M. Liot[1], la jouissance de la maison qu'il avait donnée à Mgr Pigneau près de Saïgon, avec la garde épiscopale de 100 miliciens.

Dès son arrivée à Hué, il alla le premier rendre visite au supérieur de la mission, Mgr Labartette, évêque de Véren qu'il ne connaissait pas encore, et le traita avec beaucoup de distinction. Celui-ci, depuis le commencement de sa carrière apostolique en 1773, n'avait guère connu que la persécution, et se tenait encore soigneusement caché, aussi fut-il surpris de ces égards extraordinaires, auxquels on ne l'avait pas habitué et crut, un peu trop vite, peut-être, à la sincérité du roi. Voici ce qu'il écrivait, au mois de juillet 1802 :

« Quant aux dispositions actuelles du roi en faveur de notre sainte religion, elles ne peuvent être plus désirables. Il est si pénétré de reconnaissance des services rendus à sa personne et à toute sa famille par Mgr l'évêque d'Adran, que, toutes les fois qu'il en parle, aussitôt les larmes lui viennent aux yeux. C'est par un effet de cette reconnaissance qu'il a voulu, l'an passé, aussitôt après son arrivée triomphante à la capitale de Cochinchine, me visiter en personne, dans les endroits où je me tenais caché depuis plus de trois ans ; faveur signalée, qu'il n'accorde jamais, même au premier mandarin du royaume. Aussi cela a bien étonné tout le monde. Quelques jours auparavant, sous la domination des rebelles, nous étions comme l'opprobre des hommes, tout le monde nous recherchait pour nous mettre à mort, et voilà que, dans un moment, la scène a changé, à la grande admiration de tous. »

1. De Preuilly, diocèse de Tours, parti en 1776, mort le 26 avril 1811.

Pendant le séjour de Gia-long à Ha-noi, le Vicaire apostolique du Tonkin, Mgr Longer, et un missionnaire, M. Eyot[1], lui demandèrent une audience, il les reçut avec affabilité, leur offrit le thé, causa longuement et avec exactitude des événements politiques d'Europe et d'Asie ; il interrogea ensuite les visiteurs sur leur vie pendant la persécution, s'étonnant qu'ils eussent pu échapper aux recherches dirigées contre eux : « Nous avons cherché asile dans les forêts, répondit l'évêque, mais notre garde la plus sûre était encore la fidélité de nos chrétiens qui nous aiment et qui ont eu soin de nous. — Désormais, répliqua le prince, vous pouvez être tranquilles, personne ne vous inquiétera. » Les missionnaires profitèrent de l'occasion pour lui exposer que la défense d'embrasser la Religion catholique ayant été publique, il serait à désirer que les bonnes intentions du roi le fussent également. Gia-long promit de porter bientôt un édit favorable.

Quelques jours après, Mgr Longer lui ayant adressé une supplique pour lui rappeler sa promesse, il la lut à trois reprises très attentivement, mais garda un énigmatique silence. Cependant au mois de septembre 1802, il rendit une ordonnance, par laquelle il défendait aux villages de molester les chrétiens au sujet des contributions idolâtriques : « Les chrétiens ne forment-ils pas une partie de notre peuple? disait-il, ne paient-ils pas les tributs comme les autres? Si certaines gens croient aux Esprits et les honorent, à la bonne heure, on ne le leur défend pas. Que les Esprits secourent leurs adorateurs ; mais il ne paraît pas juste de forcer à contribuer à ce culte ceux qui n'y croient pas. »

Cette déclaration était quelque chose, mais elle ne suffisait pas. Outre qu'elle renfermait un simple con-

---

1. De Vannes, parti en 1787, mort le 29 juillet 1827.

seil, au lieu d'une défense positive, d'inquiéter les catholiques, les mandarins la regardèrent comme une réponse particulière et non comme une ordonnance générale portée pour tout le royaume, beaucoup d'entre eux ne la publièrent pas dans leurs provinces, et les vexations au sujet des contributions superstitieuses continuèrent. Les Vicaires apostoliques se concertèrent alors pour faire une démarche collective auprès du roi et lui demander, selon la promesse qu'il en avait faite, de donner un édit en faveur des fidèles.

Mgr Labartette, Mgr Longer et M. Liot vinrent à la cour et présentèrent un placet à Gia-long.

Le prince, selon son habitude, les reçut très bien et promit tout; mais il porta la pétition au grand conseil, qui se récria très fort contre l'outrecuidance des chrétiens; plusieurs grands mandarins se répandirent même en invectives contre cette religion perverse qui défendait d'honorer les ancêtres, et l'un d'eux déclara qu'il fallait s'opposer au plus vite aux progrès du catholicisme, si on ne voulait pas voir le peuple tout entier se convertir; un autre alla jusqu'à conseiller au roi de recommencer les persécutions et de renvoyer en Europe tous les prêtres étrangers. Gia-long fit part à M. Liot des dispositions de ses mandarins et ajouta qu'en semblable occurrence il lui était impossible d'accorder ce que les Vicaires apostoliques demandaient.

Tout à coup, vers la fin de 1803, le bruit se répandit que le roi allait signer un édit contre le christianisme. Qu'y avait-il de vrai dans cette rumeur populaire? Les missionnaires avaient peine à la croire fondée, quoiqu'elle les inquiétât vivement. Sur ces entrefaites, Gia-long étant venu à Ha-noi pour recevoir les ambassadeurs chinois, Mgr Longer profita de l'occasion pour se présenter à l'audience du prince. Il fut reçu avec beaucoup de froideur; on était loin des gracieusetés et des promesses de 1802. Pendant toute l'audience, Gia-long se tint sur la plus grande réserve, et il fut impossible d'aborder la question religieuse.

Enfin, le 4 mars 1804, parut le fameux édit dont on parlait depuis si longtemps. Il n'était pas particulier au christianisme : le prince, s'érigeant en souverain pontife, s'arrogeait le droit de régler à sa façon la doctrine religieuse dans ses États.

Son édit traite d'abord des fêtes et des réjouissances publiques qui se célèbrent annuellement dans les villages, ainsi que des contributions que les notables ont le droit de lever à cette occasion. Passant ensuite à ce qui regarde directement la religion, il défend de gaspiller l'argent des communes pour les temples du Bouddha et pour les sacrifices aux génies protecteurs.

En conséquence, il prohibe :

1° De construire de nouvelles pagodes en l'honneur du Bouddha ;

2° De réparer les anciennes pagodes, sans une permission écrite du gouverneur de la province ;

3° De construire de nouveaux temples en l'honneur des génies tutélaires et même de réparer les anciens sans permission.

A l'égard du catholicisme, l'édit s'exprime en ces termes méprisants.

« Quant à la religion des Portugais, c'est une doctrine étrangère, qui s'est introduite furtivement et maintenue jusqu'à présent dans le royaume, malgré tous les efforts qu'on a faits pour déraciner cette superstition. L'enfer, dont cette religion menace, est un mot terrible dont elle se sert pour épouvanter les imbéciles ; le paradis qu'elle promet est une expression magnifique pour amorcer les niais. »

« Ainsi donc, s'écrie éloquemment l'auteur de *La Co-*

chinchine religieuse[1], voilà à quoi devaient aboutir tant d'efforts et de dévouement? Voilà la reconnaissance du roi Gia-long, pour ceux qui lui avaient sauvé la vie et rendu le trône : des imbéciles et des niais, ces chrétiens qui, à l'heure où tous l'abandonnaient, lui étaient restés obstinément fidèles ; des aveugles, ces missionnaires qui, pour soutenir sa cause, avaient souffert la persécution et vu la ruine de leurs églises ; des insensés aussi, ces généreux Français qui, sur l'appel de l'évêque d'Adran, avaient quitté leur pays, pour venir construire ses flottes, exercer ses armées et finalement lui rendre le trône ; insensé encore cet illustre évêque, que, dans un jour d'expansion, il avait appelé le père du royaume et auquel il avait confié l'éducation de son fils aîné. Oh! oui, ils eussent été vraiment insensés, tous ces hommes de cœur, s'ils avaient compté sur la gratitude d'un roi idolâtre! mais non, ils avaient fait chacun leur devoir, sans trop se préoccuper des suites, sans trop espérer de trouver leur récompense en ce monde. Gia-long pouvait les calomnier, pour se débarrasser de ce fardeau de la reconnaissance, qui pèse si lourd aux âmes basses ; il ne dépendait pas de lui de les déshonorer, et ces injures retombaient de tout leur poids sur l'ingrat monarque qui ne rougissait pas d'afficher son mépris pour ses bienfaiteurs, maintenant qu'il croyait n'en avoir plus besoin. »

L'édit de Gia-long mécontenta également chrétiens et païens, car les bouddhistes n'étaient guère mieux traités que les catholiques, puisqu'aux uns comme aux autres on défendait d'élever de nouveaux temples et même de réparer les anciens, sans une permission écrite du gouverneur de chaque province, permission qui, bien

---

[1]. Vol. 2, p. 20.

entendu, ne devait s'accorder que contre une somme d'argent plus ou moins considérable.

Quelle était donc la doctrine religieuse du prince, puisqu'il témoignait mépriser également le christianisme, le bouddhisme et le culte des génies?

Au fond, comme la plupart des lettrés, Gia-long était un sceptique et ne croyait à aucune religion; seulement, par politique, il était très opposé à toute doctrine venue de l'étranger, et très attaché au culte de Confucius et des ancêtres. Quant au catholicisme, il était trop intelligent pour ne pas apercevoir son immense supériorité doctrinale; ses conversations avec l'évêque d'Adran, ses rapports fréquents avec les missionnaires l'avaient mis à même de mieux connaître la religion que la plupart de ses sujets; il avait souvent assisté à nos cérémonies, il avait entendu nos prédications, il ne pouvait donc prétexter l'ignorance. S'il repoussait le christianisme, c'était d'abord par orgueil national : cette doctrine était étrangère, or rien de bon peut-il venir de l'étranger? C'était surtout par dépravation du cœur; le Décalogue le gênait, particulièrement le sixième et le septième précepte. Lui-même, dans l'intimité, ne faisait pas difficulté d'en convenir cyniquement : « Cette religion est fort belle, mais elle est bien sévère; qui pourrait l'observer! » Un autre jour, parlant des cinq religions connues dans le pays, celle des lettrés, le bouddhisme, le culte de génies, le mahométisme et la religion du Seigneur du ciel, il laissait échapper cet aveu significatif : « La religion du Seigneur du ciel est la plus conforme à la raison, mais elle est trop stricte sur la pluralité des femmes. Pour moi, ajoutait-il, il me serait impossible de me contenter d'une seule, bien qu'il me soit plus facile et moins laborieux de gouverner tout mon royaume, que de maintenir l'ordre dans mon sérail. »

Du reste, l'édit injurieux de Gia-long changea peu

la situation des fidèles. Les villages bien disposés continuèrent à s'arranger à l'amiable avec eux, pour l'exemption des contributions superstitieuses ; les autres, toujours hostiles, en profitèrent pour leur extorquer de grosses sommes d'argent ; les gouverneurs, de leur côté, se firent payer l'autorisation de restaurer les églises et même d'en construire de nouvelles, car la défense expresse du roi à ce sujet ne fut nullement respectée.

Gia-long savait cette infraction à ses ordres, il fermait les yeux, arrêté dans la voie des rigueurs par la reconnaissance médiocre mais réelle, qu'il garda toute sa vie à l'évêque d'Adran et par son sens politique trop aiguisé pour ignorer le mal qu'une guerre religieuse causerait à son peuple.

La parole que Mgr Pigneau avait prononcée, non sans une secrète amertume, se réalisait pour un temps : « Je crois que l'avantage le plus assuré que l'on puisse retirer, si cette famille remonte sur le trône, est qu'elle sera un peu plus tranquille que toutes les autres vis-à-vis de la religion ; au reste, tout est entre les mains de Dieu, le plus court parti est de ne compter sur rien, que sur la divine Providence. »

VIII

Les missionnaires d'Annam jouirent donc d'une paix relative, les missionnaires de Chine étaient dans une situation analogue.

Dans cette dernière contrée, Kia-king avait, en 1796, remplacé Khien-long sur le trône ; pendant les douze premières années de son règne, le nouvel empereur ne manifesta aucune hostilité à l'égard des prédicateurs de l'Évangile et des chrétiens. A cette époque, la mission du Su-tchuen, gouvernée par Mgr de Saint-

Martin, s'accroissait chaque jour. Mgr Pottier avait trouvé 4,000 chrétiens en 1756, il en avait laissé 25,000 en 1792. En 1801, Mgr de Saint-Martin en comptait près de 40,000. Rarement, jamais peut-être, une province de Chine n'avait offert de tels résultats aussi rapidement obtenus; il ne sera pas sans intérêt d'en connaître les causes : la grâce de Dieu d'abord, c'est de toute évidence, mais ensuite, une grande tolérance dans le commandement, beaucoup de prudence et d'activité dans l'action. Les missionnaires vivaient en pleine paix, presque avec les mêmes précautions qu'en temps de persécution, ils se cachaient pour administrer les sacrements, pour faire la visite de leurs paroisses, pour instruire leurs néophytes. Ils agissaient principalement par leurs catéchistes et par leurs chrétiens, et donnaient à la mission une impulsion considérable, mais dont la discrétion évitait tout conflit. Parfois, l'océan présente une surface tranquille, tandis que des courants sous-marins entraînent les navires : c'était le spectacle offert par la mission du Su-tchuen. A l'extérieur, elle était calme, en réalité elle était emportée par un courant rapide vers le port éternel. Mgr de Saint-Martin, coadjuteur, puis successeur de Mgr Pottier, fut un excellent évêque missionnaire ; aussi longtemps que ses forces le lui permirent, il n'hésita jamais devant la fatigue qu'impose la carrière apostolique, prédications, confessions, voyages, il faisait tout avec entrain et régularité. Il se reposait en composant ou en traduisant des livres de piété et de doctrine; il continua ce travail même sur son lit de mort, et, comme on le pressait de prendre quelque répit, il répondit cette belle parole : « Fait-on un crime à plusieurs saints évêques ou prêtres de leur mort prématurée pour s'être consumés dans le service de Dieu et du prochain? » La dernière lettre qu'il écrivit à son coadjuteur mérite d'être citée, elle peut être considérée comme son testament et nous révèle quelle profondeur la vertu avait atteint dans son âme :

« Agissez, lui disait-il[1], plus que je n'ai fait, en grande cordialité, déférence et bénignité avec les confrères. Priez beaucoup pour moi qui suis si pauvre et si misérable, et qui ai été tant orgueilleux. Je vous demande pardon de tous ces déportements. Je vous le demande, et à vous, et à tous, et suis *in æternum* votre humble ami. »

Il mourut le 15 novembre 1801. En 1822, M. l'abbé Labourderie a publié, précédées d'une notice sur sa vie, vingt-trois de ses lettres adressées à son père, à sa mère, à son frère religieux bénédictin.

Mgr de Saint-Martin eut pour successeur le compagnon de sa captivité à Pékin, Louis-Gabriel-Taurin Dufresse qu'il avait choisi comme coadjuteur et sacré l'année précédente évêque de Tabraca.

Le gouvernement de la mission changeait de main, il conserva la même direction.

La Providence donne quelquefois de longs épiscopats « qui sont de grandes grâces », disait le cardinal Pie ; d'autres fois, mais beaucoup plus rarement, elle inspire à plusieurs évêques qui se succèdent les mêmes vues et leur offre les mêmes facilités de les appliquer.

De Saint-Martin avait continué Pottier, Dufresse continua de Saint-Martin. Tous les trois firent preuve du même esprit de sagesse, eurent les mêmes idées d'administration et d'organisation, et marchèrent d'un pas égal dans la même voie pour arriver au même but. L'œuvre commencée par le premier fut poursuivie par le second, achevée par le dernier. Il y eut trois administrateurs, il n'y eut qu'une seule administration ; et c'est à cette continuité d'efforts dirigés dans un sens

---

1. *Nouv. Lett. édif.*, vol. 3, p. 472.

unique et par les mêmes moyens que la mission du Su-tchuen dut ses immenses succès de 1756 à 1814.

Mgr Dufresse profita de la paix pour former dans son vicariat une de ces assemblées si utiles, spécialement dans une église naissante. Il convoqua et fit célébrer le premier synode de Chine. Il fixa l'époque de la réunion au commencement de septembre 1803, et ordonna des prières publiques, sans toutefois révéler le but de ces prières, dans la crainte de quelque indiscrétion. Sur les dix-neuf prêtres qui se trouvaient alors au Su-tchuen, quatorze purent se rendre dans le district de Tchong-king-tcheou désigné par le Vicaire apostolique; le coadjuteur, Mgr Trenchant, et les autres en furent empêchés par les besoins des chrétientés et du collège.

Le synode fut célébré selon l'usage le plus ordinaire dans l'Église, en trois sessions. La première session se tint le 2 septembre, la seconde le 5 et la troisième le 9 : les congrégations qui précédaient chaque session furent très fréquentes. Lorsque les prêtres furent tous arrivés, vers la fin du mois d'août, ils tinrent régulièrement quatre congrégations chaque jour, excepté les jours de session, qui permettaient seulement d'en tenir deux :

« On y était occupé, raconte Mgr Dufresse, depuis le matin jusqu'au soir; on avait à peine le loisir de célébrer la messe, de réciter l'office et de prendre les repas. Comme je voulais faire statuer tout ce qui me paraissait plus essentiel et plus instructif pour l'administration des sacrements et pour la conduite des missionnaires, tant par rapport à eux-mêmes que par rapport aux fidèles, les matières étaient trop multipliées pour qu'on pût agir autrement; on eût été obligé de prolonger le synode, ce qui n'est point expédient dans ces pays. Le moindre vent pouvait tout renverser, ou nous disperser avant le temps nécessaire. Un si grand nombre de prêtres ne pouvaient faire ici un long séjour qu'au détriment de bien des âmes, au moins des malades qui seraient morts sans sacrements. Les congrégations se tenaient partie en ma présence, et alors tous les prêtres y assistaient, partie en présence de M. Florens[1], et tous les prêtres chinois s'y trouvaient. Ce qu'il avait proposé et expliqué dans une première assemblée, je le proposais et l'expliquais dans une seconde, laissant à chacun la liberté de dire son sentiment ; je m'efforçais principalement de leur inculquer ces statuts, de les leur faire bien comprendre, et de les disposer à les observer fidèlement. »

La Providence récompensa l'évêque des soins qu'il prit pour le bien de son Église ; de ce synode sortirent des statuts remplis de sagesse et de piété, approuvés solennellement par le Souverain Pontife. La Sacrée Congrégation de la Propagande les fit imprimer plusieurs fois, et les proposa aux missionnaires de Chine comme la meilleure règle de conduite à suivre dans leur ministère.

L'ensemble de ces statuts est divisé en dix chapitres, dont les cinq premiers formèrent la matière des travaux de la première session.

Le premier chapitre traite des sacrements en général, de la sainteté nécessaire au prêtre qui les administre, des rites à observer, des précautions à prendre pour éviter la simonie et l'acception des personnes, enfin des instructions à donner aux fidèles sur les dispositions intérieures. Il prescrit également aux prêtres indigènes des examens annuels sur le Rituel.

Le second chapitre a rapport au baptême ; on y recommande l'observation de toutes les cérémonies prescrites par l'Église, excepté, bien entendu, le cas

---

[1]. Jean-Louis Florens, de l'ancien diocèse de Cavaillon, parti en 1780, coadjuteur de Mgr Dufresse en 1810, mort le 14 décembre 1814.

de nécessité. Viennent ensuite les indications relatives à la science exigée des catéchumènes, à l'examen qu'ils doivent subir, à la nécessité d'enseigner à tout chrétien la manière de baptiser, et, chose fort grave en Chine, aux précautions à prendre relativement aux jeunes filles fiancées à des païens et aux enfants des infidèles.

Le troisième chapitre passe en revue les conditions dans lesquelles on peut administrer la Confirmation, spécialement pendant les persécutions.

Le quatrième chapitre parle de la sainte Eucharistie, et le cinquième chapitre du saint sacrifice de la Messe, il donne différentes règles capables de guider et de sanctifier le prêtre à l'autel et les fidèles dans la participation à cet auguste mystère.

Le sixième chapitre, qui commence la seconde session du synode, est consacré au sacrement de Pénitence, il expose les dispositions requises pour s'en approcher dignement et l'obligation d'en instruire les fidèles; les qualités nécessaires au prêtre dans l'accomplissement de cette redoutable fonction, et le mode de conduite différent selon l'état d'âme du pénitent. On y trouve cette défense faite au prêtre de recevoir, en confession, des honoraires de messe, dans la crainte que les pénitents peu instruits ne croient à la simonie ou que d'autres ne s'imaginent obtenir plus facilement l'absolution en offrant des honoraires considérables. Le septième chapitre s'occupe de l'Extrême-Onction, du zèle qui doit animer les prêtres pour l'administrer, et des soins à donner aux malades. Le huitième chapitre traite du sacrement de l'Ordre, et indique les conditions requises pour que les élèves puissent être admis au séminaire, et ensuite promus aux ordres sacrés.

La troisième session commence au neuvième chapitre, entièrement consacré aux instructions sur le Mariage, et en particulier sur les difficultés relatives aux fiançailles faites avant l'âge de puberté, selon l'usage chinois; il défend l'habitation des fiancés sous le même toit, expose la doctrine et la pratique de l'interpellation.

Le dixième chapitre est de la plus haute importance : il prescrit aux missionnaires des règles de conduite personnelle.

Sur beaucoup de points, il s'inspire très visiblement des Instructions apostoliques rédigées par Mgr Pallu et par Mgr de la Motte Lambert. Il représente la vie d'un missionnaire comme une vie d'oraison, de retraite et de silence intérieur; il ordonne les retraites annuelles; les fréquents retours sur soi-même et les autres moyens indiqués par les auteurs mystiques pour arriver à cette vie sainte, que nous devons tous mener sur la terre, en attendant le jour de la consommation en Dieu. Il trace des règles pleines de sagesse sur la réserve nécessaire dans les rapports des missionnaires avec les chrétiens, principalement avec les femmes, sur la frugalité dans la nourriture, la modestie dans des vêtements et l'amour de la pauvreté, sur la juste et paternelle impartialité envers les fidèles, soit dans le cours de la visite du district, soit en toute autre circonstance.

Il recommande d'avoir beaucoup de discrétion dans les quêtes, d'éviter également la trop grande sévérité ou le relâchement excessif dans les principes de morale ; il défend d'imposer, sans le consentement du Vicaire apostolique, des amendes et des pénitences publiques. Il prémunit les prédicateurs de l'Évangile contre la tentation de se mêler des affaires temporelles. Il leur parle ensuite du zèle qui doit les animer, des soins à prendre pour maintenir les fidèles dans la voie droite et y ramener les égarés, du bon exemple à donner, des efforts à tenter pour établir des écoles chrétiennes et de la vigilance à apporter pour empêcher les catholiques de participer aux coutumes superstitieuses des païens. Enfin, il leur fait un devoir de rendre compte, chaque année, à leur supérieur, de l'état des districts qui leur sont confiés. Afin de rendre plus pratique cette dernière mesure, une série de questions sont posées auxquelles chaque missionnaire devra répondre, à la fin de chaque visite annuelle.

Viennent ensuite les acclamations d'usage à la fin des assemblées synodales et les noms des prêtres qui y furent présents. Ce sont : M. Florens, chargé de plusieurs chrétientés dans la partie occidentale et septentrionale du Su-tchuen, les prêtres chinois, C. Ven, S. Tong, L. Ly, A. Lieou, J. Lieou, B. Yang, M. Tang, V. Ma et M. Lo, missionnaires dans la même province; S. Nien dans le Yun-nan; A. Tchao, Lo et Kan dans le Kouy-tcheou.

Les actes du synode furent soumis à l'examen de la Propagande. Deux commissaires furent choisis pour les étudier, mais les troubles d'Europe empêchèrent pendant plusieurs années la décision de cette affaire, qui fut reprise seulement au retour du Souverain Pontife à Rome en 1813. Enfin le 29 juin 1822, le cardinal Consalvi, propréfet de la Propagande, adressa au successeur de Mgr Dufresse, Mgr Fontana, évêque de Sinite, Vicaire apostolique du Su-tchuen, une lettre unissant l'éloge du synode à celui du vénérable martyr :

« Les affaires que vous nous aviez confiées sont enfin mises au jour. Après longue et mûre délibération, la Sacrée Congrégation a ordonné de retoucher et d'éclaircir quelques points du synode. Ces corrections faites, elle a confirmé les statuts de sa propre autorité, les a fait imprimer, et a ordonné, ce que nous nous empressons de faire, de vous les expédier, afin que vous les suiviez très exactement. Ces décisions, en effet, ainsi remaniées, ont été jugées propres à procurer plus facilement le salut de vos chrétiens et à servir de règle à vos missionnaires qui, manquant de livres, trouveront là tout ce qui leur est nécessaire pour remplir dignement leur ministère.

« La Sacrée Congrégation est en même temps très heureuse de saisir l'occasion de manifester la haute estime qu'elle a toujours eue pour l'évêque de Tabraca. Son zèle pour le triomphe de la religion et la propagation du règne du Christ aussi bien que ses éminentes vertus l'ont toujours fait considérer non seulement comme l'égal des hommes les meilleurs, mais comme le digne émule des Apôtres. Ces qualités du vénérable Prélat, déjà connues de tous, ont eu un plus grand retentissement par la mort glorieuse qu'il a soufferte pour la religion ; aussi dans le dernier consistoire, le 23 septembre 1816, Sa Sainteté a fait de lui un grand et magnifique éloge [1]. »

La Sacrée Congrégation fit ensuite imprimer les statuts, auxquels elle ajouta une lettre pastorale de Mgr de Saint-Martin. Cette lettre, adressée aux prêtres des trois provinces du Su-tchuen, du Yun-nan et du Kouy-tcheou, est relative à la conduite qu'ils doivent tenir envers les religieuses établies dans leur mission. Elle renferme des règles excellentes sur l'admission des postulantes, la manière de les conduire, l'établissement des écoles qu'elles sont appelées à diriger, ainsi que leurs rapports entre elles et avec les missionnaires ou les catéchistes.

Le volume, connu sous le nom de « *Synode du Su-tchuen* », présente donc un ensemble de préceptes et de règlements adaptés à toutes les circonstances de la vie apostolique.

Aucun travail aussi complet et aussi précis n'avait été

---

[1]. *Synodus Vicariatus Su-tchuensis.* Rome, 1822.

fait depuis les *Monita* rédigés en 1664 ; à Mgr Dufresse en revient presque entièrement l'honneur. Par une attention spéciale de la Providence, il eut le temps d'appliquer les règles qu'il avait composées, d'en surveiller le fonctionnement, de les faire pénétrer par conséquent non seulement dans l'esprit et dans le cœur de ses collaborateurs, mais encore dans leurs habitudes.

Aucune persécution, aucun trouble politique n'a pu prévaloir contre la vigueur que l'observation continuelle de règlements si sages inculqua à la mission du Su-tchuen, qui dès lors est demeurée semblable à ces monuments que la tempête entame, sans pouvoir renverser leurs solides assises.

On demande parfois, non sans un sentiment d'ironique dédain, fruit d'une déplorable ignorance, ce que savent faire ces missionnaires revêtus par Rome de la dignité épiscopale et qu'on appelle des Vicaires apostoliques. On leur accorde volontiers de savoir catéchiser et mourir, mais après? Quelle est la valeur de leur intelligence, la puissance de leur jugement, la portée de leurs travaux? Eh bien! voilà ce qu'ils savent faire! œuvre d'apôtre pour convertir; œuvre de théologien pour enseigner leurs prêtres européens et indigènes; œuvre de législateur et d'organisateur pour donner aux missions qu'ils fondent l'unité de principes, source de force et de stabilité; œuvre d'administrateur pour faire observer les statuts qu'ils ont fixés.

Ces travaux d'administration et de réglementation avaient pour base les nombreuses constitutions des Souverains Pontifes et les décrets de la Propagande, que l'on conservait dans les archives des Missions, quand la persécution permettait d'avoir des archives ; on les trouvait aussi dans les Bullaires, dans les ouvrages de Droit Canon ; parfois on les cherchait sans les rencontrer. C'était un inconvénient d'autant plus grave que les Vicaires apostoliques et leurs prêtres éloignés de riches bibliothèques, de conseillers autorisés avaient besoin de grandes lumières.

Afin de les aider, les directeurs du Séminaire avaient, dès 1677, fait imprimer un petit volume sous ce titre : « *Constitutiones apostolicæ, Brevia, Decreta pro Missionibus Sinarum, Tunquini,* etc. » Il renfermait les réponses données par les Congrégations de la Propagande et du Saint-Office à plusieurs doutes des missionnaires du Japon et de la Chine, les facultés accordées aux Vicaires apostoliques, et quelques constitutions pontificales.

Pendant son séjour à Rome, M. Boiret reprit ce travail sur un plan plus large ; il composa un véritable Recueil des constitutions et des décrets traitant des questions relatives aux Missions, et connu sous le nom de *Cahier des Décrets*.

L'auteur en expose l'utilité en ces termes :

« La conduite des âmes dans les voies du salut est l'art des arts, comme dit saint Grégoire, c'est surtout dans ces pays encore ensevelis dans les ténèbres des superstitions et de l'idolâtrie que cette maxime se fait connaître davantage.

« La solution des difficultés que les hommes apostoliques rencontrent dans la conduite des néophytes, qui, selon saint Paul aux Corinthiens, ne peuvent encore soutenir une nourriture solide, demande une grande prudence ; placés au milieu de la gentilité, où les usages, les mœurs et plusieurs lois de ces royaumes sont souvent contraires à l'Évangile, ils doivent user d'un juste discernement pour concilier ce qui n'est pas contraire à la loi de Dieu et de l'Église, et se faire tout à tous pour les gagner tous à Jésus-Christ, ce qui souvent n'est pas facile à des missionnaires dépourvus de tout, et très éloignés les uns les autres. Ils sont obligés dans leurs difficultés de recourir au Saint-Siège, à qui Dieu a dit de paître les brebis et les agneaux dans l'univers entier.

« Mais la distance des pays, tels que la Chine et les royaumes voisins de cet empire, du Siège apostolique occasionne nécessairement un retard considérable aux questions que font les ouvriers évangéliques qui travaillent dans cette partie de la vigne du Seigneur, puisqu'il faut trois ans en usant de toute diligence, pour qu'ils en reçoivent la réponse. Il arrive ordinairement que les mêmes cas, proposés par une mission et à qui la Sainte Congrégation de la Propagande a envoyé la réponse, sont ignorés d'une autre mission qui propose les mêmes difficultés; c'est pour obvier à cet inconvénient et à la perte fréquente des lettres, qu'on a cru rendre service aux missions de la Chine, Tonkin, Cochinchine, Siam, en faisant un recueil abrégé des Instructions, Constitutions, Décrets et Décisions concernant ces contrées éloignées. On y a inséré quelques décisions qui, quoique pour d'autres missions, ont cependant un rapport avec elles et peuvent servir, par les principes sur lesquels elles sont posées, à décider des cas qui arrivent. »

Le plan de ce travail est simple et logique. Le recueil est divisé en trois parties : la première traite de l'autorité de la Propagande sur toutes les missions; de la fin que s'est proposée le Souverain Pontife en créant des évêques Vicaires apostoliques de la Chine, du Tonkin et de la Cochinchine; de la conduite que doivent tenir ces évêques; de leur juridiction et enfin des droits des missionnaires séculiers et réguliers.

La seconde partie renferme les pouvoirs ordinaires et extraordinaires accordés aux évêques, les décrets et les instructions sur les sacrements.

La troisième contient les décrets qui ont trait aux préceptes de Dieu et de l'Église.

Pour éviter d'augmenter le recueil, M. Boiret abrège

souvent les décrets mettant uniquement la décision sans rapporter le cas de conscience, lorsque, par la réponse, on voit la question posée ; parfois, pour plus de clarté, il met le cas et la réponse. Cet ouvrage fut suivi dans l'enseignement du Séminaire des Missions-Étrangères jusqu'en 1879. A cette époque, on publia une nouvelle et plus considérable collection des décrets préparée par M. Rousseille, directeur du Séminaire et procureur de la Société à Rome. Cet ouvrage porte le titre de *Collectanea Constitutionum, Decretorum, Indultorum ac Instructionum Sanctæ Sedis, ad usum operariorum apostolicorum Societatis Missionum ad Exteros.*

Le titre dit très exactement le contenu de cet ouvrage qui renferme 1,361 pièces diverses. A l'encontre de M. Boiret, l'auteur a rejeté la forme de Compendium. Il a reproduit intégralement le texte des demandes et des réponses, spécialement pour les décrets émanés de la Propagande et du Saint-Office. Il a indiqué très exactement à quelle contrée ou à quelle personne les pièces sont adressées. Il a cité un grand nombre d'Indults, même périmés, dans la pensée qu'ils peuvent fournir des indications utiles, en montrant pourquoi se sont étendues les concessions faites par le Saint-Siège aux supérieurs des missions, les motifs des dérogations au droit commun, et les conditions imposées à ceux qui en profitent.

Aux décrets de la Propagande et du Saint-Office, il a joint quelques décrets des autres Congrégations romaines, spécialement des Congrégations des Rites et des Indulgences. Cet ouvrage est donc une source de précieux renseignements pour les missionnaires, un guide véritablement utile, et la Société des Missions-Étrangères, en le publiant, ne sortait pas du cadre de ses travaux.

CHAPITRE IX
1805-1815

I. Le Séminaire général. — Démarches de M. Letondal pour le rétablir. — Ses mémoires. — Ses voyages à Manille et au Mexique. — II. Difficultés d'établir le séminaire à Manille. — Etablissement du Collège ou séminaire général à Pinang. — III. Mort de M. Rabeau, jeté à la mer par les Birmans. — Incendie du Séminaire général. — Mort de M. Letondal. — IV. Napoléon et le Séminaire de Paris. — Projet d'une seule Congrégation. — Décret sur cet objet. — Le cardinal Fesch, ses conseils. — M. Alary nommé supérieur du Séminaire. — V. La Société des Missions-Étrangères dissoute. — M. Desjardins en prison, ses lettres. — M. Langlois en surveillance à Rennes. — VI. Sentiments des missionnaires sur les malheurs de l'Église. — M. Chaumont fait un appel à la charité. — Défaite de Napoléon. — Rétablissement du Séminaire par Louis XVIII. — VII. Persécution en Chine, ses causes. — Mort de M. Hamel. — VIII. Arrestation de Mgr Dufresse. — Son martyre. — Approbation de l'empereur Khia-king. — Souvenir de Mgr Dufresse.

I

La Société des Missions-Étrangères avait deux séminaires principaux : en France, le Séminaire de Paris ; en Extrême-Orient, le séminaire général. Le Séminaire de Paris était rétabli, que devenait le séminaire général ? Nous avons vu sa destruction par les Birmans en 1769, son transfert à Chantaboun, à Ha-tien, puis à Pondichéry. Mgr Pigneau avait ramené la plupart des élèves en Cochinchine, quelques-uns étaient restés dans les Indes. C'était, en apparence, deux séminaires au lieu d'un ; en réalité, c'était deux établissements très incomplets qui ne pouvaient compter, ni l'un ni l'autre, comme séminaire général.

Or, pour atteindre son but, la Société, surtout à cette époque de troubles dans les missions, avait besoin d'un séminaire général; elle ne l'oubliait pas, elle n'oubliait pas non plus les recommandations que les Souverains Pontifes lui avaient adressées à ce sujet. En 1775, le Pape Pie VI ne lui avait-il pas écrit cette exhortation qui était en même temps un éloge :

« Ne perdez donc pas courage au milieu des peines et des contrariétés de toutes sortes, que vous endurez pour soutenir votre collège, armez-vous au contraire d'une nouvelle persévérance pour soutenir votre belle œuvre. Vous parviendrez à ce résultat, si vous faites tous les efforts possibles pour augmenter le nombre des élèves de votre maison. Qu'ils viennent donc nombreux de la Chine, du Tonkin, de la Cochinchine, du Cambodge, de Siam, en un mot de chacune de vos missions. Et, dans l'exercice de ce ministère, croyez que vous ne pouvez rien faire de plus agréable au Saint-Siège et à la Propagande qu'en vous y dévouant avec zèle. »

En 1805, le séminaire général n'existait plus. Il importait de le rétablir. Le Séminaire de Paris, récemment sorti de la tourmente, ne pouvait s'en occuper; les Vicaires apostoliques, chefs de missions, sans secours de France, étaient réduits à la plus extrême misère. Le procureur général des Missions-Étrangères à Macao, M. Letondal, s'en chargea : cette œuvre sortait peut-être de ses attributions directes et ordinaires; mais, au-dessus de son emploi d'agent pour les choses temporelles, planait sa vocation de prêtre et de missionnaire, qui l'appelait à prendre en main la cause du séminaire indigène. Seul d'ailleurs, il avait la liberté de ses mouvements et la possibilité de trouver des ressources.

Le but fut difficilement atteint. Heureusement, Letondal ne reculait ni dans l'initiative ni dans la persévérance; il fut de ces hommes rares, dont on a dit

« qu'ils sont quelqu'un pour avoir donné toute leur mesure ». Il fallait d'abord des ressources, il en chercha, non seulement pour le séminaire général, mais pour toutes les Missions qui ne recevaient plus rien d'Europe.

En relations fréquentes et amicales avec les Espagnols de Manille, il conçut le projet d'obtenir d'eux, en une seule fois, une somme dont les intérêts suffiraient aux besoins des Missions, il fixait cette somme à 100,000 piastres. Il esquissa rapidement dans un mémoire l'origine, le développement, l'état actuel de la Société des Missions-Étrangères, passa en revue les dépenses nécessaires au soutien des Missions, et traça le tableau des malheurs causés à la Société par la Révolution française; précis et serré au début, quand il citait les chiffres et supputai les pertes, il s'animait et s'échauffait ensuite, afin de porter la conviction avec l'émotion dans le cœur de ses lecteurs[1] : « Ils pouvaient jadis, disait-il en parlant des missionnaires, se glorifier avec saint Paul d'annoncer gratuitement l'Évangile, et donner plus de poids à l'autorité de leur sublime ministère.

« En secourant des chrétiens pauvres en même temps qu'ils les conduisaient dans les sentiers du salut, ils pouvaient leur dire avec la confiance du même apôtre, qu'ils ne leur étaient point à charge en leur annonçant la Bonne Nouvelle. Il faudrait être non pas simplement au milieu d'eux, mais lire dans leurs propres cœurs, pour sentir combien il leur serait pénible de dire aujourd'hui aux pauvres peuplades, qu'ils ont enfantées à l'Évangile : « On nous a dépouillés de tout ce que nous possédions, nous sommes regardés par nos compatriotes comme des traîtres et des ennemis, et ils nous traitent comme des criminels d'état. C'est dans le sein de la France, que nous avons sucé le lait que nous vous avons

---

1. Arch. M.-É., vol. 299, p. 894. *12 avril 1798.*

distribué; nous y avons fait provision du pain de la parole céleste que nous vous partageons; aujourd'hui, cette nation, cette patrie, quelque chère qu'elle nous soit encore, objets que nous sommes de sa haine, cette patrie ne nous regarde plus comme les siens, elle nous traite en ennemis, et cela précisément parce que nous sommes étroitement et fermement attachés à cette doctrine sainte que nous vous enseignons. C'est donc à vous à nous nourrir actuellement, donnez-nous l'aumône. » Quel scandale ne produirait pas un pareil début et quel fruit pourrait-on s'en promettre, sinon d'inspirer aux simples des doutes sur les vérités saintes qu'on leur annonçait. »

Bientôt après, Letondal composa un second mémoire pour exposer les besoins des Missions et les œuvres à soutenir; puis un troisième auquel il annexa celui que les directeurs avaient adressé à l'Assemblée nationale. Il avait eu soin, dans certains passages, de faire vibrer la fibre patriotique et de développer les avantages que retirerait de ces secours la nation qui les accorderait[1] :

« Concourir au soutien desdites Missions, c'est contribuer à former autant d'amis à la nation qu'il y a et y aura de bons chrétiens dans les vastes contrées où elles existent; et, si par la miséricorde divine, ces mêmes contrées entraient dans le sein de l'Église, la nation, qui leur aurait comme fourni ce flambeau, leur serait toujours chère, elles ne pourraient jamais l'oublier. Ces secours temporels feraient naturellement établir une correspondance entre la nation bienfaitrice et les évêques, les missionnaires et prêtres apostoliques, et cette correspondance deviendrait plus intéressante comme plus utile, à mesure que la Religion se répandrait, et que le nombre des fidèles augmenterait. »

1. Arch. M.-É., vol. 299, p. 864.

En même temps, attentif aux inconvénients qui pouvaient se produire si l'Espagne voulait s'autoriser de ces secours donnés aux Missions pour réclamer le patronage, il ajoutait, non sans une certaine hardiesse[1] :

« Il n'est point d'usage que les princes présentent aux évêchés *in partibus*, et le Saint-Siège ne l'accordera pas. S'il le leur accordait, ce ne serait point pour eux un privilège, mais un simple fardeau devant Dieu, sans aucun intérêt pour le bien de leurs États. Cette innovation pourrait devenir très nuisible à l'œuvre des Missions, en ce que bientôt quelques-unes seraient peut-être sans évêque, ou elles en auraient qui ne seraient pas en état de les bien gouverner. Aussi les rois de France n'ont-ils jamais prétendu à ce patronage. Et Louis XVI, ce prince si religieux, rit d'un flatteur, qui lui proposait de solliciter ce privilège prétendu en cour de Rome, en lui faisant entendre que la nomination de cinq à six évêques de plus serait une nouvelle perle à sa couronne. Soulever ou agiter cette question est chose tout à fait inutile, parce que le Saint-Siège veut garder ces nouvelles Églises dans une dépendance immédiate de son autorité, surtout pendant qu'elles seront sous la domination de princes païens. D'ailleurs, si ces princes se faisaient chrétiens, ils voudraient eux-mêmes jouir du privilège d'être patrons de ces Églises, qu'ils doteraient sans doute et qu'ils protégeraient de leur glaive. Et si ce droit avait déjà été accordé à d'autres têtes couronnées, il en naîtrait des différends nuisibles à la Religion. Enfin, comme je l'ai dit, il est important pour éviter des prétentions de la part des rois païens, qu'ils ne regardent point les chefs d'une Religion qu'ils voient avec peine se propager dans leurs terres, comme des émissaires des souverains catholiques, des princes euro-

---

[1]. Arch. M.-É., vol. 299, p. 868.

péens dont ils connaissent les conquêtes en Asie, et dont ils redoutent les forces. »

Le gouverneur des Philippines fut touché de ces appels faits à sa foi de chrétien et à son honneur de gentilhomme, il assura M. Letondal de son dévoûment et le pressa de venir à Manille, où sa présence et ses paroles auraient plus de poids que ses écrits. L'archevêque envoya 750 piastres : 300 étaient données par lui et 450 étaient le produit d'une quête dans la colonie; il promettait, en outre, au procureur de faire une nouvelle quête à l'arrivée des galions d'Amérique, et dans une pensée de bienveillance toute apostolique, il expédiait aux évêques du Mexique les mémoires du M. Letondal en les appuyant chaudement.

Ces offres généreuses engagèrent le procureur à accepter l'invitation du gouverneur et à se rendre à Manille. Il n'y recueillit qu'une partie de la somme dont il avait besoin et conçut alors le projet d'aller la compléter au Mexique, près des riches planteurs de ce pays, dont beaucoup étaient parents ou amis des colons des Philippines.

Sa persévérance allait être mise à une rude épreuve. Parti de la colonie espagnole en 1798, il fit naufrage sur la côte même de l'île et rentra au port avec son navire tout désemparé. Il repartit l'année suivante : un typhon l'arrêta. Dans une troisième tentative en 1800, il ne fut pas plus heureux : il était à bord et n'attendait plus que le signal du départ, lorsqu'il fut soudainement attaqué d'une maladie si grave que le médecin du vaisseau le fit débarquer. Moins courageux ou moins convaincu de la nécessité de son voyage, M. Letondal aurait renoncé à son projet, il n'y songea même pas, repartit une quatrième fois et arriva enfin au Mexique en 1802. Il reçut à Mexico l'hospitalité, les services et les dons des Augustins Déchaussés, qui souscrivirent pour deux mille piastres. Il trouva dans une femme de grand nom, de haute intelligence et de foi vive, Dona Elvira Roxas de la Rocha, la principale bienfaitrice des Missions. Il a laissé d'elle ce portrait[1] :

« C'est une personne âgée de 55 ans environ qui n'a jamais voulu se marier. Son père, qui était un homme de talent, sut lui inspirer le goût des sciences; aussi est-elle très instruite; elle sait le français, l'italien, le latin, le grec, etc., mais elle a toujours réglé son goût pour les sciences par le choix des bons livres. Ce en quoi elle est sans doute plus remarquable, c'est qu'elle a pu conserver l'humilité et la véritable piété, en acquérant des connaissances aussi vastes que celles des plus habiles de ces pays-ci. »

De Mexico, il se rendit à Puebla, et dans quelques autres villes, où il recueillit de nouveaux secours et fit des amis à la cause des Missions.

II

En 1803, M. Letondal revint à Macao reprendre l'exécution de la seconde partie de son projet : l'installation du séminaire général. Il songea à l'établir à Manille dont il avait déjà éprouvé la bienveillance. Il trouvait à cette ville le double avantage d'être en relations faciles et fréquentes avec Macao, résidence du procureur, d'avoir une population foncièrement catholique, une administration moins tracassière que l'administration portugaise, et de n'être pas très éloignée de la Chine et de l'Indo-Chine. Ce projet, du reste, n'était pas nouveau. Dès 1780, les directeurs du Séminaire de Paris l'avaient étudié,

---

1. Arch. M.-É., vol. 300, p. 467. Lettre du 30 octob. 1802.

et avaient prié notre Ministre des Affaires étrangères de demander à l'Espagne l'autorisation de fonder un collège dans la capitale des Philippines. Cette demande avait été agréée, et Charles III avait écrit au gouverneur pour avoir son avis sur cette affaire. La réponse avait été favorable, ainsi que celle de l'archevêque, don Basilio do Santa Justa y Rufina, à une condition toutefois, c'est que les élèves du collège général assisteraient aux leçons de l'Université. En rendant un service, les Espagnols n'oubliaient pas leurs intérêts. Il serait étrange de s'en étonner, et peut-être injuste de les en blâmer, car beaucoup d'hommes sages pensent que les peuples ne sont pas tenus d'être chevaleresques. Les Espagnols voulaient évidemment inculquer leurs idées aux élèves, et se payer de leur hospitalité, en recrutant parmi eux des amis et des partisans, qui feraient connaître leur nom et leur puissance à travers les royaumes d'Extrême-Orient, et pourraient en certaines circonstances leur servir d'appui. S'il n'y avait eu que ce côté de la question, le procureur des Missions-Étrangères, M. Descourvières, n'eût probablement fait aucune objection, mais il jugea que ces classes en dehors du séminaire dissiperaient les élèves, les exposeraient à contracter des relations capables de les détourner de leur vocation, et il refusa. La chose en resta là, jusqu'au jour où une solution s'imposa plus nécessaire et plus urgente.

Malgré les obstacles précédemment soulevés, les propositions de M. Letondal furent acceptées sans restriction par le gouverneur, par l'archevêque et par le chapitre, elles ne rencontrèrent d'opposition que dans les conseillers de la colonie. Ceux-ci étaient, paraît-il, des amateurs de la tradition, ils voulurent imposer aux élèves l'obligation d'assister aux classes dans les collèges espagnols. Letondal fit la même réponse que son prédécesseur, et les pourparlers continuèrent avec une lenteur, qui désespérait le procureur, désireux de doter les Missions d'un nouveau séminaire général. En 1804, il n'avait encore reçu aucune décision définitive. Les Anglais, qui connaissaient ses vœux, lui offrirent dans l'île de Pinang, une propriété et toutes les autorisations qu'il voudrait. L'offre était tentante : Letondal connaissait par les prêtres de l'Inde la tolérance des Anglais, personnellement il avait d'excellents rapports avec les officiers de leur marine; autant de raisons qui militaient en faveur de l'acceptation. D'autre part, l'île de Pinang, que les Anglais avaient achetée en 1786 au sultan de Quedah, n'était pas inconnue à nos missionnaires, elle possédait une chrétienté de 400 fidèles qui relevait du Vicaire apostolique de Siam, elle avait beaucoup de relations avec Macao, n'était pas fort éloignée des missions d'Annam, et assez proche des missions de Siam et de Pondichéry. A voir le développement qu'elle avait pris en dix-huit ans, on pouvait prédire qu'elle deviendrait rapidement un des premiers entrepôts du commerce européen en Extrême-Orient, on y comptait déjà plus de 20,000 Chinois. Quant au pays même, il était agréable. L'île de Pinang est un peu plus grande que l'île de Jersey, mais elle offre, comme elle, un petit monde avec ses anses, ses vallées, ses rivières, ses montagnes, ses villes et ses villages. Sa fécondité est très grande ; les fruits des tropiques y croissent en abondance; la chaleur y est tempérée par la brise de la mer. Elle semblait donc avoir toutes les conditions nécessaires à la maison que l'on voulait fonder.

M. Letondal ajoutait encore d'autres raisons[1] : « Le séminaire, disait-il, exercerait le saint ministère à l'égard des étrangers, au grand profit des âmes sans

---

1. Arch. M.-E., vol. 40, p. 144.

préjudice pour les écoliers. Nos chrétiens, animés d'une sainte curiosité, verraient célébrer les saints mystères avec solennité, ils y entendraient quelquefois une prédication extraordinaire qui leur serait fort utile. Le séminaire pourrait aussi être comme le terme d'un pieux pèlerinage où ils se confesseraient, quand ils auraient quelque différend avec leur prêtre. Tout cela, sans préjudicier aux écoliers, serait d'une grande utilité pour cette chrétienté. » A ces motifs tout apostoliques, il joignait cet autre : « Les Anglais commencent à envoyer leurs enfants à leur collège général du Bengale, d'autres les envoient en Europe. Si nous avions un maître qui pût instruire ces enfants, leur enseigner les mathématiques, il en résulterait un grand bien pour eux et pour nous. »

Toutes ces raisons longuement exposées firent pencher la balance en faveur de Pinang, et les directeurs du Séminaire de Paris écrivirent « qu'on en pouvait faire l'essai ». M. Lolivier, à la tête de la chrétienté de Hing-hoa depuis seize ans, fut nommé supérieur, et se rendit à Pinang avec quelques élèves chinois. Le gouverneur lui donna deux maisons dans la ville de Georgetown, « pauvres maisons abandonnées par leurs propriétaires qui avaient tout emporté, sauf les colonnes de bambou et le toit en atapes ». Pour le moment, on s'en contenta, trop heureux de commencer enfin l'œuvre si ardemment désirée. M. Letondal, trouvant l'occasion favorable pour laisser se calmer les démêlés, qui venaient d'éclater à Macao entre les Chinois et les Portugais, alla rejoindre M. Lolivier; il trouva le gouverneur anglais disposé à lui rendre tous les services possibles, reçut de lui une autre maison et l'autorisation d'établir le collège où bon lui semblerait, « de manière, ajoute-t-il en terminant le récit de son voyage, que j'eus lieu de me consoler des impertinentes pédanteries du gouverneur de Macao, qui m'avait traité de manière à me faire pleurer, ce qu'on ne fait pas pour rien à mon âge. »

III

Les missions de Chine et d'Indo-Chine envoyèrent des élèves au nouveau collège dont on espérait tant de bien. C'est en conduisant à Pinang plusieurs séminaristes siamois, que M. Rabeau trouva la mort dans les circonstances tragiques que nous allons rapporter, après avoir esquissé sa pieuse physionomie.

Né en 1765, au village de Denazé, paroisse du diocèse du Mans, actuellement du diocèse de Laval, Jean-Baptiste Rabeau exerça le saint ministère à la Chapelle-Craonnaise jusqu'en 1792. Enfermé à cette époque dans les prisons de Laval, pour avoir refusé de prêter le serment à la Constitution civile du Clergé, il eut bientôt la permission de partir pour Jersey avec la plupart de ses compagnons de captivité, et supporta courageusement les épreuves inséparables de l'exil. Le Cardinal Meignan, archevêque de Tours, qui a écrit sa vie, raconte de lui un trait peignant bien la douceur de son caractère et la joyeuse fermeté de son esprit [1] :

« Un jour que ses amis se plaignaient à lui de l'insuffisance de la nourriture à laquelle ils étaient réduits, à cause de la faible rétribution qui leur était allouée, il leur dit : « Je ne puis m'associer à vos plaintes : sur les 30 sols que je reçois pour la semaine, j'en prends 6 pour acheter de la morue, j'en fais un bon plat le dimanche, mais comme mon estomac ne peut supporter cet aliment, je suis malade le reste de la semaine, je ne mange point ou peu, et je me trouve le samedi

---

[1]. *Vie de M. J.-B. Rabeau*, p. 140.

suivant avec un reliquat que je vous offre de partager. »

En 1796, il passa à Londres, et pendant une année, gagna péniblement sa vie par un travail manuel ; il fut ensuite nommé aumônier des Français réfugiés à Winchester.

Ayant eu l'occasion d'entrer en relations avec MM. Alary et Chaumont, il sentit en son âme le désir de se consacrer aux Missions-Étrangères. Dans les prisons de Laval, il avait sans doute rêvé le martyre, puisque le martyre lui manquait en Europe, il irait le chercher aux extrémités du monde ; il fut exaucé. Il évangélisait Siam depuis dix ans, lorsqu'en 1809 il partit de Bangkok pour conduire quelques élèves à Pinang, et fit escale à l'île Jongselang, qui possédait une petite chrétienté. La nuit même de son arrivée, les Birmans envahirent l'île, mirent le siège devant la ville qu'ils prirent et incendièrent. Epouvantés de ce désastre, les chrétiens s'enfuirent, emmenant avec eux M. Rabeau ; par hasard ils tombèrent au milieu d'une ronde de Birmans qui se précipitèrent sur eux l'épée nue et la lance au poing. Le missionnaire s'avança au-devant des ennemis, et tenant de la main droite un crucifix et de la main gauche une image de la Sainte Vierge, il leur dit : « Je suis un prêtre du Dieu vivant, je n'ai jamais fait de mal à personne. » Les Birmans s'arrêtèrent, déposèrent leurs armes, et en signe de protection, ils étendirent leurs mains sur la tête du prêtre et sur celle de ses chrétiens. Le commandant de la flotte birmane était un Français, Jean Bartel. Sur ces plages lointaines, un compatriote était un ami ; l'aventurier traita le missionnaire avec honneur et lui proposa de le conduire à Pinang : c'était une bonne fortune que M. Rabeau se hâta d'accepter. En route, une révolte survint à bord, les matelots saisirent le capitaine pour le jeter à la mer. L'apôtre oubliant le soin de sa vie, se précipite entre les combattants, il les interpelle avec force, les supplie, les menace des châtiments de la terre et du ciel pour les détourner de ce crime.

Les barbares, redoutant en lui un accusateur et un témoin, le lièrent avec le capitaine et les précipitèrent tous deux dans les flots.

Les élèves, embarqués avec M. Rabeau, furent épargnés et conduits en Birmanie, d'où ils regagnèrent Siam et ensuite repartirent pour Pinang; ils eurent un second voyage moins accidenté que le premier, et arrivèrent sains et saufs au Collège général, où l'on comptait alors 25 à 30 séminaristes, entassés fort à l'étroit, pauvrement nourris, mais dédommageant leurs évêques des dépenses faites pour eux, par leur application à l'étude et leurs progrès dans la vertu.

La Propagande, instruite de la fondation de cet établissement, qu'elle considérait comme très important, eut la pensée de s'en charger, et tout en laissant la direction à M. Lolivier, elle lui envoya, comme collaborateurs, deux des missionnaires italiens récemment arrêtés en Chine et aussitôt expulsés : MM. Conforti et Ferretti. La santé de ces deux prêtres zélés, prématurément usée par les fatigues et les voyages, ne leur permit pas de s'habituer à la vie de professeur, plus pénible en Extrême-Orient qu'en Europe. M. Ferretti quitta Pinang, et M. Conforti ne fit que languir. Les prêtres de la Société des Missions-Étrangères demeurèrent donc seuls chargés de la maison. Malheureusement, le 29 juin 1812, un incendie terrible éclata et consuma avec une partie de la ville de Georgetown le séminaire général.

M. Letondal, qui était alors à Pinang, partit aussitôt pour Madras chercher des ressources, afin de réparer ce désastre. Il trouva dans le gouverneur des Indes l'appui qu'il avait rencontré, quelques années auparavant, dans le gouverneur de Manille, et chez les Anglais protestants, la même générosité que chez les Espagnols catholiques.

C'est là que Dieu avait marqué la fin de cette carrière si bien remplie. Le vaillant procureur des Missions-Étrangères mourut à Pondichéry le 17 novembre 1813. Sa mort fut un deuil pour les Européens, qui habitaient l'Extrême-Orient et n'avaient pu connaître, sans l'admirer, cet homme de grand cœur, de haute et vigoureuse intelligence. En l'annonçant, le procureur général de la Propagande, M. Marchini, rendait au défunt cet hommage mérité : « Je pleure la perte de M. Letondal, je l'aimais beaucoup. Il a fait un grand bien aux missions, son activité et son énergie étaient égales à sa piété. Il sera difficile de le remplacer. » Malgré ce malheur inattendu, le séminaire général fut rebâti, et reçut peu à peu un personnel de professeurs et des secours capables d'assurer sa prospérité.

IV

Le Séminaire de Paris, qui envoyait ces ressources en hommes et en argent, avait cependant subi de nouveaux malheurs. La bienveillance de Napoléon envers lui s'était promptement démentie, après s'être maladroitement exercée. Le décret de rétablissement du Séminaire avait été porté, avons-nous dit, au mois de mars 1805. Presque au lendemain de cet heureux jour, l'empereur reprit ses projets de réunir, en une seule, les trois congrégations de missionnaires : celles de Saint Vincent de Paul, du Saint-Esprit et des Missions-Étrangères. Napoléon se targuera plus d'une fois d'être le successeur de Charlemagne et de continuer son rôle ; il y eut, en effet, dans sa politique religieuse, comme un reflet de celle du grand empereur chrétien, mais un reflet si incomplet que l'image était méconnaissable. Charlemagne s'était immiscé dans les choses de l'Église, à la façon d'un ami dévoué qui soutient, Napoléon s'y ingère à la manière d'un maître qui commande ; il sait qu'avant la Révolution, l'Église et l'État étaient intimement unis, il veut refaire cette union, mais à son profit ou à ce qu'il croit tel ; et il travaille à réaliser les idées des vieux parlementaires français qui, dans plus d'une question, plaçaient l'Église au-dessous de l'État et exigeaient d'elle soumission et respect

Il ordonne à Portalis de lui faire un rapport en ce sens sur les Missions-Étrangères, le ministre obéit et présente le mémoire suivant [1] :

« SIRE,

« Votre Majesté vient de rétablir le Séminaire des Missions-Étrangères et celui dit du Saint-Esprit; par un précédent décret, elle avait déjà rétabli les prêtres connus sous le nom de Lazaristes.

« Il importe actuellement, que tous ces divers établissements soient dirigés d'une manière régulière, pour pouvoir remplir dignement leur destination.

« Autrefois, un supérieur général surveillait tout, et ce supérieur était Français. Depuis la Révolution, des supérieurs étrangers et domiciliés à Rome s'étaient emparés de tout ce qui concerne les Missions. L'intérêt du gouvernement est que les choses retournent à leur premier état, et que conséquemment nos missions soient dirigées par un supérieur national.

« Chaque évêque, dans son diocèse, surveille tous les prêtres qui y résident, dans les rapports que ces prê-

1. Arch. Nationales, A. F. IV. 964., Carton 158. Pièce 165.

tres peuvent avoir avec le bon ordre du diocèse. Mais les prêtres consacrés aux missions ont, indépendamment des rapports généraux qui les lient aux lois du sacerdoce, une existence particulière déterminée par la fin spéciale de leur institution. Sous ce point de vue, ils ont besoin d'être sous la surveillance d'un supérieur commun. Sans cela, il n'y aurait point d'unité dans les opérations, et il y aurait confusion dans les résultats.

« J'ose donc proposer à Votre Majesté de mettre tous les établissements des missions sous une direction commune. Cette direction est trop importante, pour pouvoir être confiée à un supérieur qui ne serait point lié par sa place au bien de l'état. Votre Majesté pensera peut-être que le grand aumônier de l'Empire, qui ne peut avoir d'autres vues que celles de Sa Majesté elle-même, et qui a l'avantage d'être auprès de son auguste personne, serait plus propre que tout autre à garantir à l'État, que les Missions seront dirigées vers la plus grande utilité publique. En conséquence, j'ai l'honneur de proposer à Votre Majesté le projet de décret joint au présent rapport.

« Je suis avec un profond respect

« Sire

« De Votre Majesté,

« Le très obéissant, très dévoué et très fidèle serviteur et sujet.

« Portalis.

« Paris, 5 germinal an XIII (mars 1805). »

Ce rapport traitait les Missions à peu près comme un bureau de la guerre, de l'administration ou de la police, il émettait plusieurs erreurs, entre autres l'existence de l'autorité d'un supérieur général sur toutes les Missions. Le décret fut néanmoins porté le 7 germinal an XIII : il plaçait les Missions sous la direction du grand aumônier de l'empire, « sans préjudice du droit des évêques, dans tout ce qui intéresse la police et la discipline de leurs diocèses ». Un Conseil, composé de M. Bilhère et des deux supérieurs de Saint-Lazare et du Saint-Esprit, fut constitué sous le nom de Conseil des Missions ; il devait être présidé par le cardinal Fesch. Le décret ne fut pas exécuté et le Conseil siégea bien rarement. Les trois Congrégations visées restèrent dans l'état où elles étaient; il n'en pouvait guère être autrement, d'ailleurs, car elles n'étaient composées que de quelques membres épars : en se réunissant, elles auraient surtout mis en commun leur misère et leur pauvreté. La Société des Missions-Étrangères, en effet, souffrait d'une très grande disette de prêtres. Pendant toute la durée de l'empire, de 1804 à 1815, elle n'envoya que deux missionnaires en Extrême-Orient : Audemar[1], parti en 1804, mort en 1821 coadjuteur du Vicaire apostolique de Cochinchine, et Louis Fontana[2], parti en 1807, mort en 1838 chef de la mission du Su-tchuen.

Le clergé français était presque aussi pauvre que la Société des Missions-Étrangères. La conscription enlevait chaque année la majeure partie des jeunes gens, les séminaires diocésains étaient à peu près vides, les carrières libérales en partie abandonnées; la guerre était un gouffre qui engloutissait de jeunes générations. La gloire dévorait la France dans sa fleur.

En 1808, Napoléon qui jetait parfois un coup d'œil sur la carte d'Extrême-Orient, demanda de nouveaux renseignements sur les Missions. Le cardinal Fesch appela chez lui le Conseil, interrogea les trois supérieurs sur le nombre des chrétiens, sur les dépenses nécessaires à l'entretien des prêtres et des catéchistes. Dans cette

---

1. Du diocèse de Toulouse, agrégé à Digne.
2. Du diocèse d'Ivrée.

réunion, le cardinal parut s'intéresser sérieusement aux Missions, il engagea les supérieurs présents à développer leur Institut, à agrandir leur champ d'action, et émit certaines idées fort justes sur le recrutement des ouvriers apostoliques[1] :

« Les conjonctures impérieuses dans lesquelles nous sommes, leur dit-il, rendent totalement insuffisantes et nulles les mesures naguère suffisantes pour le recrutement des sujets; autrefois les diocèses divers fournissaient des ouvriers à choisir; tandis qu'aujourd'hui nul évêque de France ne veut ni ne peut en donner, attendu l'extrême disette d'ecclésiastiques; il devient donc indispensable d'étendre un peu votre plan et de former vous-mêmes des sujets pour vos missions, et non seulement pour les vôtres, mais pour toutes les portions du champ que Dieu voudra vous envoyer défricher. Je crois donc nécessaire et même urgent que vous vous appliquiez à cet objet, que vous montiez un séminaire, que vous enseigniez la théologie et même la philosophie, autrement la Congrégation ne se renouvellerait pas et l'œuvre s'éteindrait avec vous. » Le cardinal oubliait, comme beaucoup d'excellents conseillers, d'offrir les moyens de réaliser son plan et semblait ignorer que les mesures prises par son impérial neveu stérilisaient l'Église de France. En soi cependant, les avis de l'archevêque de Lyon étaient bons : ils seront appliqués dans le cours du XIXᵉ siècle, lorsque les circonstances seront plus favorables, sans que les directeurs du Séminaire se doutent, peut-être, qu'ils suivent un plan émis pour la première fois par le cardinal Fesch. Pour le moment, la réunion et les conseils ne produisirent aucun résultat. Les Missions demeurèrent sans protection et sans ressources, et le gouvernement ne parut

---

[1]. Arch. M.-É., vol. 42, p. 75.

plus s'en occuper, sauf pour nommer, le 17 mai 1809, M. Alary supérieur du Séminaire à la place de M. Bilhère qui venait de mourir. C'était la première fois que le supérieur du Séminaire était nommé par le pouvoir civil, outrepassant ses droits dans cette affaire comme dans beaucoup d'autres. Jusqu'à ce jour, le fait ne s'est pas reproduit.

V

Cette mesure n'annonçait pas cependant des dispositions hostiles, et les directeurs se croyaient assurés de quelque tranquillité, quand, brusque comme un coup de foudre, arriva un décret daté de Schœnbrunn du 26 septembre 1809, qui déclarait dissoute la Société des Missions-Étrangères[1] : « Nous révoquons tous décrets par nous précédemment rendus, portant établissement ou confirmation de congrégation de prêtres séculiers qui, sous le titre de prêtres des Missions-Étrangères, seraient chargés des Missions hors de France, et du 4 germinal an XIII, portant rétablissement des Missions connues sous les dénominations des Missions-Étrangères et de Séminaire du Saint-Esprit, ainsi que tous autres décrets rendus par suite et en exécution de ceux ci-dessus énoncés. »

Comment la Société, réduite à quelques pauvres prêtres âgés, avait-elle encouru la colère du tout-puissant empereur? Napoléon, à l'apogée de sa gloire, avait commencé la guerre contre l'Église : il avait fait enlever de Rome et enfermer à Savone le Souverain Pontife Pie VII; le pasteur frappé, il dispersa le troupeau. A Rome, les Congrégations religieuses furent dissoutes; et l'on vit les routes de l'État pontifical se couvrir de

[1]. Arch. M.-É., vol. 41.; p. 99.

moines rentrant dans leurs familles; les cardinaux et les chefs d'Ordres furent exilés, et plusieurs d'entre eux emprisonnés. En France, des évêques et des congrégations subirent les rigueurs du pouvoir. Cette persécution dont les causes se rattachent à la politique générale de l'empereur ne donne pas le motif particulier de la destruction des Missions-Étrangères. Nous avons trouvé une raison dans une lettre de M. Alary, mais elle n'eût sans doute pas été suffisante, sans les sentiments d'aigreur et d'irritation que Napoléon nourrissait contre le chef de l'Église catholique : « Le général Gardanne, envoyé comme ministre plénipotentiaire en Perse, éprouva plusieurs échecs diplomatiques; il rejeta la cause de ses insuccès sur les missionnaires. Ces missionnaires n'appartenaient pas à la Société des Missions-Étrangères et n'avaient avec elle aucun rapport : l'empereur l'atteignit quand même. »

En droit, ce décret avait des effets très graves : il enlevait la personnalité civile à la Société, fermait les portes du Séminaire, et pouvait amener la confiscation. En fait, le Séminaire, n'ayant pas d'élèves, n'avait pas à les renvoyer, il ne possédait pas davantage de biens, puisque la maison rachetée était encore au nom de Mlle d'Escars. Mais cet acte qui ne changeait rien au présent pouvait, pensait-on, susciter beaucoup d'inconvénients dans l'avenir. Pour parer aux premières éventualités, les directeurs, sur le conseil du cardinal Fesch, se présentèrent au ministre des Cultes, et déclarèrent qu'ils étaient attachés à la paroisse des Missions-Étrangères. Leur déclaration fut acceptée sans observation. Cependant frappés sans cause, ils furent soupçonnés d'être mécontents; ce soupçon pouvait être juste et il ne fallait pas beaucoup de génie aux dénonciateurs pour le concevoir. Des perquisitions ayant été opérées au Séminaire, sans amener la découverte d'aucun complot, pas même la plus légère preuve de mécontentement, on accusa les directeurs d'être défavorables à l'empereur dans sa lutte contre l'Église. M. Desjardins, ancien vicaire général d'Orléans, ancien professeur de théologie au Séminaire de Québec, curé de la paroisse des Missions-Étrangères et directeur du Séminaire depuis 1805, fut arrêté et conduit à Fenestrelle.

La Société s'était signalée, depuis son origine, par un attachement inviolable au Saint-Siège et par une scrupuleuse et immédiate obéissance à ses ordres. La Providence lui donna l'honneur de confesser devant les hommes cet attachement et cette obéissance; c'est une persécution, dont elle a le droit d'être aussi fière, que des luttes soutenues pas ses prêtres à Siam, en Annam et en Chine.

Le prisonnier eut pour compagnon de captivité l'intrépide cardinal Pacca et son neveu, et trois autres prêtres, tous condamnés pour leur fidélité au Souverain Pontife. De son cachot, il écrivit à M. Alary plusieurs lettres d'une douceur charmante, d'une piété vive, où le respect se mêle avec grâce à une tendre affection pour le saint vieillard. Nous ne résistons pas au plaisir d'en citer une, elle fera connaître le caractère aimable, la foi profonde de M. Desjardins, et donnera une idée de la cordialité des rapports entre les directeurs[1] :

« Je vous salue, mon cher et tendre Père, mon vénérable et nécessaire ami. Voilà le dernier jour d'une année de vicissitudes. Demain s'en ouvrira une dont les événements sont d'avance écrits dans le ciel. Je prie le Seigneur qu'il en fasse pour nous une année de consolations, de bénédictions toujours croissantes et de mérites nouveaux. Donnez-moi votre bénédiction, mon cher

---

1. Arch. M.-É., vol. 41, p. 237; *31 décembre 1810*.

Père, et que ce soit pour moi le premier présent de la terre à l'ouverture de cette année !

« J'ai appris avec douleur votre maladie, et mon inquiétude n'a cessé que lorsqu'on m'a assuré de votre rétablissement. Je vous conjure, je ne dis pas de vous soigner, mais de souffrir que l'on vous soigne. Votre âge vous en fait une obligation, et je n'ai pas besoin de rappeler à M. Paris[1] que c'est son principal devoir; je suis convaincu que c'est sa grande occupation. Il doit ne pas souffrir que vous couchiez sans quelqu'un près de vous. Il me semble qu'il vous faut des déjeuners chauds et le chocolat vous devient nécessaire. Ne songez pas à vous, cher Père, pensez aux autres. Je n'ose dire, à moi, quoique mes liens semblent réclamer cette grâce. *Memento vinctorum*. Hé bien donc, à ce titre, j'exige que vous redoubliez de complaisance, pour souffrir qu'on s'occupe de votre conservation. Je suppose que vous ne vous exposerez pas à aller dire la messe aux Récollettes. Elles vous aiment trop sans doute pour le souffrir.

« Conservez-vous un peu pour moi, mais non pas pour moi seul.

« Vous trouverez bon, mon tendre père, que je vous parle un peu de moi; vous l'exigeriez même. Je vous dirai donc que, grâce à Dieu, je me trouve bien; je ne désire point un autre sort, et mon seul vœu est le parfait accomplissement de la volonté de Dieu. Mon état présent réveille ma foi, me porte au recueillement, me facilite d'utiles retours sur ma vie passée, et surtout sur ma gestion. Je me dis : tu es en retraite, médite. Je me considère donc comme l'administrateur infidèle, que le père de famille a justement destitué de son emploi. Je suis épouvanté du compte qu'il me faudra rendre. Quand je ne serais coupable que d'avoir enfoui ou dissipé le

---

[1]. Directeur de 1805 à 1816.

pauvre talent qui m'était confié, ce serait déjà beaucoup, et une grande justice qu'on le remît en d'autres mains.

« ..... D'un autre côté, je bénis la divine Providence de m'avoir délivré d'un poids trop fort pour mes épaules. Je regrette vivement ma paroisse, je l'avoue, et j'éprouve combien je l'aimais. Cependant je la résigne bien volontairement et conjure le prince des pasteurs de la bénir par celui qui me succède, et dont le premier soin doit être de réparer mes fautes. C'en est une grande, peut-être, d'avoir trop aimé mon troupeau, je dis, trop sensiblement, et d'avoir partagé mon cœur. Maintenant : *Ecce ego, mitte me.* Mais il faut être tiré de la fosse aux lions.

« Le Seigneur, dans sa miséricorde, m'ayant réduit à la pauvreté, je n'ai plus pour subsister d'autre ressource que celle qui nous est commune. Loin de rougir d'être à charge à mes frères, je m'en fais gloire : peut-être ne sera-ce pas pour longtemps ; mais jusqu'au retour du calme, je n'ai que vous, et les personnes qui s'intéressent à nous. Mon entretien et ma nourriture ne montent pas très haut, bien qu'il faille que je m'habille, car je suis venu ici en gilet de nuit et en robe de chambre. J'entrerai dans quelques détails avec M. Paris. Pour vous, tendre Père, je ne veux vous parler que de mon inviolable attachement, de mon désir de persévérer dans ma vocation jusqu'à mon dernier souffle, et enfin de ma fidélité à prier pour vous. »

Pendant que M. Desjardins supportait courageusement son emprisonnement, M. Alary, âgé de 78 ans, et M. Paris, prêtre de l'ancienne Congrégation du Mont-Valérien et directeur depuis 1805, restaient seuls au Séminaire de Paris. M. Chaumont était en Angleterre, M. Boiret, qui allait bientôt mourir, et M. Langlois, député par la mission du Tonkin en 1805, habitaient Rome. En 1812, ce dernier fut expulsé de la ville éternelle par ordre de Napoléon, forcé de se retirer à Rennes et placé sous la surveillance de la police.

VI

Les agressions de l'empereur contre l'Église, son odieuse conduite envers le Souverain Pontife, ses violences envers la Société des Missions-Étrangères, retentissaient douloureusement dans le cœur des missionnaires ; mais en même temps, la fermeté du Saint Père excitait leur admiration. Des Indes, qu'il évangélisait depuis 1792, M. Dubois exprimait ces sentiments à M. Langlois [1] :

« ..... La conduite admirable du chef de l'Église, dans la situation désespérée où il se trouve réduit, nous montre évidemment que l'esprit de Dieu dirige ses démarches. Les papiers anglais nous ont donné quelques détails de ce qui s'était passé à Rome, depuis l'invasion des Français jusqu'à l'époque du décret impérial, qui arrache du domaine du Pape quatre de ses meilleures provinces, pour les annexer au royaume d'Italie. Nous avons vu la correspondance officielle entre Sa Sainteté et Bonaparte. Quelle patience, quelle résignation de la part du chef de l'Église ; et en même temps quelle fermeté, quelle dignité dans ses protestations et ses réponses ! qu'il est beau, qu'il est consolant de voir le pilote du vaisseau de l'Église, dans un temps où ce dernier, agité par une des plus furieuses tempêtes, est menacé du naufrage, diriger ses mouvements avec tant de sagesse et de présence d'esprit, et montrer à l'heure du danger une fermeté que la vue d'aucun péril ne peut abattre. »

1. Arch. M.-É., vol. 996 ; p. 620.

Les autres missionnaires partageaient les sentiments de M. Dubois. En apprenant la captivité de Pie VII, les traitements qu'il subissait et les désastres des armées impériales en Russie, Mgr Hébert disait [1] :

« L'extrémité des maux de l'Église doit nous faire espérer que Dieu viendra incessamment à son secours. Car, si tout ce qui arrive ici-bas, est ordonné pour le bien de l'Église et des élus, ainsi que la foi nous l'apprend, n'avons-nous pas lieu de penser que c'est pour cette fin que la Providence vient de frapper un de ces grands coups, qui n'ont point d'exemple dans les siècles précédents. Cet événement est si extraordinaire dans toutes ces circonstances, qu'il faut être aveugle ou s'aveugler soi-même pour ne pas y reconnaître la main de Dieu. D'un autre côté, la fermeté de notre Saint-Père le Pape et de la plupart des évêques de France est un grand sujet de consolation, pour tous ceux qui sont sincèrement attachés à l'Église. J'ai appris avec bien de la peine la mort du respectable M. Emery. C'est une grande perte pour toute l'Église et en particulier pour celle de la France. »

Nous pourrions multiplier ces citations et montrer que des bords du Cavery aux rives du fleuve Bleu, les ouvriers évangéliques suivaient avec anxiété le Souverain Pontife sur sa route du Calvaire.

Dans ces difficiles circonstances, M. Chaumont, en Angleterre, était le seul directeur qui eût la facilité de rendre service aux Missions. Son biographe, M. Langlois, le dépeint, unissant un jugement sain et un esprit droit à une piété solide et éclairée, doué d'une rare prudence et d'une aimable simplicité. « Il savait [2] donner de sages conseils sur un ton insinuant et plein de charité, qui le rendait plus persuasif. Ennemi de toute affectation et de

---

[1]. Arch. M.-É., vol. 996, p. 800, *31 Juillet 1813.*
[2]. Arch. M.-É., vol. 42, p. 375.

toute singularité, il marchait par les voies communes, et sa conduite, toujours édifiante et régulière, portait d'autant plus efficacement à la vertu ceux qui en étaient les témoins, qu'on n'y apercevait rien d'extraordinaire ni d'excessif. Il était aimé et estimé de beaucoup de nobles familles catholiques et protestantes. Ce fut d'elles principalement qu'il sollicitait les ressources, que la France ne fournissait plus. » Lorsque les jours devinrent plus mauvais, il chercha des secours plus abondants.

Dans ce but, il rédigea un appel à la charité intitulé : *Adresse aux âmes charitables en faveur des Missions chez les peuples idolâtres de la Chine, de la Cochinchine et du Tonkin*. Après avoir exposé l'état des Missions, fait la statistique des chrétiens, des prêtres indigènes et des missionnaires, il termine par ces lignes éloquentes [1] :

« Si les âmes pieuses et charitables ne se hâtent point de venir au secours des missionnaires, il sera impossible de former des prêtres, des catéchistes; non seulement on n'aura plus la consolation de voir des idolâtres adorer le vrai Dieu, mais on sera exposé à éprouver la douleur de voir ceux qui l'adorent maintenant, retomber dans les ténèbres et les abominations de l'idolâtrie. Des chrétiens qui ont encore un faible sentiment de religion et d'amour pour leur Dieu, pourraient-ils voir de sang-froid, exposées au danger évident de le blasphémer pendant l'éternité, des âmes créées pour l'adorer, et rachetées au prix du sang de Jésus-Christ? Pourraient-ils avoir le cœur assez dur pour refuser un léger sacrifice, qui leur procurerait le bonheur de bénir leur Créateur et leur Rédempteur. »

Les secours offerts furent plus que modestes, la guerre qui désolait l'Europe depuis vingt ans appauvrissait tout le monde. Comment trouver de l'or en Angleterre

---

[1]. Arch. M.-É., vol. 42, p. 173.

pendant le blocus continental; en Espagne pendant l'invasion française; en France, pendant l'expédition de Russie suivie de la campagne d'Allemagne.

Elle est belle et splendide l'épopée impériale, mais que d'angoisses, de misères, de détresses intimes sous son éclatant manteau brodé d'abeilles d'or! Si la foi en la Providence ne dominait toujours dans l'âme du chrétien, si l'expérience ne montrait à l'homme, que les plus hautes prospérités et les plus cruelles infortunes sont passagères, on se serait demandé avec effroi ce qu'allaient devenir les Missions par la prolongation d'un tel état.

Hélas! lorsque cette situation cessa, une autre bien cruelle la suivit; l'empereur était vaincu sur toute la ligne, l'étranger envahissait la France par l'Est et par le Sud, les Prussiens, les Russes, les Autrichiens, toute l'Europe en armes, campaient devant Paris; c'était l'effondrement complet après la plus brillante apothéose. Vieillards et prêtres, les directeurs du Séminaire ne pouvaient que s'affliger, prier pour la patrie agonisante, et chercher avec angoisse quelle nouvelle voie s'ouvrait devant eux. Cette voie fut plus heureuse que personne n'eût osé l'espérer.

Après la première abdication de Napoléon et la rentrée des Bourbons en France, MM. Chaumont, Langlois, Desjardins, revinrent au Séminaire et, sans perdre de temps, de concert avec MM. Alary et Paris, ils sollicitèrent le rétablissement légal du Séminaire. Leurs démarches ne furent ni longues ni difficiles. Le 2 mars 1815, le lendemain du jour où Napoléon avait débarqué à Cannes, Louis XVIII signa le décret suivant :

« LOUIS, par la grâce de Dieu, roi de France et de Navarre;

« Vu le décret du 2 germinal an XIII, qui rétablit la

Congrégation des Missions-Étrangères, rue du Bac, à Paris;

« Vu le décret du 26 septembre 1809, qui révoque le premier décret, sur le rapport du ministre secrétaire d'État de l'intérieur;

« Nous avons ordonné et ordonnons ce qui suit :

Article Ier

« Le décret du 26 septembre 1809 est rapporté, en ce qui concerne la Congrégation des Missions-Étrangères, rue du Bac, à Paris, laquelle est rétablie sur le pied du décret du 2 germinal an XIII.

Article II

« Notre ministre secrétaire d'État au département de l'intérieur est chargé de l'exécution de la présente ordonnance.

« Donné au château des Tuileries, le 2 mars de l'an de grâce 1815, et de notre règne le vingtième.

« *Signé* : Louis.

« Par le roi,

« *Signé* : L'abbé de Montesquiou. »

Les Cent-Jours inspirèrent de nouvelles craintes, et pour être prêt à tout événement, M. Chaumont retourna en Angleterre, tandis que les autres directeurs, attendant ce qu'il adviendrait, demeurèrent au Séminaire où d'ailleurs ils ne furent pas inquiétés. Napoléon avait autre chose à faire qu'à tracasser quelques prêtres; la guerre l'appelait à la frontière, on sait comment elle finit dans le funèbre cimetière de Waterloo. La France revit l'invasion, les Bourbons revinrent de l'exil, la paix, chèrement achetée, fut de nouveau rétablie. Le Séminaire sortit enfin du temps d'épreuves et d'angoisses qu'il avait traversé pendant plus de vingt ans, mais ce fut pour entendre les cris d'alarme des missionnaires de Chine, épouvantés de la persécution qui sévissait dans l'empire et bouleversait toutes les chrétientés.

VII

Les missions de Chine n'étaient pas ignorantes de la persécution, persécution sanglante ou sourde, elles l'avaient éprouvée nombre de fois, elles avaient vu leurs néophytes emprisonnés et frappés; leurs évêques et leurs prêtres exilés, torturés, emprisonnés, mourant dans les cachots : ainsi était-il arrivé à de Martiliat, Pottier, de Saint-Martin, Delpon, Devaut, mais il ne semble pas qu'elles eussent jamais subi de persécution aussi longue, aussi étendue et aussi cruelle que celle de Khia-king, et dont la plus illustre victime fut le Vicaire apostolique du Su-tchuen, Mgr Gabriel Taurin Dufresse.

L'empereur Khia-king, successeur de Khien-long, était, avons-nous dit, hostile au christianisme, il avait peu de goût pour les arts et les choses de l'Europe; loin de chercher à être agréable aux missionnaires, il les abandonna avec leurs néophytes aux attaques des mandarins. Une révolte, ayant éclaté vers le commencement de son règne, augmenta ses soupçons et sa malveillance contre les Européens. Les sectateurs du Nénuphar Blanc, croyant qu'un nouveau règne serait plus favorable à leurs projets révolutionnaires, excitèrent une terrible insurrection dans plusieurs provinces de l'empire. Les mandarins affectèrent, comme toujours, de confondre les chrétiens avec les révoltés, et les accablèrent de mauvais traitements. Malheureusement, ces dispositions de l'autorité s'accentuèrent par un incident, qui survint dans la mission de Pékin en 1805.

Le P. Adéodat, religieux de l'ordre de Saint-Augustin, ayant été arrêté par un petit mandarin, on trouva dans sa chambre une carte de l'empire chinois qu'il avait faite lui-même pour son propre usage ; il n'en fallait pas davantage pour échafauder une accusation aussi grave que fausse. Cette carte était une preuve évidente que les missionnaires et les chrétiens conspiraient, qu'ils avaient des vues sur le trône ; ils prenaient déjà leurs mesures et dressaient leur plan ; on avait, affirmait-on, trouvé la liste des conjurés contre la dynastie tartare-mandchoue. Cette affaire fit grand bruit dans Pékin, et le P. Adéodat fut condamné à l'exil perpétuel au fond de la Mongolie, avec treize des principaux néophytes de la capitale.

L'empereur connaissait trop les prêtres européens, pour croire au danger que la carte géographique du P. Adéodat venait de faire courir à son trône et à sa dynastie. Cependant l'occasion lui parut favorable pour agir contre eux et contre les catholiques.

Profitant de l'émotion générale occasionnée par la révolte des sectateurs du Nénuphar Blanc, il fit publier à Pékin et dans tout l'empire un violent édit contre le christianisme, avec peine de mort contre les maîtres de la religion. Cet édit fut rigoureusement exécuté dans les provinces. Les rares missionnaires européens, qui étaient encore en Chine, se cachèrent dans de profondes retraites, où quelques néophytes dévoués venaient les visiter pendant la nuit et leur apporter des aliments. Au milieu de cette persécution générale, la communauté chrétienne du Su-tchuen fut fortement éprouvée. Les arrestations commencèrent à Tchen-tou, capitale de la province. Une ordonnance du vice-roi parut le 16 septembre 1810, pour rappeler les anciennes défenses portées contre le catholicisme, et les peines dont on frappait ses adeptes ; mettant en œuvre la rhétorique, plus fausse encore dans le fond que dans la forme, habituelle aux lettrés du Céleste-Empire, le vice-roi s'écriait[1] :

« Quoi ! vous ne comprenez pas, vous autres chrétiens, qu'il faut observer les lois de l'empereur ? Est-il possible que l'on vous donne chaque jour des instructions et que vous ne les entendiez pas ? Vous avez le ciel sur vos têtes, et vous ne connaissez pas encore le Ciel.

« Sachez donc que le fils du Ciel (l'empereur) possède la raison du Ciel. Les productions de la terre, les pluies qui l'arrosent, le soleil et la lune furent faits pour le sage et vertueux peuple chinois. La foudre et les éclairs sont pour corriger ceux qui corrompent ce peuple et violent ses lois. Aussi voit-on parfois qu'il tue ces sortes de criminels.

« Les leçons du fils du Ciel sont celles du Ciel lui-même, le Ciel est notre souverain maître.

« Ce que les Européens appellent religion chrétienne, est une religion sans raison, vaine et obscure. C'est une loi de barbares inventée pour enchaîner le cœur et le corps des nations barbares de ce pays-là.

« Ces barbares ne connaissent pas les livres de nos saints et de nos sages sur l'ordre de la société. S'étant transmis cette religion de génération en génération, ils la suivent avec enthousiasme ; c'est pour cela qu'ils sont barbares. Ce sont des peuples si méprisables que nous, Chinois, devrions les couvrir de nos crachats ; ils méritent notre haine et notre mépris comme des barbares, qui ne sont pas dignes d'être comptés parmi les hommes. »

Il continuait assez longtemps sur ce ton, puis, prenant la note de commisération, convenable à un homme supérieur envers des ignorants et des esprits faibles, qui

---

[1]. Arch. M.-É., vol. 301, p. 795.

s'étaient laissés tromper, il offrait un généreux pardon aux chrétiens s'ils apostasiaient, leur donnant trois mois pour retourner au culte de Confucius et des ancêtres. Il prescrivait de remettre dans les prétoires tous les livres et les objets de religion, d'inscrire sur des registres particuliers les noms des apostats, et en finissant, « menaçait de toute la rigueur des lois les obstinés qui n'abandonneraient pas la Religion du Seigneur du ciel. »

Ces proclamations n'ayant aucun succès, le vice-roi jugea bon de tendre des embûches aux chrétiens. Des commissaires furent envoyés dans plusieurs villes, afin d'enregistrer les noms de tous ceux qui professaient le catholicisme, sous prétexte de ne pas les confondre avec les perturbateurs publics. Plusieurs fidèles tombèrent dans le piège. Aussitôt leur déclaration faite, ils furent saisis et jetés en prison : tous les districts eurent à déplorer l'arrestation et l'exil à Y-li de plusieurs de leurs chefs.

En ce moment critique, où le Vicariat apostolique du Su-tchuen aurait eu besoin de tous ses prêtres, mourut le 13 décembre 1812, M. Hamel, vénérable missionnaire, qui, pendant trente-trois ans, fidèle aux traditions de la Société des Missions-Étrangères, s'était entièrement consacré à l'éducation du clergé indigène. « Il paraissait, dit une relation du temps[1], n'avoir d'autre goût et d'autre inclination que pour l'instruction de la jeunesse, et pour travailler dans la retraite au bien de la mission. Il redoutait l'exercice du ministère extérieur. Il y travailla pourtant les trois premières années après son entrée en Chine; mais rien ne le satisfit davantage que de s'en voir déchargé pour être mis à la tête du collège nouvellement établi, lequel fut depuis ce temps, le principal objet de ses occupa-

1. *Nouv. Lett. édif.*, vol. 5, p. 20.

tions... Il avait coutume de s'appeler « pauvre maître d'école ». Les fidèles des environs du collège le regardaient comme un savant et comme un saint : dans leurs doutes et leurs difficultés, ils avaient principalement recours à lui, s'en retournaient toujours satisfaits de ses décisions, et y acquiesçaient sans peine. Quand ils se voyaient délivrés ou préservés de quelques calamités, accidents ou maladies, ils l'attribuaient à l'efficacité de ses prières. La vertu, qui le caractérisait et éclatait davantage en lui, était la douceur. Il fut toujours en paix avec ses supérieurs, avec ses confrères, avec les prêtres indigènes, avec ses élèves et les autres chrétiens ; il ne craignait rien tant que de faire de la peine à qui que ce fût ; si son devoir l'obligeait à faire quelques réprimandes à ses élèves ou à des fidèles, elles étaient toujours accompagnées de quelques paroles de douceur ; si ses sentiments se trouvaient différents de ceux des autres, il ne contestait point ; mais il laissait à chacun sa façon de penser, et soumettait toujours son jugement à celui de ses supérieurs. »

On lui doit la traduction en chinois d'une théologie destinée aux élèves, auxquels on n'était pas à même d'enseigner la langue latine, important et précieux travail dont la nécessité se faisait alors bien vivement sentir. La mort de cet homme, aussi distingué par ses connaissances que par sa vertu, fut telle qu'avait été sa vie : calme, douce et résignée. Au milieu de ses douleurs qui furent grandes, il exprimait sa résignation par cette parole qu'il aimait à redire : *Quotidie morior*.

Ses funérailles se firent avec solennité, et sur sa tombe, on éleva un riche et élégant mausolée.

VIII

Le Su-tchuen ne possédait plus que trois missionnaires européens : Mgr Dufresse, le Vicaire apostolique, son coadjuteur Mgr Florens, et un prêtre M. Escodeca de la Boissonnade. On espéra un moment que la persécution allait se calmer et même cesser entièrement, une trahison la fit redoubler ; vers la fin de l'année 1814, un païen dévoila au vice-roi du Su-tchuen, Chang-ming, l'état de la mission, qu'il avait connu, en feignant de vouloir embrasser le catholicisme. Il divulgua l'établissement du séminaire, le nombre des élèves et des professeurs et dénonça nommément Mgr Dufresse. Cette accusation fit porter immédiatement un édit, ordonnant de poursuivre les chrétiens et leur grand maître de religion. Les arrestations, commencées à Tchen-tou et dans les districts environnants, s'étendirent dans toute la province ; on emprisonna un grand nombre de chrétiens de tout âge, dont on exigea l'apostasie. Plusieurs eurent la faiblesse de céder, d'autres réparèrent en quelque sorte, par leur courage, le scandale causé à l'Église par la chute de leurs frères. Dès le 13 octobre 1814, un chrétien nommé Tching mourut au milieu des tourments dans le district de Lou-tcheou. Les plus cruelles violences furent exercées sur les fidèles de la paroisse de Lo-lan-keou, spécialement signalée à cause du collège qui s'y abritait. Les satellites arrivèrent le 14 octobre dans le village, brûlèrent le collège, détruisirent le monument funèbre de M. Hamel, sans toutefois toucher au tombeau, et pillèrent plusieurs maisons de chrétiens qu'ils visitèrent pour découvrir Mgr Florens. L'évêque avait déjà passé au Yun-nan, il prit ensuite avec deux écoliers la route du Tonkin, et mourut dans sa fuite le 14 décembre de la même année.

De son côté, Mgr Dufresse, en butte aux poursuites de deux apostats acharnés à faire tomber cette riche proie entre les mains des persécuteurs, courait les plus grands dangers. Tout son district était en feu, on poursuivait, on emprisonnait les chrétiens, afin d'arriver à le découvrir lui-même. Dans la nuit du 9 janvier 1815, les satellites étant venus faire de nouvelles perquisitions près de son asile, il résolut de se livrer. Ce sacrifice n'était pas pour l'effrayer, ne l'avait-il pas accompli déjà en 1785, pour épargner à son troupeau des souffrances, dont il se regardait comme la principale cause. Plusieurs fidèles approuvèrent son dessein, d'autres, en plus grand nombre, s'y opposèrent : il se résigna à attendre encore quelques mois le jour de l'immolation suprême.

Enfin le gouverneur de Sin-tsin-hien, averti que certaines personnes connaissaient la retraite de l'évêque, fit appeler le néophyte chez lequel les missionnaires avaient l'habitude de passer plusieurs jours.

Il manda également le neveu de cet homme, un juge rural et un de ses petits-fils, Matthieu Hoang, ancien élève du séminaire de la mission, et plus tard du séminaire général, « d'où il avait été renvoyé, à cause d'une prédisposition bien prononcée à l'aliénation mentale ». Lorsqu'ils furent présents au prétoire, on les interrogea sur la retraite de Mgr Dufresse. Le vieillard et son neveu s'excusèrent, laissant la réponse à Matthieu qui, dirent-ils, connaissait un jeune homme compagnon de fuite de l'évêque. Le mandarin, se tournant alors vers Matthieu, lui commanda de conduire les satellites chez ce jeune homme. L'interpellé répondit d'abord qu'il ignorait sa demeure; le magistrat ordonna de le suspendre et de le frapper de coups de bâton; mais, à peine le malheureux en eut-il reçu trois ou quatre que, vaincu par la crainte plus que par la douleur, il déclara qu'il connaissait la maison et était prêt à guider les prétoriens [1].

On lui donna une escorte, et il partit.

Les satellites se saisirent du jeune homme qui avait été dénoncé, de son père et de sa mère, et les frappèrent brutalement, mais sans pouvoir leur arracher un aveu. Enchaînant alors le père et le fils, ils les entraînèrent au prétoire et redoublèrent les mauvais traitements. Brisé par la douleur, le fils avoua le lieu de la retraite de Mgr Dufresse, et consentit à conduire les bourreaux. En arrivant, il voulut s'excuser de son action près de l'évêque : « Mon fils, lui dit doucement celui-ci, puisque vous aviez l'intention de me livrer, il fallait au moins me prévenir, je serais sorti de cette maison, et mes hôtes n'eussent pas été compromis. » Puis il tendit ses mains aux satellites qui l'enchaînèrent et le conduisirent au prétoire. C'était le 18 mai 1815 [2].

Il fut emmené à Sin-tsin-hien ; les mandarins le reçurent respectueusement, lui firent ôter ses chaînes, l'invitèrent à prendre quelque nourriture, et, lui ayant donné la place d'honneur, s'assirent à ses côtés. Le lendemain, ils le firent conduire en chaise, à Tchen-tou [3]. Au lieu de l'enfermer dans la prison des criminels, les magistrats lui assignèrent pour demeure une des chambres du palais du gouverneur; ils le firent manger à leur table et se montrèrent disposés à lui accorder tout ce qu'il souhaiterait, excepté la permission de communiquer seul avec des personnes qu'eux-mêmes ne

---

1. *Sommaire des procès pour la cause de Béatification*, etc., p. 627, § 5; p. 629, § 19. *Lettre* de M. Marchini, p. 642. § 182. *Lettre* de M. Escodeca.
2. *Sommaire des Procès-verbaux pour la Béatification*, etc., p. 627, § 6; p. 629, § 20; p. 630, § 30; p., 632, § 33; p. 636, § 68; p. 639, § 88. *Lettres* de M. Escodeca et de M. Marchini.
3. *Sommaire*, etc., p. 627, § 8; p. 629, § 21; p. 630, § 31; p. 632, § 40; p. 633, § 47; p. 635, § 57; p. 636, § 69; p. 639, § 90. Capitale de la province.

connaîtraient pas; ils lui offrirent même de faire venir, pour le servir et lui tenir compagnie, tous ceux qu'il désirerait. Encouragé par cette bienveillance, l'évêque indiqua deux prêtres chinois emprisonnés pour la foi. On ne lui accorda cependant pas sa demande, parce que ces prêtres étaient en jugement. Mgr Dufresse se résigna à subir seul les ennuis de la prison, et à essuyer les questions insidieuses de deux mandarins, qui ne le quittaient pas.

Les juges prirent pour l'interroger les formes employées envers les hauts dignitaires. Quelques-uns d'entre eux venaient causer avec lui, et pendant ce temps, deux ministres du tribunal, cachés dans une chambre voisine, prenaient note de ses paroles. Tout en répondant aux questions de ses interlocuteurs, le prisonnier ne manquait jamais l'occasion de leur parler du vrai Dieu et de la religion catholique[1]. Les mandarins paraissaient approuver ses paroles, et rejetaient la faute de la persécution sur les ordres pressants du vice-roi et sur sa haine contre les chrétiens.

L'apôtre était en prison depuis quatre mois, lorsque le 14 septembre 1815, fête de l'Exaltation de la Sainte-Croix, il fut conduit en chaise à porteurs au tribunal du juge criminel. Celui-ci, faisant allusion à la demande que l'évêque avait exprimée plusieurs fois, pendant sa détention, d'être transféré à Pékin, lui dit que sans doute il désirait obtenir quelque grande place dans l'empire :

— Pourquoi le désirerais-je, répondit le prélat, moi qui suis déjà vieux, prêt à mourir, et sans héritier?

Passant à un autre ordre d'idées, le juge lui demanda où il avait prêché, s'il avait enseigné le catholicisme à beaucoup de monde et s'il avait fait de nombreux pro-

---

1. *Sommaire*, etc., p. 633, § 43; p. 639, § 71.

sélytes. L'évêque répondit qu'il avait prêché en diverses provinces, à beaucoup de personnes qui gardaient la liberté de croire ou de ne pas croire. Là finit l'interrogatoire du juge criminel, et le prélat fut conduit au palais du vice-roi Chang-ming.

Celui-ci avait d'avance pris connaissance de toutes les pièces du procès, il avait résolu de porter une sentence capitale contre l'évêque et de l'exécuter, sans même en référer à l'empereur.

Dès que Mgr Dufresse parut, il réunit immédiatement tous ses officiers et condamna le prisonnier à avoir la tête tranchée; on dit que le saint vieillard appela son juge au tribunal de Dieu et lui annonça une mort prochaine[1], prédiction qui devait se réaliser.

Il fut dépouillé de sa tunique que deux soldats déchirèrent, et conduit à pied sur la place de la Porte septentrionale, située en dehors de la ville et éloignée du palais environ d'une demi-lieue. Trente-trois chrétiens furent extraits de leur prison, conduits au même lieu, entourés de bourreaux et de tout l'appareil du supplice. A leur arrivée, un mandarin leur ordonna de renoncer à Jésus-Christ, s'ils ne voulaient pas être pendus.

En face de la foule immense groupée autour d'eux, les fidèles, à l'exception d'un seul, protestèrent qu'ils étaient prêts à mourir, et, se mettant à genoux, ils prièrent le saint évêque, debout près d'eux, de vouloir bien les absoudre de leurs péchés, de les fortifier et de les consoler en leur accordant sa dernière bénédiction.

Mgr Dufresse leur fit une courte exhortation, leur donna l'absolution[2], puis sans manifester aucune émotion, il se tourna vers le bourreau et s'inclina. Le soldat éleva

1. *Sommaire*, etc., p. 630, § 35; p. 632, § 41; p. 633, § 49; p. 635, § 58; p. 636, § 71.
2. *Sommaire*, etc., p. 638, § 84; p. 639, § 94.

et abaissa son sabre, et la tête roula sur le sol[1], à l'heure où le dernier des missionnaires européens du Su-tchuen récitait au fond d'une caverne cette prière de la fête du jour : « Voici la croix du Seigneur, fuyez, troupes ennemies, le lion de la tribu de Judas, le rejeton de David a remporté la victoire. *Ecce crucem Domini, fugite partes adversæ, vicit leo de tribu Juda, radix David.* »

Au moment de la mort, racontèrent tous les assistants, un vol d'hirondelles, venues tournoyer au-dessus du lieu de l'exécution, s'éloigna à tire-d'ailes, et une nuée obscure qui avait couvert le ciel pendant le supplice disparut aussitôt. Ces deux faits parurent extraordinaires aux Chinois, qui en parlèrent longtemps après l'événement[2].

Mgr Dufresse avait 64 ans d'âge, 39 ans de sacerdoce et d'apostolat, 15 ans d'épiscopat.

Les chrétiens attendaient leur tour ; mais on ne les avait pas amenés pour les exécuter, seulement pour obtenir leur apostasie ; leur fermeté ayant résisté à toutes les sollicitations, plusieurs furent condamnés à l'exil ; deux femmes, compagnes de leur captivité, furent mises en liberté, elles pleurèrent leur grâce comme une défaite ; après avoir approché si près du triomphe, touché la couronne immortelle, elles trouvèrent bien dur de recommencer la lutte.

La tête de Mgr Dufresse fut placée sur une colonne hors de la porte orientale du Tchen-tou avec cette inscription : « Su (nom chinois du martyr), Européen, prédicateur et chef de la religion chrétienne. » On fit porter une petite cage que l'on disait renfermer la tête de l'évêque, dans toutes les chrétientés de son

---

1. *Sommaire*, etc., p. 630, § 25 ; p. 632, § 41 ; p. 633, § 49 ; p. 635, § 71. *Lettres* de MM. Marchini et Escodeca.
2. *Sommaire*, etc., p. 631, § 36 ; p. 632, § 43 ; p. 637, § 74.

district et dans les principales villes du Su-tchuen afin de terrifier les fidèles.

L'amour et le respect eurent la même inspiration que la haine et la vengeance ; les néophytes de Tchen-tou recueillirent le sang du martyr dans des étoffes précieuses, qu'ils envoyèrent ensuite par toute la province ; ils montèrent la garde près du corps, qui demeura exposé pendant trois jours, et qu'ils enterrèrent ensuite près du lieu de l'exécution.

Le vice-roi Chang-ming rendit compte à l'empereur des condamnations portées contre Mgr Dufresse et contre les chrétiens ; il ne cacha rien de ce qu'il avait fait, ni de ce qu'il savait de la vie apostolique de l'évêque : sa première entrée au Su-tchuen en 1776, son emprisonnement en 1785, et son retour dans l'empire. Cette conduite était contraire à celle que les mandarins avaient tenue jusqu'alors, mais elle était conforme aux ordres de Khia-king. Ce prince, en effet, au lieu de condamner, ainsi que le faisait son prédécesseur Khien-long, les mandarins qui avaient laissé les missionnaires s'introduire en Chine, louait et récompensait ceux qui les découvraient et les arrêtaient. Cette nouvelle tactique était beaucoup plus fatale aux progrès de la foi, puisqu'elle excitait les magistrats, même par intérêt personnel, en dehors de tout autre mobile, à arrêter les prédicateurs de l'Évangile, dont la disparition laissait les fidèles sans guide et sans soutien. Dès qu'il connut la conduite du vice-roi du Su-tchuen, l'empereur s'empressa de l'approuver le 25 octobre 1815. Quarante jours après la mort de Mgr Dufresse, il publia cet édit, qui fut inséré dans la *Gazette de Pékin* le 25 octobre 1815 [1] :

---

1. Arch. M.-É., vol. 302, p. 426.

« Chang-ming, vice-roi de la province du Su-tchuen, nous a envoyé le procès-verbal dressé contre l'Européen, prédicateur de la religion chrétienne, nommé Su-Kien-Mo et précédemment Li-To-Lin-Van. (Ce sont les noms qu'a portés successivement Mgr Dufresse.)

« Depuis nombre d'années, il s'était introduit clandestinement dans cette province pour y prêcher la religion. Il fut pris et condamné, mais ensuite mis en liberté et renvoyé dans sa patrie. Il a eu l'audace de rentrer secrètement dans notre empire et de pénétrer de nouveau dans la même province du Su-tchuen, où, en changeant son nom, il a recommencé à propager la religion dont il était le chef principal, mais caché. Il a séduit beaucoup de personnes du peuple, ignorantes et imprudentes, de sorte que le Su-tchuen renferme un très grand nombre de gens agrégés à la fausse secte des Européens. Le vice-roi a commandé à ses subordonnés de remédier à ce désordre, conformément aux sages lois de l'empire. De plus, il a obtenu l'amendement de beaucoup de chrétiens. En tout cela, le vice-roi s'est très bien comporté et nous ordonnons que les tribunaux aient égard à ses mérites.

« Nous déclarons que le mandarin de Sin-tsin, nommé Vang-heng, qui a fait toutes les diligences possibles pour découvrir et arrêter le principal criminel, propagateur de la religion européenne, est un sujet qui a du mérite, et nous commandons aux tribunaux de le récompenser. »

Cet acte officiel achevait de donner au martyre de Mgr Dufresse son caractère juridique; il proclamait l'évêque, de par la volonté nettement exprimée du chef du gouvernement chinois, un témoin de Jésus-Christ jusqu'à l'effusion du sang. Car, par cette éternelle loi providentielle, qui veut que dans le monde tout concoure à la gloire de Dieu, ce sont les bourreaux eux-mêmes qui sacrent leurs victimes et dressent, par leurs actes, par leurs paroles et par leurs écrits, les bases des autels que l'Église catholique leur élèvera.

Le triomphe de l'apôtre retentit jusqu'aux extrémités du monde. Le Pape Pie VII, parlant de cette persécution dans le consistoire secret du 23 septembre 1816, s'exprimait en ces termes :

« Parmi ces généreux confesseurs, nous devons surtout célébrer et louer nommément notre vénérable frère, Gabriel Taurin Dufresse, Français de nation, évêque de Tabraca et Vicaire apostolique de la province du Su-tchuen, qui, pendant 39 ans, a rempli en Chine, avec la plus grande sainteté, les fonctions du ministère évangélique... C'était le 14 septembre de l'année dernière qu'arriva la mort de l'évêque de Tabraca; mort véritablement précieuse devant le Seigneur; mort dont le récit nous a touché jusqu'au fond du cœur : en le lisant, nous pensions lire un passage des annales de la primitive Église. »

Quelques objets, appartenant au martyr, furent conservés par les mandarins.

« Il y a déjà plusieurs années, raconte M. Huc lorsque nous fûmes reconduits du Thibet dans le Céleste-Empire par une escorte chinoise, on nous garda quelque temps à Tchen-tou, pour nous y faire subir un jugement par ordre de l'empereur. Nous eûmes l'honneur d'être logé dans le même tribunal et dans le même appartement où avait été détenu l'évêque de Tabraca. Un jour, le préfet de la ville entra dans notre chambre avec un livre européen, qu'il nous présenta, en nous demandant si nous connaissions cela : c'était un vieux bréviaire. En le feuilletant, nous lûmes sur la première page les mots suivants : *Ex libris, G. Dufresse, Miss. Ap.* Nous fûmes saisi d'une profonde

---

1. *Le Christianisme en Chine*, vol. 4, p. 245.

émotion, car nous avions entre les mains une précieuse relique de l'évêque de Tabraca, ce bréviaire qu'il avait lu, sans doute, plus d'une fois dans cette même chambre :

« Ce livre, dîmes-nous au mandarin, a appartenu à un chef de la religion chrétienne, à un Français que vous avez mis à mort ici, dans cette ville, il y a trente ans. Cet homme était un saint, et vous l'avez tué comme un malfaiteur. »

Le préfet parut étonné de nous entendre parler de cet événement déjà ancien. Après un moment de silence, il s'emporta et protesta qu'on n'avait jamais mis à mort d'Européen dans la capitale du Sse-tchouan ; puis il nous débita de nouveaux mensonges, pour nous expliquer comment ce livre était arrivé entre ses mains. Nous le priâmes de nous en faire cadeau, mais nos instances et nos supplications furent sans succès. »

Par cette mort, plus rien ne manquait à la province du Su-tchuen, confiée à la Société des Missions-Étrangères dès le temps de Mgr Pallu, évangélisée par Basset, de la Baluère, de Martiliat, de Verthamon, vivifiée par Moÿe, soutenue par Hamel, organisée par Pottier et de Saint-Martin, elle avait eu des évêques habiles et sages, de saints et actifs missionnaires, elle avait eu un synode dont les prescriptions sont admirables ; enfin, Dieu lui demanda le sang d'un de ses meilleurs ouvriers, pour en faire en quelque sorte comme un ciment précieux et fort, qui devait donner à l'édifice sa solidité et l'assurer contre les tempêtes de l'avenir.

Dans la Société des Missions-Étrangères, Mgr Dufresse a l'honneur d'occuper la première place, parmi ceux qui ont subi le martyre juridique ; sa mort glorieuse jette un reflet de triomphe sur toute la seconde partie de notre histoire qu'elle termine, elle fait présager les combats sanglants et féconds de la troisième période dans laquelle nous allons entrer.

CHAPITRE X
1665-1815

Raison de ce chapitre. — I. Les voyages des missionnaires de France en Extrême-Orient de 1665 à 1815. — Le premier départ par la voie de l'Océan. — Au port d'embarquement. — Règlement à bord. — Travaux apostoliques. — Fêtes religieuses. — II. Batailles navales. — Les maladies. — Le scorbut. — Charité des missionnaires. — III. Les escales. — Le cap de Bonne-Espérance. — Vertu de M. de Chamesson. — M. Moye et les esclaves. — A l'île de France, à l'île Bourbon, à Java. — Dupleix, sa bienveillance pour les missionnaires. — Persévérance des missionnaires dans leur vocation. — Lettre de M. de Lionne au P. Bourdaloue. — IV. A Macao. — Difficultés d'y habiter et d'en sortir. — V. De Macao en Cochinchine. — Superstitions à bord. — A travers la Cochinchine. — Au Tonkin. — VI. De Macao en Chine. — A Canton. — Alertes de M. Gleyo et de M. Moye. — En barque. — Route de terre — M. Pottier. — Durée du voyage. — Conclusion.

Avant de continuer le récit des événements, il ne nous paraît ni sans utilité, ni sans intérêt, de nous arrêter un instant pour tracer un tableau succinct des voyages faits par les missionnaires de France en Extrême-Orient.

Les voyages servent à la formation des ouvriers apostoliques, ils sont une partie parfois assez importante de leur vie ; à ce double titre, ils doivent donc être étudiés. Nous grouperons ici les faits principaux qui les ont signalés à la fin du XVIIe et pendant le XVIIIe siècle, c'est-à-dire à une époque où les guerres maritimes étaient nombreuses, les traversées longues et pénibles, les naufrages fréquents.

Aujourd'hui, grâce à la vapeur, au confortable des navires, à l'absence des guerres maritimes, à la liberté d'entrer en Extrême-Orient, la physionomie des voyages apostoliques a notablement changé : c'est une sorte de monde nouveau que nous allons essayer de faire revivre aux yeux de nos lecteurs, en racontant les principaux incidents de la vie à bord, décrivant les étapes et, analysant les sentiments des ouvriers apostoliques.

I

Dans le chapitre III° de cette Histoire, nous avons jeté un rapide coup d'œil sur le voyage des premiers Vicaires apostoliques et des premiers missionnaires de la Société.

La route qu'ils prirent à travers la Perse et l'Inde fut suivie par une quinzaine d'autres prédicateurs de l'Évangile, mais elle était trop fatigante et trop dispendieuse pour devenir la voie ordinaire.

Afin d'éviter ces inconvénients, Mgr Pallu avait, comme nous l'avons dit, essayé de créer une compagnie commerciale. La perte de son navire, le *Saint-Louis*, sur les côtes de Hollande, fit échouer ce dessein; l'idée survécut, et le gouvernement, de concert avec des armateurs et des négociants, hâta l'exécution du projet, déjà plusieurs fois commencée, de fonder une Compagnie des Indes Orientales.

Ce fut sur les vaisseaux de cette Compagnie ou sur ceux de la marine royale, que les missionnaires se rendirent en Extrême-Orient.

Voici les grandes lignes de leur voyage :

Ils s'embarquaient généralement à Lorient, plus rarement à la Rochelle ou à Bordeaux, d'où ils gagnaient d'abord le Cap-Vert. Ils relâchaient ensuite au Cap de Bonne-Espérance où le navire prenait de l'eau, du bois, des vivres; à Madagascar, où ils quittaient parfois les vaisseaux du roi pour prendre des bateaux marchands. De Madagascar à l'île Bourbon ou à l'île de France, la traversée était courte, mais souvent dangereuse à cause des tempêtes fréquentes dans ces parages. On mettait en fin à la voile pour Pondichéry ou pour Bantam dans l'île de Java : de l'une ou de l'autre de ces deux villes, les missionnaires, excepté ceux de Siam qui allaient directement dans leur mission, se rendaient à Canton et plus tard à Macao.

Le premier départ par la voie de l'Océan eut lieu de Paris le 8 novembre 1665, et de la Rochelle, le 14 mars 1666. Il comptait cinq prêtres : Nicolas Lambert[1], frère de Mgr Lambert, Guyard, Bouchard, Mahot et Savary.

Le second ne s'effectua que trois ans après en 1669. On était loin de la régularité et de la fréquence des départs actuels, loin également du grand nombre des prédicateurs de l'Évangile. Maintenant, en effet, cinquante à soixante missionnaires partent chaque année du Séminaire des Missions-Étrangères; au xviie siècle, on s'estimait heureux, lorsque de 1663 à 1675, dix-sept prêtres se dévouaient aux missions. Plus rude est le combat aujourd'hui, mais plus nombreux sont les soldats, et avant de croire que la foi est perdue, peut-être convient-il d'attendre l'issue de la bataille.

A peu près dans tous les ports de France, les missionnaires trouvaient des chrétiens et des chrétiennes, heureux de les héberger et de les servir.

A Marseille, en 1662, Mgr Pallu avait rencontré M. Lefebvre « qui lui rend toutes sortes d'excellents offices; c'est un homme qui, par sa grande probité, son esprit et sa créance dans la ville, a été choisi second consul, encore qu'il soit très jeune. »

A Bordeaux, les missionnaires recevaient la plus gracieuse hospitalité au séminaire tenu par les Lazaristes.

A Port-Louis, près de Lorient, ils furent longtemps reçus chez Madame de Surville, dont ils font l'éloge en ces

---

1. Sieur de la Boissière. Le château qu'il possédait existe encore, il est situé sur la commune de la Boissière, près de Lisieux.

termes : « S'il y avait encore quelque chose dont on fût obligé de lui tenir compte, ce seraient les manières obligeantes avec lesquelles elle agit, les charitables vigilances qu'elle a, les embarras dont elle veut si honnêtement se charger; » après la mort de Madame de Surville, Madame Kerallan se hâta d'offrir sa demeure aux partants, car il y a des gens aussi pressés de recueillir un héritage de dévouement que d'autres un héritage de fortune.

Si, par hasard, ce qui était fort rare, la charité ne leur venait pas en aide, les voyageurs quittaient autant que possible « les hôtelleries où l'on est en plus grand danger qu'en aucun autre lieu » et cherchaient une communauté; s'ils n'en pouvaient trouver, ils habitaient de maisons bourgeoises, où « ils ont mille fois plus de commodités et moins de frais. »

Pendant leur séjour au port d'embarquement, ils prêchaient, confessaient, étudiaient le portugais ou l'espagnol, les deux langues le plus en usage à cette époque en Extrême-Orient; ils apprenaient à manier un aviron, à conduire une barque et même à diriger un navire, science qui leur servit plus d'une fois; ils faisaient emplette des nombreux objets rendus nécessaires par la durée de la route et la rareté des relâches.

Le séjour dans les ports d'embarquement était parfois très long.

Les vaisseaux à voile de la marine royale et de la marine marchande ne partaient point à jour et à heure fixes.

MM. Vacher et Langlois restèrent six semaines à Port-Louis; MM. Lebon, Dubois[1] et Le Chartier, plus de deux mois.

D'autres, embarqués à Bordeaux ou à Nantes, demeu-

---

1. Du diocèse de Poitiers, parti en 1745.

rèrent douze et quinze jours à l'embouchure de la Gironde ou de la Loire. « Ils sont à espionner le vent, le premier bon vent qui va s'aviser de souffler est sûr d'être pris. » Ils profitent de ce retard pour faire à leurs amis la description de leurs navires qui ne sont pas toujours « les plus beaux navires » selon le cliché actuel, mais qui ont une glorieuse histoire, comme celle d'un régiment, après avoir combattu sur de nombreux champs de bataille et participé à plus d'une victoire. C'est le *Saint-Paul*, autrefois l'*Aigle noir*, « frégate percée pour trente-six pièces de canons, quoiqu'on n'en voie que vingt-quatre », « qui s'est rendue recommandable par ses grandes prises sur la mer Rouge où de quatre vaisseaux qu'elle rencontra elle en coula deux, pilla le troisième et amena le quatrième; » « l'*Oiseau* qui a ramené les ambassadeurs de Sa Majesté le roi de Siam »; l'*Epervier* dont le nom seul fait trembler les Hollandais.

Dans leurs lettres, écrites sous la vive impression du départ, devant les horizons nouveaux de l'Océan, et près de commencer cette vie que certains nomment exil, les missionnaires ne laissent pas échapper un seul accent de tristesse ou de regret, un seul mot de crainte ou d'inquiétude, le sentiment humain ne se trahit nulle part.

Dieu et les âmes! ce sont les dernières paroles, qu'autrefois et aujourd'hui, ils prononcent en quittant la France, la note suprême qui résonne dans leur cœur d'apôtre.

Pendant les premières années de l'existence de la Société, la marine française commence la notable amélioration qui porta si haut sa gloire et sa puissance.

Les navires sont plus solidement construits, mieux armés, plus proprement tenus. « La proue et la poupe s'ornent de fines sculptures, les cabines sont peintes, l'intérieur bien distribué, les escaliers faciles. » Les matelots sont vêtus de camisoles de drap rouge avec boutons de cuivre, de pantalons bleus, de bas rouges, d'écharpes blanches, les officiers portent des justaucorps bleus galonnés d'argent, chausses et bas rouges, écharpes de taffetas blanc frangées d'or, chapeaux bordés d'or et ornés de plumes blanches.

Voyageurs, mais prêtres avant tout, les missionnaires ne perdent pas de vue leur sanctification, et dès les premiers jours de leur traversée, ils observent le règlement tracé par Mgr Pallu et qui peut se résumer en ces quelques lignes :

Le matin, l'oraison, la messe, le bréviaire et les études facultatives; le soir, des conférences sur la Sainte Écriture trois fois par semaine : le lundi, le mercredi et le vendredi; et une conférence sur les vertus les plus propres à l'état apostolique, le samedi. La sagesse de l'évêque avait apporté à l'exécution de ce règlement les adoucissements nécessaires, « voulant toujours, dit Bénigne Vachet, que nous agissions dans ces exercices avec une grande liberté. »

Ce règlement ne subit guère de modifications, comme on le voit par une lettre de M. de Reymond de 1734. C'est toujours le lever à heure fixe, l'étude obligée de la théologie et de l'Écriture Sainte, les prières, les oraisons et le bréviaire en commun.

Parmi les études facultatives, celles auxquelles les missionnaires se livrent le plus habituellement sont les mathématiques et l'astronomie. Langlois écrit : « qu'il est ravi par l'étude des constellations nouvelles qu'il voit dans un autre hémisphère »; de Martiliat approfondit les mathématiques, « particulièrement la trigonométrie sphérique, qui sert à plusieurs questions astronomiques fort utiles et fort agréables ».

On comprend facilement le charme que devaient avoir ces études, pendant les belles nuits équatoriales, et l'admiration qu'excitaient les brillantes constellations du ciel étincelant d'or et d'azur de l'Afrique et de l'Asie.

Si les missionnaires ne s'étaient occupés que de prière et d'étude, ils n'eussent pas cru leur vie suffisamment remplie; leur âme apostolique voulait en même temps la sanctification des autres. Le bon exemple, prédication muette mais éloquente, était un moyen, il était aussi une préparation à des enseignements plus directs, qu'ils adressaient aux matelots avec l'autorisation du capitaine, prêchant, catéchisant, faisant réciter les prières.

En 1670, leur influence sur l'équipage de M. de Mondevergue est telle que le commandant prétend que son navire est devenu un couvent.

Plus tard M. Roux reçoit l'abjuration de calvinistes[1] : « J'envoie à M. de Combes l'abjuration de quatre calvinistes, écrit-il. C'est le petit héritage que j'ai acquis l'arc à la main. J'ai néanmoins compris en les attirant à l'Église et en les instruisant, que le commun des calvinistes a moins de mauvaise foi que le commun des jansénistes. Après les premiers dogmes de la foi, j'ai beaucoup insisté sur l'obéissance due nommément au Pape, pour lequel je leur ai fait concevoir un grand respect, leur apprenant tout ce qu'il y a de plus avantageux au Saint-Siège, et les prévenant contre les calomnies des hérétiques et des mauvais catholiques. »

M. Savary convertit cinq protestants (1754).

M. Andrieux prêche sur le gaillard d'avant plusieurs fois par semaine jusqu'à minuit.

M. Tinsorer, en 1766, confesse et communie tout l'état-major et 145 hommes de l'équipage sur 160.

M. Kerhervé, un Breton bretonnant, instruit les matelots dont il est seul à savoir la langue.

1. Arch. M.-É., vol. 137, p. 307. *Lettre du 3 septembre 1737.*

MM. Chevalier et Gravé font le catéchisme chaque semaine le mercredi et le vendredi, et chaque jour l'examen de conscience, le chapelet, la prière du soir. Les résultats de cette piété ne tardent pas à se faire sentir :

« Cela a mis une grande paix dans le navire, écrivent-ils [1], et a arrêté quantité de petits désordres qui règnent ordinairement parmi les matelots. On n'entend plus, grâce à Dieu, aucun jurement, ni querelle, ni mauvaise parole; les fêtes et dimanches, on les voit lire des livres de piété après avoir jeté dans la mer tous les mauvais; ils ont beaucoup d'estime pour nous, en sorte qu'ils viennent nous recevoir pour la prière, qui se fait sur le gaillard, et ensuite nous rendent beaucoup de respect. On y voit un grand changement par la fréquentation qu'ils font des sacrements, plusieurs y viennent les fêtes et dimanches et quelquefois les jours ouvriers. »

Les fêtes de l'Église étaient parfois célébrées avec solennité.

En 1671, le Vendredi saint, M. Vachet prêcha la Passion et fit l'adoration de la Croix; le jour de Pâques, tous les officiers et les hommes du bord accomplirent leurs devoirs religieux; il y eut deux messes basses, une messe solennelle, vêpres, complies, sermon et salut du Saint-Sacrement.

La Fête-Dieu n'eut pas moins d'éclat [2] :

« La veille, on chanta les vêpres, et le soir on fit une exhortation pour exciter un chacun à faire ses dévotions en ce grand jour, ce qui fut pratiqué par une bonne partie. Le matin, un des prêtres dit une messe basse, à la pointe du jour, dans laquelle il consacra une hostie qui demeura exposée dans un ciboire bien fermé et bien arrêté jusqu'à dix heures, temps auquel nous fîmes la procession

---

[1]. Arch. M.-É., vol. 136, p. 770.
[2]. Arch. M.-É., vol. 133, p. 106. *Lettre du 20 janvier 1671.*

autour du tillac, où tout l'équipage assista, excepté ceux qui étaient commandés pour saluer le Très Saint Sacrement, lorsqu'il serait passé. En effet, quand nous fûmes à la dunette, où l'on avait préparé un autel très propre, on lâcha cinq pièces de canons, qui furent suivies de toute la mousqueterie qui était en charge, lorsque nous passâmes sur le pont. Après que nous y eûmes chanté un motet du Saint Sacrement, nous nous en retournâmes au lieu d'où nous étions partis, chantant les hymnes de louanges de ce grand Dieu qui, par une bonté infinie, a bien voulu s'abaisser à ce sacrement, afin de converser plus familièrement avec les hommes. La bénédiction fut donnée, et ensuite l'on célébra la grand' messe où le prêtre consomma l'hostie qui avait été consacrée le matin; l'après-midi se fit à l'ordinaire, vêpres, complies et prédication sur le sujet de la fête qui fut aussi prêché le dimanche dans l'Octave. »

Il est évident que ce ministère ne pouvait s'exercer, avec autant de fruit et de liberté, que sur des navires commandés par des officiers très chrétiens, ou tout au moins très respectueux du prêtre; c'est la réflexion de M. Gravé[1] :

« Nous avons les dernières obligations à MM. les officiers du navire, surtout à M. du Chené, capitaine, qui a eu un soin tout particulier de nous et qui vous salue tous; il serait à souhaiter que tous les missionnaires qui viendront après nous, pussent trouver des officiers si vertueux, si zélés et si gens de bien comme ceux dont le mérite vous est déjà connu; ils pourraient ainsi faire beaucoup de bien. » Le souhait de Gravé ne se réalise pas toujours, en particulier pour M. Doussain : Tous les officiers de son navire sont voltairiens, ils se moquent de la religion, du Pape, et vont même jusqu'à

---

1. Arch. M.-É., vol. 136, p. 771.

nier l'existence de Dieu « et souvent en ma présence », écrit douloureusement le pauvre missionnaire, en constatant cette irréligion doublée de mauvaise éducation. Ces rencontres sont rares, mais enfin, elles existent : généralement les missionnaires répondent aux sarcasmes par la douceur, la politesse, la charité; on ne peut que les louer de cette conduite sans toutefois se défendre d'applaudir ceux qui, d'un mot spirituellement lancé, imposent silence aux railleurs.

II

Cependant, même les officiers, qui font profession de ne croire à rien, laissent les prêtres exercer en paix leur saint ministère près des blessés et des malades, car on se bat souvent à cette époque dans l'Océan Atlantique et dans la mer des Indes; et les lettres, qui arrivent au Séminaire de Paris, sont pleines de détails sur les batailles contre les Portugais, les Anglais, les Hollandais ou les pirates des îles de la Sonde et de Sumatra.

En 1704, Mgr Labbé assiste à plusieurs combats livrés aux Portugais par les commandants des Pallières, du Fresnay et Martin; la fortune sourit aux Français qui s'emparent de trois vaisseaux ennemis.

En 1705, M. Guignes assiste à la victoire de deux navires français, qui prennent deux vaisseaux portugais : l'un de 24 et l'autre de 34 canons, et, quelques jours après, d'un navire hollandais de 64 canons chargé de 4,600 caisses de cuivre du Japon, et de 260,000 livres en or.

M. Lebon (1745) raconte longuement une bataille navale dans l'Atlantique, à la hauteur des Açores [1] :

---

1. Arch. M.-E., vol. 137, p. 672.

« Ainsi était-il dit que ce n'était pas assez pour nous d'avoir tant de mers à traverser, pour nous rendre dans l'Inde, et que nous n'y arriverions qu'à travers le feu et les boulets de l'ennemi. Dès le 28 juin, un vaisseau seul voulut venir sur nous ; quand il fut un peu approché, nous virâmes nous-mêmes sur lui, ce qui lui fit prendre le parti de fuir à toutes voiles. Nous commencions à le gagner, et dans deux ou trois heures de course, nous l'aurions atteint. Mais notre commandant, suivant les ordres précis qu'il avait d'éviter tout combat, autant que faire se pourrait, donna le signal de nous remettre en route, ce qu'il fallut faire au grand dépit de nos marins, tant officiers que matelots, qui regardaient déjà ce vaisseau comme une proie assurée, et qui eût peu coûté. A les voir, on les eût pris pour des gens qui venaient d'être vaincus, parce qu'on ne leur avait pas permis de vaincre. Trois jours après, nous trouvant dans un calme plat, nous apercevons à trois ou quatre lieues de nous trois vaisseaux de moyenne grandeur qui nous observèrent, nous suivirent et nous tinrent en haleine deux jours et deux nuits. Enfin le deux juillet, il en fallut venir au feu à cinq heures et demie du matin. L'ennemi se trouvant près de nous, nous nous mîmes en ligne de combat l'un derrière l'autre pour l'attendre ; nous étions au centre, le *Duc d'Orléans* et le *Saint-Louis* devant nous ; nous avions en queue le *Phénix* et le *Lys* qui essuyèrent les premières bordées des trois anglais. Il nous passa quelques boulets au-dessus de la tête sans rien offenser ; nous fîmes feu à outrance, et il n'y avait guère qu'une heure et demie que le combat était commencé, lorsque nos ennemis jugèrent à propos de s'enfuir. Nous courons dessus, et nous en tenions bientôt un et le *Phénix* un autre, lorsque le commandant mit encore son signal pour cesser de poursuivre et se remettre en route, ce qui causa encore bien des murmures à notre bord, et sans doute aussi à bord des autres vaisseaux, car on était presque sûr de pouvoir prendre les deux qui marchaient le moins. Nous apprîmes dans le cours de la journée que le plus grand dommage que nous ayons reçu de ce combat dans nos cinq vaisseaux, c'est qu'à bord du *Phénix*, il y eut un bras d'emporté à un homme qui en mourut quelques jours après, que ce même vaisseau eut ses haubans assez maltraités, et que le *Lys* avait eu son grand hunier percé de plusieurs boulets. »

Les combats sont souvent plus meurtriers, voici la description de l'ambulance au soir d'une bataille, livrée à six vaisseaux anglais en vue de Pondichéry : « Au premier feu qui commença le combat, écrit encore M. Lebon[1], nous nous rangeâmes à notre poste, c'est-à-dire M. Dubois et moi à l'endroit où l'on met les malades, et nous y fûmes bientôt suivis par une trop nombreuse compagnie. L'un venait, soutenant d'une main sa mâchoire abattue par un gros éclat de bois, un autre nous montrait la place du bras qui venait de lui être emporté; d'autres traînaient après eux une cuisse, qui ne tenait plus à leur corps que par quelques filets de chair. Enfin il en vint tout d'un coup une quantité de brûlés par un accident du feu, qui prit aux poudres; c'étaient ceux qui faisaient le plus de bruit, ils jetaient des cris affreux; les uns avaient tout le visage grillé, d'autres les pieds et les mains, et quelques-uns le corps tout entier. Mais un spectacle qui me surprit étrangement, ce fut de voir notre pauvre capitaine que nous avions laissé bien malade dans son lit, se présenter à nous en chemise, appuyé sur son maître d'hôtel et prêt à tomber en défaillance.

— Est-ce que vous êtes blessé, monsieur? lui criai-je dès que je le vis.

— Non, répondit-il; mais je me sauve du feu qui vient

---

1. Arch. M.-É., vol. 137, p. 684. *Lettre du 15 août 1746.*

de prendre là-haut et de la fumée qui m'étouffait dans ma chambre.

« Ajoutez à cela que comme on n'avait point préparé de place dans la salle, comme on fait ordinairement, l'endroit où nous étions dans l'entrepont ne nous mettait point en sûreté, nous y étions exposés aux boulets de l'ennemi, et il en vint même quelques-uns assez près ; aussi je m'étais recommandé à Dieu et préparé à tout événement. Cependant, les chirurgiens travaillaient à panser les blessés, et nous tâchions de les consoler, de leur faire élever leur cœur à Dieu, pour lui offrir leurs souffrances, les rendre méritoires devant lui, et en tirer avantage pour l'expiation de leurs fautes. »

Les batailles ne sont pas seules à remplir les ambulances, la maladie des longues traversées, le scorbut, leur en apporte un fort contingent : tel est celui dont il est parlé dans cette lettre[1] :

« Quand nous fûmes une fois vers la fin du mois d'août 1745, notre vaisseau n'était plus, pour ainsi dire, qu'un grand hôpital, et un hôpital bien triste et bien dépourvu de tous les secours nécessaires aux malades, auxquels nous ne pouvions même donner de l'eau que par mesure. Le scorbut se mit parmi nos soldats et nos matelots, et d'un équipage de près de 500 hommes, la plupart ne pouvaient plus sortir de leurs hamacs ou de leurs cadres, où ils demeuraient dans la pourriture. Ceux qui se traînaient encore jusque sur le gaillard faisaient pitié rien qu'à les voir, tant ils étaient défaits et languissants. Tous les jours, pendant un mois, nous en jetions au moins un à la mer, et quelquefois deux ou trois ; enfin, si alors quelque ennemi nous eût attaqués, ou si quelque coup de vent nous eût surpris, nous étions à plaindre, faute d'avoir assez de monde sur pied pour

---

1. Arch. M.-É., vol. 137, p. 673.

la manœuvre. Voilà la misère où s'est trouvé notre vaisseau. »

Ces circonstances douloureuses révèlent la charité des missionnaires qui se font infirmiers, cuisiniers, garçons de salle, véritables domestiques fendant le bois, puisant l'eau, lavant le linge.

« Je ne saurais m'en taire, dit M. Lebon, c'est le bel endroit de M. Dubois. C'est ici que de trois prêtres que nous étions dans le vaisseau, le plus jeune s'est montré le plus rempli de courage, de zèle et de charité. L'obscurité, l'infection de l'entrepont où les malades, presque entassés les uns sur les autres, ne laissaient pas moyen de leur donner les soins convenables, ne l'empêchaient pas d'aller souvent passer plusieurs heures avec eux le soir et le matin.

« Ce que je vous mets ici par écrit, c'est le langage uniforme que tout le monde tient sur M. Dubois tant l'état-major que tout l'équipage. »

Heureusement les combats n'étaient pas de tous les jours; le scorbut faisait parfois relâche et n'attristait ni les équipages ni les passagers.

Beaucoup de missionnaires ont des traversées plus paisibles, animées seulement par quelques fêtes de bord, ou troublées par de rares tempêtes, et ceux-là s'attardent plus volontiers à la description des ports de relâche.

III

Une des grandes escales, celle du cap de Bonne-Espérance, retenait quelque temps tous les voyageurs.

Placé à l'extrémité méridionale de l'Afrique comme un phare et un point de ralliement, le Cap dresse, sous un ciel de feu, ses hauteurs de schistes régulièrement stratifiés; il est dominé par la montagne de la Table.

immense plateau qui repose sur deux gigantesques blocs de granit taillés à pic, et nommés la Tête et la Croupe du Lion.

A deux cents pieds au-dessous du sommet, les pentes s'adoucissent et s'abaissent insensiblement. C'est sur cette inclinaison qu'est bâtie la ville du Cap de Bonne-Espérance, entourée d'un sol aride où ne croissent guère que quelques arbres, aux formes grêles et bizarres, réunis en petits groupes, des bruyères éparses et des petites fleurs blanches, roses et jaunes, plantes souffreteuses, à l'aspect doux et mélancolique « qu'on se prend tout de suite à aimer comme on aime ces enfants étiolés dont le regard intelligent annonce la précocité ».

Après avoir dit un mot de la situation et des productions du Cap, les missionnaires font le portrait des habitants, portrait que l'on croirait poussé au noir, si d'autres voyageurs ne l'avaient exactement peint avec les mêmes couleurs.

Le triste spectacle de ces infidèles les porte à Dieu, l'expression de la reconnaissance monte aussitôt du cœur aux lèvres, et ils s'écrient [1] :

« Il n'y a point de lecture ni de méditation qui élève tant en Dieu, ni qui excite plus sensiblement et plus tendrement à son saint amour, principalement à celui de reconnaissance, que la vue de ces misérables quand on les regarde avec une sérieuse et attentive réflexion. Que si nous ne sommes pas nés dans ce même pays, au milieu des ténèbres et de l'ignorance du péché, et que si nous ne sommes pas comme eux les esclaves et le jouet des démons ; mais, au contraire, si nous avons eu le bonheur de sucer, pour ainsi dire, avec le lait la connaissance de Dieu et tant de belles lumières et de grâces, dont il semble que Dieu ait établi les sources dans le lieu de

---

[1]. Arch. M.-E., vol. 135, p. 156.

notre naissance, nous sommes redevables de toutes ces faveurs à son divin amour, par lequel il nous a aimés et aimés de préférence à toutes ces pauvres nations, qu'il n'a pas regardées d'un œil si favorable, et auxquelles il ne s'est pas manifesté comme à nous : *non fecit taliter omni nationi et judicia sua non manifestavit eis.* »

Après les aridités du Cap, la luxuriante végétation de Madagascar, mais là ce n'est plus une simple escale où les vaisseaux s'arrêtent pour se ravitailler et faire soigner leurs malades, c'est le point terminus de la navigation de beaucoup de bâtiments de guerre ou de commerce. Les missionnaires attendent pendant deux, trois, ou même cinq mois, le départ d'un autre vaisseau pour Pondichéry ou pour Macao. Ils reçoivent l'hospitalité des Lazaristes, qui mettent partout au service des voyageurs sur les terres lointaines, leur générosité simple et cordiale, leur franchise noble et douce.

C'est à Madagascar qu'arriva cette aventure à M. de Chamesson, dont nous avons dit plus haut les vertus et le dévouement.

Dans une discussion assez vive, il fut traité d'hypocrite par un officier, M. de Préaux; le gentilhomme insulté mit en frémissant la main sur la garde de son épée, mais aussitôt, réprimant ce mouvement de colère, il dit avec douceur : « Il y a trente ans que je tâche de servir Dieu, Monsieur, c'est ce qui m'empêche de vous passer mon épée au travers du corps, » et il se retira précipitamment. Le lendemain, l'insulteur lui présenta des excuses.

Plusieurs missionnaires firent encore escale à Madagascar après le départ des Lazaristes, et vivement affligés du triste sort des infidèles restés sans pasteurs, ils exhortèrent les directeurs du Séminaire à faire quelques démarches, pour qu'on leur envoyât des prêtres.

« Tâchez, si vous pouvez, écrit M. de Saint-Martin[1], de publier partout, surtout de faire parvenir aux oreilles de M. l'archevêque les facilités qu'on a d'établir une mission à Madagascar, le gouvernement paraît s'y intéresser beaucoup, et rien ne serait de plus facile que d'y réussir, il serait à propos que les Messieurs de Saint-Lazare voulussent fournir les sujets; comme ils en ont été chargés originairement, on va les presser fortement. »

A son passage à l'île de France en 1772, M. Moye s'attache aux esclaves, il verse des larmes sur leurs infortunes, et ne pouvant rien pour leur corps, au moins veut-il sauver leur âme. Il se met à l'étude de la langue malgache que la plupart d'entre eux parlaient, et dès qu'il sait la balbutier, il parcourt la ville et les environs, entrant dans les maisons, dans les ateliers, suivant les travailleurs aux plantations, à la pêche, et leur parlant partout de Dieu et de leur salut.

Les esclaves se prennent d'affection pour cet étranger qui a pitié d'eux. Les maîtres, au contraire, le blâment; il n'en pouvait guère être autrement, car la conduite du missionnaire était une éclatante critique de la leur, mais que lui importait, puisqu'il sauvait les âmes?

Un jour[2], un esclave accourt près de lui, le suppliant de lui donner l'absolution : « Moi travailler dans les bois, répétait-il, moi mourir sans sacrements, moi damné. » Le prêtre confessa le malheureux qui, à peine rentré, fut appelé devant son maître pour rendre compte de son absence, et comme il répondait qu'il était allé se confesser. — « Oui, répliqua le maître, je vais te faire faire ta pénitence. » Et il le fit lier et déchirer à coups de fouet. Le lendemain, l'esclave revenait joyeux vers

---

1. Arch. M.-É., vol. 138, p. 611. — *Lettre de 1773.*
2. *Vie de M. l'abbé Moye*, p. 123.

M. Moÿe et se prosternait à ses pieds en s'écriant : « Moi bien content, mon maître m'a fait pénitence. »

C'est à l'île de France que M. de Verthamon se lia avec de la Bourdonnais d'une amitié qui ne se démentit pas. Ces différentes escales, quand elles ne se prolongent pas trop, causent aux missionnaires un plaisir extrême.

Vue du rivage, la mer est bien belle, elle a des horizons infinis, des vagues caressantes, des brises parfumées, des harmonies douces et grandioses. Que n'a-t-elle encore? Les poètes l'ont chantée, les littérateurs l'ont décrite, et les âmes sensibles se pâment d'admiration devant elle.

C'est vrai, la mer est belle, et grandiose le spectacle qu'elle offre, mais quelle monotonie pour le voyageur qui la parcourt pendant des semaines et des semaines; quelle mélancolie elle engendre, et quelles privations elle impose. Aussi est-ce avec enthousiasme que passagers et matelots saluent la terre.

Qu'on lise ce passage d'une lettre écrite en vue de l'île Bourbon [1] :

« Le pilote cria : « Terre. » A peine pouvez-vous croire la vertu de ces deux syllabes, chacun quitta en un instant son esprit de deuil pour prendre celui de la joie qui s'empara agréablement de toutes les personnes du vaisseau. Il n'y eut pas jusqu'aux malades les plus oppressés qui n'en donnassent des signes remarquables, tel ne pouvait auparavant mouvoir un orteil, qui se levait seul de son lit et se traînait sur le tillac, pour jouir d'une vue plus délicieuse que la meilleure médecine qu'on lui aurait pu présenter. Comme le soleil se couchait derrière, il fit que nous la vîmes tout à notre aise, d'où l'on jugea que c'était Mascareigne [2] tant désirée. »

1. Arch. M.-É., vol. 135, p. 118.
2. Nom donné autrefois à l'île Bourbon, du Portugais Mascarenhas qui la découvrit.

Et le lendemain, un vent contraire empêchant le navire d'entrer en rade, quelles plaintes succèdent aux accents lyriques de la veille :

« Il faut avouer que trois jours font un espace bien long, quand on attend quelque grand bien. Ce n'est pas une petite mortification de voir couler l'eau douce. »

A partir de Madagascar et des îles françaises ses voisines, la route infléchissait plus ou moins vers l'Est, selon que le navire allait à Java ou à Pondichéry.

A Java, on abordait à Bantam, à une vingtaine de lieues de Batavia. Mgr Pallu y avait établi une procure, qui ne subsista pas longtemps et fut transférée à Pondichéry, en même temps que les comptoirs français.

C'est dans les parages de Madagascar, et dans les traversées de Madagascar à Java ou à Pondichéry, que les missionnaires éprouvent les plus rudes tempêtes, et pourtant l'Atlantique ne les avait pas toujours ménagés. A son départ de l'île de France, Lebon est rejeté sur les côtes de Madagascar, où l'on emploie six semaines à radouber son navire. Lefebvre a son vaisseau brisé en vue de l'île de France. Armand et de Cauna font naufrage sur la côte de Malabar, et réussissent, après bien des efforts, à gagner la ville de Chandernagor. Jarric, laissé à Trinquemalé, traverse à pied une partie de l'île de Ceylan et le sud de l'Inde.

Les calmes sont moins redoutables que les tempêtes, mais dans quels ennuis ils plongent le voyageur, le missionnaire surtout que les âmes attendent. Le navire de M. Cavé fait 100 lieues en trente jours, ce n'est pas la distance que les bateaux des Messageries maritimes parcourent aujourd'hui en 24 heures. On mettait ainsi six mois, huit mois, et quelquefois plus, pour atteindre **Pondichéry**.

Tous les missionnaires, qui séjournaient dans cette ville, rendaient visite au gouverneur des Indes françaises, ceux qui passaient à Chandernagor ne manquaient pas d'aller saluer le chef du comptoir.

Voici la réception faite à MM. Armand et de Cauna par Dupleix, alors chef de la loge de Chandernagor[1] :

« M. Dupleix nous a reçus avec toutes les politesses possibles, il nous avait offert sa table et le logement chez lui, mais comme cela ne nous convenait pas, vu le long séjour que nous avions à faire à Chandernagor, et que d'ailleurs, il nous a proposé en même temps de loger chez les Jésuites, craignant de le gêner, et d'être aussi infiniment gênés nous-mêmes si nous acceptions le premier parti, nous avons suivi le second, d'autant plus volontiers que le Père Supérieur nous avait fait cette offre avant même que nous y eussions pensé. M. Dupleix lui a recommandé de ne nous laisser manquer de rien, et de nous avancer tout ce qui nous serait nécessaire, qu'il le rembourserait lui-même ; il a pour nous les plus grands égards, il nous a même offert des livres tant que nous en souhaiterions. »

Devenu gouverneur de Pondichéry, Dupleix montre la même bienveillance envers les ouvriers apostoliques, il les reçoit à sa table, leur remet des lettres ou des présents pour les rois de Siam ou d'Annam, équipe même des navires pour les reconduire dans leurs missions.

Il est à remarquer que les hommes les plus dévoués à la gloire de la France en Extrême-Orient, les plus habiles à étendre son commerce et son influence, furent toujours les véritables amis des missionnaires.

Sous ce rapport, les choses n'ont pas changé, et il nous serait facile de citer les noms de ceux qui, pendant le XIXe siècle, ont par leur conduite corroboré cette observation générale. Les raisons de cette entente sont mul-

---

1. Arch. M.-É., vol. 137, p. 522. *Lettre du 8 juillet 1739.*

tiples, elles peuvent se résumer en une, indépendamment de la question religieuse proprement dite.

Par suite de leurs relations quotidiennes avec les indigènes, les missionnaires ont sur le pays et sur les habitants des données nombreuses et justes.

Grâce à cette connaissance des choses et des hommes, ils sont donc une force, ils le sont bien plus encore par leur influence sur les catholiques qu'ils gouvernent; nier cette force est nier l'évidence, ne pas l'employer, commettre une maladresse, et la combattre, qu'on veuille bien me pardonner ce mot, qui est très juste, la combattre est une trahison, un crime de lèse-patrie. Un exemple récent est frappant, et il est demeuré dans toutes les mémoires.

Paul Bert appréciait déjà l'utilité des missionnaires, quand il prononçait cette parole souvent mal interprétée : « Je me servirai des missionnaires et ne les servirai pas. » Il les apprécia davantage encore après quelques mois de séjour au Tonkin, et il alla même jusqu'à penser qu'il serait bon de servir ceux dont il n'avait voulu que se servir.

Pondichéry et quelquefois Malacca étaient les dernières étapes avant d'arriver à la procure de Canton, et après 1732, à celle de Macao, d'où les prêtres de la Société se rendaient dans leurs missions respectives.

Avant de les suivre dans la dernière partie de leur route, il est bon d'examiner leur état d'âme.

Partis depuis de longs mois, ayant affronté combats et tempêtes, visité des pays nombreux, rencontré beaucoup de prêtres ou de religieux, ils ont pu saisir sur le vif les principaux côtés de l'apostolat. Quelle impression ces spectacles ont-ils produite sur eux? Leur résolution s'est-elle affermie? A-t-elle chancelé? L'enthousiasme, l'ardeur qui présidèrent au départ se sont-ils affaiblis ou maintenus?

Nous pourrions, sur ce sujet, citer des centaines de lettres, toutes puisées dans les archives des Missions-Étrangères, et à peine deux ou trois laisseraient voir des traces de découragement ou de regret momentané. A tous les voyageurs pour le Christ, on pourrait appliquer le mot du poète latin que Brantôme traduisait ainsi : « Ceux qui vont outre-mer muent bien d'air, mais non pas d'âme ni de volonté. »

Nous nous contenterons d'en prendre une, écrite par un homme qui portait un grand nom de France, M. de Lionne, et adressée à un Jésuite illustre, le P. Bourdaloue :

« Pour venir au succès de mon voyage, je vous dirai qu'il me semble que Dieu a pris un soin tout particulier de m'assurer de ma vocation. Vous connaissez mieux que personne mon inconstance naturelle, et d'ailleurs, vous avez pu craindre que je n'eusse pas une santé assez robuste pour les fatigues qui accompagnent cette vocation, c'était, sans doute, ce qui pouvait davantage en faire douter, et ce sont particulièrement ces deux choses qui me persuadent puissamment et qui m'assurent, ce me semble, entièrement de ma vocation ; car d'un côté, non seulement je ne me repens point de ce que j'ai fait, non seulement je n'en ai ressenti aucune peine, mais la première idée de m'en repentir ne m'est pas encore venue en esprit, même par un seul mouvement indélibéré, et au lieu de tout cela, j'ai une tranquillité, une paix et un repos d'esprit admirables. En vérité, il n'arrive guère qu'un esprit ardent, inquiet et inconstant, comme vous savez que je suis naturellement, se trouve dans ces dispositions pendant tout le cours d'une année, sans qu'il soit secouru d'une grande grâce, et dès que la grâce entretient un homme dans l'estime et dans l'amour d'une vocation, c'est, ce me semble, une marque infaillible qu'elle vient de Dieu. Ce qui me confirme encore dans cette pensée, c'est que je n'ai, en aucune manière, une ferveur de dévotion sensible qui me donne ces sentiments, car on ne peut pas être dans une plus grande aridité, ou peut-être même dans une plus grande lâcheté que je le suis. Ce n'est point non plus l'espérance de convertir un grand nombre d'infidèles qui me soutient dans ces sentiments, car il me semble que quand je ne serais jamais trouvé bon à rien pour cet emploi, je ne laisserais pas de me plaire dans mon état, et quand je serais restreint dans le soin de ma propre perfection, à laquelle j'ai beaucoup plus de facilité à travailler, éloigné de mes proches et de mon pays, cela ne m'empêcherait pas de me trouver bien heureux; Dieu me fasse la grâce d'être aussi fidèle à m'avancer dans la vertu qu'il me donne de facilité pour le faire. »

IV

Le voyage s'achevait enfin; après l'Océan Indien et la mer de Chine, les missionnaires arrivaient à la petite cité de Macao. Ils ne descendaient pas à terre comme à Madagascar, à Bourbon ou à Pondichéry, au grand jour et en toute liberté; ils étaient aux portes de la Chine, presque sous les yeux des mandarins, qui épiaient les vaisseaux européens; ils étaient sous l'autorité des Portugais, rarement sympathiques aux Français, et tremblants devant le vice-roi de Canton, qui d'ailleurs ne manquait jamais l'occasion de se plaindre d'eux, les accusant de favoriser l'entrée dans le Céleste-Empire des prédicateurs de l'Évangile, et les menaçant, s'ils continuaient, de les chasser de leur colonie.

Les missionnaires étaient donc obligés à de nombreuses précautions. Ils devaient quitter le costume ecclésiastique et revêtir des vêtements laïques; la transformation provoquait plus d'un sourire.

« M. Grillet [1] voulut descendre l'avant-midi, afin de se rendre à la procure et d'avertir le procureur qui tardait à venir, écrit M. Cavé. Voici comment il s'y prit pour ne pas être reconnu : étant revêtu de son habit et de son chapeau à la française, il y ajouta, avec sa queue-de-rat, une épée au côté ; il avait l'air d'un gentilhomme comme j'ai l'air d'un coupeur de bourses, il descendit avec cet attirail, accompagné d'un officier ; rendu à terre, il joua si bien son rôle que plusieurs personnes, l'ayant vu marcher dans les rues, prirent plaisir à le considérer. « Cet homme, dirent-elles, paraît bien gauche, c'est sûrement quelque nouveau débarqué qui n'est pas accoutumé de porter l'épée. Cet homme n'a pas l'air d'un officier, une épée au côté, des boucles de fer aux souliers, cela ne s'accorde guère. Ils ne se doutèrent pas cependant que c'était un nouveau missionnaire. »

M. Lepavec ne se déguisa guère mieux, d'après le portrait fait par lui-même [2] :

« Voilà le bonhomme Pavec tout à coup transformé en monsieur : nos matelots en riaient, et l'un d'eux, plus sincère que les autres, me dit tout bas que j'avais l'air d'un maltôtier, il pouvait bien le dire tout haut ; effectivement, je me suis regardé dans mon miroir, et j'avais un peu plus l'air d'un monsieur que d'un moulin à vent, mais c'était bien le tout. »

Macao est situé dans une presqu'île de la baie de Canton, à 120 kilomètres sud-ouest de cette dernière ville. Cette presqu'île fut donnée au Portugal en 1580 par l'empereur Chi-tsung, reconnaissant du service que les Portugais lui avaient rendu, en le délivrant d'un redoutable chef de pirates.

Jusqu'à la fondation de Hong-Kong, Macao fut l'en-

---

1. Arch. M.-É., vol. 138, p. 876. *Lettre du 19 décembre 1788.*
2. Arch. M.-É., vol. 138, p. 872.

trepôt unique entre la Chine et le reste du monde. Que de rêves on fonda alors sur ce point infiniment petit, converti en phare des mers de Chine, appelant à lui les navires qui venaient du bout du monde, déchargeant et emmagasinant leurs cargaisons, puis les relançant, comme les rayons divergents d'un foyer de lumière vers de lointains parages, avec les produits encore si recherchés de l'empire du Milieu.

Bien plus qu'un phare commercial, Macao était un phare apostolique, d'où rayonnait, vers l'Extrême-Orient païen, la lumière de l'Évangile, c'est de cette ville que partaient la plupart des missionnaires pour pénétrer en Indo-Chine ou en Chine.

Chaque congrégation de missionnaires était représentée à Macao par un procureur, intermédiaire obligé de l'Europe et des pays évangélisés et même des Missions entre elles.

En 1732, nous l'avons raconté, la Société des Missions-Étrangères y établit son procureur.

Les Portugais le tolérèrent souvent d'assez mauvaise grâce, et ne furent guère plus aimables pour les missionnaires. Les précautions que ceux-ci devaient prendre pour descendre à terre, ils devaient les continuer pendant leur séjour, dans des conditions dont la rigueur variait, selon les rapports du vice-roi de Canton avec Macao, et les dispositions du gouverneur de la petite colonie. Tantôt ils pouvaient reprendre la soutane, visiter la ville, être reçus par les autorités; tantôt ils devaient se confiner à la procure, où on les faisait passer pour des officiers français ou des négociants malades.

Le plus difficile n'était cependant pas d'entrer à Macao ni d'y vivre, c'était d'en sortir.

« Il faut, comme l'écrit M. de Verthamon[1] à M. de la

---

1. Arch. M.-É., vol. 137, p. 345. *Lettre du 8 novembre 1743.*

Bourdonnais, trouver un capitaine chinois assez hardi pour se charger de moi au péril de sa tête, et assez honnête homme pour ne pas s'aviser de me jeter dans l'eau à dix lieues d'ici ; premier risque qui n'est que pour moi. Le second, qui est et pour moi et pour mon conducteur, c'est d'être pris et d'avoir la tête tranchée. Il est vrai que c'est la fortune d'un apôtre, et ce que l'on peut appeler dans le métier le bâton de maréchal de France. Mais je doute que les Chinois regardent la chose de cet œil-là. »

On traitait du passage des missionnaires avec des Chinois ou des Annamites indifféremment, mais les Chinois étant plus nombreux, plus braves et plus habiles, on avait ordinairement affaire à eux.

Annamites ou Chinois acceptaient naturellement, selon l'argent qu'on leur donnait. Le prix, toujours plus élevé pendant les persécutions, variait de 500 francs à 2,500.

Il arrivait bien parfois quelques accidents, par exemple, le marinier recevait des arrhes du procureur et disparaissait, sans se mettre en peine de sa promesse et de ses passagers.

Lorsque tout était définitivement réglé, les missionnaires, accompagnés de courriers, catéchistes ou prêtres indigènes, qu'on envoyait à leur rencontre, quittaient la procure pendant la nuit et se rendaient à leur barque. Ils voguaient alors vers la Cochinchine, le Tonkin ou le Su-tchuen ; et l'on aime à se les représenter animés des dispositions que François Pottier exprimait par ces belles paroles [1] :

« Je pars pour me rendre à la mission du Su-tchuen, à 500 lieues d'ici : voyage de trois mois, toujours sur ses gardes, et dans le danger ou de périr dans les fleuves ou d'être pris par les infidèles. Grâce au Seigneur, cela ne

---

1. Arch. M.-É., vol. 138, p. 274. *Lettre du 18 janvier 1746.*

m'inquiète nullement ; si je péris, c'est pour la gloire du bon Dieu, et une telle mort serait bien récompensée ; si je suis pris par les gentils, j'approcherai de plus près des Apôtres, ayant le bonheur de souffrir comme eux pour Jésus-Christ, qui le premier a tant souffert pour nous. »

V

Suivons d'abord les missionnaires dans leur voyage vers la Cochinchine.

La route n'est pas extraordinairement longue, mais étant donné le navire, sa mâture, ses voiles, son équipage et ses manœuvres, elle durait généralement plus d'un mois. Les barques sont loin d'être des navires de haut bord, « ce sont des machines [1] composées de six planches épaisses cousues ensemble avec des osiers ; il n'y entre ni fer ni clou, les voiles sont des nattes, le mât est penché en avant, l'endroit, par où le gouvernail tombe dans la mer, n'est qu'un trou par où les vagues entrent et sortent quand la mer est un peu agitée, mais qui ne saurait nuire à la barque, parce qu'il y a d'autres planches qui en ferment l'entrée. Il n'y a qu'un pont, qui est fait de bambou, et sur lequel on élève une toile ou une petite cabane, pour se parer de la pluie et du vent. »

Telles sont les barques annamites, les barques chinoises sont plus vastes et mieux aménagées.

Pendant le voyage, les missionnaires font connaissance avec le capitaine qui, en général, se montre « bonhomme », mais pour lequel ils ne se mettent guère en frais d'éloquence, puisque eux et lui ne se comprennent pas et se contentent de parler par signes.

1. *Mémoires de M. Vachet*, p. 187.

« Ce soir, en me promenant sur le vaisseau, raconte Levavasseur[1], j'ai été jusqu'à la porte de notre capitaine qui est sorti pour me faire les urbanités chinoises. On m'a donc apporté du thé que j'ai accepté sur-le-champ, sans penser à faire semblant de refuser, et dont j'ai bu avec le capitaine. Ensuite est venu le bétel que je n'ai pas accepté, craignant de n'en pouvoir venir à mon honneur. Enfin, on nous a donné à chacun une pipe que nous avons fumée assis et tenant conversation par signes, ne pouvant nous entendre autrement, après quoi, j'ai pris congé de lui.

« A son tour, M. notre capitaine étant venu nous voir, nous lui avons présenté du thé suivant la coutume chinoise, ensuite, nous l'avons traité à l'européenne en lui présentant du biscuit, des oranges tapées, des caramboles et du vin rouge. Généralement, les Chinois s'embarrassent peu des oranges tapées comme étant de chez eux, mais ils aiment les caramboles qui sont rares pour eux, et ne veulent guère que goûter le vin, craignant qu'il ne leur monte à la tête. Cette sobriété sur le vin nous a mis au large, car sans cela nous courrions risque d'être affrontés, n'en ayant plus qu'une demi-bouteille. »

On connaît l'habitude qu'ont les Chinois d'offrir de nombreux sacrifices ; naturellement, ils en font sur mer comme sur terre.

« Un Chinois, faisant les fonctions de bonze, a paru sur le pont, pour invoquer le ciel et la terre, lisons-nous dans le journal de deux missionnaires en date de 1767[2], il avait une soutane à peu près comme celle de nos prêtres chinois, une espèce d'étole comme nos diacres, un bonnet bleu et rouge, brodé en or, avec une ceinture

---

1. Arch. M.-É. vol. 138, p. 559. *Lettre de 1767*.
2. Arch. M.-É., vol. 138, p. 559.

de même qualité, et en main un étendard. Alors, on a battu des cymbales et, tantôt un Chinois faisait des prostrations vers la terre, tandis que le bonze le regardait, tantôt le bonze lui-même faisait des révérences et jouait du bâton, le tout a fini par brûler du papier. Les Chinois riaient eux-mêmes de toutes ces cérémonies, mais pour nous, un tel spectacle était plus capable de nous tirer des larmes, étant alors précisément devant Sancian, et pour ainsi parler, à la vue du tombeau de saint François Xavier. »

Voici une autre cérémonie qui est très fréquente[1] :

« Vers le coucher du soleil, nous avons vu tout en rumeur sur notre bord et allumer beaucoup de lanternes, c'est qu'on se préparait à faire un sacrifice pour les Chinois morts en mer. Cette cérémonie consiste à mettre à l'eau une espèce de petit bateau en bambou, chargé de paniers remplis d'habits chinois faits de papier : on met en outre sur ce bateau du riz et de la viande, le tout est offert d'abord au poussah, et ensuite jeté à la mer avec du papier enflammé qui réduit tout en cendres. Cependant, on bat fortement les cymbales, le bonze fait ses révérences, et après plusieurs autres idolâtries, on achève par une espèce de litanie. »

Tout a une fin, même les voyages, et après cinq semaines de navigation, les côtes basses et marécageuses de la Cochinchine apparaissent à moitié perdues sous les flots du Mékong mêlés aux vagues de l'Océan ; un cri de joie s'échappe du cœur des voyageurs.

« Dès que le jour a paru, nous avons aperçu sur notre droite les côtes de la Cochinchine, que nous avons longées pendant toute cette journée. Ainsi, par la grâce de Dieu, nous ne mourrons pas sans avoir du moins vu notre terre promise. C'est un grand

1. Arch. M.-É., vol. 138, p. 560.

contentement dont nous remercions la sainte Providence. »

Les missionnaires entraient en Cochinchine tantôt par Ha-tien, la rivière de Camau, les embouchures méridionales du Mékong : le Bassac ou le Tran-Dé. Ils traversaient alors la Basse-Cochinchine, moitié à pied, sur des routes étroites et raboteuses, moitié en petite barque, suivant le cours sinueux des arroyos; pendant les grandes crues des fleuves, ils allaient tout droit à travers les plaines inondées, coupées dans leur monotonie par quelques arbres, et par les toits de feuilles d'humbles maisonnettes. Tantôt ils débarquaient sur la côtes du Binh-thuan ou du Phu-yen, et se trouvaient immédiatement au milieu des chrétiens évangélisés par la Société des Missions-Étrangères. Avant la persécution de Minh-mang en 1833, leur entrée en Cochinchine ne semble pas avoir rencontré de grands obstacles, aucun d'eux ne fut découvert ou trahi, et leur marche à travers le pays rarement signalée.

Les missionnaires, qui se rendaient au Tonkin, éprouvaient quelquefois plus de dangers. Excepté les premiers qui débarquèrent au comptoir européen de Hean, et se firent passer pour des négociants, les autres entraient par Cua-bang au sud, ou par La-fou, village chinois de la province du Kouang-tong au nord. Ils entouraient leur débarquement de beaucoup de précautions ; à quelques kilomètres de la côte, les catéchistes annamites qui les accompagnaient descendaient à terre pendant la nuit, dans un petit canot, et prévenaient les chrétiens qui préparaient une barque et allaient chercher leurs apôtres. La frontière du Tonkin n'est pas éloignée de La-fou, et à cette époque, elle était peu ou point gardée.

MM. Cordier et de Saint-Gervais, en 1716, se rendirent à La-fou, en traversant toute la province du Kouang-tong, ils se trouvèrent durant quelques jours dans une situation assez critique[1] :

« Après bien des tours et détours, me voilà enfin arrivé avec M. Cordier proche des confins du Tonkin, nous sommes présentement au milieu des bois, des montagnes, des tigres qui ne manquent pas en ce pays, et qui pis est, dans la crainte continuelle d'une troupe de voleurs que la cherté du riz a fait sortir de la province de Canton, et qui ont déjà pillé quelques villages tonkinois, qui ne sont pas fort éloignés d'ici; ils se retirent dans ces montagnes après avoir fait leur coup. Mais, comme les bons chrétiens chez qui nous demeurons sont très pauvres, nous espérons que ces brigands ne viendront pas ici, à moins qu'ils n'apprennent que nous y sommes. C'est pourquoi, afin de mettre en sûreté ce que nous avons apporté avec nous, nous l'avons envoyé chez un chrétien à Lou-mouen, qui est une petite ville éloignée d'ici d'environ deux lieues où il y a un mandarin chinois avec des soldats, et nous avons fait ouvrir une porte dans notre chambrette qui donne dans les bois, afin qu'au premier bruit, nous puissions nous enfuir et nous cacher. Nous nous confions en la divine Providence, qui nous a si heureusement conduits jusqu'ici, nous espérons qu'elle voudra bien nous préserver de tout danger, et nous ouvrir en bref une porte pour entrer dans notre désirée mission. » Finalement, ils échappèrent aux voleurs et aux mandarins.

MM. de Saint-Phalle et Deveaux n'eurent pas le même bonheur. Leurs mariniers les firent arrêter à La-fou par trois ou quatre compères habillés en soldats, qui exigèrent d'abord cent taëls sous la menace de les livrer aux mandarins; on parlementa longtemps, et il fallut payer quatre cents francs.

[1]. Arch. M.-É., vol. 137, p. 107.

Les premiers villages de la frontière nord-est étaient habités par des chrétiens du vicariat du Tonkin oriental, administrés par les Dominicains espagnols ; mais Espagnols ou Français, dominicains ou prêtres des Missions-Étrangères, tous étaient unis dans la plus fraternelle charité, animés du désir ardent de secourir les chrétiens, de sauver les païens, et partant d'ouvrir toute grande la porte de l'Annam aux prédicateurs de l'Évangile ; et c'était alors dans ces petits villages inconnus, un spectacle touchant qui ravissait le jeune missionnaire : les fidèles arrivaient pendant la nuit un à un, ou par petits groupes silencieux, ils se prosternaient à ses pieds, lui adressaient des paroles de respect et d'hommage que son catéchiste traduisait en latin, ils lui offraient les présents de leur pauvreté : du thé, des fruits, puis ils saluaient de nouveau et le quittaient pour faire place à d'autres.

VI

Les Chinois usaient d'une plus grande sévérité que les Annamites du Tonkin ou de la Cochinchine, pour empêcher les étrangers de pénétrer chez eux, et quoique leur police fût loin d'être parfaite, elle exerçait une surveillance assez rigoureuse : « Les douanes sont nombreuses à l'entrée ou à la sortie des villes, à l'embouchure des rivières, quelques-unes par mesure de simple police, le plus grand nombre pour la perception des droits du fisc. »

De Whampoa à Canton, distants de quelques kilomètres seulement, on comptait quatre douanes ; aussi les patrons des barques prennent-ils toutes les précautions que leur suggère la prudence surexcitée par le péril. Ils cachent le missionnaire dans la cale, sous des caisses, sous des balles de coton ou des sacs de riz, lui laissant juste assez d'air pour ne pas mourir; ou bien ils l'étendent sur une natte, et jettent sur lui d'épaisses couvertures, afin qu'il joue plus exactement le rôle de malade.

Ordinairement ils évitaient les douanes, en se dérobant au milieu des innombrables jonques de pêche ou de commerce, à travers le labyrinthe d'arroyos qui entourent Canton.

Cachés au fond de leur barque, les proscrits pouvaient, en regardant par les fentes des parois, apercevoir les lanternes de papier colorié qui entouraient les bateaux symétriquement rangés les uns près des autres; ils entendaient les explosions des pétards annonçant la joie bruyante du peuple.

Tout à coup, des douaniers hélaient la barque, la sommant de s'arrêter ou d'aborder, le patron répondait par quelque mensonge avec un imperturbable sang-froid, et l'embarcation, glissant sous l'effort des rameurs, s'éloignait rapidement; mais s'échapper n'était pas toujours possible, alors des gardiens vigilants montaient à bord et faisaient la visite. M. Gleyo raconte une de ces dangereuses perquisitions[1] :

« Nos conducteurs avaient pris les devants, et s'étaient rendus avec un prêtre chinois, nommé Mathieu Kou, pour nous retenir une barque, et mettre les effets de la mission en sûreté. Notre batelier, qui savait le rendez-vous, alla avertir nos gens, et nous laissa sur la rivière. Vers midi, un bateau plein de soldats aborda brusquement le nôtre pour le visiter. Un soldat leva une des nattes qui nous couvraient et me vit en face. Nous crûmes être perdus : comme ils étaient venus à nous tout d'un coup, je n'eus pas le temps de paraître déconcerté. Ils demandèrent qui nous étions. Le fils du batelier répondit par un mensonge. Les soldats entrèrent et fouillè-

---

1. *Nouvelles Lettres édifiantes*, vol. 1, p. 29-32.

rent dans une des extrémités du bateau ; ensuite dans l'autre, où était un vieux Chinois qui tremblait comme la feuille, ce qui pouvait leur faire soupçonner quelque chose. D'ailleurs, nous étions enfermés presque hermétiquement dans un espace très étroit, sous une chaleur considérable. Cela était encore propre à nous rendre suspects ; mais Dieu ne permit pas qu'ils entrassent pour fouiller dans l'endroit où nous étions, auquel cas, nous eussions été certainement pris. Ils s'en allèrent sans plus ample information.

« Lorsque le batelier vint nous rejoindre, on lui raconta le danger que nous avions couru. Il retourna sur-le-champ porter à nos conducteurs cette nouvelle qui ne les mit pas peu en peine. Un d'entre eux se résolut à tenter un coup de désespoir. Il vint nous trouver, nous fit sortir du bateau, nous conduisit dans la campagne pour faire une fausse route, et tromper les personnes qui nous avaient vu sortir ; ensuite il nous fit passer par des routes étroites remplies de monde où nous étions fort exposés à être reconnus, et nous fit entrer dans un second bateau qui, après plusieurs détours, nous amena à celui que nous avions quitté. »

A quelque distance au delà de Canton, les missionnaires abandonnaient la jonque qu'ils avaient louée à Macao, et en prenaient une autre plus légère, que leurs courriers devaient avoir soin de leur préparer. Mais les courriers étaient parfois absents, comme il arriva à M. Moye qui, pour comble de malheur, ayant avec lui un jeune écolier du Su-tchuen timide et maladroit, fut laissé seul pendant une journée, et ensuite abandonné au milieu de la ville de Fou-chan. Heureusement que la Providence venait en aide à ses envoyés et réparait les oublis de leurs serviteurs.

Cette nouvelle barque quittait le Tché-kiang (fleuve des Perles) et s'engageait dans le Pé-kiang (fleuve du

Nord) qu'elle remontait jusqu'aux monts Meiling. Sa marche était accompagnée par le chant bruyant des rameurs, qui réglait par son rythme monotone la cadence des avirons. Chaque soir, à la halte, le patron, frappant sur son tam-tam, faisait trois génuflexions, et brûlait des petits papiers en l'honneur du génie des eaux. Dans ces haltes, les mariniers ou de mauvais sujets volaient parfois l'argent et les provisions du missionnaire, qui naturellement n'avait garde de se plaindre.

Le lendemain matin, sans trop se hâter, on reprenait la route. Dans les endroits très solitaires seulement, le voyageur européen osait monter sur le pont et jeter un coup d'œil sur le paysage. Il admirait la fertilité de ces champs plantés de riz, de cannes à sucre, de tabac; à mesure qu'on avançait vers le nord, il voyait le pays prendre un aspect plus sévère, étaler dans quelques échappées d'une beauté sauvage ses gigantesques rochers aux formes bizarres et fantastiques, ses montagnes arides ou couvertes de forêts épaisses, et le toit pointu d'une pagode aux multiples étages émerger au-dessus des plus hauts bouquets d'arbres. Aux pieds des monts Meiling, qui forment la frontière du Kouang-tong et du Hou-nan, le missionnaire prenait la route de terre, à pied, en chaise ou en brouette.

Le soir, il couchait dans les auberges, mêlé aux autres voyageurs qu'il essayait d'éviter dans la crainte d'être trahi par sa physionomie ou par ses habitudes.

Il n'y réussissait pas toujours; M. Pottier fut reconnu à la manière gauche et empruntée dont il saluait; mais il avait affaire à de braves gens, qui ne manquaient point de prudence et qui, pour ne pas compromettre l'étranger, et plus encore sans doute, pour sauvegarder leur responsabilité, s'empressèrent de le cacher dans une chambre séparée.

A Tcheng-tcheou, le voyageur remontait en barque, et

après avoir navigué plusieurs jours sur le Hen-kiang, traversé le lac Tong-tin, il entrait dans les eaux du fleuve Bleu.

Navigable sur une longueur de 700 lieues, le fleuve Bleu peut porter de gros vaisseaux, et aujourd'hui les navires à vapeur le remontent jusqu'à Ou-tchang-fou. Dans sa partie inférieure, il coule constamment à pleins bords, il est large, profond, lent et majestueux. Mais dans le Hou-pé à environ 60 lieues de la limite orientale du Sutchuen, son lit se resserre et la masse puissante de ses eaux se précipite, entre des rives escarpées, sur un lit de rochers qui rendent la navigation périlleuse.

Ce voyage, à lui seul, était une épreuve, il initiait le jeune missionnaire à la vie apostolique, il le formait, le trempait, au risque de lui inspirer parfois quelque frayeur et quelque découragement.

François Pottier, raconte son biographe, fut envahi par la tristesse ; lui qui devait vivre, pendant dix années, seul avec des prêtres indigènes, montrer pendant vingt-trois ans d'épiscopat, un imperturbable sang-froid et une patience à toute épreuve, eut un instant de défaillance. Son esprit réfléchi et observateur aperçut les difficultés énormes de la conversion de la Chine, il les compara à sa faiblesse, et son humilité lui persuada que l'œuvre qu'il tentait était impossible, qu'il allait y perdre le meilleur de sa vie, tandis qu'en France des âmes auraient répondu à ses efforts.

Cet abattement ne dura qu'un instant, semblable à ces orages qui éclatent brusquement, et passent sans laisser de traces. François Pottier redevint maître de soi, calme, confiant en Dieu, ce qu'il avait été jusqu'alors, ce qu'il devait être toujours. Si plus tard, il se souvint de cette heure de découragement, il dut, en contemplant les succès de son apostolat, se dire qu'en Chine, le bien était possible dans une large mesure, et que ses efforts étaient plus grandement récompensés qu'ils ne l'eussent été en France.

Au milieu de ces alternatives de joie et de tristesse, de crainte et d'espérance, le voyage avançait peu à peu, et Ou-chan-hien apparaissait entouré de murs et posé sur un plateau élevé, au milieu d'un paysage charmant; c'était la dernière douane avant d'entrer au Su-tchuen; mais au fond de la Chine, il était plus facile de tromper la police qu'à Canton, où elle avait de fréquents contacts avec les Européens, et les pouvait aisément reconnaître. C'est cependant, à quelque distance d'Ou-chan-hien, dans la ville de Kouy-tcheou-fou que Urbain Lefèvre fut arrêté, dans une boutique de barbier où il commit la faute de s'asseoir au rebours de la manière des indigènes. Ce fut le seul missionnaire à qui pareil accident arriva. Ordinairement, après Ou-chan, le danger était passé. Les chrétiens venaient recevoir le prêtre, le conduisaient à travers la campagne, par des sentiers déserts, le reléguaient dans une maison isolée jusqu'à ce qu'il fût au fait des usages et de la langue du pays.

De France à Macao, le voyage avait été de six, huit, dix mois, quelquefois d'un an et demi par suite de la durée des relâches. De Macao au Su-tchuen, il était généralement de trois mois.

Pottier, parti de Macao le 23 janvier 1756, arriva au Su-tchuen le 7 avril de la même année, et Moÿe, parti le 30 décembre 1772, était à Ou-chan-hien le 5 mars et à Tchen-tou-fou le 28 mars 1773.

A la fin du xviiie siècle et au commencement du xixe, pendant la persécution du Khia-king, l'entrée des missionnaires au Su-tchuen étant devenue beaucoup plus périlleuse par la province de Kouang-tong ou par le Fo-kien, le procureur de Macao, M. Letondal, songea à leur faire traverser le Tonkin et le Yun-nan, soit en remontant le fleuve Rouge, soit en suivant la route de terre.

M. Fontana, qui partit en 1807, fut le premier à tenter cette expédition qui dura plus de deux ans; après lui, Mgr Perocheau la renouvela en 1818; mais la longueur et les difficultés de cette route la firent abandonner, dès que les douanes furent soumises à une surveillance moins rigoureuse.

Ces voyages semés de misères, d'ennuis, de périls, conduisaient à la conquête des âmes, et malgré les distractions qu'ils offraient, ils rapprochaient de Dieu; témoin cette parole d'un saint missionnaire :

« Nous avons reconnu qu'on trouve Dieu partout, aussi bien dans le tumulte et la confusion, quand on y est par son ordre et pour sa gloire, que dans les déserts et les solitudes. »

CHAPITRE XI
1815-1823

I. Coup d'œil sur le passé de la Société des Missions-Étrangères. — État des missions de Chine, d'Annam, de Siam, des Indes, du Séminaire général, du Séminaire des Missions-Étrangères. — Le Séminaire rendu aux directeurs. — Statistique de la Société et des Missions. — II. L'apostolat et la Société pendant le xix° siècle. — Causes de développement. — Association de prières pour la conversion des infidèles établie par les directeurs du Séminaire. — Ses progrès. — Les Nouvelles Lettres édifiantes. — Mlle Jaricot, son zèle et ses travaux. — Organisation de l'association. — III. Œuvre de la propagation de la Foi. — Sa fondation définitive à Lyon. — Son universalité. — Reconnaissance des prédicateurs de l'Évangile. — IV. Lettre commune des missionnaires de Cochinchine. — Messes célébrées pour les associés de la Propagation de la Foi. — Premières collectes. — Annales de la Propagation de la Foi, leur utilité. — Augmentation du nombre des missionnaires. — V. Perfectionnement du règlement de la Société. — Les directeurs du Séminaire. — Confirmation par Louis XVIII des Lettres patentes de 1775.

I

Du sommet des derniers contreforts de la montagne, le voyageur aperçoit les pentes s'adoucir, la vallée s'élargir, les ruisseaux, qui couraient sur un lit de rochers, rouler à pleins bords leurs eaux calmes et limpides, la végétation prendre un caractère de richesse et de vie plus accentué. En histoire, certaines époques ressemblent à ces sommets, et l'historien comme le voyageur voit grandir et se développer rapidement les choses dont il a étudié la naissance, les débuts hésitants, les progrès difficiles.

Nous sommes, dans l'Histoire de la Société des Missions-Étrangères, arrivés à une de ces époques ; assurément l'orientation de la Société va rester la même, mais en plusieurs points, l'aspect extérieur de son existence va changer. Il ne nous paraît donc pas sans intérêt de résumer son passé en quelques lignes, d'examiner son état présent, et de jeter un coup d'œil sur son avenir et sur les causes principales des accroissements rapides que nous aurons à constater.

Inaugurée en 1658 par les premiers Vicaires apostoliques, définitivement fondée en 1663, la Société a 157 ans d'existence. Sa naissance a été difficile, sa croissance assez lente ; à aucune époque, le nombre de ses prêtres n'a atteint soixante. Le fait n'est pas sans étonner, mais l'admiration se mêle à l'étonnement, quand on regarde son vaste champ de bataille, les événements multiples auxquels elle a été mêlée, et les succès qu'elle a obtenus.

Ses premiers évêques ont eu sur elle une action générale, s'appliquant à tout ce qu'elle faisait en Europe et en Extrême-Orient ; ils ont esquissé les grandes lignes de son règlement intérieur, les pratiques particulières de ses travaux d'évangélisation et les points principaux de l'organisation de ses missions. Elle a été soutenue par la France officielle et par la charité privée ; mais l'une et l'autre ne lui ont donné que des secours restreints. Elle a eu à combattre contre le Portugal, qui voyait en elle un ennemi du pouvoir spirituel de ses évêques dans l'Extrême-Orient, un instrument de ruine pour les derniers débris de sa puissance temporelle : contre les gouvernements païens de Siam, de Cochinchine, du Tonkin, de Chine ; contre les mahométans de Sumatra ; contre les protestants anglais du Canada et des Indes ; elle a conduit cette lutte doucement et tranquillement ; elle a paru à la cour des rois, réussi à faire conclure des alliances entre la France et l'Indo-Chine, dans l'intérêt commun des deux pays ; elle a trouvé de puissantes protections, mais par exception, et en général, elle s'est contentée de vivre en paix avec les grands, sans beaucoup les rechercher. Elle leur a néanmoins inspiré des craintes par sa prédication, et elle a payé ces craintes par l'exil, rarement par la mort de ses prêtres, une seule fois, et c'est récemment, par un martyre juridique. Quelques-unes de ses missions ont donné d'excellents résultats, d'autres ont été moins favorisées. La Cochinchine, le Tonkin, le Su-tchuen sont prospères et solides ; mais le Yun-nan, le Kouy-tcheou, le Cambodge, Siam sont dans une situation attristante. Les œuvres de charité, de prière, d'éducation commencent leur marche en avant, certaines même sont très florissantes, nous l'avons vu au Su-tchuen et au Tonkin ; assurément elles sont moins nombreuses que les besoins ne l'exigent, mais comment le seraient-elles sans la liberté et sans les ressources suffisantes ?

Le clergé indigène, formé par la Société et toujours exclusivement séculier, est pieux, habile, dévoué, il a plus d'une fois sauvé les Églises d'un abandon complet et bien répondu aux espérances fondées sur lui.

En France, la Société a supporté la Révolution, refusant l'apostasie, vivant dans l'exil, rachetant son Séminaire, retrouvant pour la perdre bientôt, une existence légale que cependant elle finit par reconquérir.

Tel est le passé. Le présent n'est pas sans tristesse. Après les mauvais jours de la Révolution, après la glorieuse mais sanglante épopée impériale, la Société compte un petit nombre de prêtres, que de nouveaux viennent lentement remplacer, elle ne possède plus aucun bien, elle ne peut presque rien espérer de la munificence des rois et des princes et obtient à grand'peine quelques ressources des particuliers. Le christianisme semble avoir assez à faire de relever les ruines de la foi et de la discipline dans son ancien empire, sans se lancer dans des conquêtes.

La mission du Su-tchuen, frappée par la persécution, est veuve de ses deux évêques ; elle n'a que deux prêtres européens : ses prêtres indigènes tombent chaque année sous les coups des bourreaux. En 1817, le prêtre Joseph Yuen est étranglé ; le 23 juin 1818, un autre prêtre, Paul Lieou, est étranglé ; la même année, Mathias Lo est jeté en prison, et Benoît Yang condamné à l'exil. En 1821, le prêtre Thaddée Lieou est mis à mort dans la ville de Ku-hien ; parmi les 50,000 chrétiens du Su-tchuen, du Kouy-tcheou et du Yun-nan, beaucoup sont réduits à fuir, à se cacher, à s'exiler quand ils ne peuplent pas les prisons. Pour empêcher un désastre total, Rome nomme un des deux missionnaires survivants, Fontana, évêque de Sinite et Vicaire apostolique ; mais Fontana est dans l'impossibilité d'aller trouver un évêque consécrateur ; le Séminaire de Paris fait sacrer un jeune prêtre de 31 ans, aspirant à l'apostolat, Jacques Léonard Pérocheau[1]. Les ports de Chine sont fermés aux Européens, les douanes mêmes de Canton sont infranchissables, et Mgr Pérocheau est obligé de suivre la route déjà prise par Fontana onze ans auparavant, et d'entrer dans l'empire du Milieu par le Tonkin.

A ce moment (1820), meurt le persécuteur Khia-king, dans sa magnifique résidence de Gehol, frappé par la foudre pendant qu'il s'abandonne, dit-on, aux désordres les plus infâmes. Dans son testament, il s'applaudissait de la conduite rigoureuse qu'il avait tenue envers les chrétiens :

« J'ai toujours pensé que les doctrines hétérodoxes ne peuvent que corrompre le peuple. C'est pourquoi j'ai souvent publié des ordonnances et des instructions à cet

---

1. Du diocèse de Luçon parti en 1818, arriva au Su-tchuen en 1820.

égard, non moins pour faire respecter le gouvernement, que pour corriger le cœur des hommes ; pour resserrer les nœuds qui unissent les sociétés ; pour rendre l'administration plus parfaite et les coutumes meilleures. Mon cœur n'a jamais négligé ces soins, pas même un seul jour. »

Khia-king a pour successeur Tao-kouang, que sa bravoure a porté au trône. Le nouvel empereur obéit au testament du défunt ; il hait la religion catholique, il juge les Européens dangereux, et ne veut pas même garder à la cour les missionnaires que Khia-king a tolérés ; il interdit la pratique du christianisme, et approuve toutes les rigueurs exercées par les mandarins contre les prêtres et les fidèles.

Le royaume d'Annam jouit du calme que lui assurent les derniers jours de Gia-long ; mais il n'a plus qu'une dizaine de missionnaires usés par l'âge et par les fatigues de l'apostolat.

Le vieil évêque, Mgr Longer, est toujours à la tête du Tonkin ; il a déjà eu deux coadjuteurs, Mgr Lamothe mort en 1816, et Mgr Guérard qui est sur le bord de la tombe.

« Il n'y a plus d'huile à ma lampe, écrit ce dernier, il est impossible qu'elle ne s'éteigne pas bientôt. La seule chose qui me touche, c'est l'état déplorable auquel je vois notre pauvre mission réduite. Mgr Longer est aux abois ; M. Eyot est un peu plus jeune que moi, mais il a cependant 60 ans passés, il ne saurait me survivre longtemps, vu ses infirmités. Les seuls missionnaires travaillants sont donc M. Jeantet [1] qui est d'une faible santé, et M. Ollivier [2] tous deux sans expérience, et commen-

---

1. Du diocèse de Besançon, parti en 1819, mort Vicaire apostolique du Tonkin occidental en 1866.
2. Du diocèse de Rennes, parti en 1820, mort coadjuteur du Vicaire apostolique du Tonkin occidental en 1827.

çant à peine à parler la langue de ce pays : ce sont à la vérité deux bons sujets remplis de zèle ; mais cela ne suffit pas pour gouverner une mission telle que le Tonkin. »

Bien important, en effet, est ce Vicariat qui compte 74 prêtres indigènes, un grand séminaire avec 25 théologiens, deux petits collèges, plusieurs centaines de religieuses Amantes de la Croix, plus de deux cents catéchistes et 130,000 à 150,000 chrétiens.

Mgr Labartette, le Vicaire apostolique de Cochinchine, expose en ces termes la situation de sa mission [1] :

« Tout ici va son train ordinaire. Le roi, se souvenant toujours des bienfaits qu'il a reçus de Mgr l'évêque d'Adran, nous laisse pleine liberté d'aller partout où nous voulons, et d'exercer nos fonctions, sans que personne ose nous en empêcher. Tandis qu'il sera en vie, il y a lieu d'espérer que nous jouirons toujours de cette liberté ; mais après sa mort, il y a fort à craindre que les choses ne changent. Il se fait encore des conversions d'idolâtres, mais pas autant que nous le désirerions. Le nombre des chrétiens, dans cette mission, pourra aller toujours en croissant plus ou moins, tant qu'il y aura des missionnaires européens à la tête de la mission ; mais s'ils viennent à manquer, il est bien à craindre que le nombre des chrétiens ne diminue. »

Pour les soutenir et les instruire, il n'y avait plus en 1815 que trois Européens : Mgr Labartette, MM. Audemar et Jarot.

Parmi toutes les pertes que venait de faire la Cochinchine, celle du provicaire, M. Liot, fut la plus sensible, au point de vue politique. C'était le dernier missionnaire qui eut été en rapport avec Gia-long à l'époque de ses malheurs. Le prince, à qui il avait alors rendu d'impor-

---

[1]. *Nouv. Lett. édif.*, vol. 8, p. 315.

tants services, lui témoignait toujours de l'amitié, et le recevait avec plaisir. Après lui, il n'y eut plus de relations entre les prédicateurs de l'Evangile et la cour ; seulement, chaque année, au jour de l'an annamite, Mgr Labartette faisait offrir quelques petits présents au roi, par l'intermédiaire des mandarins chrétiens, et le souverain ne manquait jamais de le faire remercier, et de lui envoyer quelques monnaies, selon l'usage du pays, en signe d'acceptation de ses présents.

En 1818, le Vicaire apostolique se choisit un coadjuteur en la personne de Mgr Jean-Joseph Audemar, qu'il sacra le 29 mars, avec le titre d'évêque d'Adran. Ce prélat, parti en 1804, était encore jeune, mais il trompa lui aussi les espérances du vieil évêque qui comptait s'être préparé un successeur ; il mourut en 1821, au moment où la mission recevait heureusement deux nouveaux ouvriers apostoliques : Taberd[1] et Gagelin[2].

Le roi Gia-long était mort l'année précédente. Il avait élu pour lui succéder le prince Chi-dam, fils d'une de ses nombreuses épouses de second rang, en écartant du trône le fils du prince Canh, qui, d'après les lois du royaume, aurait dû être son héritier. Ce choix, qui fut très vivement blâmé par la plupart de ses mandarins, était un grand malheur pour le royaume et pour l'Église de Cochinchine. Le successeur de Gia-long devait prendre, à l'extérieur, le contre-pied de la politique de son père : il détestait les étrangers et le christianisme ; décidé à s'isoler à tout prix de l'Europe et de sa civilisation, il allait lancer sa dynastie dans cette voie de persécutions sanglantes, qui aboutiront quarante ans plus tard à l'expédition française et au

---

1. Du diocèse de Lyon, parti en 1820, mort Vicaire apostolique de la Cochinchine en 1840.
2. Du diocèse de Besançon, parti en 1820.

démembrement du royaume. Jamais le roi ne fut plus mal inspiré que le jour où, malgré les représentations de ses meilleurs amis, il s'obstina à faire un pareil choix. Gia-long avait régné vingt-trois ans comme prétendant plus ou moins heureux, et dix-huit ans, comme roi paisible et reconnu de tout l'Annam. Malgré ses fautes et son hostilité sourde contre le catholicisme, il fut un des plus grands souverains de l'Indo-Chine, et les éloges que les historiens lui ont décernés ne semblent pas dépasser la mesure de ses qualités.

Dans son testament, il recommandait à son fils ces deux points principaux :

1° D'entretenir toujours une garde de cinquante hommes auprès du mausolée de Mgr d'Adran ;

2° De ne persécuter aucune des trois principales religions établies dans le royaume : la religion de Confucius, la religion de Phat (le bouddhisme) et la religion du Seigneur du ciel (le christianisme). « Ces trois religions, disait le roi, sont également bonnes et les persécutions occasionnent toujours des troubles dans l'État, attirent des calamités publiques, et souvent font perdre la couronne aux rois. »

Mgr Labartette ne tarda pas à se coucher à son tour dans la tombe. Voulant sonder les sentiments du nouveau roi, il s'était rendu à Hué, dans le courant du mois de juillet 1822, pour lui offrir des présents et demander une audience, à l'occasion de l'anniversaire de la naissance de ce prince. Minh-mang accepta les présents, mais refusa l'audience, et le prélat put facilement prévoir les mauvaises dispositions du souverain, qui, du reste, n'étaient plus un secret pour personne. Accablé de préoccupations douloureuses, l'évêque se disposait à administrer la confirmation aux chrétiens de la capitale et des environs, lorsqu'il tomba malade. Il mourut le 6 août, après avoir reçu tous les secours que la sainte Église réserve à ses enfants pour les derniers combats de la vie.

« Ses funérailles [1], sans avoir le luxe royal de celles de l'évêque d'Adran, son prédécesseur, se firent solennellement, au milieu des pleurs et des sanglots des chrétiens, qui semblaient mener le deuil de l'Église même de Cochinchine. En effet, l'avenir était bien sombre, à cette heure; on sentait la persécution dans l'air, et pour faire tête à l'orage, il n'y avait que trois jeunes missionnaires, encore inconnus de la plupart des fidèles, ignorant eux-mêmes la langue et les usages du pays. Jamais peut-être depuis sa fondation, la mission n'avait paru si près de sa ruine. » On comptait en Cochinchine 3 prêtres européens, 18 prêtres indigènes, 16 couvents de religieuses Amantes de la Croix, et environ 60,000 chrétiens.

La mission de Siam ne s'était jamais complètement relevée, depuis la défaite des Français et les troubles qui l'avaient suivie; à peine avait-elle eu pris un regain de vie que l'invasion birmane l'avait écrasée de nouveau. Le roi de Siam ne protégeait ni les missionnaires ni les chrétiens, il n'encourageait en rien leur propagande religieuse, mais il était envers eux doux, juste et parfois bienveillant. Les principaux postes étaient Bangkok, Mergui, Pulo-Pinang. Il y avait un Vicaire apostolique, Mgr Florens[2], à la tête de 7 prêtres indigènes et de 3,000 chrétiens; l'évêque était si pauvre et si charitable que, en 1820, lorsque le Séminaire lui envoya un missionnaire, M. Pécot[3], il venait de vendre ses mouchoirs et ses chemises pour faire l'aumône. Il était bien le digne successeur

---

1. La *Cochinch. relig.*, t. 2, p. 27.
2. Mgr Esprit Florens, de l'ancien diocèse de Cavaillon, frère du Vicaire apostolique du Su-tchuen, parti en 1788, mort Vicaire apostolique de Siam en 1830.
3. Du diocèse d'Angers, parti en 1820, mort à Pinang en 1823.

de Mgr Brigot, qui, sur la route de l'exil, avait vendu son anneau pastoral pour secourir ses compagnons d'infortune.

La mission des Indes avait une partie de son territoire soumis à l'Angleterre, et l'autre à la France, depuis le traité de 1816, qui avait divisé le territoire français de la façon la plus bizarre. Partout, même aux portes de la ville de Pondichéry, des enclaves de sol britannique sont découpées dans le district français, de manière à donner aux Anglais les positions élevées propres à l'établissement de batteries; ici la route appartient à l'Angleterre, tandis que les fossés sont sous la juridiction française; plus loin un étang dépend de Madras, tandis que les terres irriguées ressortent de Pondichéry. Cette double administration obligeait les missionnaires à la plus grande prudence, et c'était avec grande raison que M. Dubois, le plus zélé et le plus savant des missionnaires du Maïssour, écrivait à l'évêque, à propos des difficultés particulières du gouverneur avec ses administrés [1] :

« Votre Grandeur a agi avec sa prudence ordinaire en refusant d'apposer sa signature aux accusations portées contre M. le gouverneur. Ne nous immisçons jamais dans les affaires publiques. Et nous, surtout, ministres de paix, de pardon et de charité, dont le premier devoir est de voiler les fautes, n'allons pas jeter la première pierre.

« Quelque répréhensible que soit la conduite du gouverneur, ne vous mêlez de ces affaires que dans le secret, et lorsqu'il s'adressera à vous pour la confession. Par les services rendus à la mission, vous lui devez une reconnaissance qui vous défend de vous joindre à ses accusateurs. Quant à moi, je croirais trahir mes devoirs et

---

[1]. *Les Missions catholiq. dans l'Inde*, p. 201. Mgr Luquet.

j'agirais contre ma conscience si je m'en mêlais en aucune manière.

« On pourrait bien dire à la plupart de ceux qui lui reprochent son immoralité : « *Qui sine peccato est vestrum, primus in illum lapidem mittat*. Nous sommes des ministres de pardon et non des accusateurs. »

Grâce à cette prudence, la tranquillité aurait été à peu près complète dans les Indes, où les missionnaires n'avaient ni à craindre ni à espérer les combats de leurs frères d'Annam et de Chine, sans le protestantisme qui compliquait la situation. Des ministres et des prédicants, en effet, parcouraient le pays ; ils avaient les mains pleines d'or pour acheter les consciences faciles ; ils possédaient, ce qui est très naturel, les sympathies et l'influence gouvernementale de leurs coreligionnaires, mais ce qui paraîtra plus extraordinaire, plusieurs d'entre eux ne craignaient pas de prendre le masque d'une odieuse hypocrisie, et ne rougissaient pas de se donner publiquement pour les successeurs de saint François Xavier. Le mal eût été moins grand s'ils eussent rencontré partout en face d'eux le prêtre catholique ; mais que pouvaient, dans cette immense contrée comprenant presque tout le Carnate, le Maïssour et le Coïmbatour, que pouvaient huit ou neuf missionnaires dont plusieurs étaient très âgés, Magny parti de France en **1774**, Mottet en **1785**, Austruy en **1788**. Leur supérieur était Mgr Hébert, évêque depuis **1811**, et qu'un religieux de la Compagnie de Jésus, le P. Garofallo, appréciait ainsi[1] : « C'est le bijou de toute la colonie et de nous tous : bon sens, éducation, prudence, religion, charité et toutes les autres bonnes qualités le font estimer, respecter et aimer de tout le monde. » Les maisons d'éducation se réduisaient à deux, moitié séminaire et moitié collège ; les maisons reli-

---

1. Arch. M.-É., vol. 996.

gieuses à un couvent de Carmélites; le nombre des chrétiens dépassait très probablement 90,000, sans compter ceux du Maduré qui n'étaient pas encore officiellement réunis au Vicariat de Pondichéry, mais auxquels les prêtres de la Société donnaient leurs soins [1].

Le Séminaire général de Pinang, toujours sous la direction de M. Lolivier, renfermait 20 à 25 élèves dont une dizaine étudiaient la théologie. Leur supérieur qui les aimait beaucoup parlait d'eux avec admiration, et émettait des espérances qui furent des prophéties : « On travaille dans ce cher séminaire; on y aime le bon Dieu, il s'y prépare certainement quelques très bons et très zélés missionnaires, des confesseurs, des martyrs. » De l'un de ces élèves en particulier, il racontait ce fait très édifiant, et moins rare qu'on ne le pense :

« J'ai découvert que l'un d'eux, que je regardais déjà comme un ange, a eu à la fois dans ces derniers temps dix proches parents qui ont généreusement confessé la Foi : deux sont morts en prison, six ont été envoyés en exil en Tartarie; son père et un autre sont chargés de la cangue. Il contait cela devant les autres avec toute la simplicité possible; il m'a ensuite avoué en particulier que cette nouvelle, quand il l'a reçue ici, l'avait comblé de joie. »

Le Séminaire des Missions-Étrangères reprenait quelque prospérité. Sans doute, le gouvernement avait refusé de lui rendre les biens, que la Révolution avait enlevés, et qui n'avaient pas été vendus, mais Louis XVIII. voulant reconnaître l'utilité nationale de la Société, et renouer avec elle les traditions de bienveillance et de

---

[1]. « Nous n'avons trouvé aucun catalogue complet du nombre des chrétiens à cette époque, mais si l'on se reporte à 1842, aux statistiques que Mgr Bonnand dressa après son voyage dans toute la mission, voici quels étaient les chiffres : 118,400 chrétiens dans le Maduré et 114,939 dans le Vicariat de Pondichéry. »

générosité de ses prédécesseurs, lui fit donner une allocation d'abord de 4,000 fr. et ensuite de 10,000. Dès les débuts du règne de Louis-Philippe, cette allocation retomba à 4,000 fr., aujourd'hui elle n'existe plus.

En 1822, les titres de propriété du Séminaire, que Mlle d'Escars avait jusqu'alors conservés en son nom, furent remis aux directeurs par M. le comte de Belbeuf, héritier de la bienfaitrice.

Cependant les aspirants à l'apostolat ne se hâtaient pas de venir remplir au Séminaire les places qui les attendaient. En 1816, un seul prêtre partit[1] pour les Missions, c'était le premier depuis 1807. En 1817, deux prêtres, Magdinier[2] et Brosson[3], furent envoyés au Su-tchuen et au Tonkin; c'était le plus nombreux départ depuis 1799. En 1818 et en 1819, le nombre des missionnaires destinés à l'Extrême-Orient s'éleva à six. On comprend que ce faible contingent était loin de suffire aux besoins des Vicariats; à peine comblait-il les vides faits chaque année par la mort.

En groupant la statistique que nous venons d'échelonner dans le tableau de chacun des Corps formant la Société des Missions-Étrangères, nous arrivons au total suivant : La Société possède en 1822 : cinq missions; une aux Indes, trois en Indo-Chine, une en Chine; sept évêques, Vicaires apostoliques, coadjuteurs ou supérieurs de Mission; 35 prêtres, y compris les directeurs du Séminaire; le Séminaire de Paris compte 7 élèves, le séminaire général 25; les Missions renferment 120 prêtres indigènes, 400 catéchistes[4], 600 religieuses, et environ 370,000 chrétiens dispersés au milieu de cent dix millions d'infidèles.

1. M. Baroudel.
2. Du diocèse de Lyon, destiné au Tonkin, mort en Cochinchine le 18 juillet 1819.
3. Du diocèse de Lyon, destiné au Su-tchuen, mort au Tonkin le 15 juillet 1818.
4. Catéchistes ambulants.

II

En face des immenses besoins de l'évangélisation et du petit nombre de prêtres dont la Société des Missions-Étrangères disposait, les vétérans de l'apostolat regardaient l'avenir, cherchant partout, sans les apercevoir, des signes avant-coureurs du relèvement. A leur dernière heure, ils se demandaient avec angoisse si leur œuvre, fruit d'un siècle et demi d'efforts, allait disparaître avec eux, ne laissant de son passage qu'une traînée lumineuse éclairant des ruines.

Certes, leur tristesse était légitime, leurs alarmes justifiées, et cependant lorsque le chrétien regarde de haut la marche du monde, peut-il jamais désespérer? Une confiance invincible, une espérance inébranlable ne doivent-elles pas remplir son âme? Qu'a-t-il à craindre? Quand il écoute le Ciel, il entend les paroles d'éternelle durée données à l'Église catholique, sa Mère; quand il regarde la terre, combien de fois ne voit-il pas le triomphe succéder à la défaite.

Au IVe siècle, Dioclétien chantait l'hymne de mort du catholicisme et le berceau de Constantin était déjà préparé. Au VIIIe siècle, les Mahométans envahissaient l'Europe et Charles Martel les brisait dans les plaines de Poitiers; pendant que les vaincus se rejetaient sur l'Asie et sur l'Afrique qu'ils courbaient sous le joug de leur religion, la Providence envoyait Charlemagne à l'Église, et successivement les États scandinaves et une partie des peuples slaves embrassaient la foi catholique. Au XVIe siècle, Luther arrachait des nations à Rome, et Christophe Colomb lui donnait un monde. A la fin du XVIIIe siècle, la France agonisait dans le sang, ses prêtres et ses fidèles montaient par milliers à l'échafaud, le pape mourait prisonnier sur la terre d'exil, et quelques années plus tard, le successeur du pape prisonnier et exilé chantait un *Te Deum* à Notre-Dame de Paris, et sacrait le vainqueur de l'Europe. A son tour, l'empereur devenait persécuteur de l'Église, puis il s'en allait mourir sur une île perdue de l'Océan Atlantique, pendant que le souverain Pontife reprenait la route de sa capitale et remontait sur son trône glorifié par ses souffrances. En vérité, la parole de Dieu et le spectacle des choses humaines ne suffisent-ils pas pour aviver l'espérance des chrétiens et fortifier leur foi en celui-là seul qui, selon l'expression de Bossuet, « tient tout en sa main, qui sait le nom de ce qui est et de ce qui n'est pas, qui préside à tous les temps et prévient tous les conseils. »

Au commencement du xixe siècle, la Société des Missions-Étrangères et les Missions, qui lui étaient confiées, dépérissaient. Sans ressources et sans ouvriers, qu'allaient-elles devenir? Nous avons vu ces merveilles, nous pouvons bien les dire.

La Providence inspira et développa l'œuvre de la Propagation de la Foi d'abord, et plus tard celle de la Sainte-Enfance, elle donna ainsi à la Société et à ses prêtres les secours qui leur étaient nécessaires, en même temps elle suscita de nombreuses vocations apostoliques, que la glorieuse mort de nombreux martyrs encouragea, et que le Séminaire des Missions-Étrangères, par un changement dans ses études, put heureusement accepter.

A ces deux premiers éléments de succès, qui laissent si visiblement apparaître la main de Dieu, s'en adjoignirent deux autres : la facilité des communications avec l'Extrême-Orient par la découverte des applications de la vapeur, et la liberté pour les ouvriers apostoliques d'entrer dans les pays de Missions, liberté que l'Europe en armes, la France surtout, obtint en Chine, en Indo-

Chine et au Japon. Car il est bon de le faire remarquer, cette dernière modification fut très importante pour ne pas dire nécessaire.

Comment, en effet, la Société aurait-elle pu, ainsi qu'elle le fait maintenant, jeter dans l'Extrême-Orient persécuteur 40 à 50 prêtres chaque année ? Par quels moyens les aurait-elle introduits au Su-tchuen, au Yunnan, en Cochinchine et au Tonkin qui fermaient obstinément leurs portes ? La Providence a donc disposé et conduit toutes choses avec l'admirable sagesse qui préside à ses desseins.

Il nous reste maintenant à raconter ces faits en détail.

Le premier qui se présente à nous est la fondation de la Propagation de la Foi.

Simple prêtre de la Société des Missions-Étrangères, il ne saurait m'appartenir d'exprimer ici mon respect et mon admiration pour les hommes dévoués, qui ont organisé cette belle œuvre, et, depuis 70 ans, la dirigent, pour les chrétiens riches et pauvres du monde entier qui la soutiennent; mais je manquerais à mon devoir d'historien, si je passais sous silence ses origines, son accroissement, les immenses services qu'elle a rendus et rend à la Société, et la profonde gratitude que celle-ci lui a vouée. Il nous importe d'autant plus de parler de cette grande œuvre que la Société n'a pas été étrangère à sa naissance, et qu'en racontant sa fondation nous ne nous éloignons pas de notre sujet.

Les faits que nous allons analyser ne sont pas précisément une révélation, ils n'ont cependant jamais été étudiés dans leur ensemble.

La première association de prières et de bonnes œuvres pour le salut des infidèles, ainsi qu'elle se nommait, date, du moins telle que nous la connaissons, de la fin du xviiie siècle. Nous ignorons l'époque précise de sa fondation et le nom de celui qui en eut la pensée ; mais nous savons qu'en 1780, une brochure fut répandue dans le public, exposant le but et les pratiques de l'association. Cette brochure existait dans les archives du Séminaire des Missions-Étrangères de Paris en 1799 ; elle y fut retrouvée en 1816[1]. Voici le résumé des règles qu'elle contenait. Les associés devaient : chaque jour réciter la prière de saint François Xavier : *Æterne rerum* et celle de saint Bernard : *Memorare o piissima;* tous les vendredis offrir leurs bonnes œuvres « pour obtenir par les mérites de la passion de Notre-Seigneur Jésus-Christ, la conversion des infidèles ; chaque année aux six messes déterminées, communier s'ils étaient pauvres, et faire célébrer ces messes ou les célébrer eux-mêmes s'ils étaient riches. Ils n'avaient aucune formalité à observer ; ils n'étaient inscrits sur aucune liste, et n'avaient à verser aucune cotisation. Cette première association, qui consistait seulement dans la récitation de prières communes et dans le zèle pour les Missions, disparut pendant la Révolution.

Plusieurs fois, comme nous l'avons dit, M. Chaumont publia des brochures renfermant des lettres de missionnaires et sollicitant des aumônes. Dans l'exposé de l'état et des besoins des Missions-Étrangères qu'il fit paraître en 1816, il explique ce que pratiquaient depuis longtemps, en Angleterre, les anabaptistes. Ceux-ci formaient des associations appelées sociétés auxiliaires, « par le moyen desquelles toutes les classes de citoyens, même les plus pauvres, en mettant de côté chaque semaine un sou ou deux pour cet objet, ont la satisfaction de contribuer aux progrès de l'Évangile[2]. »

L'explication s'arrête là ; M. Chaumont n'exhorte pas

---

1. Arch. M.-É., vol. 183, p. 87.
2. Arch. M.-É., vol. 183, p. 107.

directement à fonder de semblables associations ; il paraît bien cependant qu'il n'est pas éloigné d'y songer. En 1817, les directeurs du Séminaire publient une brochure ayant pour titre : « *Association de prières pour demander à Dieu la conversion des infidèles, la persévérance des chrétiens qui vivent au milieu d'eux, et la prospérité des établissements destinés à propager la Foi.* »

Tout d'abord ils détaillent les besoins des Missions et ensuite demandent des aumônes ; ils engagent les fidèles « à appliquer au soutien des établissements destinés à propager la foi dans les régions infidèles, une légère portion de ces sommes qu'on sacrifie si souvent et sans regret à des dépenses folles, inutiles ou criminelles. »

Les pratiques de l'association sont déterminées avec précision et clarté.

Dans les paroisses où les associés sont nombreux, on leur recommande de choisir l'un d'entre eux comme chef, qui inscrira les noms, et réunira les associés pour réciter en commun des prières indiquées.

Ces prières, pour la plupart les mêmes que celles qui étaient fixées avant 1789, sont : la prière de saint François Xavier : *Æterne rerum*; celle de saint Bernard à la sainte Vierge : *Memorare o piissima*, qui pourra être remplacée par trois *Pater* et trois *Ave*. Tous les lundis, les associés récitent un *De profundis* ou un *Pater* et un *Ave* pour le repos de l'âme des associés défunts ; les prêtres célèbrent au moins une messe chaque année à la même intention. Les fêtes principales de l'association sont l'Epiphanie, la Pentecôte, saint Joseph et saint François Xavier. On exhorte les chrétiens à se confesser et à communier le jour de leur entrée dans l'association.

Le secrétaire de la Propagande voulut bien se charger de présenter au Souverain Pontife le résumé de la supplique, que les directeurs du Séminaire lui avaient écrite à ce sujet [1] :

« Très Saint Père,

« Les directeurs du Séminaire des Missions-Étrangères de Paris, voulant obtenir de Dieu qu'il envoie dans les contrées infidèles de dignes ouvriers évangéliques, et qu'il accorde aux infidèles la grâce de la conversion, désirent établir une espèce d'association de personnes pieuses, soumises à quelques règles et statuts qu'ils nous ont transmis, dont l'objet serait de prier pour les fins énoncées ci-dessus. Et dans le cas où votre Sainteté daignerait approuver cette pieuse union, ils la supplient de vouloir bien accorder quelques indulgences aux associés qui feront avec dévotion les œuvres qu'on leur propose. »

Un assesseur de la congrégation des Rites, Louis Gardellini, fut chargé de l'examen de cette affaire, et fit un rapport favorable. « Loin d'y rien trouver qui mérite d'être blâmé, conclut-il, j'y trouve, au contraire, de justes motifs de louer les membres du Séminaire des Missions-Étrangères de Paris, qui, voyant le déplorable état où se trouvent quelques provinces, faute de dignes ouvriers qui se consacrent à la culture de la vigne de Jésus-Christ dans ces contrées ingrates, pleines de ronces et d'épines, ont formé le plan d'une semblable association. »

Par un indult du 30 novembre 1817, Pie VII approuva l'association, accorda à ses membres une indulgence plénière le jour de leur inscription, quatre indulgences plénières chaque année aux fêtes de l'Epiphanie, de la Pentecôte, de saint Joseph et de saint François Xavier, et enfin une indulgence partielle de cent jours chaque fois qu'ils réciteraient les prières prescrites. Cet

---

1. *Association de prières*, p. 19.

indult était accompagné d'une lettre écrite par le cardinal Litta au nom de la Propagande.

« C'est avec une vive satisfaction, disait-il le 14 février 1818[1] que je vous envoie les grâces apostoliques annexées à la présente, comme un puissant motif qui excitera de plus en plus les fidèles à entrer dans l'association proposée, afin de gagner les indulgences accordées à ceux des associés, qui seront fidèles aux statuts et aux règles à y établir d'après le modèle ci-joint, et qui réciteront avec dévotion les prières qui y sont contenues. Il ne me reste qu'à louer beaucoup dans le Seigneur le zèle dont vous êtes animés pour la propagation de la foi, et à supplier instamment ce même Dieu de couronner vos saintes entreprises des plus heureux succès. »

Cette association était évidemment un progrès sur celle de 1780, dont elle s'était inspirée. Elle prescrivait les mêmes prières à réciter par chaque particulier, et de plus elle ordonnait l'inscription et la réunion des associés, les messes pour les défunts ; elle était louée par la Propagande et approuvée par le Pape.

Elle gagna peu à peu des adeptes ; les nouveaux missionnaires qui en avaient compris la grande utilité, s'efforçaient de l'établir même pendant leur traversée, dans les ports de relâche ; c'est ainsi qu'en juillet 1818, Mgr Pérocheau en jeta les fondements à l'île Maurice, dans la paroisse de Saint-Louis du Port-Louis. Le curé, M. Charlot, se mit à la tête de l'œuvre, et le 15 août suivant, il comptait 21 associés parmi lesquels nous relevons les noms du colonel Lindsay, du chevalier Warren, de l'avoué Déroulède. Ce dernier écrivait aux directeurs du Séminaire le 19 octobre 1819[2] :

« Déjà cette pieuse association a produit les meilleurs

---

1. *Associat. de priér.*, p. 27.
2. Arch. M.-É., vol. 183, p. 44.

effets dans notre colonie. A l'approche des fêtes solennelles de l'association, chacun se dispose à s'approcher des sacrements, on s'y exhorte même mutuellement, et une réunion d'une trentaine de serviteurs de Jésus-Christ, rangés au pied de la Sainte-Table, offre un spectacle bien propre à l'édification du public, salutaire contre le respect humain qui retient tant de personnes.

« Une de nos associées est décédée. L'association a fait célébrer un service pour le repos de son âme. Quels secours ne doivent pas espérer les membres que Dieu retirera de ce monde, de tant de prières qui sont offertes au Tout-Puissant à leur intention. »

Ces associés avaient le zèle des âmes et le désir d'étendre l'œuvre. Dans un de ses voyages de Maurice en France, M. Déroulède relâcha à Saint-Denis de la Réunion, et laissa une copie des règles de l'association à une personne pieuse, qui groupa autour d'elle un certain nombre d'excellents chrétiens.

En même temps, M. Langlois publiait des nouvelles des Missions auxquelles il joignait les règles de l'association que l'on essayait de fonder. En 1818, il commença l'impression d'un ouvrage en huit volumes, qu'il termina en 1823. Cet ouvrage porte le titre général de : *Nouvelles Lettres édifiantes des Missions de la Chine et des Indes orientales;* il renferme des lettres de missionnaires de 1767 à 1820 ; les faits les plus importants et les plus intéressants de l'histoire des missions du Su-tchuen, du Tonkin, de Cochinchine, de Siam et de Pondichéry y sont racontés avec beaucoup de détails. Plusieurs de ces lettres avaient déjà été publiées successivement à Paris en 1785, 1787 et 1789, à Liège en 1794, à Londres en 1797, à Rome en italien en 1806, à Lyon en 1808. Un grand nombre d'autres et de très intéressantes y furent ajoutées. Toutes sont réunies sous le nom de la Mission d'où elles viennent, et sont placées par ordre chronologique. C'est une véritable mine de renseignements écrits par des auteurs ou des témoins dont la véracité ne peut être suspectée. Elles seront consultées avec fruit par tous ceux qui voudront étudier la vie des Missions, se rendre compte, avec les faits sous les yeux, des difficultés des conversions, des causes des persécutions, de la valeur des chrétiens, du courage des martyrs, en un mot de toutes les questions générales et particulières qui intéressent l'évangélisation.

En 1819, le Séminaire publia un nouvel exposé de l'état des Missions confiées à la Société, il appuyait beaucoup sur l'association de prières qu'il fondait, et sur le don d'un ou de deux sous chaque semaine.

« Dans toutes les parties de la France, a écrit M. Langlois[1] qui prit une part active à la diffusion de cette œuvre, beaucoup de bons catholiques s'empressèrent d'entrer dans l'association, qu'on venait de leur faire connaître, et de se mettre en devoir de gagner les indulgences, qui y étaient attachées.

« Non contents de travailler à attirer, par leurs prières et leurs bonnes œuvres, la protection de Dieu pour le succès de la religion, beaucoup de chrétiens charitables voulurent concourir aux progrès de la Foi par des aumônes destinées à secourir les ouvriers évangéliques, qui allaient porter la bonne nouvelle aux peuples idolâtres.

« Dans plusieurs villes de France, Lyon, Nancy, Metz, le Havre, Rennes, Bitche, etc., il se forma des sociétés du genre de celles qui étaient établies en Angleterre par les ministres protestants, et dans lesquelles chaque membre s'engageait à donner un sou par semaine.

« Toutes ces sociétés agissaient isolément et n'avaient aucune organisation régulière. »

1. Arch. M.-É., vol. 183, p. 107.

A Lyon, le Séminaire pouvait compter sur le dévouement d'une jeune fille, dont le nom est à juste titre resté célèbre, Mlle Pauline Jaricot. Elle avait connu le Séminaire des Missions-Étrangères en lisant les relations des missionnaires, les statuts de l'association de prières dont nous venons de parler et les appels pressants adressés aux catholiques par M. Chaumont et par M. Langlois. L'âme ardente de Mlle Jaricot s'émut à ces douloureux récits; mais elle comprit qu'une organisation manquait à la nouvelle association, et elle demanda instamment à Dieu de l'éclairer sur ce point. La pieuse jeune fille fut exaucée ; elle-même a raconté dans une lettre du 29 juillet 1858 comment en 1819 ou en 1820 elle conçut le plan si ardemment désiré[1] :

« Un soir que mes parents jouaient au boston, et qu'assise au coin du feu, je cherchais en Dieu le secours, c'est-à-dire le plan désiré, la claire vue de ce plan me fut donnée, et je compris la facilité qu'aurait chaque personne de mon intimité, à trouver dix associés donnant un sou chaque semaine pour la propagation de la Foi. Je vis en même temps l'opportunité de choisir parmi les plus capables des associés, ceux qui inspireraient le plus de confiance pour recevoir des dix chefs de dizaine la collecte de leurs associés, et la convenance d'un chef, réunissant les collectes de dix chefs de centaine, pour verser le tout à un centre commun. »

Cependant les directeurs du Séminaire des Missions-Étrangères et leurs amis n'étaient pas les seuls à demander pour les missionnaires des ressources et des prières. Mgr Dubourg, évêque de la Nouvelle-Orléans,

---

1. Vie de *Pauline Marie Jaricot*, vol. 1, p. 187. J. Maurin. Mlle Jaricot envoya pour la première fois des secours au Séminaire des Missions-Étrangères en 1820, par son frère M. Philéas Jaricot, qui venait au séminaire de Saint-Sulpice. Ces secours s'élevaient à la somme de 1,439 fr. 35.

et Mgr Flaget, évêque de Bardstown, avaient également dans Mme Petit de Meurville[1], pieuse veuve qui habitait Lyon, une auxiliaire dévouée. Durant son séjour en France en 1815, Mgr Dubourg exprima le désir que des souscriptions annuelles fussent établies, et proposa de fixer à un franc la rétribution de chaque souscripteur. Mme Petit suivit le conseil de l'évêque autant qu'elle le put, mais sans parvenir à organiser une œuvre de quelque importance.

III

A voir tous ces préludes, on comprend bien qu'une même idée travaille les esprits, qu'une même aspiration agite les cœurs. On peut, jusqu'à un certain point, pressentir que toutes les missions de l'univers ayant un égal besoin de secours, une œuvre va se fonder pour les aider toutes. Mais comment et par qui? C'est le secret de Dieu. Il le livre en 1822 en groupant ensemble tous les dévouements jusqu'alors séparés. Un vicaire général de Mgr Dubourg, l'abbé Inglesi[2], vint en France; il y connut Mme Petit et son fils, et chercha avec eux les moyens de mettre à exécution l'idée des souscriptions annuelles. On fut d'avis de recevoir quelques personnes pour étudier la question. « Le jeudi 2 mai 1822, M. Petit[3] se mit à la recherche des hommes les plus considérés et les plus connus par la pratique des bonnes œuvres. Il s'était déjà assuré de l'adhésion de quelques-uns, lorsque, abordant dans la rue un de ses amis,

---

1. Née Benoîte Marine Leman de la Barre, mariée à M. Petit de Meurville, avait été forcée de quitter l'île Saint-Domingue en 1795 après l'assassinat de son mari et de son frère. Elle se retira d'abord à Baltimore et vint à Lyon en 1803.
2. M. Inglesi avait reçu le titre de Vicaire général immédiatement avant de quitter l'Amérique, et n'en avait jamais exercé les fonctions.
3. *Annales de la Propagation de la Foi*, vol. 52, p. 150.

M. Benoît Coste, il lui expose brièvement l'œuvre projetée, et l'invite à une réunion pour le lendemain.

— Volontiers, répond M. Coste, si c'est pour faire une œuvre plus générale, une œuvre qui s'étende au monde entier.

— Oui! reprend vivement M. Petit, comme frappé d'un trait de lumière, oui, c'est encore bien mieux, j'adopte votre idée; elle est plus grande, elle devra plaire à tous. »

« Cette idée d'une œuvre catholique, c'est-à-dire se proposant de secourir toutes les missions du monde, avait été émise par M. Coste dès 1816. La grandeur même d'un tel dessein l'avait fait paraître inexécutable, et personne ne s'y était arrêté, quoique M. Coste l'eût mis en avant depuis, en diverses occasions.

« Le lendemain, vendredi 3 mai 1822, une douzaine de personnes se trouvèrent réunies chez l'abbé Inglesi. C'étaient MM. Victor de Verna, Benoît Coste, le comte d'Herculais, de Villiers, Magneunin, Didier Petit, Auguste Bonnet, Antoine Périsse, Terret, Victor Girodon et l'abbé Cholleton, directeur au grand séminaire de Lyon.

« La séance s'ouvre par la récitation du *Veni Creator*, et l'abbé Inglesi prend la parole. Après un rapide et émouvant tableau des besoins des missions, et en particulier des missions de la Louisiane, il propose d'établir à Lyon une association qui secourra d'une manière permanente toutes les missions catholiques du monde.

« On adopte la proposition à l'unanimité; et l'assemblée, se constituant en Conseil provisoire, choisit M. de Verna pour président et M. Petit pour secrétaire. Elle charge ensuite le président de préparer un règlement pour l'Association, et nomme une commission, composée du secrétaire et de MM. de Villiers et Terret, pour déterminer le mode spécial de perception des aumônes destinées aux missions.

« Ce fut alors, remarque avec raison Ozanam, par l'adoption du principe d'universalité, qui distinguait l'entreprise nouvelle des tentatives antérieures, ce fut ce jour-là que l'Œuvre de la Propagation de la Foi fut fondée. »

Le règlement, élaboré par la commission et discuté par le Conseil, fut adopté dans la séance du 25 mai, et reçut, peu après, l'approbation de l'autorité diocésaine.

Les associés doivent réciter une fois chaque jour le *Pater* et l'*Ave*, et l'invocation : *Saint François Xavier, priez pour nous*. Elle a deux fêtes principales : l'Invention de la vraie Croix et saint François Xavier; chaque associé donne pour les Missions une aumône de cinq centimes, par semaine.

L'organisation dans ses lignes principales fut celle des divisions par dizaines et centuries; enfin l'universalité fut très explicitement décrétée. Le 15 mars 1823, moins d'une année après la séance solennelle qui décida de l'avenir de l'œuvre, le Souverain Pontife Pie VII accorda de nombreuses indulgences aux associés, et à l'œuvre une bénédiction particulière qui était une approbation.

La Propagation de la Foi était définitivement fondée.

Comme on l'a vu dans ce récit, la Société des Missions-Étrangères avait la première cherché, trouvé, établi ou tout au moins recommandé quelques-unes de ses parties constitutives : prières, fêtes, aumône du sou par semaine, inscription des associés; une des âmes qui lui étaient le plus spécialement dévouées, Mlle Jaricot[1], ima-

---

[1]. La question a été posée de savoir si dans cette organisation le conseil s'inspira du plan de Mlle Jaricot ou d'autres personnes. Nous n'avons pas à la trancher; mais nos lecteurs seront peut-être curieux de connaître cette note que M. Petit rédigea en 1865.

« Cette pensée du sou par semaine et de l'organisation par dizaines, centuries et divisions fut suggérée à l'abbé Inglesi et à moi par un de

gina l'organisation ; M. Coste préconisa l'universalité, le premier conseil tenu à Lyon, réunit ces divers éléments, les coordonna et les mit en action.

Ainsi la plupart du temps se fondent les œuvres, par l'apport successif de plusieurs volontés et de plusieurs intelligences. Leur naissance est difficile et lente, jusqu'au jour où un rayon de la grâce providentielle passe sur elles et les fait aussitôt fleurir et fructifier.

La Propagation de la Foi se répandit, en France surtout, avec une extrême rapidité : les évêques publièrent de chaleureux mandements en sa faveur, et désignèrent des prêtres pour recevoir les collectes; les curés, les vicaires, les aumôniers s'en firent les ardents propagateurs. La grandeur du but plut à tous les esprits; l'universalité toucha les cœurs; la modicité de l'aumône permit aux pauvres de joindre leur cotisation à celles des riches. La nouvelle de la fondation de l'œuvre parvint dans les missions avec celle de ses progrès, et fut accueillie par un long cri de reconnaissance.

« Qui pourra louer, comme il convient, le zèle de ces pieux fidèles? écrivait du Tonkin Mgr Ollivier[1]. Qui leur fera entendre les paroles de remercîments que leur adresseront les peuples lointains sur qui tombent leurs bienfaits? Qui n'admirera les effets de la charité chrétienne? Elle unit les peuples que les mers, le langage et les usages avaient séparés; elle fait que ceux-là s'entr'aiment, qui ne se sont jamais vus et ne se verront jamais en ce bas monde, mais qui se reconnaîtront en l'autre. »

mes amis le marquis d'Azeglio, alors aide de camp de Charles-Albert, duc de Carignan et exilé pour avoir pris part à une conspiration à la tête de laquelle était ce prince. Cet ami très religieux au fond était carbonaro. L'organisation du carbonarisme contribua fortement à cette organisation. La devise *Ubique per orbem* fut donnée par le même marquis d'Azeglio. »

1. *Annales de la Prop. de la Foi*, vol. 3, p. 68.

A Siam, le vieil évêque Florens, qui soutenait depuis tant d'années la mission catholique, écrivait[1] :

« C'est avec les plus vifs sentiments de joie que nos chers collaborateurs et moi nous avons appris qu'il s'est formé une association, pour obtenir de Dieu la conversion des infidèles : recevez, âmes chrétiennes, les témoignages de notre sincère reconnaissance. » « Oh! que de bénédictions nous avons reçues des païens mêmes dans ces jours de malheur! s'écriaient les missionnaires du fond de la Chine. Nous ne les avons pas prises pour nous : elles ne pouvaient nous revenir. Par l'entremise de nos anges gardiens, nous les avons envoyées au trône de Dieu, afin qu'elles retombent en pluie de grâces et de mérites sur ces âmes généreuses et pleines de foi, qui ne se contentent point de soulager leurs frères d'Europe, mais viennent encore au secours des plus anciennes misères. »

M. Gagelin, le futur martyr, disait : « J'admire les progrès merveilleux avec lesquels s'est établie cette association et le zèle des évêques pour l'étendre. Nous comptons beaucoup sur les prières des bonnes âmes qui sont entrées dans cette association. Elles auront part à toutes les bonnes œuvres qui s'opéreront par leurs aumônes. »

IV

Les missionnaires ne s'en tiennent pas à ces témoignages isolés de reconnaissance, et ceux de Cochinchine, réunis en 1830 autour de leur évêque Mgr Taberd, adressèrent la lettre suivante aux Conseils centraux, et par leur entremise à tous les associés de la Propagation de la Foi[2] :

« Le concours des circonstances ayant permis à cinq

---

1. *Annales de la Prop. de la Foi*, vol. 4.
2. *La Cochinchine rel.*, vol. 2, p. 36.

d'entre nous de se réunir à Mgr d'Isauropolis, Sa Grandeur nous a proposé d'adresser une lettre de remerciements au conseil d'administration et à tous les associés de la Propagation de la Foi. Nous acquiesçons avec empressement aux vœux de notre digne Vicaire apostolique, et nous nous unissons à lui avec plaisir pour rendre mille actions de grâces aux âmes généreuses qui veulent bien s'intéresser et s'associer à l'œuvre des Missions. Et pourrions-nous être insensibles à la charité sublime que vous exercez envers nous et envers nos chers néophytes? Ne serions-nous pas coupables d'ingratitude, si nous n'étions pénétrés de reconnaissance envers ceux à qui nous devons le succès de notre ministère? Car nous le reconnaissons bien sincèrement, Messieurs, ce sont les ferventes prières de l'association, qui attirent les bénédictions de Dieu sur nos faibles travaux, et ce que nous faisons de plus solide et de plus durable est dû aux aumônes des associés.

« Nous devons aussi nous rendre les interprètes des sentiments de gratitude qui animent nos néophytes. Que ne pouvez-vous, Messieurs, lire dans les cœurs de ces bonnes gens! Ils savent apprécier la généreuse libéralité de leurs bienfaiteurs; mais dans l'impuissance où ils sont d'exprimer autrement leur reconnaissance, ils élèvent leurs mains suppliantes vers l'auteur de tout bien, pour le conjurer de vous combler de bénédictions. La prière de tant d'âmes ferventes sera exaucée.

« Vous apprendrez sans doute avec plaisir l'usage que nous faisons de vos aumônes, et cette reconnaissance soutiendra votre zèle, et nous l'espérons, Messieurs, encouragera vos pieuses libéralités. »

Ici les missionnaires entrent dans un long exposé de toutes les œuvres de leur Vicariat, qui sont également les œuvres de toutes les missions de la Société. On peut résumer ainsi leur énumération :

Les aumônes de la Propagation de la Foi sont employées :

1° A l'entretien des missionnaires; 2° à élever des jeunes gens pour le sacerdoce; 3° à établir des écoles; 4° à imprimer des livres de religion ; 5° à bâtir et à entretenir des églises dans les chrétientés; 6° à baptiser les enfants infidèles, en danger de mort; 7° à racheter les enfants chrétiens tombés au pouvoir des païens.

Après avoir détaillé toutes ces différentes œuvres, et fait ressortir leur importance, les missionnaires de la Cochinchine concluent ainsi : « Voilà, Messieurs, ce que nous avions à vous dire sur l'emploi des secours que vous daignez nous accorder ; cela suffit pour vous donner une idée des grands biens que vous faites et que vous pouvez faire.

« Animez-vous donc, Messieurs, d'un nouveau zèle, et tandis que vos pieuses largesses serviront à former de saintes entreprises, que vos saintes prières fassent violence au ciel, pour attirer sur ces entreprises les bénédictions de Dieu. Nous vous en prions, au nom de Jésus-Christ que vous faites connaître et honorer, au nom de peuples nombreux auxquels vous procurez, non des biens trompeurs et passagers, mais des biens éternels, qui seuls rendent heureux et au nom de vous-mêmes, Messieurs, car, en continuant ce que vous avez si heureusement commencé, vous vous rendez les dignes imitateurs de ces Églises primitives, si fameuses par leur charité, et après en avoir partagé la renommée sur la terre, vous en irez partager la récompense dans le Ciel.

« Jean-Louis, évêque d'Isauropolis, Vicaire apostolique de la Cochinchine, Cambodge et Ciampa; Gagelin, miss. apostolique ; J. Régereau, miss. apostolique ; J. Baingol, miss. apostolique ; E.-Th. Cuenot, miss. apostolique; Jos. Marchand, miss. apostolique. »

Cette lettre confirmait les sentiments dont s'était

porté garant le supérieur du Séminaire des Missions-Étrangères, M. Langlois, quand dès le début de l'Œuvre, il avait exprimé ses remerciements en ces termes : « Recevez, Messieurs, écrivait-il au conseil central de Lyon[1], recevez, je vous prie, mes sincères remerciements et ceux de mes confrères, les directeurs de ce Séminaire, ceux même de toute notre Congrégation ; car aucun de nos missionnaires ne sera insensible aux preuves de zèle et d'intérêt que vous donnez pour la Propagation de la Foi. Il y a plus : tous les prêtres indigènes, les catéchistes, les étudiants des séminaires et des collèges, les néophytes, en un mot, tous ceux qui participeront aux fruits de votre charité, partageront les sentiments de notre reconnaissance, et s'efforceront d'attirer, par leurs vœux et leurs prières, les bénédictions du ciel sur tous les membres de l'Association, et plus particulièrement sur ceux qui en sont l'âme et qui travaillent avec une activité infatigable à soutenir la ferveur des associés, et à propager l'Association dans les endroits où elle n'est point encore établie. »

La reconnaissance de la Société ne s'est point bornée à des paroles de remerciements. Chaque année, le 3 novembre, tous ses prêtres font à la messe mémoire des associés de la Propagation de la Foi : chaque année également, d'après l'article 156 de leur Règlement dans les jours qui suivent l'octave de la fête de saint François Xavier, ils offrent une fois le saint sacrifice, et les fidèles font, dans toutes les chrétientés d'Extrême-Orient, des prières solennelles pour les associés défunts de la Propagation de la Foi et des différentes œuvres, soutiens des Missions. Dans certains diocèses[2] ou Vica-

---

1. *Annal. de la Prop. de la Foi*, vol 1., cah. 5, p. 13.
2. Nous disons diocèses, parce que, comme nous le verrons plus tard, certaines missions de la Société ont été érigées en diocèses et en archidiocèses.

riats apostoliques, et spécialement à Pondichéry, cette mesure est dépassée. Depuis 1869, tous les prêtres de cette mission célèbrent la messe, le 1er dimanche de chaque mois, pour les associés de la Propagation de la Foi et pour la conversion des infidèles, unissant ainsi dans leurs prières ceux qu'ils viennent secourir et ceux qui leur fournissent des ressources [1].

La première année, le total des sommes recueillies s'éleva à 42,960 fr. 47, sur lesquels on donna 12,200 à la Société des Missions-Étrangères. Cette somme fut répartie entre les missions du Su-tchuen, du Tonkin, de la Cochinchine, de Siam, et le collège de Pinang, de la manière suivante :

2,800 fr. pour le Su-tchuen ;
3,000 fr. pour le Tonkin ;
3,000 fr. pour la Cochinchine ;
1,400 fr. pour Siam ;
2,000 fr. pour le collège de Pinang.

Les secours accordés à la Société augmentèrent en proportion de l'accroissement des recettes ; en 1825, ils furent de 34,000 fr. sur lesquels 3,800 furent assignés au Su-tchuen ; 4,300 au Tonkin ; 3,800 à la Cochinchine ; 1,900 à Siam ; 1,000 à Pondichéry ; 4,000 au collège de Pinang. Les 15,200 francs restants furent employés partie à Paris, partie à Macao pour les frais de voyage des missionnaires, et pour les dépenses générales de la Société.

Ces allocations varient chaque année suivant le mou-

---

[1]. La nouvelle œuvre, cependant, rencontrait quelques épines sous ses pas. A la Chambre des députés, plusieurs membres de l'opposition l'attaquèrent comme une société secrète, et surtout comme entachée de Jésuitisme. Dans la séance du 25 mai 1826, Mgr Frayssinous dut défendre la Propagation de la Foi, et montrer qu'elle n'avait ni un but occulte, ni une organisation contraire aux droits de l'Etat, et que si saint François Xavier en était le patron, c'était à cause de son zèle, et non de sa qualité de Jésuite.

vement de hausse ou de baisse des recettes. Sur ces allocations, d'après le règlement de la Société, 1,320 fr. sont donnés aux évêques, Vicaires apostoliques et coadjuteurs, 1,100 aux supérieurs non évêques et 660 fr. à chaque missionnaire.

En même temps qu'elle s'établissait, l'Œuvre fondait un organe de publicité, les *Annales de la Propagation de la Foi*, qui allaient répandre à travers le monde la connaissance des travaux, des fatigues, des périls et des succès des ouvriers apostoliques, apprendre aux lettrés aussi bien qu'aux ignorants, les mœurs et les coutumes de contrées à cette époque entièrement inconnues, établir cette correspondance de toute la catholicité, qui intéresse jusqu'au dernier des fidèles, et les fait en quelque sorte concourir à l'accomplissement du plan divin. Elles furent d'abord publiées sous ce titre : *Nouvelles des Missions* ; puis, *Annales de l'association de la Propagation de la Foi*, avec cette indication : *Collection faisant suite à toutes éditions des Lettres édifiantes*.

Les premiers volumes renfermèrent principalement des nouvelles envoyées par les prêtres de la Société et des aperçus généraux sur les missions, tracés avec beaucoup de clarté par M. Langlois. Cette très large place faite à la Société se comprend aisément, puisque les Congrégations apostoliques étaient encore très rares, et que les Missions-Étrangères, à cette époque comme aujourd'hui, étaient chargées du plus grand nombre des Vicariats.

La presse catholique fit bon accueil à ce combattant nouveau, qui venait de si loin apporter l'appui de sa force et de ses armes à la civilisation et à l'Église. « Il offrira, à tous ceux qui se plaisent aux lectures utiles, un intérêt sérieux et cependant varié, écrivait la *Quotidienne*. Il appelle les regards sur le spectacle de la propagation de la religion chrétienne par toute la terre, et nous fait assister en quelque sorte à cette prise de possession, qu'elle exécute chaque jour, de l'empire universel qui lui a été promis, et auquel elle arrive par des progrès et des vicissitudes si dignes d'admiration.....

« .....Nous voudrions pouvoir citer quelques passages de ces lettres. La variété des matières qu'elles traitent, et des objets qu'elles font passer sous les yeux rend leur lecture intéressante et utile pour toute classe de personnes. Indépendamment du grand intérêt de la propagation de la Foi dans l'univers, elles offrent une foule d'aperçus sur la géographie, l'administration intérieure, les mœurs et usages, les ressources politiques et commerciales des diverses régions qui y sont passées en revue. Cette instructive variété doit leur assurer plus d'un genre de succès. » Des Annales de la Propagation de la Foi, écrivait la *Gazette de France*, on peut répéter ce qu'Aimé Martin disait des *Lettres édifiantes* : « C'est un ouvrage sans modèle parmi les anciens, unique parmi les modernes, où se trouvent réunis les prodiges de la Foi, les actes des Martyrs, la science des naturalistes, la majesté des idées religieuses aux tableaux les plus sublimes et les plus frais de la nature. »

Soixante-douze ans ont passé sur cette belle œuvre de la Propagation de la Foi, et chaque année a apporté des preuves nouvelles de la solidité de son organisation, du zèle et de l'habileté de ses conseils et de sa merveilleuse utilité. Elle est certainement un des moyens les plus efficaces dont la Providence se soit servi pour le développement des Missions en notre siècle.

Elle a permis de fonder des centaines de nouvelles églises, d'envoyer sur toutes les plages du monde des milliers de prêtres, d'établir des milliers de séminaires, de collèges, d'écoles, d'hôpitaux, d'orphelinats, de tripler, et même en certaines contrées de décupler le nombre des néophytes. Ce qu'elle a si grandement contribué à commencer, elle continuera à le maintenir et à le développer, et tous ceux qui ont souci du salut des âmes ne sauraient assez demander à Dieu sa conservation et son accroissement, dont dépendent les victoires de l'Évangile. Assurément, les secours qu'elle accorde aux ouvriers apostoliques sont loin de pouvoir être comparés à ceux que le protestantisme reçoit des sociétés bibliques : mais le missionnaire catholique fait profession de vivre dans la pauvreté et la chasteté ; il lui faut bien peu pour ses besoins personnels, et si parfois il tend la main, implorant à haute voix la charité, c'est qu'il songe à l'abondante moisson que cet or lui aiderait à recueillir.

En même temps que grâce à la Propagation de la Foi, elle voyait accroître ses ressources, la Société des Missions-Étrangères reformait ses rangs. En 6 années, de 1824 à 1830, elle envoya 39 missionnaires en Extrême-Orient. Bientôt les persécutions sanglantes de la Cochinchine, du Tonkin, de la Corée retentirent en Europe. Au récit des souffrances et des triomphes des martyrs, de nobles cœurs tressaillirent d'enthousiasme et d'envie : il leur sembla si beau et surtout si bon de donner jusqu'à la dernière goutte de leur sang pour Jésus, leur Roi, leur Dieu, le Crucifié du Calvaire ; ils vinrent nombreux et vaillants, et, par leur zèle, donnèrent à la Société une prospérité plus haute que dans les siècles précédents.

V

Avant d'aborder cette période qui n'est pas la moins belle de notre histoire, nous devons dire quelques mots des travaux des directeurs pour affermir et achever l'organisation de la Société. Il ne s'agissait pas de refaire son règlement, mais simplement de préciser quelques points restés dans le vague et, comme le disaient les directeurs dans le procès-verbal d'un conseil tenu le 14 janvier 1823, « de le rendre conforme aux Lettres patentes de 1775, en ce qui concerne l'administration des affaires générales et du temporel, au règlement de 1716 et aux anciens usages constamment observés, pour ce qui regarde la conduite et la police intérieure. »

En 1826, la plus grande partie de ce règlement fut soumise aux évêques et aux prêtres de la Société qui émirent leurs réflexions sur les différents articles et les adressèrent aux directeurs du Séminaire : ceux-ci les étudièrent, les comparèrent et inscrivirent dans le règlement tout ce qui était compatible avec les traditions et l'ancienne organisation de la Société.

Ils se montrèrent aussi empressés à perfectionner leur recrutement. Pendant le xviie et le xviiie siècle, les directeurs se recrutaient quelquefois parmi les prêtres de la Société, plus souvent dans le clergé de France. Ce mode, nécessaire au début, avait le grand inconvénient de faire entrer dans l'administration supérieure de la Société des hommes qui n'avaient pas été formés par elle et ne connaissaient pas les missions.

A partir des Lettres patentes de 1775, il s'était modifié par l'adjonction des directeurs procureurs. M. Langlois, supérieur du Séminaire de 1823 à 1836, jugea avec raison qu'il était meilleur de n'avoir que des directeurs pris dans le sein même de la Société ; M. Dubois qui lui succéda de 1836 à 1839 poursuivit le même dessein. Les missions ne possédaient pas encore beaucoup de prêtres, et il était difficile de leur demander de se priver de quelques-uns de leurs ouvriers déjà expérimentés, pour les envoyer au Séminaire. Afin de leur épargner ce sacrifice, les directeurs choisirent quelques jeunes prêtres, aspirants aux Missions. M. Voisin[1] fut le premier, en 1823,

---

1. Du diocèse d'Annecy, parti en 1824, directeur en 1834, mort en 1877.

mais son extrême désir de se consacrer à l'apostolat le fit partir pour la Chine l'année suivante, et il fut remplacé en 1825 par M. Barran [1], qui, lui non plus, n'avait pas quitté le Séminaire. Lorsque les missionnaires furent plus nombreux, plusieurs d'entre eux furent appelés à la direction du Séminaire : en 1830 le procureur Baroudel [2]; en 1833, M. Tesson [3], missionnaire de Pondichéry ; en 1837, M. Jurines [4], missionnaire de Siam.

Également en 1823, les directeurs demandèrent la confirmation des Lettres patentes accordées par Louis XVI en 1775, « afin, disaient-ils, de prévenir le retour de certains abus, des contestations et même des procès, auxquels ces Lettres patentes remédient, et de garantir la jouissance des grands avantages qu'elles procurent à l'association des Missions-Étrangères. » Le 15 octobre suivant, Louis XVIII fit droit à cette requête et rendit l'ordonnance suivante :

« LOUIS, par la grâce de Dieu, Roi de France et de Navarre, à tous ceux qui ces présentes verront, SALUT.

« Vu notre ordonnance du 2 mars 1815, qui rétablit la Congrégation des Missions-Étrangères, rue du Bac, à Paris;

« Sur le rapport de notre ministre secrétaire d'État au département de l'intérieur, notre conseil d'État entendu; nous avons ordonné et ordonnons ce qui suit :

ARTICLE PREMIER.

« Les Lettres patentes du mois de mai 1775, concernant le Séminaire des Missions-Étrangères à Paris,

---

1. Du diocèse d'Auch, directeur du séminaire en 1825, mort supérieur en 1855.
2. Du diocèse de Besançon, parti en 1816, procureur à Macao.
3. Du diocèse de Bayeux, parti en 1827, mort directeur du Séminaire de Paris en 1876.
4. Du diocèse du Puy, parti en 1834.

avec le règlement y annexé, sont confirmées et approuvées.

Article II.

« Les Lettres patentes et le règlement énoncé en l'article précédent demeureront annexés à la présente ordonnance.

Article III.

« Notre ministre secrétaire d'État au département de l'intérieur est chargé de l'exécution de la présente ordonnance.

« Donné en notre château des Tuileries, le 15 octobre de l'an de grâce mil huit cent vingt-trois, de notre règne le vingt-neuvième.

« *Signé :* Louis.

« Par le Roi :
« Le ministre secrétaire d'État
 au département de l'Intérieur :
 « *Signé :* Corbière. »

« Ces actes, importants à divers titres, révèlent l'attention des directeurs à la conduite des affaires générales, leur intelligence de la situation et des besoins de la Société ; ils contribuèrent dans une large mesure aux progrès que nous aurons à constater dans le cours des années qui vont suivre.

CHAPITRE XII
1823-1836

I. L'Ère des martyrs s'ouvre en Cochinchine. — Minh-mang. — Haine qu'il porte aux Européens. — Édit pour défendre l'introduction des missionnaires dans le royaume. — Convocation des missionnaires à Hué. — Leurs travaux. — Leur libération grâce au vice-roi de la Basse-Cochinchine. — II. Procès de Co-lao et de Duong-son. — Plaidoiries de M. Jaccard. — Son courage, ses interrogatoires. — Courage d'un prêtre indigène. — Edit de persécution. — M. Gagelin se livre. — Il est condamné et exécuté. — Lettre des conseils centraux de la Propagation de la Foi. — III. Mgr Taberd se réfugie à Siam. — Révolte en Basse-Cochinchine. — Vaines tentatives des rebelles pour faire entrer M. Marchand dans leurs rangs. — Défaite des révoltés. — IV. Arrestation de M. Marchand. — Son interrogatoire. — Son supplice. — V. Projets d'évangélisation. — Commencements d'apostolat au Laos, chez les Nias, dans l'île Nicobar. — La Corée offerte à la Société des Missions-Étrangères. — Mgr Bruguière s'offre pour aller en Corée. — Il est accepté. — VI. La Corée, le pays et les habitants. — Origines du catholicisme en Corée. — VII. Mgr Bruguière et M. Maubant. — Leur voyage. — Mort de Mgr Bruguière. — Entrée en Corée de MM. Maubant et Chastan.

I

Une des caractéristiques de l'apostolat des Missions-Étrangères, au XIXᵉ siècle, est le grand nombre des martyrs donnés à l'Église de Dieu par la Société. On compte vingt-quatre de ses prêtres juridiquement condamnés à mort et exécutés, quatre morts en prison et trente-trois massacrés par les païens.

L'ère des martyrs s'ouvre dans le royaume d'Annam; Minh-mang règne et gouverne dans cette partie de l'Indo-Chine. Des qualités de son père Gia-long, il a surtout la persévérance qui, chez lui, est de l'entêtement. On a dit qu'il fut intelligent, nous ne le nierons pas; mais intelligent à la façon des lettrés chinois ou annamites, qui ne savent que regarder le passé, s'y attacher avec âpreté sans chercher dans le présent des signes qui font prévoir et préparer l'avenir. Ce fut surtout un esprit étroit, auquel son entêtement a donné quelque relief et sa perfidie un reflet d'habileté. Il détestait et craignait les Européens, et dès le début de son règne, il manifesta ses sentiments.

Il reçut assez mal une ambassade anglaise envoyée par le gouverneur général du Bengale et conduite par John Crawford. Les officiers français eux-mêmes, au dévouement et à l'habileté desquels son père avait dû le trône, ne furent pas mieux accueillis. M. Chaigneau, l'un des plus distingués parmi eux, était revenu en France en 1819. En 1821, il repartit pour Hué avec les titres d'agent de France auprès du roi de Cochinchine, de consul et de commissaire du roi pour la conclusion du traité de commerce.

Il emportait aussi des présents et une lettre de Louis XVIII pour le roi d'Annam: il ne put réussir dans aucune de ses négociations, et le mandarin des étrangers écrivit à notre ministre de la marine une lettre, où la volonté de ne pas avoir de relations avec la France perce dans chaque mot. « Les frontières du royaume d'Annam, disait-il[1], sont situées aux extrémités du Midi, et celles de la France aux extrémités de l'Occident, les limites des deux États sont séparées par plusieurs mers ou par une distance de plusieurs milliers de lieues. Les habitants de notre pays peuvent rarement arriver jusqu'au vôtre... Si vos concitoyens désirent venir commercer dans notre royaume, ils se conformeront aux règlements comme cela est raisonnable; d'ailleurs, ils ne feront aucun gain, car notre pays est très pauvre. » En 1824, M. Courson de la Ville-Hélio, commandant la frégate

---

1. *Histoire ancienne et moderne de l'Annam*, p. 267.

Cléopâtre, alla mouiller à Tourane, le roi refusa de le recevoir. Enfin, en 1825, MM. Chaigneau et Vannier, les deux derniers survivants des compagnons de l'évêque d'Adran, se voyant en butte à la jalousie des grands mandarins et à la haine du prince, durent revenir en France et abandonner cette terre d'Annam dont ils avaient fait leur seconde patrie.

Un peu plus tard, le capitaine de Bougainville, commandant la *Thétis*, parut dans le port de Tourane, il apportait une lettre de Charles X. Minh-mang se contenta de lui envoyer des présents, d'ordonner à ses mandarins de le traiter avec honneur quand il descendrait à terre, mais il refusa de recevoir la lettre du roi de France, sous prétexte « que cette lettre était écrite en français, et que personne ne pouvait la lui traduire. »

Il tenait une conduite analogue envers les missionnaires.

Au jour de l'an 1824, il n'accepta pas les présents que ceux-ci lui avaient offerts selon l'usage; puis il fit venir un des mandarins chrétiens de sa cour, et lui commanda de planter le nêu[1] devant sa porte.

Le mandarin s'excusa sur ce qu'il était catholique.

— Nous vous aimons, répondit le roi, à cause de cela, nous ne voulons pas vous faire frapper; mais désormais sachez que les maîtres européens ne pénétreront plus dans le royaume. Quant à ceux qui y sont déjà, passe; mais nous n'en voulons plus d'autres. Est-ce que notre royaume n'est pas assez grand et assez lettré? Vous nous faites déshonneur, en allant chercher des maîtres de doctrine en Europe.

— Sire, répondit l'officier, pendant sa vie, le roi votre

---

1. Le dernier jour de l'année, les païens élèvent devant la porte de leur maison une grande perche appelée nêu et tracent sur la terre, avec de la craie, un arc tendu et une flèche, en mémoire d'une grande victoire remportée par le Bouddha sur le diable.

père ne m'a jamais forcé à un tel acte. Si Votre Majesté veut me faire donner des coups de rotin, je suis prêt à le souffrir de bon cœur, mais, pour élever la perche, je ne le ferai pas.

L'hostilité du souverain s'accentuait, et on pouvait prévoir le jour où elle éclaterait ; beaucoup parmi ses courtisans le poussaient dans cette voie.

Un jour, l'un d'eux lui cita l'exemple des princes japonais qui avaient détruit la religion catholique à force de supplices.

— Laissez-moi faire, répondit le roi. J'ai mon plan qui est bien meilleur.

Ce plan fut bientôt connu. Il consistait en deux opérations principales : fermer absolument l'entrée de l'Annam aux nouveaux missionnaires, appeler à la cour ceux qui étaient déjà dans le royaume et les mettre dans l'impossibilité de remplir leur ministère.

Le roi espérait qu'en enlevant les pasteurs, le troupeau serait vite dispersé.

Quoi qu'en pensât Minh-mang, son plan n'était pas d'un succès certain ; il supposait trop facilement que les prédicateurs de l'Évangile ne pénétreraient pas dans son royaume. L'indolence des Annamites ne pouvait lutter avec avantage contre le zèle des prêtres catholiques. Surveillés ou arrêtés sur un point, les apôtres renouveleraient sur un autre une tentative qui serait plus heureuse.

La vénalité des mandarins plus désireux d'obtenir de l'argent que de satisfaire leur haine, devait aussi entrer en ligne de compte. Pourvu qu'ils y missent le prix, les missionnaires étaient sûrs qu'au moins, de temps à autre, les gardiens des côtes et des ports fermeraient les yeux. A défaut des Européens, les prêtres indigènes, en Cochinchine et au Tonkin surtout, étaient assez nombreux et assez bien formés pour empêcher la ruine de l'Église d'Annam. Par là même, le plan de Minh-mang croulait comme un château de cartes. Dans leurs conceptions, les ennemis du catholicisme oublient toujours une chose, sans doute parce qu'ils en ignorent la valeur : la foi, qui veut et cherche avant tout le salut des âmes, et, pour l'obtenir, jette l'or sans compter, brave les périls et se rit de la mort.

Les principaux ouvriers apostoliques de la Société des Missions-Étrangères, qui, à cette époque terrible, vont jouer leur vie, et plusieurs d'entre eux la donner, sont en Cochinchine : Taberd, Gagelin, Jaccard, Régereau, auxquels viendront s'adjoindre Cuenot, Marchand, Delamotte, Lefebvre, Miche, Duclos, etc. — Au Tonkin, Mgr Havard succédera à Mgr Longer; il aura sous ses ordres, en attendant qu'il les ait pour successeurs : Jeantet, Dumoulin-Borie, Retord, Gauthier, Masson, qu'aideront Journoud, Cornay, Charrier, Taillandier, Berneux et bien d'autres.

En 1825, Minh-mang lança un édit pour défendre l'introduction des maîtres européens dans ses États.

Après avoir pris cette première mesure qui, croyait-il, devait fermer le royaume aux missionnaires, il résolut de s'emparer de ceux qui l'habitaient.

Sous prétexte que depuis le départ de MM. Vannier et Chaigneau, il n'avait plus d'interprète, il manda les prédicateurs de l'Évangile à sa cour, afin, disait-il, de s'entourer d'hommes instruits dans les sciences d'Europe. Ceux-ci entrevirent le piège, sans cependant démêler exactement la pensée du prince. L'eussent-ils fait d'ailleurs, qu'ils n'eussent osé désobéir, dans la crainte d'attirer la vengeance royale sur leurs chrétiens. Il valait mieux, pensaient-ils, tenter la voie de conciliation; si la persécution devait éclater, qu'au moins on ne put les accuser d'en être cause par une désobéissance inopportune et un manque de respect au souverain.

Les missionnaires du Tonkin, plus éloignés et moins connus, réussirent à se cacher, mais ceux de la Cochinchine furent successivement conduits à la cour, excepté MM. Jaccard et Régereau dont l'arrivée toute récente n'avait pas encore été signalée.

M. Taberd arriva le premier, M. Gagelin et un franciscain, le P. Odorico, le suivirent.

Leur entrée à Hué eut lieu le 16 juin 1827, et avis en fut aussitôt donné au roi.

Minh-mang adressa par écrit aux missionnaires une série de questions, fort peu en rapport avec les fonctions d'interprète, pour lesquelles il les avait, prétendait-il, mandés près de lui :

« Depuis quand habitaient-ils l'Annam ? Par quel port étaient-ils entrés ? Quels villages avaient-ils habités ? Combien savaient-ils de langues ? »

A ces interrogations et à d'autres, qui faisaient pressentir l'inquisiteur et le persécuteur, bien plus que le lettré désireux de s'instruire, les missionnaires répondirent en conciliant le respect dû à la vérité avec les intérêts de leurs fidèles. Ils ne nommèrent que des villages notoirement connus comme chrétiens, et indiquèrent seulement les vaisseaux français qui les avaient amenés.

Trois jours après, une ordonnance royale leur assigna pour demeure un côté du palais des ambassadeurs; chacun d'entre eux devait avoir six domestiques, recevoir chaque mois vingt ligatures et cinq mesures de riz, ce qui égalait à peu près les appointements des mandarins de second ordre; ils avaient aussi la permission de sortir. Ensuite on exigea d'eux quelques travaux littéraires. Minh-mang avait un goût prononcé pour la géographie, il avait fait venir d'Europe un grand nombre de cartes nouvellement publiées, dont il demanda la traduction; il voulut également l'explication d'estampes et de gravures.

Au milieu de ces occupations si différentes de celles qu'ils désiraient, les prêtres de la Société ne perdaient pas de vue le but de leur vie.

Travaillant avec acharnement jusqu'à une heure avancée de la nuit, ils pouvaient contenter le roi et trouver pendant le jour quelques heures pour visiter leurs chrétiens.

Cette liberté leur fut bientôt retirée ou du moins diminuée; ils durent demander une autorisation spéciale avant chacune de leurs sorties, et être toujours accompagnés de soldats.

Pour flatter les missionnaires ou pour voiler le coup qu'il voulait leur porter, Minh-mang leur fit remettre des diplômes de mandarin avec le titre officiel d'interprète royal. Un des principaux officiers du palais, suivi d'une nombreuse escorte, leur apporta ces diplômes et les leur présenta solennellement.

Les captifs résolurent de démasquer les secrètes menées du souverain. Gagelin, qui parlait la langue annamite avec une très grande facilité, porta la parole et refusa les dons du roi. Lui-même a raconté cette curieuse scène, qui jeta les mandarins dans l'étonnement et apprit à Minh-mang la courageuse volonté des hommes qu'il voulait briser ou séduire[1]:

« ...... Je parlai énergiquement au mandarin chargé de nous offrir les prétendues grâces du roi; je lui représentai ce que nous étions venus faire ici, combien la dignité de maître de la religion chrétienne est au-dessus de celle de mandarin, et combien nous étions loin de renoncer à la prédication de l'Évangile, pour laquelle nous avions abandonné nos proches, notre patrie est foulé aux pieds tous les avantages temporels. J'ajoutai qu'au reste, nous étions prêts à rendre à sa Majesté

---

[1]. *Vie du Vénérable Gagelin*, p. 213, Jacquenet.

tous les services qui dépendraient de nous, et qui pourraient se concilier avec notre devoir. »

« Jamais harangue ne produisit un effet pareil ; l'étonnement était sur tous les visages : on ne comprenait pas que nous pussions décliner une dignité que convoite l'ambition de tant d'autres, une dignité offerte par le roi lui-même.

« Le mandarin voulut se tirer d'affaire en recourant à la ruse. Il nous mit de force les patentes en main, disant : « Recevez toujours, vous ferez ensuite vos réclamations. » On ne put du moins nous contraindre de remplir les formalités requises dans l'acceptation d'une semblable dignité. Ces formalités consistent à emporter solennellement les patentes dans une riche cassette, couverte d'un grand parasol, puis à les déposer dans une niche dorée, devant laquelle on se prosterne ensuite jusqu'à terre, pour révérer la puissance impériale.

« Nous étions missionnaires, et la dernière cérémonie surtout ne nous convenait pas.

« On nous avait fait toucher de force les patentes, et on ne pouvait pas dire que nous eussions accepté. Cependant, pour prévenir toute supercherie, nous protestâmes publiquement en réservant notre liberté entière. Là-dessus, l'assemblée se sépara, émue d'une conduite à laquelle personne ne concevait rien. Le roi, informé de ce qui s'était passé, voulut nous ôter les moyens de réclamer, et fit partir, dès le lendemain, le mandarin qui nous avait présenté ses dangereuses faveurs. »

Sans s'embarrasser de cette ruse, les captifs lui adressèrent directement une pétition, et le supplièrent de ne point les contraindre à accepter une dignité dont les obligations étaient incompatibles avec leur devoir, et dont ils n'avaient nul besoin pour être prêts à l'obliger.

La requête demeura sans réponse, mais le silence

qu'on affecta de garder, prouva que le roi avait compris ; néanmoins, il ne changea pas ses plans.

Il envoya par tout le royaume des commissaires pour faire le catalogue des églises, prendre note de leur longueur, de leur largeur et du nombre de pièces de bois qui entraient dans leur construction ; ainsi au premier signal on pouvait venir les enlever pour en faire des magasins à fourrage, des greniers à riz, des pagodes, etc.

Cependant, le Tonkin était resté calme, les missionnaires avaient repris leurs travaux au grand jour, et M. Journoud[1] écrivait de Ke-so « qu'il avait toute liberté d'action et ses chrétiens également. »

« Nous allons à l'administration comme s'il n'y avait rien à craindre, disait M. Jeantet dans une lettre à M. Langlois, nous payons de notre personne et l'on ne pense plus à l'ordonnance du roi. »

La faveur dont avait joui l'évêque d'Adran faisait encore planer son ombre protectrice sur la tête des ouvriers apostoliques ; et de plus il y avait des mandarins chrétiens dont les païens n'osaient braver la colère, ou avec lesquels ils étaient liés d'amitié.

De leur côté, les captifs de Hué prenaient autant de liberté que les gardes leur en laissaient. N'osant guère aller chez les fidèles que les soldats auraient dénoncés, ils se dédommageaient en expliquant la religion aux païens. Le roi leur envoyait-il un livre ou une inscription à traduire, ils en profitaient pour mettre l'entretien sur Dieu, sur l'âme et sur les principales vérités du christianisme. Lorsqu'ils sortaient en ville et que les gens du peuple, avides de voir des Européens, s'empressaient autour d'eux, ils ne parlaient que de religion. « Il est vrai, dit l'un d'eux, qu'on ne nous

---

1. Du diocèse de Chambéry, parti en 1823

vénérait point comme des ministres de Jésus-Christ, puisque, hélas ! on n'avait pas encore le bonheur de croire en lui ; mais, comme des hommes savants, vertueux, et portant en nous quelque chose d'extraordinaire. »

Devenus amis de leurs gardiens, ils les prièrent de les laisser sortir seuls, au moins les dimanches et les fêtes, afin d'aller dire la messe dans les paroisses voisines. L'autorisation fut accordée moyennant quelque argent donné par les fidèles, et l'on vit pendant la nuit de Noël, quatre soldats monter diligemment la garde à la porte de la prison de M. Gagelin, qui célébrait alors la messe dans deux églises proches de la capitale.

Cependant, cette captivité, même adoucie, leur pesait lourdement ; ils en appelèrent à un de leurs amis, le vice-roi de la Basse-Cochinchine, le plus vaillant des capitaines de Gia-long, Le-van-duyêt, connu aussi sous le nom de Thuong-cong, qui toujours s'était montré bienveillant envers les catholiques, et que sa réputation de bravoure et d'intégrité rendait redoutable à Minh-mang.

Les missionnaires lui écrivirent la conduite artificieuse du roi, l'état pitoyable des paroisses privées de leurs prêtres, et leur douleur de rester prisonniers et inutiles au milieu de tant de besoins.

L'âme honnête du vice-roi s'indigna des procédés du prince. « Quels crimes[1] ont donc commis les maîtres français pour les persécuter ainsi ? s'écria-t-il. C'en est fait du royaume... Les faveurs du roi sont prodiguées aux bonzes, mais les bonzes, qu'ont-ils fait pour le bien du pays ? Le roi ne se rappelle pas les services des missionnaires qui nous donnaient du riz lorsque nous étions affamés, et de la toile lorsque nous étions nus.

1. Arch. M. É., *Lettres du Vén. Gagelin*.

C'est donc par l'ingratitude qu'il entend payer leurs bienfaits. J'irai moi-même à Hué, et je lui parlerai. »

Afin de donner plus de poids à ses observations, il eut soin de choisir dans la correspondance de Gia-long et de Mgr d'Adran les lettres qui mentionnaient les services rendus au prince par le prélat. Il en fit tirer des copies, et, muni de ces pièces de conviction, il arriva à Hué en décembre 1827, et plaida hardiment la cause des maîtres européens.

Les missionnaires, instruits de tout ce qui était tenté en leur faveur, nous ont conservé quelques-unes des fermes paroles du vice-roi de la Basse-Cochinchine à son souverain :

« Comment! nous persécuterions les maîtres européens, dont nous avons, actuellement encore, le riz entre les dents? Qui donc a aidé le feu roi à recouvrer ce royaume? Il paraît que Votre Majesté a bien envie de le perdre de nouveau. Les Tay-son ont persécuté la religion et ils ont été détrônés; le roi de Pégu vient de perdre la couronne pour avoir chassé les prêtres. C'en est fait du royaume, puisque le roi ne se rappelle plus les services des missionnaires. Est-ce que le tombeau du grand maître Pierre [1] n'est pas encore au milieu de nous? Non, tant que je vivrai, le roi ne fera pas cela ; que Votre Majesté fasse ce qu'elle voudra après ma mort. »

Devant ce langage si vrai dans sa sévérité, Minh-mang n'osa poursuivre la campagne commencée; et, après quelques tergiversations, il laissa partir les missionnaires, mais il n'oublia pas leur libérateur, et en 1832, il se vengea en faisant profaner son tombeau.

1. Mgr Pigneau de Behaine.

II

A peine MM. Taberd, Gagelin et le P. Odorico avaient-ils quitté Hué, que le roi eut besoin d'un interprète pour traduire une lettre d'un naturaliste français, M. Diard. Il s'adressa à un indigène qui avait eu des rapports assez fréquents avec les Européens et se vantait de connaître notre langue. Le philologue annamite succomba à l'épreuve, et fut obligé de confesser qu'il ne comprenait rien

On songea à envoyer la lettre à Tourane, où se trouvait alors un négociant bordelais, M. Borel, lorsque l'ignorant interprète, par haine ou pour se tirer d'un mauvais pas, dit aux mandarins :

« Qu'est-il besoin d'aller à Tourane ? N'avez-vous pas ici tout près, au collège ? le Thầy Ninh (nom annamite de M. Jaccard). Ne peut-il pas vous traduire votre lettre sans tant de dérangements ? »

Sur-le-champ, on donna ordre d'amener le missionnaire à Hué, et on l'y retint dans une demi-captivité, au service du roi. Il obtint néanmoins, au commencement, la permission d'habiter une chrétienté voisine de la capitale et refusa toute espèce de traitement, ainsi que le titre de mandarin, pour bien montrer qu'il était à la cour contre son gré. Le roi le traita d'abord avec égards et convenance et l'employa à faire des traductions.

Ce prince se préparant à célébrer le quarantième anniversaire de sa naissance, Jaccard profita habilement de la circonstance et demanda l'autorisation d'ordonner aux chrétiens des prières publiques pour Sa Majesté.

« Puisque les chrétiens veulent prier pour nous, répondit le roi, nous le leur permettons. Toutes les religions de ce royaume font des vœux pour nous ; pourquoi les chrétiens n'en feraient-ils pas aussi ? »

Heureux de cette reconnaissance quasi officielle du culte catholique, Jaccard célébra pendant huit jours des offices solennels.

L'effet de cette manifestation fut excellent; les chrétiens se pressèrent en foule à l'église; les païens y accoururent par curiosité, et parmi eux, on vit plusieurs mandarins supérieurs, un neveu du roi et sa sœur aînée. Les gouverneurs des provinces, apprenant que le culte catholique s'exerçait publiquement aux portes de la capitale, se montrèrent moins hostiles aux fidèles. Les missionnaires profitèrent de cet instant de trêve pour visiter leurs paroisses; ils avaient raison de se hâter, c'étaient les derniers jours de paix et de liberté accordés à l'église de Cochinchine.

Un incident fort ordinaire en Extrême-Orient fut le signal de la persécution.

Le village païen de Co-lao, en Haute-Cochinchine, cherchait depuis longtemps à s'emparer des terres du village chrétien de Duong-son, où résidait M. Jaccard. Au mois de septembre 1830, pendant que les fidèles de Duong-son labouraient leurs rizières, les habitants de Co-lao les insultèrent en les accusant d'empiéter sur leurs propriétés.

L'affaire fut portée au tribunal du sous-préfet, et les païens ne craignirent pas d'y impliquer le missionnaire; par un de ces faux témoignages si fréquents en Annam, ils affirmèrent qu'il était venu à la tête des chrétiens pour piller leurs maisons.

Cette accusation donna à la cause une portée beaucoup plus grave, le juge envoya des huissiers chercher le Maître de religion, qui se contenta de répondre : « Le jour du combat des deux villages, j'ai travaillé du matin au soir à traduire des lettres pour Sa Majesté; les pages qui les ont portées savent que je n'ai pas eu un seul instant de repos; ainsi je n'ai pu me mettre à la tête des habitants de Duong-son. » Les satellites n'eurent qu'à répéter à leur mandarin les paroles du grand interprète[1].

Le juge connaissait assez ses compatriotes et les missionnaires pour être convaincu de l'innocence de l'accusé, mais il redoutait les accusateurs ; il essaya de sortir d'embarras en passant l'affaire à un mandarin supérieur, qui la refusa et obligea M. Jaccard à se présenter devant le sous-préfet.

L'apôtre avait à ce moment gardé quelques illusions sur l'équité de ses juges et sur la bienveillance de Minh-mang, il comptait sur la condamnation des païens.

« Pendant mon séjour chez l'Ong Huyên, écrivait-il[2], j'ai été visité par un certain nombre de mandarins, tandis que d'autres faisaient leur possible pour obtenir justice en ma faveur. L'affaire n'est pas encore finie, mais il est impossible qu'avec les preuves que j'ai données et les contradictions flagrantes qu'avance le village païen, les chefs ne reçoivent pas au moins quatre-vingts coups de bâton. Je me propose, lors de mon jugement, de demander leur grâce, pour leur prouver qu'un chrétien sait rendre le bien pour le mal. »

Cependant les païens changèrent de tactique. On a raconté depuis que ce fut à l'instigation d'un mandarin très au courant des intimes désirs de Minh-mang ; la chose n'aurait rien d'étonnant, comme la suite du récit le prouvera ; au lieu de poursuivre leur accusation de vol et de pillage, les chefs de Co-lao accusèrent donc le prêtre d'enseigner une religion fausse et condamnée par les lois, et les chrétiens de ne connaître ni règles ni bienséances.

Au jour fixé, M. Jaccard se présenta au tribunal du mandarin. Fidèles et infidèles, réunis dans la salle, se

---

[1] Titre que les Annamites donnaient à M. Jaccard.
[2] Arch. M.-É. *Lettres de M. Jaccard.*

pressaient avec des sentiments bien divers, pour entendre la réponse du maître de laquelle dépendait, croyaient-ils, la victoire ou la défaite. Après avoir écouté attentivement les paroles de ses adversaires, Jaccard se leva, aborda les chefs d'accusation et fit une plaidoirie en règle.

Il commença par demander une explication catégorique des reproches qu'on faisait aux chrétiens de ne connaître ni règles ni bienséances.

Les païens n'avaient pas prévu l'apostrophe; ils manquaient de preuve, ce qui est le côté faible de beaucoup de leurs plaintes; ils ne répondirent pas. Ce silence, équivalant à l'aveu de leurs mensonges, fournit une arme au missionnaire, il retourna contre ses adversaires leurs propres accusations, en s'appuyant sur des faits notoires. Il fit ensuite observer au juge que les catholiques supportaient, sans exception, toutes les charges publiques, et qu'on ne les avait jamais surpris au nombre des perturbateurs de la paix du royaume.

Quant aux griefs tirés de la religion, il observa que sur ce point l'accusation renfermait beaucoup plus de haine que de connaissance des lois. Après un rapide exposé des principaux articles du dogme et de la morale évangéliques, afin de rendre hommage à leur divin Auteur, en les mettant en parallèle avec les enseignements de la doctrine bouddhique, il prouva que les princes les plus vertueux avaient jusqu'alors honoré la religion de Jésus-Christ. « Le dernier roi, dont la mémoire sera longtemps en vénération, l'illustre Gia-long, n'avait-il pas autorisé la reconstruction des églises renversées par les rebelles? Bien plus, sous le règne de ce glorieux monarque, pleine liberté avait été accordée à l'exercice du culte catholique. Il est vrai que depuis, Minh-mang a été sollicité, par quelques mandarins, de prendre des mesures de rigueur contre les chrétiens, mais Sa Majesté, plus sage et plus juste que ses courtisans, n'a pas porté le décret qu'ils lui demandaient.

« Enfin, ajoutait-il, en 1826, lorsque les Maîtres européens furent mandés à la cour, l'ordonnance royale ne portait aucune prohibition contre leur religion, elle disait seulement que le souverain désirait avoir près de lui des interprètes des langues occidentales. »

Ce dernier raisonnement était très habile et révélait manifestement la mauvaise foi et l'ardeur ignorante des païens; par malheur, il se basait bien plus sur le texte des décrets de Minh-mang que sur ses dispositions réelles. Quoi qu'il en soit, le juge, peu habitué à entendre des logiciens de la force du missionnaire, fut très frappé de la vigueur et de la clarté de son argumentation, et il avoua que le Maître avait raison, qu'aucune loi d'État n'interdisait la profession du christianisme.

« Vous pensiez, dit-il aux païens, que cet homme étant étranger et d'une figure extraordinaire, c'était un sot qui en passerait par où vous voudriez! Voyez maintenant ce qu'il en est; je vous avais dit, au commencement, de ne pas lui chercher querelle. »

Les accusateurs étaient atterrés, les chrétiens dans l'allégresse et les indifférents disaient en comparant leurs juges avec le missionnaire : « Quel bon mandarin ferait cet Européen. » Cependant la partie était loin d'être gagnée ; car de civile, la cause était devenue absolument religieuse, et ne pouvait plus être jugée par un simple sous-préfet, elle fut donc déférée aux magistrats de la capitale.

L'attitude du missionnaire fut aussi résolue devant eux qu'elle l'avait été devant le sous-préfet.

M. Jaccard était d'ailleurs véritablement trempé pour la lutte. Né le 6 septembre 1799 à Onnion, en Savoie, de pieux parents que le souffle de la Révolution n'avait pas touchés, il avait commencé ses études au collège de

Mélan, dont la fondation, avons-nous raconté, avait été aidée par un directeur du Séminaire des Missions-Étrangères, M. Boiret. Il s'y fit remarquer par une grande persévérance dans le travail et par un caractère vigoureux. Il partit en 1823 pour la Cochinchine où il devait noblement représenter l'apostolat dans ce qu'il a de plus beau et de plus chevaleresque : l'héroïsme dans la souffrance. Dès les premiers interrogatoires qu'il eut à subir, il montra toute son énergie. Questionné s'il avait prêché la religion au village de Duong-son, il répondit :

— Etant venu en Cochinchine pour enseigner la religion, je l'ai prêchée, je la prêche, et je la prêcherai jusqu'à ce qu'il ne me soit plus possible de le faire, et à tous ceux qui ont voulu et voudront m'entendre.

— Avez-vous des livres et autres articles de religion ?

— Etant Maître de religion, il n'est guère à supposer que je manque de ces objets.

— Il faudra les livrer, pour qu'ils soient examinés.

— Le roi sait que je suis dans ses États, pour y prêcher la religion, de plus il me fait l'honneur de m'employer à son service ; s'il lui plaît de confisquer tout ce qui m'appartient, on verra. Mais, quant aux effets de religion, on me coupera plutôt la tête, que de me décider à les livrer pour être profanés ; et si vous y touchez, je trouverai le moyen d'adresser mes plaintes à Sa Majesté.

Dans ce dialogue rapide et animé, qui recommença plusieurs fois M. Jaccard ne faiblit pas ; souvent il eut à combattre la perfidie de ses juges, qui négligeaient d'enregistrer ses réponses ou les modifiaient à leur guise. Les chrétiens furent également interrogés sur leur foi, beaucoup plus que sur leur attitude vis-à-vis des habitants de Co-lao.

La sentence fut enfin portée ; elle fut inique, le premier chef du village de Duong-son était condamné à mort, le second à la déportation perpétuelle au Cambodge, et tous les habitants, hommes et femmes, à l'exil en Moyenne-Cochinchine.

On ajoutait que M. Jaccard méritait également une condamnation sévère, mais que sa qualité d'étranger au service du roi ne permettait pas aux mandarins de le frapper selon ses crimes, et l'on priait Sa Majesté de choisir elle-même sa punition. Cette sentence ne satisfit pas Minh-mang, car elle lui laissait la responsabilité du châtiment à infliger au missionnaire, et il trouvait encore prématuré de l'endosser.

Remis entre les mains des onze ou douze mandarins qui composaient le haut tribunal des causes criminelles, le jugement fut deux fois remanié et deux fois refusé par le prince. Comprenant enfin la secrète pensée de leur maître, les mandarins rendirent un troisième arrêt par lequel ils condamnaient à mort avec sursis, M. Jaccard et le premier chef de la chrétienté, et les autres accusés chrétiens à des peines diverses. Cette fois Minh-mang ratifia la sentence. Puis, satisfait d'avoir porté ce premier coup et préparé ainsi l'opinion publique, il voulut se montrer modéré, il déclara avec une pompeuse hypocrisie vouloir faire grâce de la vie au prêtre européen, et il le condamna simplement à servir comme soldat dans ses armées.

Cette commutation de peine était accompagnée d'une note insultante. « Le roi, y était-il dit, s'est déterminé à cet acte de clémence, parce que le maître étranger n'est qu'un barbare, ignorant les lois du pays, et venu en Annam uniquement pour gagner sa vie, en trompant le peuple par la prédication d'une religion fausse. »

M. Jaccard fut alors forcé de venir résider à Hué, où sa situation, pendant quelques mois, ne fut pas autrement changée, le roi l'employant, comme par le passé, à des traductions. Dans le courant de septembre, Minh-mang lui ayant demandé l'explication de plusieurs gravures représentant des sujets tirés de l'Ancien et du Nouveau Testament, le pieux confesseur saisit avec empressement l'occasion de lui faire connaître les principaux points de la doctrine catholique : l'existence de Dieu, l'immortalité de l'âme, les peines et les récompenses de la vie future; et il lui fit remettre l'abrégé de l'Écriture Sainte à l'usage des païens qui veulent s'instruire de la religion.

Le souverain se montra fort offusqué de cette audace; après avoir fait copier le livre, il le renvoya aux grands mandarins du conseil, ceux-ci appelèrent le missionnaire, firent brûler le livre en sa présence et lui ordonnèrent de jeter au feu tous les livres de religion qu'il conservait encore... Jaccard refusa d'obéir; sommé quelques jours plus tard de détruire tous les objets religieux restés en sa possession, il refusa également. Le mandarin insista vivement; son dernier mot est typique, il peint d'un trait sûr et vif le caractère annamite, à moins hélas! que ce ne soit le caractère des hommes en général.

— Au moins si vous avez encore chez vous quelque objet suspect, faites-le disparaître. Vous ne craignez rien, c'est fort bien; mais moi, je crains beaucoup; si le tribunal trouve chez vous quelque effet de religion, c'est sur moi que retombera la faute.

Ainsi finit l'interrogatoire.

III

Dans les provinces, des escarmouches avaient lieu, présageant la grande bataille.

En 1831 et en 1832, des ordres furent donnés de surveiller les chrétiens que les satellites ne se gênèrent plus pour molester.

Les prêtres indigènes se montrèrent braves. On a gardé le souvenir d'un remarquable acte de sang-froid du P. Duyêt.

En 1831, le vendredi saint, ce prêtre célébrait l'office divin au milieu d'une assemblée réunie à la hâte, lorsqu'un mandarin vint envelopper l'église avec ses troupes. Un soldat, le sabre à la main, se précipite dans le sanctuaire, se place sur le marchepied de l'autel, et mettant la pointe de son arme sur le cou du célébrant, il lui crie : — Si tu bouges, je te coupe la tête!

A cette menace, le prêtre, sans changer d'attitude, tourne légèrement la tête du côté du satellite, le regarde d'un air indifférent, et continue l'office avec calme et recueillement.

Après avoir lu la Passion, il descend de l'autel pour adorer et faire adorer la croix ; le soldat le suit et ne le quitte pas un instant, tandis que le mandarin, resté au bas de l'église, fait préparer la cangue qu'il destine à l'intrépide Duyêt.

De pareils actes étaient bien faits pour encourager les chrétiens à la lutte, et récompensaient largement la Société des Missions-Étrangères de ses sacrifices en faveur du clergé indigène.

Cependant, poursuivant toujours ses desseins, Minhmang se fit adresser, par ses principaux mandarins, une requête en forme contre le christianisme, et y répondit par un édit daté du 6 janvier 1833.

Répétant les calomnies vieilles de dix-huit cents ans, il accusa les prêtres de séduire les femmes et d'arracher les yeux aux malades, traita les chrétiens d'hommes ignorants, stupides, incapables de discerner entre ce qui convient et ce qui ne convient pas, et il conclut par ces injonctions :

« En conséquence, nous ordonnons à tous ceux qui suivent cette religion, depuis le mandarin jusqu'au dernier du peuple, de l'abandonner sincèrement, s'ils reconnaissent et redoutent notre puissance. Nous voulons que les mandarins examinent avec soin si les chrétiens qui se trouvent sur leur territoire se préparent à obéir à nos ordres, et qu'ils les contraignent de fouler, en leur présence, la croix aux pieds ; après quoi, ils leur feront grâce pour cette fois. Pour les maisons du culte et les habitations des prêtres, ils devront veiller à ce qu'elles soient entièrement rasées, et dorénavant, si quelqu'un de nos sujets est reconnu coupable de professer ces coutumes abominables, il sera puni avec la dernière rigueur, afin de détruire dans sa racine la religion perverse.

« Ceci est notre volonté. Exécutez-la. »

Cet édit ne contenait qu'une partie de la pensée du souverain, qui ajouta contre les missionnaires un article secret où se dévoile sa ruse entière qu'il eut soin d'étayer sur des principes de sagesse humaine, heureusement parfois mieux employés.

« Il est bon d'agir en cette affaire avec prudence, selon la maxime qui dit[1] : « Si tu veux détruire une mauvaise coutume, détruis-la avec ordre et patience ; » et cette autre : « Si tu veux extirper la race des méchants, prends la cognée et frappe à la racine. » Suivons donc le conseil des sages, pour réussir certainement dans une affaire si importante.

« Ainsi nous ordonnons à tous les gouverneurs de province et à tous nos mandarins supérieurs :

« 1° De s'occuper à instruire sérieusement leurs infé-

[1]. Dans les livres de Confucius.

rieurs, qu'ils soient mandarins, soldats ou peuple, de manière qu'ils se corrigent et abandonnent la religion perverse ;

« 2° De s'informer exactement de l'emplacement des églises et des maisons de religion dans lesquelles les maîtres réunissent le peuple, et de détruire tous ces édifices sans délai ;

« 3° D'arrêter les maîtres de religion, mais en ayant soin d'user plutôt de ruse que de violence ; les maîtres européens, il faut les envoyer promptement à la capitale, sous prétexte d'être employés par nous à traduire les lettres ; les maîtres du pays, vous les retiendrez au chef-lieu de vos provinces, et vous les garderez strictement, de peur qu'ils ne s'échappent ou n'aient des communications secrètes avec le peuple, ce qui maintiendrait celui-ci dans son erreur.

« Vous, préfets et gouverneurs de province, conformez-vous à notre volonté ; surtout agissez avec précaution et prudence, et veillez à n'exciter aucun trouble. C'est ainsi que vous vous rendrez dignes de notre confiance.

« Nous défendons de publier cet édit, de peur que la publication n'amène des troubles. Dès qu'il vous sera parvenu, vous seuls devez en prendre connaissance. Obéissez. »

La Société des Missions-Étrangères allait descendre dans l'arène, et ses prêtres, marchant sur les glorieuses traces de Mgr Dufresse, couronner leur front de l'auréole des martyrs.

Le premier témoin de Jésus-Christ fut François-Isidore Gagelin, né en 1799 à Montperreux, en Franche-Comté ; il avait accompli ses premiers travaux en Basse-Cochinchine, avait entamé quelques conversions parmi la population malaise de Chau-doc, et franchi la frontière cambodgienne pour prêcher la foi aux tribus riveraines du golfe de Siam.

D'un zèle un peu austère, d'une humilité qui ne cachait qu'incomplètement son énergie native, d'une gravité calme que n'éclairait aucune saillie, que ne traversait aucun trait de vivacité ou de joie intempérante, il a été bien caractérisé par cette appréciation d'un de ses amis. « L'ensemble de la conduite de M. Gagelin me frappe plus que tous les mots heureux, que toutes les sentences qui seraient sorties de sa bouche. »

Il était alors provicaire de Mgr Taberd et chargé des paroisses des provinces du Phu-yen et du Binh-dinh. Il eut la douleur d'apprendre que, dès le début de la persécution, de malheureux chrétiens avaient foulé la croix aux pieds. L'apostasie n'était le fait que d'une infime minorité, et encore n'était-elle qu'une apostasie de bouche; car, au fond du cœur, l'avenir le devait prouver, les malheureux gardaient leur foi pleine et entière. Néanmoins, cette faute jeta le missionnaire dans la consternation; et comme beaucoup d'autres cœurs héroïques, comme de Martiliat, de Saint-Martin, Dufresse, il espéra arrêter ou calmer la persécution en se livrant[1].

Il se remit donc entre les mains d'un sous-préfet du Binh-dinh[2].

Heureux de cette capture et désireux de grandir son nom et ses services, le mandarin se garda de dire que le missionnaire était venu le trouver. Il fit sonner bien haut l'habileté qu'il avait déployée pour s'emparer d'un malfaiteur si dangereux.

Conduit d'abord à la préfecture, M. Gagelin fut ensuite, par ordre du roi, transféré à la capitale.

La dernière fois qu'il était venu dans cette ville, on lui

---

1. Il avait demandé et obtenu de son évêque la permission de se livrer.
2. Le sous-préfet de Bong-son. *Les 52 Serviteurs de Dieu*, t. 1, p. 35.

avait donné un appartement au palais des ambassadeurs, des serviteurs, de l'argent, même le titre de mandarin qu'il avait refusé. Les temps étaient changés, on le jeta en prison.

Semblables aux cachots siamois ou chinois, les prisons annamites sont de ténébreux et affreux réduits peuplés de malheureux, hâves, déguenillés, couverts de vermine, mal nourris, chargés pendant le jour d'une cangue et de ceps pendant la nuit.

Le nouveau captif resta sept semaines dans cet infect cachot, menant une vie de prière et de recueillement.

Pendant cet intervalle, il n'eut à subir aucun interrogatoire ; le fait est exceptionnel, mais facilement explicable.

Minh-mang, qui avait été témoin de la courageuse attitude du confesseur en 1827 et en 1828, savait pertinemment que celui-ci ne renoncerait pas à sa foi, et de plus ayant donné des ordres secrets contre les missionnaires, il ne voulait pas trop vite dévoiler ses cruels desseins. Inaugurant la persécution sanglante contre ceux à qui son père avait dû le trône, il n'était pas sans se demander l'impression qu'elle produirait et préférait mettre les chrétiens et même les païens bienveillants en face du fait accompli. La détention de l'apôtre fut adoucie par de nombreuses visites que lui fit M. Jaccard. Mais le 11 octobre, les deux missionnaires eurent défense de se voir ; la mort de Gagelin était résolue ; elle venait d'être précédée par le martyre d'un prêtre indigène du Tonkin, Pierre Tuy, arrêté le 25 juin de cette même année, dans un village païen où il avait été administrer un malade ; il avait refusé de sauver sa vie en déclarant qu'il était médecin, et, malgré la bienveillance des mandarins qui avaient écrit sur lui un rapport favorable, Minh-mang avait porté contre lui une sentence capitale. Cette condamnation annonçait celle du prêtre européen. Forcés d'obéir aux ordres qui les éloignaient l'un de l'autre, Jaccard et Gagelin eurent entre eux une correspondance fréquente. Du 12 au 17 octobre, ils échangèrent douze lettres, les premières courtes et brèves sont de simples billets comme on en envoie à ses meilleurs amis, lorsqu'on est brusquement frappé par une vive émotion; les dernières sont plus longues, plus calmes, avec cette gravité qu'impose la pensée de l'éternité qui s'approche.

Dès le 12 octobre, M. Jaccard prévint le captif du sort qui l'attendait[1] :

« Je crois devoir vous annoncer sans détour, bienheureux confrère, que nous avons appris que vous êtes condamné à mort, pour être sorti du Dong-naï, où le roi vous avait permis de rester, afin d'aller dans diverses provinces, pour y prêcher la religion. D'après ce que nous avons entendu, vous êtes condamné à mourir par la corde. J'espère que, si le bon Dieu vous accorde la grâce du martyre que vous êtes venu chercher si loin, vous n'oublierez pas votre pauvre confrère que vous laissez derrière vous. Mon plus grand regret est que je ne puisse aller vous voir. Je verrai si, avec de l'argent, je pourrai pénétrer jusqu'à vous. Le roi n'a pas encore assigné le jour de votre exécution; si je puis le connaître, je ne manquerai pas de vous le faire savoir. »

Gagelin s'étonna de cette nouvelle qu'autour de lui ses gardes affirmaient être fausse. Il ne se croyait condamné qu'à l'exil. Le 13, Jaccard lui affirma une seconde fois qu'un jugement capital était porté contre lui.

Le lendemain, le futur martyr lui répondit par cette touchante lettre[2] :

1. Arch. M.-É. *Lettres du Vén. Jaccard.*
2. Arch. M.-É. *Lettres du Vén. Gagelin.*

« Monsieur et très cher confrère,

« La nouvelle, que vous m'annoncez, que je suis irrévocablement condamné à mort, me pénètre de joie jusqu'au fond du cœur. Non, je ne crains pas de le dire, jamais nouvelle ne me fit tant de plaisir, les mandarins n'en éprouveront jamais de pareil. *Lætatus sum in his quæ dicta sunt mihi, in domum Domini ibimus.* « Je me suis réjoui de ce qui m'a été dit; nous irons dans la maison du Seigneur. » La grâce dont je suis bien indigne a été, dès ma plus tendre enfance, l'objet de mes vœux les plus ardents; je l'ai spécialement demandée, toutes les fois que j'élevais le précieux sang au saint sacrifice de la messe. Dans peu, je vais donc paraître devant mon juge, pour lui rendre compte de mes offenses, du bien que j'ai omis de faire et même de celui que j'ai fait. Si je suis effrayé par la rigueur de sa justice, d'un autre côté, ses miséricordes me rassurent, l'espérance de la résurrection glorieuse et de la bienheureuse éternité me console de toutes les peines et de toutes les humiliations que j'ai souffertes. Je pardonne de bon cœur à tous ceux qui m'ont offensé, et je demande pardon à tous ceux que j'ai scandalisés. Je vous prie d'écrire à Monseigneur notre Vicaire apostolique, que je respecte et aime bien sincèrement, ainsi qu'à Messieurs nos autres confrères, que je porte tous dans mon cœur. Je me recommande à leurs prières ainsi qu'à celles des prêtres du pays, des religieuses et de toutes les bonnes âmes. Je vous prie d'écrire à MM. les directeurs du Séminaire des Missions-Étrangères, à M. Lombard, missionnaire à Besançon, mon cher père en Jésus-Christ et deux mots à mes parents. Je ne les oublierai pas dans le ciel, où nous nous réunirons tous, je l'espère. Je quitte ce monde, où je n'ai rien à regretter. La vue de mon Jésus crucifié me console de tout ce que la mort peut avoir d'amertumes. Toute mon ambition est de sortir promptement de ce corps de péché, pour être réuni à Jésus-Christ dans la bienheureuse éternité. *Cupio dissolvi et esse cum Christo*[1]. Je n'ai plus qu'une consolation à désirer, celle de vous rencontrer ainsi que le P. Odorico pour la dernière fois. »

« Fr. GAGELIN. »

Le 17 octobre 1833, le bataillon, chargé de conduire M. Gagelin au supplice, se présenta vers sept heures à la porte du cachot, un soldat entra et annonça au captif qu'il allait être transféré dans une autre prison, au Thua-thien.

Le missionnaire venait de réciter son bréviaire, il s'habilla et sortit.

Aussitôt, entouré par les soldats de l'escorte, il comprit à cet appareil inusité que sa dernière heure était venue.

— Me conduisez-vous pour me trancher la tête? demanda-t-il.

— Oui, lui répondit un des gardes.

— Je n'ai pas peur, fit le martyr.

On partit immédiatement, quatre soldats soutenaient les extrémités de la cangue, les autres armés de piques étaient placés de chaque côté, deux mandarins à cheval fermaient la marche. Le cortège se dirigea silencieusement vers le pont qui sépare la capitale du faubourg de Bai-dau.

A la tête du pont, un crieur public portait une planchette, sur laquelle était inscrite la sentence de mort conçue en ces termes :

« L'Européen Hoai-hoa[2] est coupable d'avoir prêché

---

[1]. Je désire tomber en poussière et m'unir au Christ.
[2]. Le nom annamite que son évêque lui avait donné était Kinh, mais le roi l'avait changé en celui de Hoai-hoa.

et répandu la religion de Jésus dans plusieurs provinces de ce royaume. A cause de cela, il est condamné à être étranglé[1]. »

Cette sentence ne laissait aucun doute sur la cause de la mort du missionnaire, elle était explicite et précise. Minh-mang n'avait fait subir aucun interrogatoire à M. Gagelin, il ne lui avait pas demandé de confesser ou de renier Jésus-Christ, c'était une sorte d'hommage qu'il rendait à sa foi, sûr d'avance qu'elle ne faillirait pas. Mais il avait voulu que tous connussent le motif de la mort, aussi l'avait-il exprimé en peu de mots et très clairement. Ignorant des forces de la grâce divine et de la volonté chrétienne, il espérait, en frappant soudainement ainsi un grand coup, terrifier les chrétiens annamites et les prêtres eux-mêmes.

Lorsque plus tard il se verra trompé dans son attente, il multipliera les questions captieuses, les menaces et les tortures.

Tous les cent pas, le crieur public s'arrêtait, frappait quelques coups sur le gong et lisait à haute voix la sentence.

Les païens se pressaient sur les pas du martyr. C'était la première fois qu'ils voyaient un Européen condamné à mort; leur attitude décelait une curiosité mêlée d'étonnement et d'inquiétude; admirant sa fermeté devant la mort, ils comprenaient assez mal les raisons de cette exécution et en craignaient instinctivement les conséquences.

M. Gagelin marchait à grands pas, d'un air tranquille, jetant de temps en temps ses regards sur la multitude qui le précédait.

Arrivés au lieu du supplice, les mandarins comman-

---

1. *Sommaire des procès pour la Béatification*, p. 7, § 9; p. 8, § 12 et suivants.

dent halte, une partie des soldats forment le cercle autour du condamné, les autres enfoncent trois pieux en terre sur une même ligne, et étendent une natte devant celui du milieu. Le missionnaire, témoin de ces préparatifs, regarde autour de lui, et s'informe si on va le décapiter ou l'étrangler; personne ne lui répond.

Sa cangue, tenue par les soldats, ne lui laissant pas la liberté de ses mouvements, il demande à se mettre à genoux pour se préparer à mourir, il n'est pas plus écouté. On le fait asseoir, les jambes étendues sur la natte, le dos appuyé contre le poteau du milieu; deux soldats ouvrent ses vêtements, les abaissent jusqu'à la ceinture; ils lui prennent les mains, les ramènent derrière le dos et les attachent fortement au pieu central. On lui passe au cou une corde dont les deux extrémités s'enroulent autour des pieux fixés à droite et à gauche.

M. Gagelin se prête à tout avec le plus grand calme. Les dispositions achevées, les mandarins font un premier signe, une douzaine de soldats saisissent la corde; à un second commandement, ils la tirent de toutes leurs forces, et le missionnaire exhale le dernier soupir.

Pour s'assurer de sa mort, on lui brûla la plante des pieds, puis son corps fut laissé à la garde des soldats[1].

Un des élèves du P. Odorico, qui avait suivi le martyr, demanda l'autorisation de détacher le cadavre, et ayant été exaucé, il le couvrit d'une natte et s'assit à côté.

La veillée funèbre, si émouvante dans notre Occident, se faisait par une belle et chaude matinée d'octobre; au lieu du cierge bénit, le grand soleil d'Annam éclairait cette scène, les sombres draperies étaient remplacées par des arbres aux lourds feuillages; les spectateurs s'éloignaient peu à peu, pensifs devant l'avenir que cette mort prédisait.

Vers six heures, les soldats permirent au jeune

homme d'enlever le corps, pour lui donner la sépulture. Aidé par un catéchiste de M. Jaccard, l'élève le transporta au village de Phu-cam et un prêtre indigène l'enterra dans le jardin d'une maison particulière. Ce n'était pas encore le dernier acte du drame. Minh-mang n'était pas suffisamment rassuré par cette exécution; il avait lu dans un catéchisme que le fondateur du christianisme était ressuscité trois jours après sa mort.

Il s'imagina que le même prodige pourrait s'opérer en faveur du maître de religion, et il ordonna de rechercher le cadavre et de s'assurer de la mort. Le catéchiste qui avait enseveli M. Gagelin conduisit les mandarins à la tombe et exhuma le corps. On en fit la reconnaissance publique; on s'assura que la vie l'avait quitté, et on prévint immédiatement le roi. Cette nouvelle le calma; il jugea d'après ses idées sur les défunts, que l'Européen, ayant consenti à demeurer tranquille dans sa fosse pendant trois jours, terme fatal, ne se permettrait plus rien d'inquiétant; il commanda donc de le remettre dans le tombeau. Cependant son inquiétude survivait encore à l'examen du cadavre; il enjoignit aux habitants de Phucam de le surveiller, car s'il ressuscitait ou si on l'enlevait, ce seraient eux qui en répondraient sur leur tête.

M. Gagelin a été déclaré Vénérable par Grégoire XVI le 19 juin 1840, en même temps qu'un Cochinchinois décapité six jours après lui, le capitaine Paul Buong.

Son martyre émut les catholiques de France, plus attentifs aux événements d'Extrême-Orient depuis la fondation de la Propagation de la Foi. Les conseils centraux de l'Œuvre, qui considéraient justement tous les missionnaires du monde comme attachés à eux par des liens particuliers d'affection et de dévouement, adressèrent une lettre touchante aux prêtres de la Société des Missions-Étrangères en Cochinchine, et aux néophytes persécutés.

Ils exhortaient ces derniers, au nom de la gloire de Dieu et de la religion, au nom du salut de leurs âmes, à marcher sur les traces de M. Gagelin. Pour relever encore leur courage, ils les entretenaient de la douce espérance que leur père dans la foi, fidèle à sa promesse, les aidait déjà, sans doute, de sa protection. Se rappelant une des dernières paroles du martyr, en l'honneur de leur œuvre :

« Pour nous, disaient-ils, nous ne pouvons nous en souvenir sans une émotion profonde : au jour de son combat et de son triomphe, tournant ses yeux mourants vers ses frères de la Propagation de la Foi, il leur promit dans le ciel un éternel souvenir... Non, non, elle ne sera pas stérile cette sainte bénédiction d'un martyr ; elle ranimera notre zèle, elle inspirera à tant de chrétiens qui en sont dignes par leur foi et leur charité, le désir de joindre leurs offrandes aux nôtres pour alléger le poids de vos tribulations. »

III

Les autres prêtres de la Société en Cochinchine, M. Marchand excepté, étaient passés au Cambodge ou à Siam. Du nombre de ceux qui étaient réfugiés dans ce dernier pays était Mgr Taberd, nommé depuis trois ans évêque d'Isauropolis et Vicaire apostolique, il s'était rendu près du vénérable Mgr Florens pour recevoir la consécration épiscopale. Sa présence à Bangkok fut l'occasion de difficultés sérieuses. Le roi de Siam, à la veille de déclarer la guerre à l'Annam, voulut se servir de lui pour attirer à sa cause les chrétiens de Cochinchine ; il alla même jusqu'à lui demander de pousser les fidèles à la révolte.

Mgr Taberd refusa dignement, et essaya, mais en vain, de faire comprendre au souverain siamois que la persécution ne pouvait rendre les chrétiens infidèles à leur roi et à leur pays. Ce refus lui fit perdre les bonnes grâces du souverain.

La guerre éclata ; les Siamois envahirent les provinces de Ha-tien et de Chaudoc, battirent les troupes de Minh-mang, et mirent le pays à feu et à sang. Les généraux annamites profitèrent de la débandade produite par le pillage pour revenir à la charge ; ils refoulèrent les Siamois vers la côte et les forcèrent à se rembarquer ; mais ils ne purent leur enlever le riche butin et les milliers de captifs faits précédemment. Parmi ces captifs, on comptait environ quatre mille chrétiens, que l'on avait décidés à partir, en leur affirmant faussement que l'évêque les engageait à se réfugier à Siam.

Cette malheureuse guerre rendit Mgr Taberd suspect aux deux peuples ; aux Siamois, parce que malgré les instances du roi et de ses ministres, il avait refusé de pousser les chrétiens de Cochinchine à la révolte ; aux Annamites, qui crurent que le prélat, pendant son séjour à Siam, avait fait déclarer la guerre à leur pays.

Ne pouvant ni rentrer dans sa mission, ni accepter plus longtemps l'hospitalité compromettante du roi de Siam, Mgr Taberd se décida, dans le courant de 1834, à se retirer à Pinang. Ce n'était pas la première fois que les prêtres de la Société se trouvaient ainsi placés par leur devoir entre deux feux : nous avons vu combien la présence et l'échec des Français à Siam en 1686 les avaient compromis, de quelles difficultés ils avaient été enveloppés pendant les longues luttes de la Cochinchine et du Tonkin ; la suite de cette histoire multipliera ces exemples.

Une autre guerre apporta de plus amers déboires aux missionnaires. Le vice-roi de Saïgon, l'ami des chrétiens, était mort en 1832 ; pour se venger de l'opposition qu'il lui avait faite, Minh-mang ordonna de mettre sa tombe à la cangue et de la frapper de cent coups de rotin, peine excessivement infamante chez un peuple respectueux des morts, comme les Annamites. Les officiers du viceroi défunt prirent les armes, afin de venger l'outrage fait à leur ancien commandant. La révolte s'étendit rapidement, et les six provinces de Cochinchine reconnurent l'autorité de Khoi, le chef des rebelles qui prit le titre de généralissime des armées.

Khoi était païen et n'avait nullement la pensée de se convertir au christianisme ; mais par politique, il prit le contre-pied de la conduite de Minh-mang, promit sa protection aux chrétiens et s'efforça de les attirer sous ses drapeaux. Plusieurs fidèles crurent devoir profiter de la sympathie des rebelles pour écrire au Vicaire apostolique et le prier de rentrer à Saïgon. Cette démarche, entreprise à l'insu de tous les missionnaires, devait les compromettre et les faire passer sinon pour les fauteurs, au moins pour les complices de la rébellion. Ces lettres furent saisies à la douane de Ha-tien, les porteurs massacrés, et le bruit se répandit plus fort encore que les chrétiens et leurs prêtres se rangeaient du côté des rebelles.

Mgr Taberd répondit aux accusations par une lettre du 15 juillet 1834 qui fut publiée dans le journal : le *Syngapore Chronicle* et résumée en ces termes par le *Journal asiatique* de Londres (février 1835). « Une lettre signée de Jean-Louis, évêque d'Isauropolis, Vicaire apostolique de la Cochinchine, se plaint des injustes imputations contre les missionnaires catholiques en Cochinchine, insérées auparavant dans un des numéros du journal de Singapore, spécialement contre l'assertion qu'ils furent chassés du pays, à cause qu'on soupçonna les chrétiens d'avoir pris une part active à la révolte qui éclata dans le royaume. L'évêque repousse cette inculpation de la manière la plus satisfaisante. Le décret de persécution contre la religion chrétienne, dit-il, fut porté le 6 janvier 1833, et immédiatement mis à exécution. La révolte, dont les chefs étaient les anciens officiers du vice-roi de Saïgon, mort l'année précédente, et qui étaient tous païens, eut lieu le 6 juillet suivant, et par conséquent six mois après l'édit de persécution.

« Je sais, disait Mgr Tabard, que le chef de la révolte usa de tous les moyens en son pouvoir pour engager les chrétiens à se joindre à son parti; mais je sais aussi qu'ils refusèrent, lui faisant observer que la religion de Jésus-Christ, qu'ils professaient, leur imposait le devoir d'être fidèles et soumis au souverain légitime; et ne leur permettait aucunement de prendre part à la révolte. Mais lorsque le chef de la rébellion fut en possession pleine et entière du pouvoir, alors seulement les chrétiens furent obligés de se soumettre à son autorité, comme tous les autres habitants. Comment auraient-ils pu résister à la force? »

« Quant à moi, conclut en terminant l'évêque, ayant été averti secrètement, en février 1833, que sa Majesté cochinchinoise avait donné des ordres d'arrêter tous les missionnaires, et moi en particulier, comme leur chef, et de nous conduire à Hué, la capitale du royaume, je crus expédient de suivre le conseil du divin Maître : « Lorsqu'on vous poursuivra dans un endroit, fuyez dans un autre. » Je m'enfuis donc avec les missionnaires, mes compagnons, dans le royaume de Siam, d'où, grâce à Dieu, j'ai eu aussi le bonheur de m'échapper, pour me réfugier sous la protection d'un gouvernement généreux et libre, en attendant le moment où il plaira à la Providence de m'ouvrir une voie, pour aller rejoindre et consoler mes pauvres ouailles. »

À Hué, M. Jaccard et le P. Odorico ne tenaient pas un autre langage: Minh-mang leur fit présenter par un mandarin une lettre préparée d'avance dans le conseil royal, et leur ordonna de la signer, afin d'éloigner les chrétiens du parti des rebelles.

Moyennant cette complaisance, il promettait vaguement l'amnistie aux fidèles et la liberté aux prêtres. Ceux-ci prirent plusieurs heures de réflexion, motivées par la teneur de la lettre, où se mêlaient des déclarations vraies et fausses, et par l'accusation de rébellion qu'elle contenait contre les chrétiens. La signer n'était-ce pas reconnaître qu'il y avait des rebelles parmi les catholiques, même qu'il y en avait beaucoup? Or, le fait était absolument faux; et puis la promesse de pardon n'était accompagnée d'aucun témoignage de la parole royale.

Les mandarins n'étaient pas hommes à s'arrêter devant ces obstacles. Ils écartèrent le premier, en disant que la lettre étant seulement adressée aux chrétiens rebelles, elle serait sans objet, si tous étaient fidèles, et le second, en écrivant immédiatement au nom du roi une assurance positive de pardon.

Les captifs n'avaient qu'une médiocre confiance en cette garantie si facilement accordée; mais, dans la crainte de paraître de connivence avec les rebelles, ils donnèrent leur signature. Cependant, toujours inquiet de l'emploi que Minh-mang comptait faire de cette pièce, M. Jaccard proposa aux mandarins d'écrire directement aux chrétiens. « Cette démarche, ajouta-t-il, conviendrait mieux aux missionnaires, que de signer un écrit dont ils ne sont pas les auteurs[1]. »

Informé de cette proposition, le roi permit de composer cette lettre, se réservant de l'envoyer ou non.

La lettre fut rédigée pendant la nuit et envoyée au souverain le lendemain matin; le surlendemain, un mandarin la rapporta en disant qu'elle ne plaisait pas à

---

[1]. Arch. M.-É. *Lettres du Vén. Jaccard.*

Sa Majesté. Elle était belle et sage pourtant, cette lettre désapprouvée par Minh-mang, et le langage des missionnaires était animé du plus pur esprit chrétien. En voici des extraits :

« Mes chers frères, on nous dit que des chrétiens se trouvent parmi les rebelles de Dong-naï.

« Jusqu'à présent, les missionnaires se sont glorifiés de ce que les fidèles sont les sujets les plus soumis à l'autorité royale ; aujourd'hui votre conduite les afflige et compromet la religion. Permettez-nous de vous rappeler nos enseignements, et de vous faire souvenir de vos prières, où vous demandez les bénédictions du ciel pour ceux qui gouvernent ce royaume. N'étiez-vous pas habitués à considérer le roi comme le représentant de Dieu ? Vous ne pouvez pas plus changer cet ordre providentiel, que vous ne pouvez réformer la religion établie par Jésus-Christ. N'oubliez pas non plus les exemples et les leçons de l'illustre évêque d'Adran, qui a tant contribué à l'affermissement du trône.

« — Vous nous direz sans doute : Nous nous révoltons, parce que les mandarins ont abattu nos églises et persécutent les chrétiens ? Mais nous vous répondons par ces paroles de Jésus-Christ : *Heureux ceux qui souffrent persécution pour la justice, car le royaume des cieux leur appartient.* D'ailleurs, vous fuyez un mal pour en essuyer un plus grand, si vous êtes vaincus ; et en outre vous encourez les sévères jugements de Dieu. Considérez aussi les calamités que la guerre attire sur vos compatriotes ; combien souffrent de la faim et trouvent la mort dans les combats ! Vous devenez responsables non seulement de la souffrance de vos frères, mais encore de leur sang répandu, au mépris du cinquième commandement de Dieu. Pourriez-vous vous croire exempts de péché mortel, en égorgeant *ceux que vous devez aimer comme vous-mêmes?* Plût à Dieu, que vous puissiez entendre les gémissements des fidèles déplorant votre conduite et votre sort. N'êtes-vous pas effrayés du triste état où la guerre a réduit les villes et les campagnes?...

« Enfin, nos très chers frères, nous vous prions de considérer attentivement ce que nous venons de vous dire, ensuite vous choisirez entre ces deux partis, ou de rester les sujets obéissants du roi, ou d'être les instruments d'une troupe de rebelles. Nous sommes persuadés que plusieurs se repentent déjà de leur égarement; mais ils n'osent plus faire leur soumission dans la crainte d'être condamnés à mort. Or, nous vous annonçons que le roi vous pardonne si vous quittez les séditieux. »

Minh-mang prit le parti d'écrire lui-même une lettre, d'y apposer le nom des deux missionnaires et de l'expédier à Saigon.

La ruse ne réussit pas; les chrétiens ne reconnurent pas dans les lignes sévères du roi, la parole de leurs pères dans la foi; ils soupçonnèrent l'intrigue et, sans prendre part à la guerre, restèrent dans les provinces soumises aux rebelles.

Cet insuccès amena l'arrêt de mort de Jaccard et du franciscain Odorico.

A la cour, on s'effraya de cette mesure. La reine-mère et plusieurs grands mandarins prièrent le prince de commuer cette peine en celle de l'exil; il y consentit.

Les deux confesseurs de la foi furent déportés à Ailao, sur les frontières de la Cochinchine et du pays des sauvages. C'était les condamner à une mort plus lente et plus douloureuse, car le climat de ce pays est malsain et presque tous les étrangers succombent à la fièvre. Tel était d'ailleurs le but de Minh-mang, qui pour être plus sûr de réussir, il avait même secrètement enjoint de laisser les missionnaires mourir de faim; le dévouement des fidèles et la pitié du mandarin firent en partie avorter ces ingénieuses précautions de la haine. Le prêtre de la Société des Missions-Étrangères résista à la misère et à la maladie; mais le P. Odorico mourut le 25 mars 1834, ce fut le dernier fils de la grande lignée de saint François qui évangélisa le royaume annamite. Cependant la guerre civile continuait toujours en Basse-Cochinchine. Khoi voulut absolument, dans l'intérêt de ses armes, persuader au pays que les prêtres et les chrétiens s'étaient rangés de son côté; il fit saisir et amener à Saïgon le seul missionnaire qui n'eût pas quitté la contrée, M. Marchand, caché depuis plusieurs années dans une chrétienté reculée des provinces du sud-ouest, à Mac-bat, et il lui assigna une résidence aux environs de Saïgon, dans la paroisse de Cho-quan. Marchand était captif, il ne pouvait s'opposer à la force, mais sa volonté restait libre, et quand on lui proposa de s'associer aux rebelles, il refusa bien haut; Khoi insistant, il refusa de nouveau et plus énergiquement.

La division s'étant mise parmi les chefs de la révolte, Khoi fut abandonné de son principal lieutenant, et n'eut bientôt plus d'autre refuge que la citadelle de Saïgon; avant de s'y renfermer, il fit enlever M. Marchand pour le garder sous sa main. Un matin, on vit arriver à Cho-quan plusieurs officiers à cheval, avec un éléphant bien caparaçonné pour servir de monture au missionnaire. M. Marchand fut enfermé dans la citadelle avec les révoltés.

Un jour, Khoi le manda chez lui et lui proposa de signer plusieurs lettres à envoyer dans les principales chrétientés, pour appeler les fidèles à prendre les armes; le missionnaire rejeta cette proposition avec horreur, et, se levant, prit les lettres qui étaient toutes préparées sur la table et les jeta au feu, au risque de se faire de Khoi un ennemi mortel.

Enfermé pendant dix-huit mois dans la citadelle, sans pouvoir communiquer avec ses confrères, il épanchait les tristesses de son âme dans une lettre écrite à son évêque. Cette lettre, que l'on conserve comme une relique au séminaire des Missions-Étrangères, est le seul souvenir qui nous reste de l'apôtre. En voici les principaux passages[1] :

« Du fort de Saïgon, 24 septembre 1834.

« Les chefs (des révoltés) m'ont demandé de leur indiquer la manière de faire des étendards semblables à celui de Constantin ; je m'en suis excusé de toutes mes forces (c'est le P. Phuoc[2] qui leur a parlé du fameux *labarum* de Constantin), leur apportant pour raison que si la divine Providence n'a pas décidé en leur faveur, tout retournera au désavantage de la religion, et *cætera*. Ils disent que maintenant ils ont la foi en Dieu, que par conséquent il ne peut en résulter que du bien.

« Il y a aujourd'hui un mois, Monseigneur, que le prince envoya des ambassadeurs chrétiens à Siam, m'ayant d'abord chargé d'écrire à leurs Grandeurs de Siam et de Cochinchine de revenir en paix ici. Maintenant, j'ose prier Sa Grandeur et mes confrères de rester où ils sont, me laissant seul, intrigué et supportant tout le poids de la persécution et de la guerre.

« ... On a détruit hier l'église de Cho-quan, la guerre dans ce pays-ci est un brigandage. Il n'y a plus moyen de fuir ni de s'évader. Un de ces quatre matins, si le bon Dieu n'a pitié des siens, je vais peut-être finir mes jours et la religion les siens, *quod avertat Deus!* L'on dira que c'est moi qui en suis la cause : peu importe, pourvu que l'on dise faux. »

1. Arch. M.-É. *Lettres du Vén. Marchand*.
2. Prêtre indigène qui était alors curé de Cho-quan.

IV

Les tristes prévisions du martyr n'allaient pas tarder à se réaliser. Le 8 septembre 1835, au matin, M. Marchand célébrait la messe, lorsqu'il entendit les cris de victoire des assiégeants et les clameurs désespérées des victimes que l'on massacrait; il eut le temps d'achever l'auguste sacrifice, et déposait les vêtements sacrés, quand un capitaine, entrant dans la chapelle avec une troupe de soldats, lui asséna sur les reins un coup si violent qu'il le renversa. Aussitôt les assaillants se précipitent sur le prêtre, le chargent de fers, l'enferment dans une cage longue d'un mètre, large de soixante à soixante-dix centimètres et haute de quatre-vingts à quatre-vingt-dix centimètres, en sorte qu'il ne pouvait s'y tenir que replié sur lui-même [1].

Les vainqueurs massacrèrent 1,994 personnes trouvées dans la citadelle; sur ce nombre, on compta seulement 66 chrétiens, dont une quarantaine de femmes et d'enfants. Il était donc clairement démontré que cette révolte n'avait été ni tramée, ni soutenue par les catholiques, comme on l'avait tant de fois proclamé.

Ces fidèles furent néanmoins condamnés à avoir les membres coupés aux jointures et le corps fendu en quatre.

Tous subirent courageusement cet affreux supplice excepté quelques enfants dont les mandarins eurent pitié.

Restaient les principaux coupables, ceux qu'on regardait comme les chefs de la rébellion ; ils étaient au nombre de six, parmi lesquels on avait naturellement

---

[1]. *Sommaire des procès apostoliques pour la Béatification du Vén. Marchand.* p. 771, § 36; p. 181, § 73-74, p. 185, §87; p. 186, § 90.

compris M. Marchand. Le roi avait là une trop belle occasion d'assouvir sa haine contre les prédicateurs de la religion, en faisant passer l'apôtre de l'Évangile pour rebelle et fauteur de révolte; il se garda bien de la laisser échapper.

Les six prisonniers furent conduits à Hué, où ils arrivèrent le 15 octobre 1835.

Le lendemain commença l'interrogatoire suivi du plus atroce supplice, qu'un prêtre des Missions-Étrangères ait eu à subir. L'histoire de nos martyrs se déroule depuis plus de deux siècles sur les plages longtemps inhospitalières de l'Extrême-Orient; elle n'enregistre dans aucune de ses annales des tortures aussi barbares; l'esprit traversé par cette horrible vision frémit, pendant que par un retour subit il admire le courage héroïque de la victime. On ne connaît plus dans nos Sociétés chrétiennes cette effrayante barbarie qui rappelle les plus mauvais jours du monde; l'homme le plus cruel, parce qu'il est chrétien, ou simplement parce qu'il est imprégné de civilisation chrétienne, ne se repaît plus avec cette jouissance effroyable de la souffrance et du sang humain.

Le caractère de la bête, imprimé tout entier encore dans l'âme du païen, s'est affaibli considérablement quand il n'a pas complètement disparu de l'âme du baptisé.

Les crimes qui épouvantent parfois notre Europe sont le fait de quelques individus isolés, condamnés par la loi, par les mœurs et par l'opinion.

Mais le supplice qu'eut à endurer M. Marchand est autorisé par la loi annamite, il fut ordonné par le roi d'Annam, exécuté par les mandarins et les soldats royaux.

Le point principal des différents interrogatoires porta sur la participation du missionnaire à la rébellion.

On avait répandu le bruit qu'il avait pris part à la révolte, on voulut à tout prix le lui faire avouer.

Cette calomnie se rencontre dans l'histoire de l'Église contre bien d'autres confesseurs de la foi. Pour éviter le reproche de cruauté, donner à leur sentence les apparences de la légalité et exciter la haine de la population infidèle, les ennemis de l'Évangile ne craignent pas de faire des chrétiens des rebelles aux lois de l'empire.

Fidèle à la vérité, comme il l'avait été à son devoir, M. Marchand ne cessa de répondre que, venu en Cochinchine pour prêcher la religion du Seigneur du ciel, il ne s'était jamais occupé d'autre chose; s'il avait demeuré dans la ville de Saigon, c'est qu'il y avait été amené par force; il en appela au témoignage de ceux qui l'avaient connu à cette époque, et put les défier d'avoir le droit de contredire ses paroles.

Aux questions sur la rébellion se mêlaient les questions sur la prédication de l'Évangile et sur la doctrine chrétienne; M. Marchand y répondait de suite, avouait hautement qu'il était prêtre et qu'il avait enseigné le catholicisme[1]. Mais lorsque les juges revenaient au crime de rébellion, le confesseur de la foi multipliait les dénégations.

On lui fit alors endurer le cruel supplice des tenailles.

Le juge commanda au missionnaire de se tenir debout, celui-ci obéit.

A droite et à gauche, deux soldats le soutinrent, un troisième lui découvrit les jambes, aussitôt le bourreau saisit les tenailles rougies, les lui appliqua à la cuisse gauche, et l'on entendit le bruit de la brûlure des chairs. Les soldats, ne pouvant supporter l'odeur de la fumée,

---

1. *Sommaire*, etc., p. 168, § 26; p. 857, § 2.

se détournèrent pour respirer. Le prêtre leva les yeux au ciel, et, poussant un cri, s'affaissa sous l'excès de la douleur.

Les juges laissèrent leur victime se reposer environ une demi-heure, puis le président ordonna de lui appliquer les tenailles rougies sur la cuisse droite.

Le missionnaire leva encore les yeux au ciel et s'affaissa de nouveau.

— Assez, murmura le mandarin, cet homme est un entêté; laissons-le se reposer, une autre fois nous verrons. Mettez-le dans sa cage et reconduisez-le[1].

Dans de nouvelles séances, qui n'eurent pas plus de succès, les mandarins essayèrent de s'appuyer sur de faux témoignages; ils interrogèrent le fils de Khoi, l'ancien chef des rebelles, et lui offrirent la liberté s'il voulait affirmer que le prêtre européen avait pris part à la rébellion. Le prisonnier n'osa contredire les nombreux témoins qui avaient dit le contraire, il déclara l'innocence de M. Marchand, et raconta même les promesses par lesquelles on avait essayé de le gagner.

En face des preuves qui détruisaient leurs accusations, les magistrats se rejetèrent sur la qualité de prêtre et de prédicateur de l'Évangile, que M. Marchand n'avait jamais niée, trop heureux de la pouvoir hautement proclamer.

— Tu prétends, lui dit le mandarin, n'avoir eu aucune part à la révolte!... Eh bien, je ne le contesterai plus, du moins, tu ne nieras pas que tu es venu ici pour cause de religion, et tu sais que le roi l'a défendu strictement. Cette faute il faut que tu l'expies dans de justes supplices; cependant, tu peux éviter tout châtiment, à

---

1. *Sommaire*, etc., p. 171, § 40-41; p. 174, § 51-54; p. 178, § 61-64 *Relation* du Vénérable Delamotte.

condition que tu renonces à ta religion et que tu marches sur la croix.

Le confesseur repoussa cette proposition avec horreur, protestant qu'il était prêt à tout souffrir, plutôt que de commettre un pareil crime [1]. On lui jeta à la face les plus infâmes calomnies contre le catholicisme, les mêmes que nous trouvons sur les lèvres des juges qui condamnèrent les fidèles de la primitive Église, accusant les prêtres de pratiquer des maléfices, de faire de la sainte Eucharistie un pain enchanté, de séduire les femmes et les jeunes filles.

Le Vénérable confesseur réfuta ces calomnies, répondant par un exposé clair et précis de la doctrine chrétienne [2].

Alors, désespérant de le vaincre sur ce nouveau terrain, les mandarins portèrent leur jugement, mais par une étrange impudence, ils accusèrent le catholicisme et M. Marchand des crimes que celui-ci avait réfutés avec tant d'éclat : « L'eau bénite des chrétiens est faite avec les yeux que les prêtres arrachent, et le pain donné aux chrétiens (Sainte Eucharistie) est fabriqué par des artifices magiques, etc., etc. » Ainsi, après avoir vainement essayé de convaincre le missionnaire de rébellion, on l'accuse de magie et de maléfices, afin d'exciter la haine contre lui et le mépris contre notre sainte religion ; on eut bien soin d'ajouter qu'il était prédicateur de l'Évangile, crime digne de mort.

Cependant, le confesseur de la foi souffrait avec joie les injures dont on l'abreuvait, il songeait à Notre-Seigneur qui avait bu jusqu'à la lie le calice de toutes les douleurs, il priait avec ferveur en attendant le jour du suprême sacrifice [3].

1. *Sommaire*, etc., p. 161, § 3; p. 162, § 6; p. 175, § 12.
2. *Id.* etc., p. 166, § 18; p. 168, § 24; p. 172, § 32.
3. *Id.* *id.*

Enfin, par ordre du roi, la sentence capitale fut rendue ; elle était ainsi conçue : « L'Européen Marchand, appelé ici Du, prédicateur de la religion chrétienne, aide de Khoi, a avoué qu'il avait demandé par lettres aux Anglais et aux Siamois de secourir les rebelles. Qu'il subisse le supplice de cent plaies[1]. »

Malgré les fausses allégations de ce décret, ceux qui connaissaient les sentiments du souverain, et ils étaient nombreux, ne pouvaient se méprendre sur la véritable cause de la condamnation ; sachant, d'un côté, la haine de Minh-mang, et de l'autre, les réponses de M. Marchand devant les tribunaux, les témoignages rendus en sa faveur, les paroles si précises du fils de Khoi, ils comprenaient que le missionnaire était condamné uniquement en qualité de prêtre et de prédicateur de la foi catholique[2].

Ce fut l'opinion générale, elle put encore s'appuyer sur une autre preuve, qui lui fut fournie quelques heures avant le supplice.

IV

Le 30 novembre, à cinq heures du matin, sept coups de canon réveillent les habitants de la capitale et les appellent à l'horrible fête. On tire de sa cage M. Marchand et les quatre autres condamnés[3], et on les emmène entre deux haies de soldats. Le missionnaire était attaché sur un brancard, les reins ceints d'une mauvaise cotonnade, les jambes écartées, les bras étendus. Entouré de sa cour, le roi attendait pour donner plus de solennité au châtiment. Deux officiers, prenant la corde qui liait le prêtre, le traînent devant le prince et

1. *Sommaire*, etc., p. 166, § 18 ; p. 168, § 24 ; p. 172, § 32.
2. *Id.* etc., p. 173, § 49 ; p. 175, § 55.
3. L'un des cinq était mort.

le forcent à se prosterner cinq fois la face contre terre. Minh-mang laisse tomber un petit drapeau, c'était le signal du départ. Le confesseur et ses compagnons sont aussitôt ramenés au tribunal, et solidement attachés sur des brancards.

Mais pendant que les autres condamnés sont laissés en repos, M. Marchand est conduit au tribunal des supplices, de nouveau interrogé sur la religion chrétienne et torturé.

Au signal donné par le mandarin assis à l'intérieur du prétoire, deux bourreaux lui prennent fortement les jambes, qu'ils retiennent étendues et immobiles; cinq autres saisissent chacun une grosse pince rougie à blanc et serrent à cinq endroits les cuisses et les jambes du patient[1]. On entend un cri de douleur arraché à la victime, « ô Père! », et une fumée fétide s'élève des chairs brûlées, sur lesquelles les fers sont maintenus jusqu'à ce qu'ils se refroidissent

Alors seulement, les bourreaux lâchent prise et courent replonger dans le feu leurs tenailles pour la seconde question. Le mandarin criminel s'adresse à M. Marchand.

— Pourquoi, dans la religion chrétienne, arrache-t-on les yeux aux moribonds?

— C'est faux! jamais je n'ai vu faire pareille chose.

Suit une seconde torture, avec les mêmes circonstances de barbarie, et quand les fers sont froids, le magistrat demande :

— Pourquoi les futurs époux se présentent-ils devant le prêtre au pied de l'autel?

Le missionnaire rassemble ses forces et répond :

— Les époux viennent faire reconnaître et bénir leur

---

1. *Sommaire*, etc., p. 165, § 14; p. 166, § 18. *Relation* du Vénérable Delamotte.

alliance par le prêtre, au milieu de l'assemblée des chrétiens.

On passe à une troisième torture, qui imprime cinq nouvelles blessures ajoutées aux dix premières. Le mandarin continue :

— Ne se commet-il pas des abominations dans vos festins ?

M. Marchand, d'une voix mourante, répond :

— Il ne se fait aucune abomination parmi nous.

— Mais quel est donc ce pain enchanté, que vous distribuez à ceux qui se sont confessés, pour qu'ils tiennent si fort à leur religion ?

Le martyr épuisé n'a pas la force de parler, et de peur qu'il ne succombe avant d'arriver au lieu de l'exécution, les bourreaux s'arrêtent, mais dans ces derniers interrogatoires et ces horribles supplices, ils viennent d'apporter un titre de plus à la glorification du prêtre de Jésus-Christ, et une nouvelle preuve de son innocence.

En effet, il n'est plus question de complot, de révolte ou de trahison, choses auxquelles, d'ailleurs, personne ne croyait[1], la religion seule est en jeu, l'interrogatoire porte sur des questions religieuses, les mêmes qui seront posées aux autres missionnaires martyrs, et c'est après des réponses éminemment sacerdotales que les tortures sont infligées. Il n'y a plus à cette heure qu'un juge qui accuse le catholicisme, qu'un prêtre qui le défend, et pendant ce temps, on laisse les autres condamnés, sans leur poser de questions, sans les soumettre à de nouvelles tortures.

Lorsque cette scène émouvante et terrible fut terminée, on servit, suivant l'usage, un repas aux condamnés ; le juge appela un de ses domestiques et lui dit :

---

1. *Sommaire*, etc., p. 173, § 49; p. 175, § 55; p. 179, § 57; p. 186, § 92.

— Demandez à M. l'Européen ce qu'il veut manger.
— Merci, répondit M. Marchand, je ne mangerai plus rien.

Et il resta plongé dans un profond recueillement.

Après le repas, le missionnaire fut de nouveau bâillonné, ce que l'on fit en lui mettant un caillou dans la bouche et par-dessus un frein en bambou solidement assujetti, il fut encore dépouillé de ses vêtements, ceint d'une mauvaise cotonnade, attaché à une croix, les bras étendus, les jambes écartées, et replacé sur le brancard [1].

On se dirigea, au pas de course, vers le champ d'exécution. Afin, sans doute, de terrifier davantage les fidèles, l'endroit choisi pour la mort du missionnaire était la chrétienté de Tho-duc, qui déjà avait été le théâtre de plusieurs martyres.

L'escorte arrivée, les croix sont fixées en terre sur une seule ligne; quatre hommes entourent M. Marchand, l'un saisit des tenailles, l'autre tient en main un large coutelas, le troisième se prépare à compter les plaies et le quatrième à inscrire les chiffres de cette sanglante addition [2].

Dès que le signal de commencer l'exécution est donné, les bourreaux déchirent d'abord la peau des sourcils et la rabattent sur les yeux [3], puis, avec leurs tenailles, ils saisissent les chairs de la poitrine, les coupent d'un seul coup et jettent à terre deux lambeaux sanglants d'un demi-pied de long; un catéchiste qui s'était placé en face du patient, ne lui voit faire aucun mouvement; les bourreaux le saisissent ensuite par derrière et lui enlèvent deux morceaux de chair; la sainte victime s'agite et lève les yeux au ciel, comme pour demander la force d'En-

---

1. *Sommaire*, etc., p. 181, § 71.
2.   *Id.*   p. 181, § 71.
3.   *Id.*   p. 165, § 17; p. 166, § 19; p. 180, § 71.

Haut; les exécuteurs descendent au gras des jambes, et deux nouveaux lambeaux tombent. A ce moment, la nature épuisée succombe, la tête du prêtre s'incline sur sa poitrine, un léger soupir s'exhale de ses lèvres, son âme était dans les cieux [1].

Dès que le missionnaire eut expiré, son corps fut fendu en quatre et porté à la mer; sa tête, promenée dans les provinces, fut exposée pendant trois jours sur les remparts des principales villes; elle fut ensuite rapportée à la capitale, broyée, et la poussière jetée à la mer.

Telle fut la fin du second martyr de la Société des Missions-Étrangères sur la terre annamite.

Il fut déclaré vénérable par Grégoire XVI, par décret du 19 juin 1840.

La persécution continuera en Cochinchine, elle s'étendra au Tonkin. D'autres missionnaires tomberont, la Société les remplacera immédiatement, car son recrutement s'accomplit maintenant avec plus de facilité; et déjà elle comble non seulement les vides faits par la mort, dans les contrées qu'elle évangélise depuis bientôt deux siècles, mais elle porte la foi catholique à d'autres peuples et fait de nouvelles conquêtes.

V

En 1839, à Siam, Deschavannes [2] s'élançait vers le nord du royaume, s'enfonçait dans les forêts au milieu d'une peuplade laotienne, convertissait quelques infidèles, et, au moment de recevoir le fruit de ses prédications, était tué par la fièvre des bois.

Le vieil évêque Florens, entouré d'une jeunesse active

---

1. *Sommaire*, etc., p. 169, § 28; p. 181, § 72.
2. Du diocèse de Lyon.

et vigoureuse, recouvrait son ardeur de vingt ans. Il distribuait ses missionnaires au loin et en demandait d'autres.

« M. Boucho[1] doit aller visiter les Nias, écrivait-il. Il y a près des Nias, sur la côte occidentale de Sumatra, une autre nation qu'il se propose de visiter. On pourrait aussi faire du bien à Achem, à Ligor et dans le Laos. »

L'apostolat chez les Nias ne fut pas confié à Boucho, mais à un missionnaire nouvellement arrivé d'Europe, Vallon[2], qui séjourna trois mois seulement parmi les sauvages, baptisa trois enfants en danger de mort et mourut vers le milieu de l'année 1832.

En apprenant la mort du jeune apôtre, Jean-Laurent Bérard[3] qui était à Padang (Sumatra) accourut pour le remplacer; mais, le troisième jour après son arrivée, il succomba à son tour. Fut-il emporté par les redoutables fièvres de l'île, ou, comme on le soupçonne, empoisonné par les musulmans? C'est un problème que personne n'a pu résoudre.

Supriès[4] et Galabert[5] allèrent prêcher l'Évangile aux habitants de Nicobar dans le golfe du Bengale; après une année de travaux et de souffrances, ils se virent contraints d'abandonner cette terre ingrate sans avoir converti un seul indigène.

La Propagande suivait attentivement les combats de la Société; elle avait applaudi aux efforts des directeurs du Séminaire pour se procurer des ressources en hommes et en argent; elle avait encouragé la publication des *Nouvelles Lettres édifiantes*, elle avait lu et approuvé les nombreuses lettres de ses évêques et de

---

1. Du diocèse de Bayonne, parti en 1824, mort Vicaire apostolique de la presqu'île de Malacca en 1871.
2. Du diocèse de Langres, parti en 1830.
3. Du diocèse de Fréjus, parti en 1829.
4. Du diocèse de Fréjus, parti en 1829.
5. Du diocèse de Carcassonne, parti en 1833.

ses prêtres, publiées dans les *Annales de la Propagation de la Foi*; cette grande ardeur lui avait plu, elle en avait bien auguré pour l'avenir, et dès avant les nobles combats de Gagelin et de Marchand, elle avait proposé de nouvelles missions à la Société. En 1825, elle l'avait priée d'accepter la Guyane et peu après Cayenne.

La Société n'avait osé, elle se sentait déjà très chargée par ses Vicariats en Extrême-Orient.

En 1827, le 1er septembre, la Corée lui fut offerte. Cette mission la tentait davantage, car elle était dans le rayon de celles qu'elle possédait déjà; la demande de la Propagande d'ailleurs était plus pressante; mais elle rencontrait cependant quelques difficultés. Les missions nouvelles exigent immédiatement un personnel d'évêque et de prêtres, ainsi qu'une allocation particulière; la prudence ne faisait-elle pas à la Société un devoir d'écarter ce nouveau fardeau.

La réponse des directeurs du Séminaire à la Propagande porte visiblement la trace de leurs hésitations; elle se termine néanmoins par une déclaration d'obéissance absolue. Ils sont prêts à se charger de la mission de Corée, après avoir, aux termes du règlement, consulté les Vicaires apostoliques, et obtenu leur assentiment, à moins que le Saint-Siège n'en ordonne autrement.

La Sacrée Congrégation, dans une lettre du 17 novembre de la même année, loua le zèle et la prudence des directeurs, leur témoigna la joie qu'elle éprouvait de ce qu'aucun obstacle insurmontable ne s'opposait à son projet, et pour en faciliter l'exécution, elle s'offrit à supporter les premières dépenses. Les directeurs du Séminaire écrivirent donc dans les diverses missions pour faire connaître le désir de la Sacrée Congrégation. Dans le cours des deux années suivantes, arrivèrent les réponses de la plupart des Vicaires apostoliques et des missionnaires. Ces dignes ouvriers de l'Évangile semblaient oublier un instant la pénurie de leurs propres églises, pour ne songer qu'à cette pauvre communauté chrétienne plus infortunée encore, et consentaient avec joie à la proposition du Saint-Siège. Toutes les difficultés cependant n'étaient pas levées. Il restait à choisir les missionnaires capables de faire réussir une telle entreprise, à leur assurer pour l'avenir des ressources suffisantes, et surtout à trouver une voie pour les faire pénétrer en Corée. C'était là le point le plus difficile.

Avant de transmettre à la Sacrée Congrégation une acceptation définitive, les directeurs du Séminaire des Missions Étrangères, encore indécis, écrivirent de nouveau dans les missions, pour demander de plus amples renseignements, et les choses menaçaient de traîner en longueur, lorsque la courageuse initiative de M. Bruguière vint en solution.

Dès 1827, pendant le séjour qu'il avait fait à Macao, avant de se rendre à Siam, Bruguière avait conçu le désir et peut-être l'espoir d'aller évangéliser la Corée. Dans une de ses lettres, il manifeste une sorte de pressentiment inconscient de l'avenir.

« Le procureur de la Propagande que j'ai vu à Macao, dit-il[1], m'a parlé de la Corée. Il désirerait que quelque prêtre français, plein de zèle et de courage, se dévouât à une si sainte entreprise. L'ecclésiastique, qui aura cette vocation, peut être assuré qu'il aura le bonheur de souffrir beaucoup pour la gloire de Dieu : il opérera bien des conversions ; et en peu d'années, il obtiendra la couronne du martyre. Plusieurs fois j'ai désiré d'aller au secours de ces peuples ; mais ne faut-il pas rester au poste qui m'a été confié ? et l'abandonner pour aller ailleurs, ne serait-ce pas montrer de l'inconstance ? Ce-

---

1. *Annales de la Prop. de la Foi*, vol. 4, p. 234.

pendant, si la Sacrée Congrégation s'adressait à nous autres missionnaires comme elle s'adresse aux prêtres européens, je partirais à l'heure même. »

L'appel de la Propagande ne pouvait trouver indifférente l'âme qui avait eu, ne fût-ce qu'un jour, de semblables élans.

Bruguière était alors sur le point d'être sacré coadjuteur de Siam ; il écrivit au Souverain Pontife pour s'offrir à tenter l'évangélisation de la Corée, et au Séminaire des Missions-Étrangères pour résoudre les objections, qui s'opposaient à l'acceptation de cette mission.

Son évêque, Mgr Florens, appuya sa demande. Ce vieillard vénérable qui s'était écrié en parlant de son coadjuteur : « Je suis au comble de la joie, j'aurai un successeur en mourant », consentit à le laisser partir. Jugeant les choses de très haut et augurant de l'avenir en regardant le passé, il écrivit ces belles paroles de confiance chrétienne[1] :

« Vous voyez comment dans le temps où tout semblait perdu, et où toutes nos missions paraissaient tendre à leur fin, faute d'ouvriers et faute de revenus, la Providence est venue à notre secours d'une manière bien admirable et qu'on pourrait dire tenir du miracle. Quand est-ce, en effet, qu'on a vu plus de missionnaires et plus d'aumônes pour les missions qu'à présent? Pourrions-nous, sans faire injure à la Providence divine, n'avoir pas la confiance qu'elle viendra à notre aide quand sa plus grande gloire y sera intéressée? Le salut d'un grand nombre d'âmes sera un titre puissant pour exciter la miséricorde de Dieu en notre faveur. Je supplie le Seigneur d'exaucer le vœu des pauvres Coréens, et de leur envoyer bon nombre de missionnaires vraiment apostoliques. »

1. *Histoire de l'Église de Corée*, vol. 2, p. 18. Dallet.

Le vœu de Mgr Florens fut exaucé. Un bref du Pape, en date du 9 septembre 1831, érigea la Corée en Vicariat apostolique, et un autre bref, du même jour, nomma M. Bruguière premier Vicaire apostolique de cette mission.

L'Histoire de l'Église de Corée a été publiée en 1874, par un prêtre de la Société des Missions-Étrangères, M. Dallet, elle a été faite, en grande partie, sur des documents écrits par Mgr Daveluy, missionnaire en Corée pendant 22 ans, elle raconte avec des détails très circonstanciés les origines et les progrès de cette Église, les travaux de ses prêtres, la vie édifiante et la mort glorieuse d'un grand nombre de ses chrétiens. Cet ouvrage est précédé d'une introduction qui est un admirable résumé des lettres des missionnaires sur la géographie, l'histoire, la langue, les mœurs et les coutumes du pays.

Avant d'entrer plus avant dans l'action de la Société des Missions-Étrangères en Corée, jetons un rapide coup d'œil sur cette contrée et sur l'état du catholicisme à cette époque.

VI

La Corée, située au nord-est de l'Asie, se compose d'une presqu'île oblongue et d'un nombre assez considérable d'îles semées sur toute sa côte ouest. Elle forme une bande dont la plus grande largeur est d'environ 130 lieues et qui, bien que légèrement tordue, s'étend presque régulièrement du nord au sud sur une longueur de 300 lieues, parallèlement aux côtes orientales de la Chine.

Elle est fermée au nord par le fleuve appelé par les Chinois Ya-lou-kiang, et par les Coréens Ap-nok-kang qui la sépare de la Mandchourie, et vient se jeter à l'ouest dans la mer Jaune, et par le Mi-kiang, qui se déverse à l'est dans la mer du Japon. La chaîne de montagnes Chan-yan-alin, que domine le mont Paik-tou-san (montagne à la tête blanche), sépare les bassins des deux fleuves, et se continue jusqu'au sud du royaume, qu'elle couvre de ses nombreuses ramifications.

« En quelque lieu que vous posiez le pied, » écrit un missionnaire[1], « vous ne voyez que des montagnes. Presque partout vous semblez être emprisonné entre les rochers, resserré entre les flancs de collines tantôt nues, tantôt couvertes de pins sauvages, tantôt embarrassées de broussailles ou couronnées de forêts. Tout d'abord, vous n'apercevez aucune issue; mais cherchez bien, et vous finirez par découvrir les traces de quelque étroit sentier, qui, après une marche plus ou moins longue et toujours pénible, vous conduira sur un sommet d'où vous découvrirez l'horizon le plus accidenté. Vous avez quelquefois, du haut d'un navire, contemplé la mer, alors qu'une forte brise soulève les flots en une infinité de petits monticules aux formes variées : c'est en petit le spectacle qui s'offre ici à vos regards. Vous apercevez dans toutes les directions des milliers de pics aux pointes aiguës, d'énormes cônes arrondis, des rochers inaccessibles; et plus loin, aux limites de l'horizon, d'autres montagnes plus hautes encore, et c'est ainsi dans presque tout le pays. La seule exception est un district qui s'avance dans la mer de l'Ouest, et se nomme la plaine du Naï-po. Mais, par ce mot de plaine, n'allez pas entendre une surface unie et étendue comme nos belles plaines de France : c'est simplement un endroit où les montagnes sont beaucoup moins hautes, et beaucoup plus espacées que dans le reste du royaume. Les vallées plus larges laissent un plus grand espace

---

1. *Histoire de l'Église de Corée*, introduction, II.

pour la culture du riz. Le sol, d'ailleurs fertile, y est coupé d'un grand nombre de canaux, et ses produits sont si abondants que le Naï-po est appelé le grenier de la capitale. »

Du pays, passons aux habitants.

Les Coréens se rattachent au type mongol, mais ils ressemblent plus aux Japonais qu'aux Chinois; cependant ils sont plus grands et plus vigoureux que les premiers : ils ont généralement le teint cuivré, le nez court et un peu épaté, les pommettes proéminentes, la tête et la figure arrondies, les sourcils élevés; les cheveux sont noirs; il n'est pas rare cependant d'en rencontrer de châtains, et même châtain clair.

Le bouddhisme, mélangé de superstitions plus ou moins grossières, est la religion de la majeure partie de la population. La philosophie de Confucius est répandue dans les classes lettrées. Le culte des ancêtres est admis en pratique par tous les Coréens comme par tous les autres peuples d'Extrême-Orient, et enfin le culte officiel rend hommage au Sia-tsik ou génie protecteur du royaume.

L'Église de Corée a des origines très particulières, marquées d'un caractère spécial de sagesse humaine guidée par la sagesse divine. Elle n'a pas été créée par le zèle des missionnaires comme les Églises de l'Annam, du Japon ou de la Chine. Des philosophes et des lettrés furent ses premiers fidèles et ses premiers apôtres.

Vers la fin du dix-huitième siècle, un lettré de noble famille, Ni-tek-tso, surnommé Pick-i, ouvrit par hasard un traité de la religion catholique, écrit en chinois et emporté en Corée avec divers ouvrages scientifiques.

Ravi d'admiration à la lecture de ces maximes, qu'il trouve bien supérieures à celles qu'il a étudiées jusqu'alors dans les autres philosophies, il est désireux de les connaître plus à fond. Un de ses amis, lettré comme lui, doit cette année même accompagner à Pékin l'ambassade annuelle; il va le trouver, lui raconte la découverte qu'il vient de faire d'une doctrine merveilleuse, et le conjure de se mettre en relation avec les chrétiens qui habitent la capitale, et de lui rapporter des livres plus complets sur leur religion.

En 1784, le lettré accomplit sa promesse : il se met en rapport avec l'évêque de Pékin, Mgr Alexandre de Govea, le même qui devait si noblement accueillir Mgr de Saint-Martin et M. Dufresse sortant de prison; il visite les églises, assiste aux cérémonies du culte, étudie la doctrine, et enfin, la veille de son départ, reçoit le baptême avec le nom de Pierre.

Le voici de retour à Séoul. Il raconte à Pick-i toutes les merveilles qu'il a vues, et lui remet des livres en grand nombre, des croix, des images, et divers présents que lui ont faits les missionnaires. Puis, peu de temps après, il le baptise et lui donne le nom de Jean-Baptiste. Un autre lettré de leurs amis, Kouem Il-sin-I, reçoit également le baptême.

Immédiatement tous les trois commencent à répandre la vérité religieuse, s'adressant de préférence aux hommes éclairés et renommés par leur sagesse, et ils ont le bonheur de les convertir.

Une persécution sanglante, quoique contenue par la modération personnelle du roi, éclate, mais ne décourage personne. Enfin, en 1794, dix ans après le baptême du premier converti, un prêtre chinois, Jacques Tsiou, arrive en Corée, où il trouve plus de 4,000 chrétiens, dont il augmente le nombre et qu'il édifie par sa vie et par son martyre, car il fut décapité le 31 mai 1801.

Du milieu de leur détresse, les chrétiens coréens tournèrent leurs regards vers Rome.

Ils avaient déjà appris à connaître et à révérer le Père commun des fidèles.

Ils écrivent une lettre au Pape Pie VII pour lui exposer leurs malheurs, leurs besoins, leur vif désir d'avoir un évêque et des prêtres pour les fortifier et les conduire.

Lorsque le Souverain Pontife entendit ce cri d'ardente supplication que lui jetaient, du fond de l'Asie, les fils derniers nés de l'Église catholique, il était en prison à Fontainebleau ; il ne put que pleurer et prier : c'est la force de ceux à qui manque tout secours humain, elle ne compte pas dans la balance politique, et pourtant si l'on regardait bien, on s'apercevrait qu'elle mène le monde. La Corée dut se soutenir sans pasteurs.

En 1827, une nouvelle supplique, écrite deux années auparavant, parvint au pape Léon XII.

C'est alors que la Propagande s'adressa à la Société des Missions-Étrangères, créa le Vicariat apostolique de Corée et plaça à sa tête Mgr Bruguière.

VII

Barthélemy Bruguière était né à Reissac, département de l'Aude, en 1793 ; dès sa jeunesse, il se fit remarquer par ses talents, son application au travail, sa piété sincère, et surtout par son intrépide franchise ; il vint à Paris, au Séminaire des Missions-Étrangères, en 1825 ; de là il écrivit à son père qu'il n'avait pas prévenu de son départ, pour lui apprendre sa résolution et l'exhorter à la résignation.

Ce père, homme de grande foi, accepta le sacrifice que Dieu lui imposait, et souvent depuis, lorsqu'on lui parlait de son fils, il disait les larmes aux yeux : « Que voulez-vous ? il a préféré le bon Dieu à moi, il a eu raison. »

Missionnaire à Siam, Bruguière étonna les chrétiens par les austérités de sa vie et par la ferveur de sa piété.

Il observait un jeûne presque continuel. Chaque semaine il récitait l'office des morts. Chaque jour, à la récitation ordinaire du chapelet, il ajoutait le chapelet des sept douleurs, et plusieurs autres prières en l'honneur de la très sainte Vierge.

Après sa nomination de Vicaire apostolique de la Corée, il récitait une prière particulière pour le succès de sa laborieuse entreprise.

Il quitta Siam le **12 septembre 1832**, pour se rendre à Macao. De cette ville, accompagné d'un prêtre chinois, il se rendit à Fogan dans la province du Fo-Kien.

Un prêtre des Missions-Étrangères, M. Maubant[1], se joignit alors à lui. Il était destiné pour le Su-tchuen, mais la mission de Corée le tenta, et son évêque lui permit de suivre ses aspirations. Deux Européens ne pouvant voyager ensemble dans l'intérieur de la Chine, il fut convenu qu'ils suivraient une route différente.

Mgr Bruguière devait incliner vers l'ouest, en traversant le Kiang-nan et le Ho-nan, et une fois entré dans le Chan-si, remonter directement au nord. M. Maubant prenait la route du côté de l'est par le Chang-tong et le Tché-ly. Il était décidé que tous les deux se retrouveraient soit à Sivang en Tartarie, soit sur les frontières de la Corée.

Maubant partit et arriva le premier, après un voyage où il aurait dû être vingt fois arrêté et qu'il fit presque sans incident, agissant sans bruit avec une imperturbable audace, semblant ne pas même voir d'obstacles, lorsque d'autres auraient crié à l'impossible.

Le premier Européen depuis plusieurs siècles, il entra en plein jour à Pékin, sans diplôme impérial.

La stupeur de l'évêque fut telle qu'il mit M. Maubant au secret pendant deux mois, il le fit ensuite

---

1. Du diocèse de Bayeux, parti en 1832.

passer en Tartarie où il fut fraternellement reçu par M. Mouly[1], de la Congrégation de la Mission. Mgr Bruguière n'arriva que le 8 octobre 1834, deux ans et vingt-six jours après son départ de Singapore. Lui-même a raconté son voyage d'aventures, de peines, de privations, de fatigues, de contrariétés et d'obstacles de tout genre, aggravés et multipliés par l'ignorance de la langue et des coutumes chinoises.

De plus, Dieu, qui l'avait enrichi de si belles qualités du cœur et de l'esprit, ne les lui avait pas données toutes dans une égale mesure. Comme beaucoup d'hommes de grande science et de grand talent, il manquait un peu de cette fécondité de ressources, de ce sens pratique, que ni le courage ni la science ne peuvent suppléer.

Les deux apôtres passèrent une année à Sivang, occupés à préparer leur entrée en Corée. L'affaire ne marcha pas aisément; poussés par un malheureux prêtre chinois, dont le triste rôle en cette occasion n'était que la conséquence d'une vie plus triste encore, les Coréens, après avoir tant de fois demandé des missionnaires, écrivaient que leur présence déchaînerait une nouvelle persécution, que le temps n'était pas favorable, que le prêtre indigène suffisait à tous leurs besoins.

Etonné et inquiet de ces dires, n'y accordant qu'une médiocre confiance, et toujours plus désireux d'évangéliser le pays dont il était le premier pasteur, Mgr Bruguière imposa silence aux timidités de ses guides, releva leur courage par son langage plein de foi, et le 7 octobre 1835, il quitta Sivang.

Trois semaines plus tard, le courrier qui devait apporter la nouvelle de son entrée en Corée, annonça sa mort.

Mgr Bruguière, arrivé à Pie-li-kiou, le 20 octobre,

---

[1]. Mort Vicaire apostolique du Tche-ly septentrional (Pékin).

était tombé soudainement malade, il était mort le même jour, une heure après, assisté d'un prêtre chinois. Le rôle de Mgr Bruguière était rempli au moment où les hommes affirmaient qu'il commençait. Dieu l'avait suscité pour faire accepter la Corée par la Société des Missions-Étrangères et pour en montrer la route. Ces choses providentielles ne se voient qu'après l'événement, mais elles se voient et personne ne saurait les nier.

En apprenant cette fin soudaine, Maubant alla rendre les derniers honneurs à son évêque et continua sa route.

Il traversa les plaines et les forêts de la Mandchourie, se dirigeant vers le fleuve Ap-nok-kang, qu'il devait franchir près d'I-tchou (Ei-tsiou).

La douane de cette ville est très redoutable ; en quittant le royaume, les voyageurs y reçoivent un passeport qui porte non seulement leurs noms, surnoms, généalogie, profession, etc., mais encore la cause de leur voyage et la quantité d'argent qu'ils emportent pour faire le commerce ; à leur retour, ils doivent présenter ce passeport, et prouver par un bordereau de leurs marchandises, que les prix réunis équivalent à la somme primitivement déclarée.

A l'époque du voyage de M. Maubant les eaux étaient gelées, circonstance favorable qui permettait de traverser le fleuve au détour le plus obscur. Une heure avant d'arriver sur les bords de l'Ap-nok-kang, les voyageurs commencèrent à prendre les plus minutieuses précautions. Le missionnaire se revêtit d'un habit de toile fort grossière, d'un capuchon ne lui laissant à découvert que les yeux, le nez et la bouche, enfin d'un grand chapeau en forme de cloche, surmonté d'un voile en éventail pour couvrir le visage ; et dans cet accoutrement qui est l'habit de deuil du pays, il s'avança vers I-tchou.

A quelques mètres de la porte, le missionnaire et ses guides tournèrent brusquement à gauche et enfilèrent un aqueduc construit dans les murs de la ville. Le premier conducteur était déjà passé, lorsqu'un chien de la douane l'aperçut et se mit à aboyer. C'en était assez pour les perdre tous : M. Maubant recommandait déjà son âme à Dieu :

« Allons, se dit-il, c'est fini. Les douaniers vont venir ; ils vont nous voir en fraude et nous questionner longuement : ils me reconnaîtront infailliblement pour étranger. »

La petite troupe s'arrêta un instant, le chien cessa ses cris, et les douaniers restèrent tranquillement à deviser dans la salle de garde bien chauffée. La seconde douane d'I-tchou fut évitée par le même moyen et avec autant de bonheur. On conduisit M. Maubant dans une petite maison qui avait l'aspect d'un four de boulanger ; on lui offrit une collation de navets crus et de riz salé, et on lui dit de se reposer pendant deux ou trois heures.

Telle fut l'entrée du premier missionnaire européen en Corée, cachée aux regards, par une froide nuit de janvier de l'année 1836, ressemblant à l'entrée d'un malfaiteur bien plus qu'à celle d'un conquérant ; et pourtant c'était un conquérant cet humble prêtre, qui allait planter la croix de Jésus-Christ sur une terre nouvelle, ouvrir cette contrée à la foi et à la civilisation, appeler sur elle l'attention des hommes d'État et des savants, faire tressaillir le monde chrétien du récit de ses travaux et de l'héroïsme de sa mort.

Quinze jours plus tard, il était à Séoul, et se cachait dans la maison d'un des principaux chrétiens.

Il voulut s'appliquer d'abord uniquement à l'étude de la langue du pays ; les fidèles ne lui en laissèrent pas le loisir. Tous désiraient recevoir les sacrements, craignant de mourir ou de voir mourir leur missionnaire avant d'avoir pu se confesser et recevoir la sainte communion. Ceux qui connaissaient les caractères chinois, écrivaient leur confession; ceux qui ne les connaissaient pas, la faisaient écrire par d'autres, ou priaient le prêtre de vouloir bien leur permettre de se confesser par interprète.

A la vue de cet empressement, Maubant composa une formule d'examen de conscience en chinois, la traduisit en coréen et l'apprit par cœur.

Dès lors, il fut moins que jamais maître de ses moments. « Ce matin, écrivait-il le samedi saint[1], deux mois après son arrivée, nos chrétiens étaient au comble de la joie. Ils n'avaient jamais vu célébrer l'office du samedi saint. Ils ont vu un seul prêtre le célébrer. Qu'auraient-ils dit s'ils avaient vu un office pontifical? La cérémonie a duré depuis cinq heures jusqu'à midi environ; je dis environ, car nous n'avons ni montre, ni horloge, ni aucune espèce de cadran. J'ai baptisé sept adultes. Le plus grand obstacle à la beauté de la cérémonie, après le défaut d'officiants, venait de l'appartement même. Nous avions ajusté une croix au bout d'un roseau, mais on ne pouvait élever au-dessus de sa tête ni la croix, ni le cierge pascal, ni le roseau. Ordinairement on ne peut entrer dans les appartements des Coréens sans se courber: un homme de cinq pieds et quelques pouces n'y est pas à l'aise. »

Du secours lui arriva bientôt, c'était Jacques Chastan[2], ancien professeur au séminaire général de Pulo-Pinang, que la mission de Corée avait séduit comme elle avait séduit Bruguière et Maubant.

Il se mit en route dès 1834. Arrivé dans un des ports du Kiang-nan, il s'embarqua avec trois chrétiens du Fokien sur une barque de pêcheurs, et fit voile à travers le golfe du Tché-ly vers, vers les rivages de la Tartarie.

1. *Hist. de l'Égl. de Corée*, t. 2, p. 95. — 2. Du diocèse de Digne.

Quand il descendit à terre, deux de ses guides effrayés à la vue de cette contrée inconnue et presque déserte, refusèrent de marcher plus avant. Ils voulaient même entraîner M. Chastan avec eux; celui-ci tint ferme, les paya et s'en alla à la découverte avec un seul Fokinois qui lui resta fidèle. Après un mois de courses hasardeuses et de recherches inutiles, il arriva sur les frontières de la Corée; mais, ne trouvant personne pour l'introduire, il en fut réduit à saluer de loin les montagnes, murmurant sans doute, comme quarante-deux ans plus tard Mgr Ridel exilé : « Quel beau panorama ! on dirait un sourire de la Corée

« Du fond de mon cœur, embrassant tout le pays, je lui envoyai ma plus tendre bénédiction, en disant :

« Au revoir, que ce soit bientôt. »

Chastan revint au Chang-tong et offrit ses services au Vicaire apostolique de cette mission. Il était de ceux qu'on ne refuse pas.

Pendant ce temps, il avait fait prévenir M. Maubant, et l'avait prié de lui envoyer des courriers; la chose fut décidée et le missionnaire repartit.

Il arriva à Pien-men, sur la frontière, le jour de Noël 1836. Le 28 décembre, les courriers coréens le rencontrèrent. « Pourrez-vous marcher, comme un pauvre homme, avec un paquet sur l'épaule? dirent-ils au missionnaire. — Très certainement, repartit celui-ci, d'autant plus que je ne suis pas fort riche. » On se mit en route le 31 décembre à minuit.

Les douanes furent heureusement franchies, et le second apôtre entra en Corée. La Société des Missions-Étrangères avait définitivement pris possession du pays qui lui avait été confié par le Souverain Pontife, elle allait y jeter la bonne semence et bientôt y recueillir une abondante moisson.

FIN DU TOME II

TABLE DES MATIÈRES

CHAPITRE PREMIER
1754-1760

I. État politique et religieux de l'Acadie. — II. Les missionnaires d'Acadie : Maillard, Girard, Manach, Leloutre. Combats et travaux de Leloutre. — Il est fait prisonnier par les Anglais. — III. Expulsion des Acadiens. — Les missionnaires prisonniers des Anglais. — Sollicitude de Leloutre envers les Acadiens. Lettre de Manach. — Travaux de Maillard resté en Acadie. — IV. Les Anglais attaquent le Canada. — Triste état du pays. — Siège de Québec. — Défaite des Français. — Capitulation de Québec et de Montréal. — Le gouverneur anglais brise les rapports du séminaire de Québec et du séminaire de Paris. — Sentiments de Mgr Taschereau sur ce sujet. — Résumé des travaux de la Société des Missions-Étrangères en Amérique. — V. La Société à Socotora. — Comment elle consent à évangéliser cette île. Journal de MM. Louis et Meyère. — Mme de Rupelmonde, les Carmélites. — VI. MM. Dupuy et Querville. — Détails sur Socotora. Tentatives des missionnaires à Socotora, leur mort 1

CHAPITRE II
1760-1773

I. La Société des Missions-Étrangères s'attache exclusivement à l'Extrême-Orient. — Invasion birmane à Siam. — Courageuse conduite de Mgr Brigot et des chrétiens. — Les directeurs du Séminaire de Paris désirent le rétablissement du séminaire de Siam. — II. Seconde invasion des Birmans. — MM. Alary et Andrieux prisonniers. — III. Siège de Juthia. — Baptêmes d'enfants de païens. — Négociations des Birmans avec Mgr Brigot. — Incendie de Juthia. — Ruine de la mission. — Mgr Brigot, emmené en Birmanie, sacre Mgr Percotto. — IV. Le collège général à Hon-dat soutenu par Mgr Piguel, dirigé par Pigneau de Behaine, Artaud, Morvan. — Vertus de Mgr Piguel, Vicaire apostolique de Cochinchine et de ses missionnaires Levavasseur, Boiret, Halbout. — V. État du collège général.— Ses professeurs emprisonnés. Leur courage. — Le collège général transporté à Pondichéry. Bref du Pape, Pie VI à la Société des Missions-Étrangères. — VI. Le clergé indigène au Tonkin. — Éloge par

Mgr Hilaire de Jésus. — Etat général de la mission du Tonkin. Tentatives pour évangéliser le Laos. Détails sur ce pays. — VII. La Société s'établit définitivement en Chine. — Mgr Pottier, son emprisonnement et ses souffrances, sa délivrance. — VIII. MM. Falconet, Alary, Gleyo, sacre de Mgr Pottier. Arrestation de M. Gleyo, sa captivité, sa délivrance, ses visions, appréciation de M. Moye 40

CHAPITRE III
1773-1780

Les Missions-Étrangères pendant la seconde partie du xviii° siècle. — I. Le règlement de la Société. — Lettres patentes de Louis XV confirmées par Louis XVI. — II. Missions offertes ou confiées à la Société. — La Perse. — Pékin. — Districts du Tonkin et de la Cochinchine. — III. Pondichéry. — Négociations. — Acceptation de Pondichéry. — Nomination d'un supérieur. Mgr Brigot. — Installation. — IV. État politique et religieux des Indes. — Statistique. — Mission de Pondichéry. — Population. — V. Premiers travaux abandonnés; guerre franco-anglaise. — Capitulation de Pondichéry. — Prudence nécessaire aux missionnaires. — Obstacles qu'ils rencontrent. — Pondichéry reconquis par la France. — Traité de Versailles. — VI. Caractère des persécutions au xviii° siècle. — Rentrée des missionnaires à Siam. — Le roi Phajatack. — Son mécontentement contre les chrétiens. — Mgr Le Bon. MM. Garnault et Coudé accusés et chassés. — VII. La guerre civile en Cochinchine et au Tonkin. — Mgr Pigneau de Behaine. — Ses premières relations avec Nguyên-anh (Gia-long). — Travaux des missionnaires — Nguyên-anh et Pigneau de Behaine, accusations contre l'évêque. — VIII. La guerre au Tonkin. — Ses ravages. — La persécution. — Mgr Davoust. — Expédition au Laos 93

CHAPITRE IV
1780

I. Organisation des Missions de la Société des Missions-Étrangères. — Statistique. — Le personnel. — Vicaires apostoliques. — Missionnaires européens. — Prêtres indigènes. — Catéchistes. — Religieuses. — II. Organisation des districts, des paroisses, des chrétientés. — Visites des missionnaires. — Administration des sacrements. — III. Séminaires. — Ecoles. — Fondation des écoles de filles au Su-tchuen par l'initiative de M. Moÿe. Direction de Mgr Pottier. Instruction de la Propagande. Opinion de Mgr de Saint-Martin. — IV. Livres. — Ouvrages composés par les missionnaires : de Saint-Martin, Moye, Sérard, Mgr Longer, Mgr Pigneau. — Conversions des infidèles. — Difficultés des conversions : l'état religieux de l'Extrême-Orient, la nationalité des missionnaires, l'orgueil national, les calomnies, les scandales des Européens, la pauvreté des néophytes. — V. Causes des conversions : la grâce, le travail des hommes, les incidents divers. — VI. Le catéchuménat. — Valeur morale des chrétiens. — VII. Baptêmes d'enfants de chrétiens *in articulo mortis* au Su-tchuen, en Indo-Chine. — Instructions de la Propagande. — Statistique 146

CHAPITRE V
1780-1789

I. Bons effets de l'organisation des missions. — Persécution au Su-tchuen, ses causes. — Arrestation de Mgr de Saint-Martin, de MM. Devaut, Delpon, Dufresse. — Leur emprisonnement à Pékin. — Mort de M. Devaut et Delpon. — Libération des captifs. — II. Mgr de Saint-Martin et Dufresse à Manille. — Ils rentrent au Su-tchuen. — Bref du Pape. — III. Difficultés à Macao. — M. Descourvières, M. Letondal. — Démarches des ministres français. — Lettre de d'Entrecasteaux. — Lettre du Pape. — La Société des Missions-Étrangères et la France. — IV. Mgr Pigneau de Behaine. Il offre le secours de la France au Chua de Cochinchine, Nguyên-anh. — Il part pour Pondichéry, son séjour dans cette ville. — D'Entrecasteaux et de Cossigny. — V. Arrivée de l'évêque en France, ses négociations. — Accueil de la cour et de la ville. — État politique de la France et de l'Europe. — Conclusion du traité entre la France et la Cochinchine. — Portrait de Mgr Pigneau. — Envoi de missionnaires en Cochinchine. — VI. Difficultés à Pondichéry. — Instructions du gouvernement français à de Conway pour empêcher l'expédition de Cochinchine. — Départ de Mgr Pigneau pour la Cochinchine. Français qui l'accompagnent. — État politique de la Cochinchine et du Tonkin en 1789. — Fin de la dynastie des Lê. — Nguyên-anh, maître de la Basse-Cochinchine. — Persécution en Haute-Cochinchine. — Troubles au Tonkin. 208

CHAPITRE VI
1789-1795

I. La Société des Missions-Étrangères pendant la Révolution. — Les directeurs du Séminaire. — Secours aux Lazaristes. — Perte de la dîme. — Correspondance avec le cardinal Antonelli. — II. Inventaire des biens du Séminaire. — Mémoires du Séminaire à l'Assemblée nationale. — Les directeurs refusent le serment à la Constitution civile. — III. Départ pour Rome de Boiret et de Descourvières. — Les émeutiers au Séminaire. — Dispersion des directeurs. — Continuation de leurs travaux. — IV. Précautions des directeurs, leurs lettres. — La municipalité prend possession du Séminaire et le loue. — V. La Révolution française dans les Indes. — Mgr Champenois quitte Pondichéry. — VI. Prise de Pondichéry par les Anglais. — Tristesses et inquiétudes des missionnaires. — Mort de missionnaires et d'évêques. — Mgr Brigot. — Mgr Pottier. — VII. Difficultés d'envoyer de nouveaux missionnaires. — Démarches de M. Chaumont. — Appel de M. Barreau aux prêtres exilés de France 257

CHAPITRE VII

1795-1799

I. Arrestation de M. Souviron. — Les Chinois cherchent à s'emparer de M. Letondal. — Bonne contenance des Portugais. — Mort de M. Souviron. — II. Les Portugais attaquent Mgr Champenois et ses missionnaires ; conduite des Anglais. — Persécution de Tippou-Sahib. — Courage du commandant Michael et de son bataillon. — Mort de Tippou. — Travaux de M. Dubois dans le Maïssour. — Conversion des apostats. — Mgr Champenois nommé visiteur de la mission du Thibet. — III. La mission du Tonkin. — Du Tonkin au Yun-nan. — Au Laos. — Les Tay-son persécuteurs. — Projets des missionnaires pour arrêter la persécution. — Martyre de deux prêtres indigènes : Emmanuel Trieu et Jean Dat. — Proscription des missionnaires. — Arrestation et délivrance de Mgr Lamothe. — M. de la Bissachère est poursuivi. — IV. Mgr Pigneau de Behaine. — Son influence en Cochinchine. — Conduite de Nguyên-anh et des mandarins envers les missionnaires et envers les Français. — Mort de Mgr Pigneau. — Ses funérailles. — V. Ses vertus. — Son rôle politique et religieux. 305

CHAPITRE VIII

1799-1805

I. Les directeurs réfugiés en Angleterre et en Italie. Leurs démarches pour établir un séminaire. M. Ducrey et le collège de Mélan. — II. Rachat du Séminaire des Missions-Étrangères par M. Bilhère. — Démarches de M. Bilhère pour obtenir la reconnaissance légale du Séminaire. — III. Rapport de Portalis sur les Missions. — Sentiments des directeurs en Angleterre et en Italie. — IV. Bonaparte veut réunir en une seule Congrégation les Missions-Étrangères et les Lazaristes. Observations du Légat Cardinal Caprara sur ce projet. — V. Mort du cardinal Borgia, sa générosité envers les Missions-Étrangères. — Le Pape à Paris. — Rétablissement du Séminaire. — Résumé de la conduite des directeurs. — VI. Les Missions-Étrangères dans les Indes. — Le traité d'Amiens. — Retour de la France à Pondichéry. — Nouvel abandon. — Travaux de M. Dubois. — VII. Conduite de Gialong envers les missionnaires de Cochinchine et du Tonkin. — Édit injurieux contre le christianisme. — VIII. Le Su-tchuen. — Succès. — Administration de Mgr de Saint-Martin et de Mgr Dufresse. — Synode du Su-tchuen, 1803. — Recueils des constitutions et des décrets sur les Missions 343

CHAPITRE IX
1805-1815

I. Le Séminaire général. — Démarches de M. Letondal pour le rétablir. — Ses mémoires. — Ses voyages à Manille et au Mexique. — II. Difficultés d'établir le séminaire à Manille. — Établissement du Collège ou séminaire général à Pinang. — III. Mort de M. Rabeau, jeté à la mer par les Birmans. — Incendie du Séminaire général. — Mort de M. Letondal. — IV. Napoléon et le Séminaire de Paris. — Projet d'une seule Congrégation. — Décret sur cet objet. — Le cardinal Fesch, ses conseils. — M. Alary nommé supérieur du Séminaire — V. La Société des Missions-Étrangères dissoute. — M. Desjardins en prison, ses lettres. — M. Langlois en surveillance à Rennes. — VI. Sentiments des missionnaires sur les malheurs de l'Église. — M. Chaumont fait un appel à la charité. — Défaite de Napoléon. — Rétablissement du Séminaire par Louis XVIII. — VII. Persécution en Chine, ses causes. — Mort de M. Hamel. — VIII. Arrestation de Mgr Dufresse. — Son martyre. — Approbation de l'empereur Khia-king. — Souvenir de Mgr Dufresse 406

CHAPITRE X
1665-1815

Raison de ce chapitre. — I. Les voyages des missionnaires de France en Extrême-Orient de 1665 à 1815. — Le premier départ par la voie de l'Océan. — Au port d'embarquement. — Règlement à bord. — Travaux apostoliques. — Fêtes religieuses. — II. Batailles navales. — Les maladies. — Le scorbut. — Charité des missionnaires. — III. Les escales. — Le cap de Bonne-Espérance. — Vertu de M. de Chamesson. — M. Moye et les esclaves. — A l'île de France, à l'île Bourbon, à Java. — Dupleix, sa bienveillance pour les missionnaires. — Persévérance des missionnaires dans leur vocation. — Lettre de M. de Lionne au P. Bourdaloue. — IV. A Macao. — Difficultés d'y habiter et d'en sortir. — V. De Macao en Cochinchine. — Superstitions à bord. — A travers la Cochinchine. — Au Tonkin. — VI. De Macao en Chine. — A Canton. — Alertes de M. Gleyo et de M. Moye. — En barque. — Route de terre. — M. Pottier. — Durée du voyage. — Conclusion 449

CHAPITRE XI
1815-1823

I. Coup d'œil sur le passé de la Société des Missions-Étrangères. — État des missions de Chine, d'Annam, de Siam, des Indes, du Séminaire général, du Séminaire des Missions-Étrangères. — Le Séminaire rendu aux directeurs. — Statistique de la Société des Missions. — II. L'apostolat et la Société pendant le xix° siècle.

— Causes de développement. — Association de prières pour la conversion des infidèles établie par les directeurs du Séminaire. — Ses progrès. — Les Nouvelles Lettres édifiantes. — M⁰ˡˡᵉ Jaricot, son zèle et ses travaux. — Organisation de l'association. — III. Œuvre de la Propagation de la Foi. — Sa fondation définitive à Lyon. — Son universalité. — Reconnaissance des prédicateurs de l'Évangile. — IV. Lettre commune des missionnaires de Cochinchine. — Messes célébrées pour les associés de la Propagation de la Foi. — Premières collectes. — Annales de la Propagation de la Foi, leur utilité. — Augmentation du nombre des missionnaires. — V. Perfectionnement du règlement de la Société. — Les directeurs du Séminaire. — Confirmation par Louis XVIII des Lettres patentes de 1775 487

CHAPITRE XII
1823-1836

I. L'Ère des martyrs s'ouvre en Cochinchine. — Minh-mang. — Haine qu'il porte aux Européens. — Édit pour défendre l'introduction des missionnaires dans le royaume. — Convocation des missionnaires à Hué. — Leurs travaux. — Leur libération grâce au vice-roi de la Basse-Cochinchine. — II. Procès de Co-lao et de Duong-son. — Plaidoiries de M. Jaccard. — Son courage, ses interrogatoires. — Courage d'un prêtre indigène. — Édit de persécution. — M. Gagelin se livre. — Il est condamné et exécuté. — Lettre des conseils centraux de la Propagation de la Foi. — III. Mgr Taberd se réfugie à Siam. — Révolte en Basse-Cochinchine. — Vaines tentatives des rebelles pour faire entrer M. Marchand dans leurs rangs. — Défaite des révoltés. — IV. Arrestation de M. Marchand. — Son interrogatoire. — Son supplice. — V. Projets d'évangélisation. — Commencements d'apostolat au Laos, chez les Nias, dans l'île Nicobar. — La Corée offerte à la Société des Missions-Étrangères. — Mgr Bruguière s'offre pour aller en Corée. — Il est accepté. — VI. La Corée, le pays et les habitants. — Origines du catholicisme en Corée. — VII. Mgr Bruguière et M. Maubant. — Leur voyage. — Mort de Mgr Bruguière. — Entrée en Corée de MM. Maubant et Chastan 525

Paris. — Imp. TEQUI, 92, rue de Vaugirard.

LIBRAIRIE TÉQUI

33, RUE DU CHERCHE-MIDI. — PARIS.

EXTRAIT DU CATALOGUE :

Freppel (Mgr), évêque d'Angers Œuvres polémiques, 9 vol. in-12 sauf le t. 1ᵉʳ qui est format in-8°, du prix de   6 fr.
Chaque série se vend séparément   3 fr.

1ʳᵉ Série. — Examen critique de la Vie de Jésus de M. Renan. — M. Havet, éditeur des Pensées de Pascal et panégyriste de Monsieur Renan. — Une édition populaire de la Vie de Jésus de Monsieur Renan. — Examen critique des Apôtres de M. Renan. — Première et deuxième Note sur un mémoire lu à l'Académie des inscriptions et des belles-lettres, sur la croyance des Hébreux à l'immortalité de l'âme. — La question des lettres d'obédience. — De l'enseignement religieux dans les écoles. — 1 vol.

IIᵉ Série. — Lettre à M. Jules Simon, ministre des cultes, sur l'inamovibilité des desservants. — Lettre à M. de Villemessant, rédacteur en chef du *Figaro*. — Lettre à M. Léon Harmel, à l'occasion de son livre intitulé : Manuel de la corporation. — Lettre à M. Gambetta en réponse au discours de Romans. — Lettre à M. Dufaure, garde des sceaux, sur les délations contre la magistrature. — Pétition des archevêques et évêques fondateurs de l'Université libre d'Angers à la Chambre des députés, relativement au projet de loi sur l'enseignement supérieur. — Remarques sur le rapport de M. Spuller concernant la liberté de l'enseignement supérieur. — Lettre à M. Jules Ferry en réponse à l'une des assertions de son discours. — Lettre à M. Paul Bert, sur la Théologie morale du R. P. Gury. — Lettre au R. P. Clair, de la Compagnie de Jésus, sur le même sujet. — Observations sur le projet de loi relatif au conseil supérieur de l'instruction publique. — Lettre au ministre de l'intérieur et des cultes sur l'exclusion du clergé catholique de la commission des hospices. — Lettre au R. P. Ubald, auteur du livre intitulé : Les Trois Frances. — Lettre des évêques de la province de Tours à M. le Président de la République, touchant les décrets du 29 mars 1880, relatifs aux congrégations religieuses. — Observations sur la situation légale des chapelles dites non autorisées. — Circulaire et Lettre aux électeurs de la 3ᵉ circonscription de Brest. — Interpellation à la Chambre des députés sur l'expulsion des RR. PP. Jésuites. — Discours à la Chambre des députés contre la gratuité absolue, l'obligation légale, la laïcité de l'enseignement primaire. — 1 vol. in-12.

IIIᵉ Série. — Discours à la Chambre des députés contre la suppression de la magistrature ; — contre un amendement tendant à grever les communautés religieuses de nouveaux impôts. — Lettre aux catholiques espagnols, en réponse à leur adresse du 1ᵉʳ janvier 1881. — Discours à la Chambre des députés contre une proposition tendant à retirer à des congrégations religieuses, qui les occupent, divers immeubles appartenant à la Ville de Paris ou à l'Etat; — contre la liberté illimitée de la presse; — contre la prise en considération d'une proposition ayant pour objet de supprimer les chapelains de Sainte-Geneviève, et d'enlever l'église au culte; — contre la promiscuité des cimetières; — à l'occasion d'une convention passée entre le gouvernement et la compagnie des Messageries maritimes pour demander le maintien d'un article du cahier des charges concédant le transport gratuit aux missionnaires et aux religieuses. — Lettre aux catholiques de Perto, en réponse à leur adresse du 10 mars 1881. — Discours contre la déclaration d'urgence d'un projet de loi sur le recrutement de l'armée; — à propos d'une circulaire adressée aux supérieurs des séminaires pendant la guerre de 1870; — contre le projet de loi tendant à assujettir les élèves ecclésiastiques au service militaire; — pour demander que l'exemption du service militaire accordée aux instituteurs de l'Etat soit étendue aux membres de l'enseignement libre; — contre la suppression du crédit pour les bourses des séminaires; — en réponse aux attaques de M. Périn contre les missionnaires; — contre la suppression de l'aumônerie de l'Ecole normale supérieure; — contre une proposition tendant à supprimer les chapelains de Sainte-Geneviève, et à enlever l'église au culte. — Circulaire et lettre aux électeurs de la 3e circonscription de Brest. — 1 vol in-12.

IVe SÉRIE. — Discours prononcés à la Chambre des députés, du 24 novembre 1881 au 12 juillet 1882. — Lettre à l'occasion du Sixième Centenaire des Vêpres siciliennes. — Lettre sur les commissions scolaires. — Lettre à l'occasion du Centenaire de Pombal. — 1 vol. in-12.

Ve SÉRIE. — Discours prononcés à la Chambre des députés, du 11 novembre 1882 au 7 juillet 1883. — Observations sur l'avis d'une section du Conseil d'Etat concernant le pouvoir du Gouvernement de prononcer la suppression des traitements ecclésiastiques par voie disciplinaire. — Note sur l'interprétation de l'article 16 du Concordat donnée par M. le ministre des cultes au Sénat. — 1 vol. in-12.

VIe SÉRIE. — Discours prononcés à la Chambre des députés; — sur les droits des curés relativement à la sonnerie des cloches et à la propriété des clefs des églises; — pour le maintien du monopole des pompes funèbres; — sur l'indemnité de logement due aux curés et desservants par les communes; — contre un amendement de M. Paul Bert, demandant la désaffectation de certains immeubles communaux; — sur le monopole des inhumations; — sur les propositions de loi relatives à l'enseignement primaire; — sur la proposition de M. Paul Bert sur l'organisation de l'enseignement primaire; — contre la suppression des bourses des séminaires; — contre la diminution du traitement de l'archevêque de Paris; — à l'occasion d'un crédit demandé pour l'expédition du Tonkin; — contre la suppression de l'aumônier de l'école des Arts-et-Métiers d'Angers; — sur la question ouvrière; — sur le projet de loi relatif aux écoles d'enfants de troupe; — contre la laïcisation du personnel enseignant dans les écoles publiques; — au cours de la discussion du même projet de loi; — au cours de la discussion de la loi sur l'enseignement primaire; — contre l'interdiction faite aux instituteurs de remplir les fonctions d'organiste, etc.; — pour l'intervention du conseil municipal dans la nomination des instituteurs; — à propos des legs et dons faits aux communes, à la charge d'employer des instituteurs congréganistes; — sur la composition des conseils départementaux; — contre l'abrogation des titres I et II de la loi du 15 mars 1850. — Lettre à M. Arthur Loth sur l'instruction civique. — Observations sur le Centenaire de Luther. — Sur la qualité des fonctionnaires attribuée aux évêques. — 1 vol. in-12.

VII· Série. — Discours sur le recrutement de l'armée. — Discours pour demander la dispense du service militaire en faveur des élèves ecclésiastiques. — Discours sur la politique du ministère dans la question d'Egypte. — Discours pour le maintien des prières publiques. — Observations concernant le déclassement d'une partie de l'enceinte de la ville de Lyon. — Discours contre la proposition de loi tendant à rétablir le divorce. — Discours sur les affaires de Madagascar. — Discours au congrès de Versailles contre le paragraphe 1er de l'article 2 du projet de loi tendant à la revision partielle des lois constitutionnelles. — Discours au même congrès contre la suppression des prières publiques. — Discours à la Chambre sur les interpellations relatives aux affaires du Tonkin. — Discours contre la suppression du budget des cultes. — Discours sur le traitement des vicaires et chanoines. — Discours contre la suppression du crédit afférent au chapitre de St-Denis. — Discours pour le rétablissement du crédit relatif aux bourses des séminaires. — Discours pour le rétablissement du crédit de 5,900 francs en faveur de divers établissements religieux. — Discours contre la suppression d'un crédit relatif aux aumôniers des hôpitaux militaires. — Discours contre la suppression des Facultés de théologie de l'Etat. — Discours contre la suppression de l'évêché de la Guadeloupe. — Discours à l'occasion de la ratification du traité de Hué. — Discours au cours de la discussion du projet de loi sur les récidivistes. — 1 vol. in-12.

VIII· Série. — Discours prononcés à la Chambre des députés, du 16 mai 1885 au 30 mars 1886. — Observations faites à la Chambre des députés dans ses diverses séances. — 1 vol. in-12.

Freppel (Mgr) L'Instruction obligatoire, discours prononcé à la Chambre. 0 25

Meignan (le Cardinal). Le Monde et l'homme primitif selon la Bible, 1 vol. in-8. 6 »

Parmi les attaques récentes dirigées contre les origines du monde et de l'homme suivant la Bible, les plus violentes sont celles de l'école positiviste. Des hommes plus modérés mais non moins dangereux comme Darwin et ses disciples, ont émis des théories inconciliables avec la vérité des traditions religieuses;

des savants consciencieux mais intempérants, comme Lyell, ont mis en péril l'ancien accord de la géologie et de la Bible.

Il importait qu'un travail sérieux vînt arrêter l'essor de pareilles erreurs. L'Eglise et la science accueilleront donc avec empressement le livre de S. E. le Cardinal MEIGNAN : *le Monde et l'Homme primitif d'après la Bible.*

Meignan (le Cardinal). — Les Evangiles et la critique au xixe siècle, in-8. 6 »

Son Eminence le cardinal Meignan a entrepris de venger nos saints Livres des attaques d'une exégèse aventureuse ou malintentionnée; il a mis à profit les découvertes et les progrès de la science moderne et fait servir à la cause de Dieu les armes que des esprits égarés avait forgées pour le combattre. Cet ouvrage se distingue par la méthode et la clarté; il est le fruit d'une étude patiente et dirigée par la foi : les apologistes de la religion et les interprètes de la sainte Ecriture y trouveront des indications utiles et de judicieux aperçus.

Nouet (le P.). Le Guide de l'âme en retraite, 3 vol. in-12. 8 »
— Dévotion envers N.-S. J.-C., 3 vol. in-12. 8 »
— Pratique de l'Amour de Dieu, 1 vol. in-12. 2 50
— Le Chrétien à l'Ecole du Tabernacle, in-12. 3 »
— Retraite spirituelle de dix jours, in-12. 2 50
— Introduction à la vie d'Oraison, in-12. 3 »

Les *Œuvres spirituelles* du P. Jacques Nouet se trouvaient autrefois dans toutes les mains. C'était pour les âmes une nourriture forte et solide, qu'elles sont loin de trouver dans un trop grand nombre de livres de piété des temps modernes, si pauvres en fait de doctrine, si fades par le style qu'ont adopté leurs auteurs. — Les ouvrages du P. Nouet laissaient cependant quelque chose à désirer : on eût voulu y trouver une certaine unité d'ensemble et de détail qui ne ressortait pas assez, et voir supprimer des longueurs qui rendaient moins rapide la marche des pensées; les types de beaucoup de phrases avaient aussi besoin d'être refondus et rajeunis. C'est ce travail de remaniement qu'a entrepris le Père Henri Pottier; et, de l'avis de tous, il l'a on ne peut mieux exécuté, en composant, avec les livres du P. Nouet, des livres nouveaux, qui, sous une forme abrégée, dans un ordre meilleur et avec un langage plus adapté au goût actuel, offrent tout ce que contenaient les Œuvres de son docte et saint confrère. Aussi un grand nombre d'archevêques et d'évêques, entre autres S. Em. Mgr le cardinal de Rennes, NN. SS. de Tours, de Nantes, de Poitiers, du Mans, de Quimper, ont-ils tenu à féliciter le consciencieux reviseur.

www.ingramcontent.com/pod-product-compliance
Lightning Source LLC
Chambersburg PA
CBHW060301230426
43663CB00009B/1540